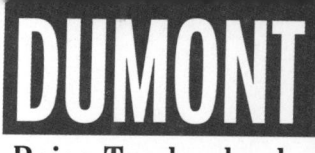

# DUMONT
Reise-Taschenbuch

# teneriffa

**Dieter Schulze**

## Senkrechtstarter

Eine Sinfonie in Grün: Palmen, Kakteen und Terrassenfelder, tief geht es ins Dunkel einer Schlucht hinab. Nur ein Haus, so scheint es, ist bewohnt, ein paar Ruinenmauern verschmelzen mit der Natur. Noch vor wenigen Jahrzehnten war Masca (♥ B 4) ein von den Zacken des Teno-Gebirges umschlossenes Dorf. Es war von der Außenwelt abgeschnitten, nur Eselspfade führten dorthin. Heute gibt es immerhin eine schmale Asphaltstraße …

# Überflieger

**Bergzacken, Felslabyrinthe, Schluchten**

**Schönster Ort weit & breit**

**Wein, Vulkantunnel und ein 1000 Jahre alter Drachenbaum**

**Ferien an Lavastränden**

Puerto de la Cruz • • La Orotava

**Frische, Feuchtigkeit, Wolkenspiele**

Garachico • • Icod de los Vinos

Teno-Gebirge

# Wow

• Masca

**Ein Dorf wie aus dem Bilderbuch**

**Schwarze Strände, gigantische Klippen**

• Pico del Teide

• Los Gigantes
• Puerto de Santiago

**Letzte Station vor dem All auf 4000 m**

**Alles für den Tourismus: Ferienstädte vom Reißbrett und allerfeinste Strände**

**Von hier geht's zur Höllenschlucht**

Vilaflor • **Spaniens höchstes Dorf, das Eingangstor zur Mondlandschaft**

• Adeje

La Caleta • • Arona
Bahía del Duque

**Hier oben wird es kühl.**

• Costa Adeje
• Las Américas

• El Médano

Los Cristianos

Las Galletas/ Costa del Silencio

**»Küste der Ruhe« – und darüber Flugzeuge im Minutentakt**

**Teneriffas schönster Naturstrand und viel Wind für Surfer**

**Hotelpaläste – von retro bis ultramodern**

# Sonne und Strände satt!

**In Naturschwimmbecken baden**

**Durch Lorbeerwald laufen, Trolle und Gnome treffen**

• Punta del Hidalgo

Die Landschaft: zersiedelt.
Die Orte: gesichtslos.
Landwirtschaft, Weinbau
und Buschenschänken

Anaga-Gebirge

• La Laguna     • Playa de las Teresitas

Tacoronte    **Zwischen Uni**    Wo die Hauptstadt
La Matanza    **und UNESCO**    baden geht

**Dicht bewaldeter**  • Santa Cruz
**Bergrücken,**
**tolle Ausblicke,**    **Teneriffas**
**fantastische**    **Insel-**
**Wolken**    **Metropole**
   **erfindet**
Vulkanlandschaft   Nicht nur   **sich neu**
in 2000 m Höhe   Wallfahrer
   pilgern zur
Candelaria    Kirche an der
   Küste …

• Güimar

# Haben die Ureinwohner hier Pyramiden gebaut?

**Augen zu und durch!**
**Die TF-1 führt durch**
**Ödland, vorbei an**
**Gewerbegebieten,**
**Retortensiedlungen**
**und Windparks …**

---

**Wo geht es hin?** — Von den Sonnenstränden im Süden über das Inseldach mit Spaniens höchstem Berg in den Norden, wo sich die Wolken stauen …

# Querfeldein

**Fundstücke** — zwischen Atlantik und alpinen Höhen, kolonialen Städten und weltvergessenen Dörfern. Auf Teneriffa dürfen Sie ab- und eintauchen, schnorcheln und Sterne schauen. Sie können viel tun und alles loslassen …

## Was wäre eine Insel ohne Strand?

Es gibt sie in Weiß und Schwarz, von schroffen Klippen oder weich geformten Tuffsteinfelsen umrahmt. Sie sind der Wildheit des Atlantiks ausgesetzt oder durch Molen geschützt. Der schönste Naturstrand ist die Playa del Médano; künstlich, doch nicht weniger attraktiv ist die Playa de las Vistas in Los Cristianos. Und wo es keinen Strand gibt, wurden Naturschwimmbecken angelegt, so in Bajamar und Punta del Hidalgo (S. 200, 202): Hier können Sie seelenruhig Ihre Runden drehen, während das Meer an die Brandungsmauer donnert!

## Kontraste!

Im Norden sehen Sie alle Nuancen von Grün, subtropische Palmentäler, Bananenfelder und Weingärten, in höheren Lagen Kiefern- und Lorbeerwald, saftige Almen, auf denen Ziegen und Schafe weiden. Steht Ihnen der Sinn nach anderem, fahren Sie in den Süden, wo Sie eine komplett andere Welt erwartet: sonnenverglühte Felslandschaften, tief eingeschnittene Trockenschluchten und markante Vulkankegel. Doch immer ragt der Teide-Riese auf, der Ihnen versichert, auf ein und derselben Insel zu sein!

Zum Whale Watching aufs offene Meer — oder lieber den längsten Vulkantunnel Europas erforschen? Vielleicht auch hoch hinaus und das Sonnen-Observatorium besuchen? Mit beiden Füßen auf der Erde stehen Sie in den botanischen Parks in Puerto de la Cruz und Santa Cruz, wo Exoten in üppiger Fülle gedeihen. Viel zeitgenössische Kunst entdecken Sie in der Hauptstadt.

### Teneriffa auf der Zunge

Kulinarisch bietet die Insel weit mehr als frischen Fisch vom Fischer. Da gibt es exotische Früchte von Mango über Maracuja bis Papaya, prämierten Ziegen- und Schafskäse, guten Wein in großer Vielfalt und erstklassigen Tajinaste-Honig …

### In die Inselmitte!

Egal welche Straße Sie zum Teide-Nationalpark wählen, jede ist fantastisch! Die TF-24 zieht sich über das Inselrückgrat und legt Ihnen das Meer zu Füßen; die TF-21 schraubt sich durch Kiefernwald empor, die TF-38 führt durch frisch erstarrte Lavaströme. Ziel ist stets der Riesenkrater in über 2000 m Höhe: eine Landschaft wie von einem anderen Stern …

### Beschwingtes Lebensgefühl

Selbst Spanier, die vom Festland auf die Insel kommen, sind von der herzlichen Art der Tinerfeños überrascht. »Man lebt nur einmal, darum genieße jeden Augenblick!« Lassen Sie sich davon anstecken …

# Wundern Sie sich nicht, von wildfremden Tinerfeños mit »Buenos días, mi amor!« angesprochen zu werden!

### Wandern leicht gemacht

So bizarr die alpine Vulkanlandschaft im Nationalpark auch aussehen mag, so ist sie doch durch markierte Wege bestens erschlossen. Sie brauchen nicht einmal einen Mietwagen: Teneriffas Bussystem ist hervorragend ausgebaut, sodass Sie zur richtigen Zeit (nämlich vormittags) zum Startpunkt hingefahren und am Nachmittag abgeholt werden (s. Verkehrsmittel S. 246). Doch es gibt noch andere Wanderreviere: das wilde Teno-Gebirge im Nordwesten, das mit Lorbeerwald bedeckte Anaga-Gebirge im Nordosten sowie das südliche Bergland. Im Buch werden mehr als 20 Wandertouren detailliert beschrieben, die Sie problemlos in Eigenregie machen können.

*Die Ruhe vor dem Sturm will genutzt werden am Parque del Drago – S. 149*

# Inhalt

- 2 *Senkrechtstarter*
- 4 *Überflieger*
- 6 *Querfeldein*

# Vor Ort

## Santa Cruz und der Südosten 14

- 17 Santa Cruz
- 26 *Tour Aus alt mach neu*
- 33 La Laguna
- 36 *Lieblingsort Iglesia San Agustín*
- 47 Candelaria
- 48 *Tour Auf halbem Weg zwischen Afrika und Amerika*
- 50 Güímar
- 52 Arico
- 53 San Miguel de Tajao
- 54 *Zugabe Amaro & Siervita*

## Die Südküste 56

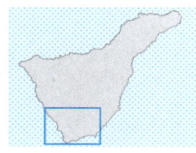

- 59 El Médano
- 61 Los Abrigos
- 62 *Tour Durch eine gleißend helle Schlucht*
- 64 Las Galletas / Costa del Silencio
- 65 Los Cristianos
- 66 *Tour Promenadenbummel*
- 72 *Tour Zu Teneriffas kleiner Schwester*
- 76 Las Américas
- 80 *Lieblingsort Beach Club Las Rocas, Costa Adeje*
- 81 Costa Adeje
- 87 La Caleta
- 89 *Tour Zu naturgeschützten Badebuchten*
- 90 Playa Paraíso
- 91 Abama
- 92 *Lieblingsort Playa de Abama*
- 93 San Juan
- 95 Alcalá
- 95 Los Gigantes
- 98 *Tour Sanftes Whalewatching*
- 100 *Zugabe Stille Wasser sind tief …*

## Südliches Bergland 102

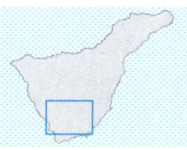

- 105 Vilaflor
- 108 *Tour Zur ›Mondlandschaft‹*
- 110 Granadilla de Abona
- 111 San Miguel de Abona
- 113 Arona
- 114 *Tour Zwischen Vulkanen*
- 116 *Tour Auf den ›gräflichen‹ Berg*
- 117 Escalona, Adeje

119 Guía de Isora
120 *Tour* In die ›Höllenschlucht‹
122 *Zugabe* Alles, was gesund macht – Delicias del Sol

*Der ›1000-jährige Drachenbaum‹ ist die Nummer-Eins-Attraktion von Icod de los Vinos – Seite 149*

## Der Nordwesten 124

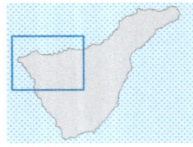

127 Santiago del Teide
128 Masca
129 *Tour* Durch ein gewaltiges Steinlabyrinth
131 El Palmar
132 *Tour* Wildwest – ins gottverlassene Teno Alto
135 Buenavista del Norte, Punta de Teno
136 *Lieblingsort* Punta de Teno
137 Los Silos
139 Garachico
144 *Lieblingsort* Alte Mole, Garachico
147 *Tour* Wie ein Adler in den Lüften
148 El Tanque

148 Icod de los Vinos
150 *Tour* In der ›Höhle des Windes‹
152 San Juan de la Rambla
154 *Tour* Küstenerkundungen
156 Los Realejos
157 *Zugabe* Neue Inseln entstehen

## Valle de Orotava 158

161 Puerto de la Cruz
167 *Lieblingsort* Risco Bello
168 *Tour* Schwarze Schönheit
179 La Orotava
186 *Tour* Zu den ›Orgelpfeifen‹
188 *Zugabe* Unterwegs mit Humboldt

## Der Nordosten 190

193 Santa Úrsula, La Matanza & La Victoria
194 El Sauzal
196 *Tour* Feine Tropfen in El Sauzal
198 Tacoronte
199 El Pris und Mesa del Mar
199 Valle de Guerra und Tejina
200 Bajamar

| | |
|---|---|
| 201 *Lieblingsort* Hotel Costa Salada | 228 *Tour* Zur ›Kathedrale‹ |
| 202 Punta del Hidalgo | 231 *Zugabe* Fenster zum Universum |
| 203 *Tour* Gezackte Grate, tiefe Atlantikblicke und viele Höhlen | |
| 204 Anaga-Höhenstraße | |
| 206 *Tour* »Wege der Sinne« in Wäldern der Voreiszeit | |

# Das Kleingedruckte

232 Reiseinfos von A bis Z
248 Sprachführer
250 Kulinarisches Lexikon

211 San Andrés und Igueste
212 *Zugabe* Wie auf der Alm

*Traditionelle Feste und Folklore gehören zu Teneriffa wie das Salz in die Suppe!*

# Das Magazin

254 *Guachinches*
256 *Feuer und Flamme*
260 *Ende des ›ewigen Frühlings‹?*
262 *Strangers in Paradise*
265 *›All inclusive‹ mal ganz anders*
268 *»Wo sind die Mumien?«*
271 *Hip & Hippie*
274 *Lady of Crime*
276 *Alles Platte?*
279 *Reise durch Zeit & Raum*
282 *Das zählt*
284 *Meistersänger und Kammerjäger*
286 *Käserei der »Fünf Sinne«*
288 *Nur Río ist besser*
292 *Kneipen-Geflüster*
294 *Berufswunsch: Touristin*

## Das Inselzentrum 214

217 Auf dem Weg zum Nationalpark
219 *Lieblingsort* Mirador Chipeque
221 *Tour* Um Teneriffas jüngsten Vulkan
222 Steinwüste Las Cañadas
223 *Tour* Wie auf einem anderen Stern
224 El Portillo
226 *Tour* Gipfelglück

296 *Register*
298 *Autor & Impressum*
300 *Offene Fragen*

# Ort

*Stand Up Paddling geht offenbar nicht nur auf ruhiger See – ist aber in dieser rauen Umgebung wohl nur etwas für Könner und Adrenalin-Junkies!*

# Santa Cruz und der Südosten

**Santa Cruz und La Laguna** — die neue und die alte Hauptstadt, schön und quicklebendig. Südlich davon: Rosinen picken!

*Seite 17*
### Santa Cruz

Hochkarätige Kunstzentren, ein Palmenpark und eine Badelandschaft, ein Auditorium mit ›fliegenden Dächern‹ und ein hippes Ausgehviertel – das einzige, was in der Hauptstadt fehlt, ist ein Strand.

*Seite 33*
### La Laguna

Hier tauchen Sie ein in verflossene Epochen, romantische Kreuzgänge und Innenhöfe. Und abends geht's in urige Bodegas und Bistros … Die Unistadt liegt auf einer Hochebene, auf der es im Winter kühl sein kann – warm anziehen!

Palmetum: Europas größter Palmengarten.

## Eintauchen

*Seite 47*
### Candelaria

Wo Ureinwohner auf Mariä Lichtmess treffen. Nicht nur Wallfahrer pilgern zur Prachtkirche an der Küste. Und danach ein Bummel zu jener urigen Höhle, in der die ›Wundertätige‹ den Guanchen erstmals erschienen war.

*Seite 48*
### Pyramiden von Güímar

Sind Teneriffas Stufenpyramiden wirklich ein Bindeglied zwischen Alter und Neuer Welt, zwischen Altägypten und Amerika? Finden Sie es heraus …

Santa Cruz und der Südosten **15**

*Seite 51*
## El Puertito de Güímar

Ein Lichtblick an der recht tristen Ostküste: Sonnenbaden auf Holzplanken, Schwimmen in klarem Wasser. Ein Küstenweg führt an Felstunneln und Grotten vorbei zu einer Klippe.

*Seite 52*
## Arico

In den *medianías*, den mittleren Höhenlagen, sieht es noch aus wie anno dazumal: tiefe Schluchten und helle Bimssteinterrassen, auf denen Mais und Kartoffeln gezogen werden. Ein schönes, verschlafenes Dorf ist Arico Nuevo.

*Seite 51*
## Finca Salamanca

Eine historische Hacienda, ein riesiger Garten und dazu viele lauschige Winkel – hier macht Landurlaub Spaß.

*Seite 53*
## San Miguel de Tajao

Schön anzuschauen ist die helle, von Wind und Wasser modellierte Tuffsteinküste. Und dann sind da noch all die Ausflugslokale, wo Sie unter Tinerfeños Fisch essen.

Ein sehr spezielles Ziel für Taucher sind die Weinflaschen der Bodega Submarina.

Gar so schlimm kann das Leben der Nonnen von La Laguna nicht sein, denkt sich, wer einmal ihr Klostergebäck probiert hat. Und das mundet auch zum guten Inselwein!

erleben

# Unter Tinerfeños

V»*Vamos a la capi!*« (Auf in die Hauptstadt!) – das sagen Tinerfeños, wenn sie etwas erleben wollen. Neue und alte Hauptstadt sind angesagt, denn viel gibt's zu entdecken: Kunsttempel und Galerien, schattige Parks, stimmungsvolle Gassen mit Boutiquen, Cafés und Lokalen. Doch seinen gesamten Urlaub möchte hier kaum jemand verbringen: In Santa Cruz liegt der nächste Strand 10 km entfernt, in La Laguna ist es im Winter oft feucht-kühl.

Mittlerweile leben in den beiden Städten, die zusammen die *Zona Métropolitana* bilden, 360 000 Menschen, fast die Hälfte der Inselbevölkerung. Während sich **Santa Cruz** längs eines schmalen Küstenstreifens erstreckt, hinter dem schroffe Bergzacken aufragen, breitet sich **La Laguna** auf einer 600 m hohen Ebene aus. Expandieren konnte das aus allen Nähten platzende Santa Cruz nur westwärts über einen sanft ansteigenden Hang. Kulturell waren die Städte schon immer verbunden: Als **La Laguna** die Hauptstadt Teneriffas war (1510–1723), diente der Hafen von Santa Cruz als ›Tor zur Welt‹. Und als Santa Cruz danach zur neuen Inselmetropole aufrückte, hatte es seinen geistig-geistlichen Rückhalt in der Universität und dem Bischofssitz von La Laguna.

Südlich der *Zona Métropolitana* erstreckt sich eine karge Landschaft. In **Küstennähe** verläuft die TF-1 via Candelaria, Abfahrten führen zu Großmärkten und Kraftwerken. Die **mittleren Höhenlagen** sind durch Schluchten zerrissen und werden durch die kurvenreiche TF-28 erschlossen – attraktiv ist hier vor allem Arico.

> **ORIENTIERUNG**
>
> **Infos**
> www.santacruzmas.com
> www.turismodelalaguna.com
> **Verkehr**
> Um Santa Cruz stressfrei zu erleben, reist man per Bus an. Wer mit dem Auto kommt, erreicht die Inselhauptstadt von Süden über die Autobahn TF-1, von Norden über die TF-5 via La Laguna. Parkplätze gibt es in der gebührenpflichtigen Tiefgarage am Auditorio bzw. auf dem Parkplatz am Busbahnhof (Estación de Guaguas/Intercambiador). Wer von Letzterem mit Bono-Ticket per Bus/Tram nach La Laguna fährt, parkt die ersten Stunden gratis. Weitere Infos s. Verkehrsmittel S. 33.

# Santa Cruz

»Für diese Stadt ist das Beste gerade gut genug!«, lautet die Devise im Rathaus von Santa Cruz. Stararchitekten wie Santiago Calatrava und Herzog & de Meuron wurden beauftragt, das Zentrum der Stadt neu zu gestalten. Für Hunderte Millionen Euro wurde es umgekrempelt – aus dem einstigen Aschenputtel soll eine Diva hervorgehen. Und da im Winter immer mehr Kreuzfahrer ›einfallen‹, bleibt es auf Verschönerungskurs …

Um es von ihren vielen, über ganz Amerika verbreiteten Namensvettern abzuheben, heißt es mit vollem Namen **Santa Cruz de Santiago de Tenerife:** Unter dem Banner Santiagos, des kriegerischen Nationalheiligen Spaniens, war 1496 die Eroberung der Insel gegen den Widerstand der Ureinwohner ausgefochten worden. Damals war Santa Cruz noch eine kleine Ansammlung von Häusern in einer geschützten Bucht. Erst 1723, als es Inselhauptstadt wurde, begann sein unaufhaltsamer Aufstieg. Seit 1927 teilt es sich mit Las Palmas de Gran Canaria den Hauptstadtstatus der Kanaren. Im Zuge des Tourismusbooms in der zweiten Hälfte des 20. Jh. stieg die Einwohnerzahl auf mehr als 200 000. Nun aber drohte ihr der Kollaps: Ein mit Autos verstopfter Moloch war entstanden, chaotisch gebaut und abgeschnitten vom Meer. Ließ sich die Negativentwicklung noch stoppen? Im Rathaus wurde man aktiv. Immerhin hatten spanische Städte wie Bilbao und Valencia vorgemacht, wie sich abgewrackte Viertel in glänzende Juwelen verwandeln lassen. Das sollte auch in Santa Cruz gelingen. Was man dazu brauchte, waren erstklassige Architekten und gut gefüllte Kassen. Wer die Stadt heute besucht, stellt fest: Man darf optimistisch sein! Santa Cruz könnte schon bald in die erste Liga der spanischen Städte aufrücken …

*Vom beschaulichen Fischerdorf zur Hauptstadt der Insel – zum Glück konnte sich Santa Cruz viel historischen Charme bewahren.*

## NACHGEHAKT: DER TIGER

So heißt die Kanone, die Admiral Nelson in die Flucht geschlagen haben soll. Mehrfach hatte die britische Flotte Santa Cruz, den damals wichtigsten Hafen der Kanaren, attackiert. Es ging darum, sich in den Besitz der Inseln zu bringen, um so Spaniens Verbindung zu seinen Kolonien zu kappen. Der letzte große britische Angriff ereignete sich am 25. Juli 1797: Zehn Schiffe brachten sich in der Bucht in Stellung. Im Schutz der Nacht ruderten 700 Soldaten in Richtung Santa Cruz, unter ihnen der Admiral. Doch sie wurden entdeckt und beschossen: Einige starben, Admiral Nelson musste verletzt aufs Schiff zurück. Für ihn war der Angriff ein Fiasko, das er mit der Amputation seines rechten Armes bezahlte. Geschadet hat er seiner Karriere aber nicht: Auf dem Londoner Trafalgar Square wird Nelson bis heute mit einem spektakulären Monument geehrt. In Santa Cruz wird die gegen ihn gerichtete Kanone gefeiert …

## Plaza de España

Der Einstieg in die Stadt erfolgt über die verkehrsberuhigte Plaza de España: ein weitläufiger Platz, der den Hafen mit der Altstadt verbindet und mit seiner Neugestaltung zum repräsentativen Entrée geworden ist. Blickfang ist ein kreisrunder Teich, der im Stundentakt eine 30 m hohe Wasserfontäne speit; zwei Pavillons sind mit hängenden Gärten getarnt. Und abends sorgen 500 Lampen in Tropfenform für romantisches Licht.

Am Südrand der Plaza befindet sich der Inselpalast (**Palacio Insular**) ❶, in dem die Regierung Teneriffas tagt. Mit seinem Uhrturm ragt er hoch auf; daneben, gleichfalls in einem Monumentalbau, befindet sich die Hauptpost. Das umstrittene Denkmal **Monumento a los Caídos,** das zu Ehren all jener Soldaten errichtet wurde, die auf Francos Seite im Spanischen Bürgerkrieg (1936–39) kämpften und starben, hat durch die Neukonzeption optisch an Bedeutung verloren, was manche ältere Tinerfeños schwer ärgert … Nach allen Seiten greift der Platz weiträumig aus. Zum Meer hin ist er großzügig geöffnet, zur Stadt hin wurde er so geschickt in die Plaza de Candelaria integriert, dass er die Besucher sogartig erfasst und den Hang hinauflenkt. Auch ein Blick in die ›Unterwelt‹ des Platzes lohnt: Treppen führen an seiner Meerseite zu den Ruinen der 1575 erbauten und 1928 abgerissenen Festung **Castillo de San Cristóbal** ❷ (Plaza de España s/n, Mo–Sa 10–18 Uhr, Eintritt frei) hinab. Auf Schautafeln werden auch die übrigen Stadtfestungen vorgestellt. Gleichfalls zu sehen: eine Replik der Kanone »El Tigre« (s. Kasten links).

### Ein Stück bergauf

Das pathetische, für die Inselpatronin errichtete Denkmal **Triunfo de Candelaria** ❸ wurde ›entglorifiziert‹: Kaum jemand nimmt wahr, dass die hoch oben auf dem Obelisk schwebende Heilige gnädig die Huldigung der vier Guanchenfürsten entgegennimmt. Es sind die *menceyes* der einstigen Herrschaftsgebiete Abona, Daute, Güímar und Icod, deren unterwürfige Geste den Sieg des Christentums über die ›Heiden‹ symbolisiert. Herrschaftliche Gebäude säumen den Boulevard, etwa der basaltgraue **Palacio de los Rodríguez Carta** von 1752. Der Adelssitz, der sich um zwei Innenhöfe gruppiert, wird wohl ab 2020 die Touristeninfo und das Stadtmuseum mitsamt »Tiger« (s. Kasten oben) beherbergen. Vorerst gilt die Aufmerksamkeit vor allem den Terrassencafés, in denen Leute sitzen, um zu sehen und gesehen zu werden. Weiter oben verlängert sich der Boulevard in die ebenfalls autofreie **Calle del Castillo**, die wichtigste Einkaufsstraße der Stadt.

## La Noria

Der älteste Teil der Stadt liegt auf halber Strecke zwischen der Plaza de España und dem Busbahnhof. In den vergangenen Jahren wurden auch hier Straßenzüge aufpoliert und Häuser mit pastellfarbenem Anstrich aufgehübscht. Die mit Kopfstein gepflasterten, begrünten und effektvoll beleuchteten Straßen haben sich zum Szeneviertel der Hauptstadt gemausert; abends öffnen Bars und Restaurants.

Mittendrin steht auf einem stimmungsvollen Platz die Kirche **Iglesia Nuestra Señora de la Concepción** ❹, ein gutes Beispiel für den Baustil der Kolonialzeit. 1652 wurde sie anstelle einer bereits 1502 errichteten, später abgebrannten Kirche gebaut. Dominant ist der hoch aufschießende Turm, der als Auslug zur Sichtung von Piraten und zum frühzeitigen Erkennen von Feuersbrünsten diente. Den dunklen Basalt ließ man an den Kanten als Schmuck unverputzt. Unter dem Turm duckt sich der niedrige, fünfschiffige Hauptbau mit seinem flachen Dach. Das Hauptschiff, von einer Decke im Mudéjar-Stil überwölbt, wird von einem barocken Hochaltar abgeschlossen. Darin steht eine ›Schmerzensreiche‹ inmitten einer prachtvoll vergoldeten Wand. Kunstvoll

## Santa Cruz Karte auf Seite 20

### Ansehen
❶ Palacio Insular
❷ Castillo de San Cristóbal
❸ Triunfo de Candelaria
❹ Iglesia Nuestra Señora de la Concepción
❺ Centro de Arte La Recova
❻ Teatro Guimerá
❼ Círculo de Bellas Artes
❽ Círculo de Amistad XII de Enero
❾ Iglesia de San Francisco
❿ Centro Cultural Caja Canarias
⓫ Callejón del Combate
⓬ Parlamento
⓭ Parque García Sanabria
⓮ Auditorio
⓯ Centro de Ferias y Congresos
⓰ Parque Marítimo
⓱ Palmetum
⓲ El Tanque
⓳ Museo de la Naturaleza y el Hombre
⓴ Tenerife Espacio de las Artes (TEA)
㉑ Casa del Carnaval
㉒ Museo de Bellas Artes
㉓ Museo Militar

### Schlafen
1 Mencey
2 Mario
3 Príncipe Paz
4 Occidental Contemporáneo
5 Adonis Plaza

### Essen
1 Kazan
2 La Taberna de Ramón
3 Gato Negro
4 La Brújula
5 Tasca La Montería
6 Picatostes Tenerife
7 Strasse Park
8 MAG Cafe Bistro Auditorio
9 Bulán
10 La Hierbita
11 Mio Gelato

### Einkaufen
1 Mercado Nuestra Señora de África
2 El Corte Inglés
3 Artenerife

### Ausgehen
1 Szeneviertel Noria

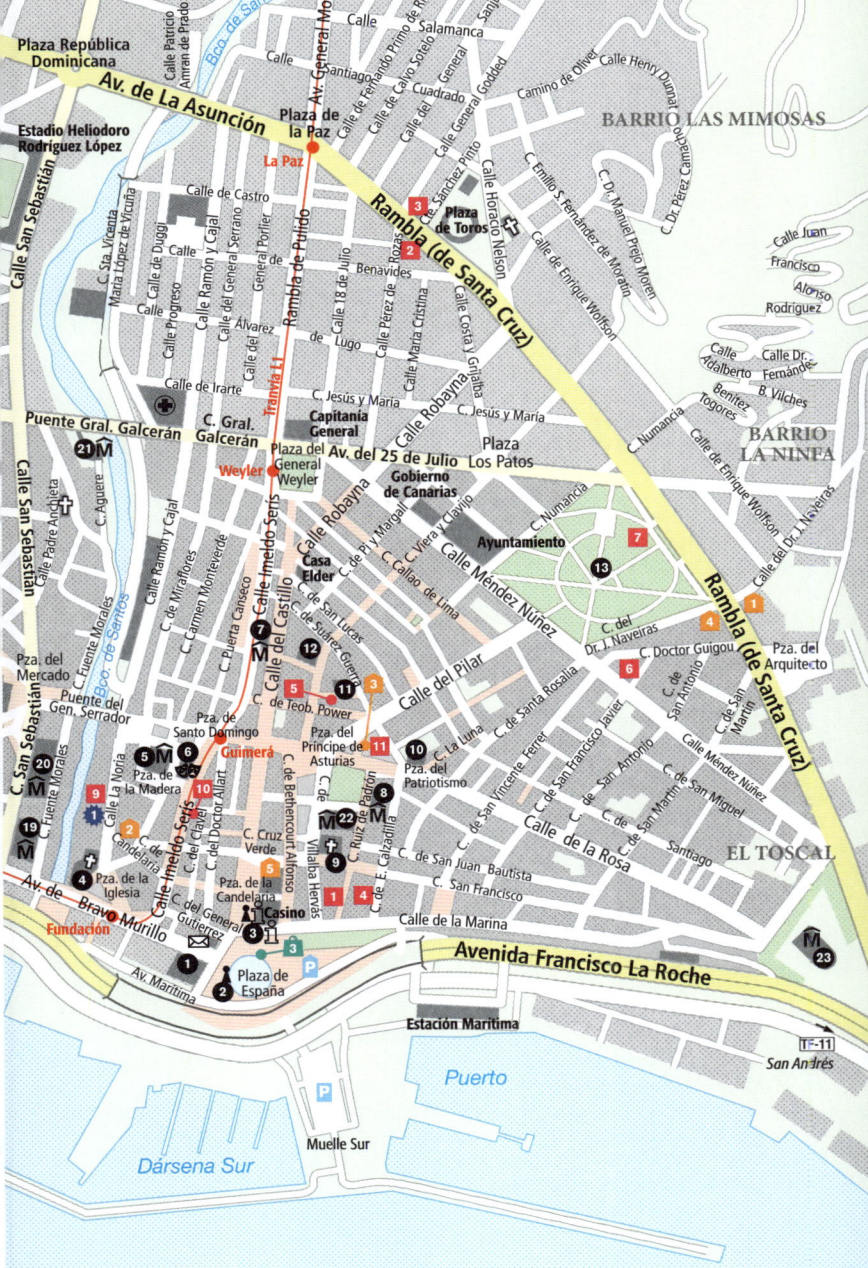

geschnitzt ist das Chorgestühl, bunt bemalt das Holzgewölbe in den Kapellen. In der Herz-Jesu-Kapelle entdeckt man das kleine Heilige Kreuz *(santa cruz)* des Eroberers Alonso Fernández de Lugo, dem die Stadt ihren Namen verdankt (1496).

### Tipps für Kulturfans
Auf dem Weg zum Hauptstadtmarkt (s. Einkaufen S. 31) können Sie zum Vergleich einen Blick auf die alte Markthalle anno 1851 werfen. Wo einst Obst und Gemüse über den Tresen gingen, hat die Kunst Einzug gehalten: Im **Centro de Arte La Recova** ❺ an der Plaza de la Madera gibt es zwölf wechselnde Ausstellungen pro Jahr, Höhepunkt ist die Internationale Comic-Woche, die meist im November stattfindet. Das Denkmal auf dem Platz stellt, in meditativer Pose, Ángel Guimerá (1849–1924) dar, einen auf Teneriffa als Sohn katalanischer Eltern geborenen Dichter, nach dem auch das benachbarte **Teatro Guimerá** ❻ benannt ist. Das Kanarische spielt in seinem Werk keine Rolle, vielmehr war er ein engagierter Verfechter der katalanischen Sache. Doch viele Kanarier identifizieren sich mit seinem Kampf für eine regionale, unterdrückte Kultur – egal ob kanarisch oder katalanisch.

Recova Art Center, Plaza de la Madera 1, Di–Sa 11–13, 18–21, So 11–14 Uhr, Eintritt frei

## Neuere Viertel

Die autofreie, bergan führende **Calle del Castillo** ist von restaurierten Bürgerhäusern gesäumt und mit blau blühendem Jacaranda sowie roten Tulpen- und Flammenbäumen bepflanzt. Hier und in den nördlich angrenzenden Straßen macht das Einkaufen in Traditionsläden und Boutiquen Spaß. Der Kunstverein **Círculo de Bellas Artes** ❼ lenkt von der Schnäppchenjagd ab: In einer modernen Galerie stellt er kanarische Künstler vor.

Calle del Castillo 43, circulobellasartestf.com, Mo–Fr 10–13 und 17.30–20.30, Sa–So 11–14 Uhr, Eintritt frei

### Kunst am »Platz des Prinzen«
Gern legt man auf der **Plaza del Príncipe**, die mit ihren weit ausladenden Indischen Lorbeerbäumen wie ein kleiner Park anmutet, eine Verschnaufpause ein. In ihrer Mitte steht ein Musikkiosk, am Rand öffnet ein verspielter Café-Pavillon. Kurios ist ein in Bronze gegossener Riesenfisch, der auf den Spitznamen der Tinerfeños anspielt: *Chicharreros* werden sie nach einer einheimischen Sardinenart genannt, salopp übersetzt ›die Sardinenesser‹. Der an einem Hang errichtete Platz ruht auf einer Stützmauer, von der Treppen zu zwei sehenswerten Gebäuden hinabführen: dem Belle-Epoque-Prachtbau **Círculo de Amistad XII de Enero** ❽ (1904) und dem **Museo de Bellas Artes** ㉒ (s. S. 28) im ehemaligen Franziskanerkloster. Während das Erste nur besichtigt werden kann, wenn eine Ausstellung läuft, ist das Zweite immer geöffnet. Zum Kloster gehört auch die angrenzende **Iglesia de San Francisco** ❾ aus dem 17. Jh. Werfen Sie einen Blick auf die reich bemalten Mudéjar-Decken und die Altaraufsätze!

Einige Hundert Meter nordwestlich, an der Plaza del Patriotismo, können Sie im **Centro Cultural Caja Canarias** ❿ einen weiteren Tempel der Kultur besuchen: Der moderne Bau, eine Mischung aus poliertem und begradigtem Stonehenge, gehört einer Bank, die viel Geld für Kultur ausgibt. Im Innern des Gebäudes, wo die Dimensionen weniger monumental sind, gibt es meist spektakuläre Ausstellungen und Konzerte.

Círculo de Amistad XII de Enero, Calle Ruiz de Padrón 12, www.circulodeamistadxiide enero.com, Mo–Fr 11–13 und 18–21, Sa 11–13 Uhr, Eintritt frei Centro Cultural Caja Canarias, Plaza del Patriotismo 1, www.cajacanarias.com, Mo–Sa 11–14, 17–20, So 10–14 Uhr, Eintritt je nach Ausstellung 3–6 €

*Warum Goldkugelkakteen auch Schwiegermuttersitze genannt werden? Wirklich gemütlich sehen diese Exemplare im Parque García Sanabria jedenfalls nicht aus.*

## Schlemmergasse & Parlament

Zum Essen geht man gern in die ›Kampfgasse‹ **(Callejón del Combate)** ⓫. Sie zweigt ab von der Calle de Suárez Guerra, die die Plaza del Patriotismo mit der Einkaufsstraße Calle del Castillo verbindet. Die Terrassenlokale sind ein beliebter Treff von Abgeordneten und ihren Assistenten, denn ihr Arbeitsplatz ist nur einen Steinwurf entfernt: Das kanarische **Parlamento** ⓬ präsentiert sich als beeindruckendes Ensemble von Alt und Neu, von Neoklassizismus und Avantgarde. Imposant ist auch die Kunstsammlung, die das Haus zu einer hervorragenden Galerie macht. An jeder Ecke stehen und hängen Werke kanarischer Künstler – von César Manrique über Martín Chirino bis Lola Massieu. Vorerst hat das Haus jeden Samstag zwischen 10 und 14 Uhr seinen **Tag der offenen Tür** – schauen Sie mal hinein!

Calle Teobaldo Power 5, www.parcan.es, Eintritt frei

## Aufatmen im Grünen

Der 6 ha große **Parque García Sanabria** ⓭ ist die grüne Lunge der Stadt. Vom Terrassencafé neben einer großen, aus Blumen gestalteten Sonnenuhr am unteren Parkrand führt eine Allee aufwärts. Noch reizvoller ist es, dem in Spiralform angelegten Seitenweg zu folgen. Unterwegs passiert man ein Dutzend verschiedener Palmenarten, Feigenbäume mit Luftwurzeln, Jacaranda-und Bougainvillea-Sträucher, mannshohe Weihnachtssterne, Drachenbäume und riesige Kakteen – insgesamt 200 verschiedene Arten. Ebenso kommt man an Wasserspielen und Skulpturen vorbei. Das Fruchtbarkeitsdenkmal von Francisco Borges ist für die einen eine ›monströse Matrone‹, für die anderen eine ›üppige Schöne‹ – nackt und nach vorn gebeugt sitzt sie am Springbrunnen und lässt sich rund um die Uhr von seinem Wasser berieseln. Sie gehört zu der Ausstellung, die 1973 anlässlich der »Ersten Internationalen Open-Air-Skulpturen-Schau« geschaffen wurde. Weitere Werke stammen von Joan Miró und Henry Moore, Niki de Saint Phalle, Martín Chirino und anderen herausragenden Künstlern. 21 Skulpturen sind im Park zu sehen, die übrigen 25 verteilen sich über die Rambla (s. u.).

Aufatmen können Sie auch an der **Plaza Los Patos** ein paar Schritte südwestlich des Parks. In seiner Mitte steht ein mit andalusischen Fliesen verkleideter Springbrunnen. Acht Frösche umsprühen eine wasserspeiende, auf einer Schildkröte sitzende Ente (span. *pato*). Ringsum reihen sich bunt gekachelte Sitzbänke – wunderbar zum Ausruhen!

## La Rambla

Ein drei Kilometer langer Boulevard spannt sich um die Innenstadt und trennt sie von den Villenvierteln der Oberstadt. In seiner Mitte verläuft ein Spazierweg, der von den beidseitig angelegten Autostraßen durch Palmen, Indische Lorbeer- und Afrikanische Tulpenbäume abgeschirmt ist. Weil es hier rund um die Uhr duftet und blüht, versucht ein jeder, sofern er es einrichten kann, seine Wege über die Rambla zu lenken. Auch vor und nach dem Abendessen wird gern flaniert; nachts, wenn die nostalgischen Straßenlaternen die Rambla in ihr Schummerlicht tauchen, kommen verliebte Paare und Nachtschwärmer. Unterwegs ist Kunst zu sehen, z. B. Henry Moores gefallener »Krieger aus Goslar« oder die Skulptur »Henker und Gehenkte« von Xavier Corberós, deren rote, vom Baum hängende Kugeln nicht an Köpfe, sondern an Bälle zum Spielen denken lassen … Auch eine renommierte Galerie ist an der Rambla zu entdecken: Künstler, die es zu **Leyendecker** (La Rambla 86, www.leyendecker. net, Mo–Fr 10–19 Uhr) geschafft haben, sind auf dem Markt angekommen. Zur Schönheit des Boulevards tragen die verspielten Villen bei, die sich an seiner Bergseite aneinanderreihen. Dort steht auch das repräsentativste Hotel der Stadt, das **Iberostar Mencey** **1**. Seine prächtige Halle lohnt einen Blick, und vielleicht haben Sie Lust, Innenhof und Garten anzuschauen? Mit einer Tasse Kaffee können Sie den Besuch beschließen.

Wer sich auf der Rambla hinabtreiben lässt, erreicht – fast schon am Meer – eine ehemalige Festung mit dem **Museo Militar** **23** (s. S. 28). Über die Hafen-Avenida geht es ins Zentrum zurück, vorbei an Juan Bordes' Skulptur »Die Mauer«.

## Hafen & Meeresfront

### Auf Expansionskurs
Der Hafen erstreckt sich mehrere Kilometer längs der Küste: das Nadelöhr, über das – vom Erdöl bis zum Zement – alle wichtigen Rohstoffe auf die Insel gelangen. Handels- und Kreuzfahrtschiffe legen an, auf Terminals stapeln sich Container. Vom Passagierhafen starten

*Bringt Schwung ins Stadtbild: das Auditorio.*

die Schiffe von Fred Olsen und Naviera Armas nach Gran Canaria, mit der Fähre von Acciona-Trasmediterránea kann man weiterfahren bis Cádiz. Noch dominiert Industrie-Charme, doch ist geplant, nach Entwürfen von Herzog & De Meuron den gesamten Hafen ambitioniert umzugestalten. Das Kreuzfahrt-Terminal ist fertiggestellt und mit ihm der autofreie Zugang zu den Schiffen. Immerhin waren hier im letzten Jahr Hunderttausende Kreuzfahrer angelandet. Kein Wunder, dass sich in der angrenzenden Avenida de Anaga Bars und Bistros in Stellung gebracht haben …

### Alles neu
Im Süden der Stadt, jenseits der mehrspurigen Avenida del Tres de Mayo, gibt sich Santa Cruz großstädtisch: Hochhäuser schießen in den Himmel, daneben stehen Einkaufszentren wie El Corte Inglés, ein monumentaler Justizpalast und der halb unterirdische Busbahnhof. Sauber und komfortabel wirkt das Ganze, aber etwas steril – es könnte ebenso gut in jeder anderen Stadt stehen. Spannender ist, was sich an der Meeresfront tut: Ausgerechnet der bislang hässlichste Teil der Stadt, die Ausfallstraße in Richtung Süden, avancierte zum neuen Wahrzeichen von Santa Cruz. 72 Mio. Euro wurden allein in das **Auditorio** ⓴ investiert: Aus einem 60 m breiten Sockel wächst eine gigantische Betonwelle, die weit vorschnellt und in einer markanten Spitze erstarrt: der Schwerkraft spottend, kühn und elegant! Unter ihr duckt sich eine Muschel, in die zwei Konzertsäle mit 1600 bzw. 400 Sitzplätzen eingelassen sind. Überzogen ist der Baukörper mit einer Hülle aus Millionen weißer, winziger Kacheln, die bei Sonne und Regen wie die Haut eines Reptils glänzen. Doch mit Welle und Muschel allein ist es nicht getan: Santiago Calatrava, Berliner Besuchern bekannt durch den Wiederaufbau der Kronprinzenbrücke, hat das Auditorium so gestaltet, dass es aus jeder Perspektive anders erscheint: Von hinten

**WANN WOHIN …**
… in Santa Cruz? Jede Menge los ist Mo–Sa 10–13.30 Uhr und nach der Siesta, 17–20 Uhr. Nach 20 Uhr verlagert sich das Treiben (vor allem Fr/Sa) ins Szeneviertel La Noria. Sonntags, wenn viele Bewohner aufs Land fahren, wird die Hauptstadt einzig durch den Flohmarkt belebt.

ähnelt es einem Fischmaul, von vorn einem Riesendampfer, von der Seite einem Segelschiff oder der Sichel des Mondes.

Schräg gegenüber, getrennt durch die Avenida de la Constitución, steht das **Centro de Ferias y Congresos** ⓯, ein 150 m langes, ebenfalls von Santiago Calatrava geschaffenes Messe- und Kongresszentrum. Von einem Doppelgewölbe überspannt, das auf Beton-Rundpfeilern ruht und durch seitlich angebrachte ›Füße‹ gestützt wird, hatte der Bau sofort seinen wenig schmeichelhaften Spitznamen weg: *Cucaracha*, die ›Kakerlake‹ …
Auditorio, Mo–Fr 12.30 Uhr, T 922 56 86 25, auditoriodetenerife.com, Besichtigungstour 5 € (1 Tag im Voraus reservieren)

### Spiel und Spaß
Damit die Prestigeobjekte nicht im Dickicht der Großstadt untergehen, wurden um sie herum weitläufige Grünflächen angelegt. Nach Plänen des Landschaftsarchitekten César Manrique (s. Thema Alles Platte? S. 276) entstand ein großartiger **Meerespark** (Parque Marítimo) ⓰: eine weiße Badelandschaft mit türkisfarbenem Wasser, in dem kleine Palmeninseln schwimmen. Geschickt eingebunden wurden das Castillo de San Juan, das einst wertvolle Dienste bei der Piratenabwehr leistete, sowie das ehemalige Lazarett. Nicht fehlen darf auch das für Manrique so typische Windspiel: »Hommage à Santa Cruz« ist der Name der 15 m hohen,

# TOUR
## Aus alt mach neu

**Museumstour in Santa Cruz**

Am Westufer des Barranco de Santos ziehen zwei Hochkaräter landeinwärts: das **Museo de la Naturaleza y el Hombre** ⑲ und das Kulturzentrum **TEA** ⑳. Ein gutes Stück talaufwärts kam 2017 die **Casa del Carnaval** ㉑ hinzu.

### Museo de la Naturaleza y el Hombre ⑲

»Where are the mommies, please?« – Alle zieht es in den Saal mit den Mumien. Da liegen sie in gläsernen Särgen, eingewickelt in zerfledderte Ziegenhäute, das Gesicht erstaunlich ausdrucksvoll im Moment des Todes … Und eine ganze Wand ist mit Schädeln bestückt, die auf Sie hinabschauen. Sie erfahren: Teneriffas Ureinwohner, die Guanchen, praktizierten einen aufwendigen Totenkult – nur im alten Ägypten bzw. bei den Inkas in Amerika wurden die Verstorbenen derart umfassend ›behandelt‹ (s. Magazin S. 268). Doch in diesem klassizistischen Pracht- und Riesenbau, der einmal ein Militärkrankenhaus war, gibt es noch sehr viel mehr zu sehen. Wie und von wem sind Teneriffas Ureinwohner ›entdeckt‹ worden? Und warum blieben sie so lange von der Welt unbemerkt? Anschaulich geht die Ausstellung der Frage nach, wie die Ur-Kanarier und ihre Inseln langsam ins Bewusstsein der Europäer rückten – von ersten antiken Berichten über mittelalterliche Expeditionsfahrten bis hin zur Eroberung. Haben Sie jetzt genug von Geschichte? Dann auf in die **Naturabteilung**! Die Erde bebt und Lava fließt – schon sind Sie mittendrin in

---

**Infos**

**Cityplan:** s. S. 19

**Museo de la Naturaleza y el Hombre:** Calle Fuente Morales s/n (nächste Tram-Haltestelle »Fundación«, T 922 53 58 16, www.museosde tenerife.org, Di–So 9–19 Uhr, am 24., 25. und 31. Dez. sowie am 1. und 6. Jan. geschl. Eintritt 5 €

*Die Erleuchtung ist im TEA quasi vorprogrammiert …*

der Entstehung der Inseln aus dem Atlantikboden. Wie konnte sich auf vulkanischem Ödland eine so fantastische Pflanzenwelt entwickeln? Auch auf diese Frage finden Sie im Museum eine Antwort …

Kaum sind Sie wieder im Freien, lotsen Sie Rampen längs des Trockenbetts des Barrancos landeinwärts – hinauf in den nächsten spektakulären Bau.

### TEA 20 – Kunst!

Von schwebenden Gehsteigen schauen Sie durch Riesenfenster in eine Bibliothek hinab, der reliefartige Wände und in Tropfenform gegossene Lampen einen exzentrischen Anstrich verleihen. Frei tragende Treppen und trapezförmige, die Etagen verbindende Rampen sorgen für ein entgrenzendes Raumgefühl. Auf den künstlerischen Inhalt verweist die Fassade, deren schräge Fenster und Keramiken bunt im Sonnenlicht flirren. Sie sind im TEA (Tenerife Espacio de las Artes), einem vom Schweizer Architektenduo Herzog & De Meuron für 40 Mio. Euro geschaffenen ›Kunstraum‹. Spannende Ausstellungen zeigen zeitgenössische internationale Kunst. Doch auch Teneriffa kommt nicht zu kurz: Im **Instituto Óscar Domínguez** werden Leben und Werk des großen, hier geborenen Surrealisten beleuchtet.

### Casa del Carnaval 21 – Kulturgut Karneval

Weitere gut 500 Meter talaufwärts kommen Sie zur Casa del Carnaval. Hier wird alles getan, damit Sie auch außerhalb der ›Jeckenzeit‹ an der größten zwischen Rio und Köln tobenden Gaudi teilhaben können: Raumgroße Fotos und Videos, die Sie mit 3-D-Brille betrachten, machen Lust, bei der nächsten Fiesta live dabei zu sein. Kostüme von historisch bis aktuell, Masken und andere Accessoires vervollständigen die fantastische Sammlung. Und auch das wird vielen gefallen: Sie können selber in Kostüme schlüpfen, auf der Bühne stehen und sich fotografieren lassen.

---

**Infos**

**TEA:** Calle de San Sebastián s/n, www.teatenerife.es, Di–So 10–20 Uhr, 5 €, erm. 1 €, bis 12 Jahre gratis. Frei ist die rund um die Uhr geöffnete Bibliothek mit Gratis-Internet, Café und Museumsladen

**Casa del Carnaval:** Calle Aguere 15, tgl. 9–19 Uhr, Eintritt (vorerst) frei

rhombenartigen Skulptur, die abstrahiert die Formen des Auditoriums wiedergibt.

An den Meerespark grenzt im Süden das hügelige Gelände des **Palmetum** ❼ (Av. de la Constitución 5, www.palmetum tenerife.es, tgl. 10–18, Eintritt 6/2,80 €) eines Botanischen Parks, der – man höre und staune – auf einer 1983 stillgelegten Mülldeponie entstand. Nur einen Meter unter der Erde rottet alter Abfall vor sich hin, während darüber mit 12 ha ein Dschungel gedeiht. Umgeben von Teichen, Bächlein und kleinen Wasserfällen wachsen hier Hunderte Palmenarten aus aller Welt: Königs- und Kokos-, Fuchsschwanz- und Silber-, Palmyra-, Öl- und Zuckerpalme – alle mit wunderschönen, mächtigen Kronen. Von Aussichtspunkten haben Sie einen weiten Küstenblick bis zum Anaga-Gebirge. Ein achteckiger, halb in den Boden versenkter Kuppelbau dient als Treibhaus für anspruchsvolle, feuchtigkeitsliebende Exoten. Übrigens kommen im Palmetum weder Kunstdünger noch Pestizide zum Einsatz; über 21 ›Brunnen‹ werden Gase aus der Mülldeponie aufgesaugt, sodass sie weder Pflanze noch Mensch schädigen.

### EL TANQUE RECYCLED

Ein ehemaliger **Ölspeicher** ❽ nahe dem Kongresszentrum, von außen alles andere als eine Schönheit, wurde zum spektakulären Ausstellungszentrum: Über Rampen, die aus einem zweiten, abgewrackten Ölspeicher konstruiert wurden, gelangt man in einen riesigen, zylinderförmigen Raum. Er ist durch hohe metallene Säulen abgestützt, sodass man das Gefühl hat, eine Kathedrale aus Eisen zu betreten. Egal was hier stattfindet, immer ist es beeindruckend! (Calle Adán Martín Menis s/n, Di–Fr 17–20, Sa 11–14 Uhr, Eintritt frei).

Parque Marítimo, Av. de la Constitución s/n, www.maritimosantacruz.com, tgl. 10–18 Uhr, Eintritt 2,50/1,50 € (Liege & Schirm 5,50 €)

## Museen

### Längs der Trockenschlucht
❾ **Museo de la Naturaleza y el Hombre,** ❿ **Kulturzentrum TEA und** ⓫ **Casa del Carnaval:** siehe Tour S. 26

### Alte Meister im Prachtbau
⓬ **Museo de Bellas Artes:** In 14 Sälen des ehemaligen Franziskanerklosters werden Werke alter Meister aus Spanien, den Niederlanden und von den Kanaren gezeigt.
Calle José Murphy 12, Di–Fr 10–20, Sa–So 10–14 Uhr, Eintritt frei

### Ohne schlechtes Gewissen
⓭ **Museo Militar:** Wie zu erwarten sind hier Waffen zu sehen – von den Keulen der Guanchen bis zu den Lanzen der Konquistadoren.
Museo Militar, Calle San Isidro 1, Cuartel de Almeida, T 922 84 35 00, Di–Sa 10–14 Uhr, Eintritt frei

## Schlafen

Alle vorgestellten Hotels liegen zentral und relativ ruhig. Geschäftsleute sorgen für gute Belegung Mo–Fr, am Wochenende sinken die Preise.

### Feudal
❶ **Mencey:** Grand Hotel alten Stils an der Rambla, wenige Schritte vom Stadtpark. Das Königspaar steigt hier ab, wenn es die Stadt besucht, und auch für Politiker, Sport- und Filmstars ist es die angesagte Adresse. In der Lobby und in den Salons überwiegt fürstliches Ambiente mit Marmor, Edelholz und Kristalllüstern. In Kontrast dazu sind die 261 Zimmer in klaren

Formen und ganz in Weiß eingerichtet. Das opulente Frühstücksbüfett wird in einem lichtdurchfluteten Saal eingenommen. Mit Spa, Casino und Gourmetrestaurant.
Av. Dr. José Naveiras 38, T 922 60 99 00, www.grandhotelmencey.com, DZ ab 140 €

### Historisch-moderner Mix
**2 Mario:** Historisches Haus im Ausgehviertel La Noria mit Salon, zwei Schlafzimmern, Küche und Bad, Innenhof und fantastischer, 70 m² großer Dachterrasse.
Calle Candelaria 7, T 922 29 66 25, www.apartamentosmario.com, Ap. 2 Pers. 130 €, min. 3 Nächte, Gratis-WLAN

### Am Prinzen-Platz
**3 Príncipe Paz:** Hier wohnen Sie an der zentralen, verkehrsberuhigten Plaza del Príncipe: Hinter einer hübschen Fassade aus rötlichem Naturstein verbergen sich 80 funktional eingerichtete Zimmer. Den besten Blick bieten die zum grünen Park.
Calle Valentín Sanz 33, T 922 24 99 55, www.hotelprincipepaz.com, DZ ab 75 €, Gratis-WLAN

### Schönes Design
**4 Occidental Santa Cruz Contemporáneo:** Das 4-Sterne-Haus liegt in Santa Cruz' bestem Viertel an der Rambla – nur wenige Schritte vom Park, durch den man ins Stadtzentrum spaziert. Das Design ist eine gelungene Mischung aus Minimalismus, modernem Barock und raffiniertem Farbenspiel. Während die 150 Zimmer strahlend weiß in eleganten Formen daherkommen, sind die öffentlichen Räume in Schwarz gehalten. Ein kleiner Open-Air-Pool mit Jacuzzi befindet sich auf dem Dach; Tiefgarage und Gratis-WLAN.
Rambla de Santa Cruz 116, T 922 27 15 71, www.barcelo.com, DZ ab 95 €

### Mitten im Leben
**5 Adonis Plaza:** 3-Sterne-Haus an der verkehrsberuhigten Plaza mit anheimelnder Lobby; 95 recht einfache Zimmer.
Plaza de la Candelaria 10, T 922 27 24 53, www.adonisresorts.com, DZ ab 60 €

## Essen

An der Plaza de España und ihren Seitenstraßen öffnen Terrassencafés, in denen Sie sich mit Tapas stärken können. Gut essen lässt sich in der Gastro-Gasse Callejón del Combate und im Ausgehviertel La Noria, wo Terrassenlokale Mo–Fr günstige Menüs anbieten.

### Asiatisch mit Michelin-Stern
**1 Kazan:** Von außen unscheinbar, innen mit Naturholz schlicht-elegant eingerichtet – das passt zur ›minimalistischen‹ japanischen Küche, vom Feinsten und Teuersten. Alle Gerichte werden auf kunstvollem Geschirr präsentiert – ein Augenschmaus!
Milicias de Garachico 1/Local 5, T 922 24 55 98, Di–Sa mittags und abends, www.restaurantekazan.com, Menü ab 48 €

### Beste Stimmung
**2 La Taberna de Ramón:** In seinem kleinen rustikalen Lokal an der Rambla bietet der sympathische Señor Ramón frische, herzhaft zubereitete Marktware: Da gibt es Mini-Garnelen, Tintenfisch und Napfschnecken sowie Thunfisch auf Süßkartoffel (atún con batata). Fleischesser greifen zu iberischem Schinken. Köstlich ist auch der reife Käse! Am Wochenende ist es rappelvoll, kommen Sie möglichst schon vor 13 Uhr!
Rambla 56, T 922 24 13 67, Mo–Sa mittags und abends, Hauptgerichte ab 8 €

### Mix & Match
**3 Gato Negro:** An der Rambla wartet auch die »Schwarze Katze«. Nehmen Sie an der langen Bar Platz und schauen Sie Armando Saldanha beim Kochen zu. Er stammt aus Mexiko, sodass die asiatische Fusion-Küche mit lateinamerikanischen Einsprengseln daherkommt. Vorneweg

empfiehlt sich *ceviche,* in Kokos-, Soja- und O-Saft marinierter Fisch, folgen könnte rotes Curry mit Schweinebäckchen oder Ente auf Süßkartoffel-Ingwer-Püree. Ungewöhnlich schmeckt das schwarze Sesam-Eis, das zu den vielen schwarzen Deko-Katzen passt.
Rambla 31, T 822 04 46 07, Di–Sa abends, So mittags und abends, Gerichte ab 4,50 €

### Trendfood
4 **La Brújula:** Ein junges Team mischt Klassisch-Spanisches mit Mediterranem. Heraus kommt frische Marktküche, attraktiv präsentiert und zu fairem Preis: Carpaccio und Risotti, gefüllte Kroketten und Teigtaschen, Spaghetti mit Meeresfrüchten und Fisch auf Tortilla. Gegessen wird in informellem Trattoria-Ambiente. Preiswerte Tagesmenüs!
Calle Emilio Calzadilla 3, T 822 17 49 86, Mo–Sa mittags und abends

*Cafés an jeder Ecke: perfekt für eine kleine, schattige Auszeit von der Sonne Teneriffas*

### Wie früher
5 **Tasca La Montería:** Mehrere schicke Lokale gibt es in der »Kampfgasse«. Montería gibt sich traditionell-rustikal. Hier bekommen Sie Gazpacho mit Einlage, gebratenen Ziegenkäse mit Mojo-Soße und Knoblauchgarnelen in Tonschale gegart, gern auch auf der Terrasse.
Callejón del Combate 7, T 698 50 44 56, Mo–Sa 11–24 Uhr, Tellergerichte ab 5 €

### Nahe Parque García Sanabria
6 **Picatostes Tenerife:** »Verschiedene Geschmacksrichtungen probieren« – so lautet die freie Übersetzung des Namens. In frisch-fröhlichem Bistro-Ambiente gibt's kanarisch-spanische Küche mit Pfiff. Die Vorspeisen sind so üppig, dass man sie sich – wie auf der Karte vorgeschlagen – teilen kann.
Calle San Francisco Javier 59, T 616 40 32 22, Facebook: picatostestenerife, Di–Sa mittags und abends, So nur mittags, Salate ab 9,50 €

### Hier macht's die Lage
7 **Strasse Park:** Am oberen Rand des Parkes García Sanabria werden auf einer Terrasse inmitten von viel Grün einfache Salate und Snacks angeboten, die Gerichte lohnen weniger. Wenn abends die Heizstrahler angeworfen werden, bleibt man gern länger.
Parque García Sanabria, T 922 10 65 82, Facebook: strassepark, tgl. 9–24 Uhr

### Wunderbar im Abseits am Meer
8 **MAG Cafe Bistro Auditorio:** Wer zur Ruhe kommen will, ist hier richtig: Schön sitzen Sie sowohl auf der Terrasse unter den Flügeln des Auditoriums als auch drinnen in hellem Ambiente, wo Panoramafenster gleichfalls Meerblick eröffnen. Spaß macht die mediterran inspirierte Küche – frisch im Geschmack und fantasievoll präsentiert.
Av. de la Constitución 1, T 922 56 86 00, Facebook: MagAuditorio, So–Do 9–19.30, Fr/Sa 9–24 Uhr, Menü 12,50 €

## Kanarisch kreativ

**9 Bulán:** Eines von mehreren beliebten Lokalen im Szeneviertel La Noria. Das chillige Ambiente geht mit hohen Preisen einher, günstiger sind die Mittagsmenüs mit ca. 15 € (Mo–Fr).
Calle La Noria 35, T 922 27 41 16, www.bulantenerife.com, tgl. 12–1 Uhr

## »Kräuterchen« mit Tradition

**10 La Hierbita:** Ein über 100 Jahre altes Haus mit restaurierten offenen Dachstühlen und Keramikböden. Gemütliches Ambiente, auch Alleinreisende fühlen sich wohl. Vom nahen Markt kommen frische Kräuter, denen das Lokal seinen Namen verdankt. Die kanarische Hausmannskost ist zu empfehlen, auch die große Fischplatte für zwei Personen mit Salat für 30 €.
Calle Clavel 19, T 922 24 46 17, www.lahierbita.com, Mo–Sa mittags und abends

## Eis von süß bis salzig

**11 Mio Gelato:** An einer Altstadt-Kreuzung gibt's Cremig-Kaltes frei von Konservierungs- und Farbstoffen, in Geschmacksvarianten wie »Doña Victoria« (Sahne, Kirsch und Schoko), Mojito, karamellisierte Feigen ... Einige Sorten auch für Diabetiker.
Calle El Pilar 8, Mo 16–20, Di–Sa 13–22 Uhr

# Einkaufen

Der Markt und Großkaufhäuser befinden sich unweit des zentralen Busbahnhofs im Süden der Stadt. Traditionelle Einkaufsstraßen sind die Calle Castillo und Pilar.

## Markt und mehr

**1 Mercado de Nuestra Señora de África:** Hunger bekommen? In der maurisch inspirierten, pastellfarbenen Markthalle mit offenem Innenhof bekommt man frischen Käse vom Land und die beliebten churros. Unter den Gastro-Einrichtungen ist ›Il Gelato del Mercato‹ Trumpf – hervorragendes Eis! Außerdem gibt es Obst und Gemüse in Hülle und Fülle, Fisch und Fleisch sowie Papageienblumen.

Sonntags findet ein großer *rastro* (Flohmarkt) statt, der mit 300 Ständen über die umliegenden Straßen in Richtung Hafen schwappt. Es ist spannend zu beobachten, wie die eine Hälfte der Stadt auf den Beinen ist, um ihren Ramsch loszuwerden, während die andere ihn begeistert nach Hause trägt.
Plaza del Mercado/Av. de San Sebastián 1, www.la-recova.com, Mo–Sa 6–14, So 7–14 Uhr, Mo aber nur wenige Stände; Besucher können bis zu 90 Minuten gratis parken!

**SHOPPING! SCHNÄPPCHEN!**

Wer im Großstadtmilieu einkaufen will, macht einen Trip nach Santa Cruz. In der Nähe des zentralen Busbahnhofs befinden sich die **Markthalle 1** und **El Corte Inglés 2**, das größte Kaufhaus der Insel. Die Fahrt lohnt sich besonders während des Winterschlussverkaufs *(rebajas):* Er startet gleich nach der Weihnachtsbescherung am 6. Januar und dauert volle acht Wochen. Zigaretten und Tabakerzeugnisse gehören zu den wenigen Dingen, die auf Teneriffa noch immer billiger sind als daheim. Für Elektronik empfehlen sich die Läden der Kette Visanta, wo man sein Geld zu 100 % zurückerhält, wenn die Ware anderswo billiger angeboten wird. Wer etwas Inseltypisches kaufen möchte, das auch teurer sein darf, kauft authentisches Kunsthandwerk mit offizieller Garantie der Inselregierung, zusammengefasst unter der Marke **Artenerife 3**.

### Mode und mehr
**2 El Corte Inglés:** Auf sieben Etagen sind von Hugo Boss bis Louis Vuitton alle wichtigen Modemarken vertreten, außerdem gibt es eine große Abteilung für Kosmetika, Schmuck, Uhren und Elektronik sowie ine gut sortierte Lebensmittelabteilung.
Av. del Tres de Mayo 7, www.elcorteingles.com, So geschl.

### Kunsthandwerk der Insel
**3 Artenerife:** In dem einem Segelboot nachempfundenen Pavillon gibt's Keramik, Stickerei, Korb- und Webarbeiten.
Plaza de España s/n, www.artenerife.com

## Bewegen

Über die Touristeninfo werden vielfältige Aktivitäten vermittelt: von Radfahren bis Wandern im Anaga-Gebirge (s. S. 32).

## Ausgehen

Nachts verwandelt sich das verkehrsberuhigte, stimmungsvolle **Noria-Viertel 1** in Santa Cruz' Ausgehmeile. Die meisten Bars und Clubs sind in historischen Häusern untergebracht – schönes Ambiente!

### Von World-Musik bis Klassik
**Auditorio:** Außer in der Sommerpause gibt es hier ganzjährig musikalische Leckerbissen: zu Jahresbeginn ausschließlich Klassik (s. Feiern), danach alles von Jazz bis Pop.
Av. de la Constitución 1, www.auditoriodetenerife.com, Vorverkauf Mo–Fr 10–15, Sa 10–14Uhr und 2 Std. vor Beginn der Vorstellung, T 902 31 73 27

### Teatro Guimerá
Theater- und Ballettaufführungen in- und ausländischer Ensembles.
Plaza Isla de la Madera 2, Vorverkauf T 922 60 62 65, www.teatroguimera.es

## Feiern

- **Feria de Artesanía de Reyes:** 2.–5. Jan. Auf dem Dreikönigsmarkt auf der Plaza del Príncipe verkaufen kanarische Kunsthandwerker ihre Ware.
- **Cabalgata de los Reyes Magos:** 5. Jan. Mit dem Hubschrauber werden die kostümierten Könige eingeflogen, die zu einer großen Prozession aufbrechen: Sie ziehen auf Kamelen mit ihrem Gefolge durch die Stadt und werfen den an der Straße wartenden Kindern Bonbons zu.
- **Festival de Música de Canarias:** Jan.–Febr. Fünf Wochen lang kommen Weltklasseorchester nach Santa Cruz, um im Auditorium Konzerte zu geben. Einzelkarten bekommt man an der Kasse des Auditoriums (www.festivaldecanarias.com).
- **Karneval:** Febr./März. Mehrwöchiger Ausnahmezustand (www.carnavaltenerife.com), s. Thema S. 288.
- **Día de la Cruz:** 3. Mai. Die Hauptstadt wird mit bunten Blumenkreuzen geschmückt. Schon am Vorabend wird in der Calle de la Noria gefeiert: Beim »Tanz der Zauberer« *(Baile de Magos)* erleben Sie Tausende Inselbewohner im Folk-Kostüm.
- **Fotonoviembre:** Nov. Alle zwei Jahre (ungerade Zahl) gibt es hochkarätige Foto-Ausstellungen (www.fotonoviembre.com).
- **Weihnachten:** Von Heiligabend bis zum 6. Januar kann im Vorraum der Fundación Caja Canarias (s. S. 22) eine detailreiche, traditionelle Krippe besichtigt werden. Im Hotel Iberostar Mencey (s. S. 28) findet Anfang Dez. ein Weihnachtsmarkt statt.

## Infos

- **Oficina de Turismo:** Plaza de España s/n, T 922 24 84 61, www.santacruzmas.com, Mo–Fr 9–16 (Juli–Sept. bis 17), Sa 9–13 (Juli–Sept. bis 12) Uhr. Hier werden Sie gut beraten und können fast alle Attraktionen und Aktivitäten der Insel bu-

chen. Tgl. um 12 Uhr starten 90-minütige, geführte Stadttouren auf Englisch bzw. Deutsch (p. P. 5 €). Eine Infostelle befindet sich auch im Busbahnhof.
• **City View:** Neben der Touristeninfo an der Plaza de España startet ein Doppeldecker zu einer Stadtrundfahrt. An 15 Haltestellen kann man aussteigen und später die Fahrt mit einem der alle 20 Min. startenden Folgebusse fortsetzen. Über Kopfhörer Infos auf Deutsch (www.tenerifecityview.com), tgl. 9.30–18.30 Uhr, gesamte Fahrtdauer 75 Min., Preis 22 € (inkl. Eintritt im Palmetum).
• **Auto:** Parken kann man in der gebührenpflichtigen Tiefgarage am Auditorio und unterhalb der Plaza de España, außerdem am Markt (Mercado), am Kaufhaus El Corte Inglés und am Busbahnhof (Intercambiador/Estación de Guaguas). Nach La Laguna führt zwar eine mehrspurige Autobahn, doch Parkplätze sind dort rar; besser die Straßenbahn nutzen!
• **Bus:** Vom Busbahnhof (nahe dem Auditorium) kommt man in alle wichtigen Orte der Insel, z. B. nach Puerto de la Cruz (101–104) und La Orotava (101, 107–108), San Andrés (245), Punta del Hidalgo (105), Icod de los Vinos (106/108), Garachico (107) und Costa Adeje (110–111).
• **Straßenbahn:** Die *tranvía* verkehrt alle 5–15 Min. zwischen Santa Cruz (1. Station Intercambiador) und La Laguna (Endhaltestelle Trinidad). Die Fahrzeit beträgt je nach Station 15–30 Min. (www.metrotenerife.com). Verlängerung bis zum Flughafen Los Rodeos geplant.
• **Schiff:** Zum Fährhafen von Santa Cruz, der Estación Marítima, gelangt man von der Plaza de España via Fußgängerbrücke, mit dem Auto über die Südzufahrt. 3–5 x tgl. fährt die Olsen-Fähre nach Agaete im Nordwesten Gran Canarias, von dort nach Voranmeldung kostenloser Bustransfer in die Hauptstadt Las Palmas (www.fredolsen.es). Die Fähre der Reederei Armas steuert direkt Las Palmas an (www.naviera armas.com).

# La Laguna

Kapuzenmänner und Konquistadoren, Klöster, in denen Nonnen in Klausur leben – in Teneriffas ehemaliger Hauptstadt ist das mittelalterliche Spanien gegenwärtig. Bewahrt wird der alte Geist, dazu die Architektur verflossener Jahrhunderte. La Laguna ist aber auch der Sitz von Teneriffas Universität. Von 150 000 Bewohnern ist fast jeder siebte Student, sodass in den Straßen viel Jugend unterwegs ist. 1999 hat die UNESCO die Altstadt zum Weltkulturerbe erklärt, woraufhin sie umfassend restauriert wurde – grelle Werbung oder Plastikmobiliar sind hier Fehlanzeige. Und auch die Gastro-Szene hat profitiert – an jeder Ecke öffnet ein nettes Café oder Lokal. So ist La Laguna, wo alles Schöne dicht beieinander liegt, ideal für einen Tagesausflug.

Die Altstadt erstreckt sich auf einer Fläche von gerade mal 500 x 200 m und besteht aus mehreren parallel verlaufenden Fußgängerstraßen, die man in einer Stunde abgelaufen hat. Mehr Zeit ist freilich für Besichtigungen einzuplanen. Ein Besuch will gut vorbereitet sein. Hilfreich ist die Touristeninfo, die Auskünfte zum Sammelticket gibt und kostenlose Stadtführungen auch auf Deutsch anbietet (s. S. 46).

Wer in La Laguna länger bleibt, genießt von morgens bis nachts kanarisches Ambiente und hat es nicht weit zu den Wanderwegen im Anaga-Gebirge, auch nicht zu den Naturschwimmbecken an der Nordküste. Da es in La Laguna 5–7 Grad kälter ist als an der Küste, sollten Sie sich freilich im Winter warm anziehen!

## Modell für Amerika

La Laguna liegt in einem fruchtbaren Hochtal in knapp 600 m Höhe. 1495, unmittelbar nach der Unterwerfung der Ureinwohner, wurde sie gegründet: die

# Santa Cruz und der Südosten

*Wirkt gruselig, ist es aber nicht: La Lagunas traditionelle Osterprozession.*

erste spanische Stadt, die ohne Festungsmauern auskam. Wo immer im entstehenden spanischen Kolonialreich eine Neugründung anstand, hat man sich an ihrem Vorbild orientiert und ihr rationales, schachbrettartiges Straßenmuster kopiert. Da sie fern der Küste und damit außer Reichweite von Piraten lag, war sie von 1510 bis 1723 Teneriffas Hauptstadt. Ihr geistiges und geistliches Zentrum ist sie bis heute geblieben: Sie ist Sitz des Bischofs und vieler Orden, 1744 ging aus einem Konvikt die erste Universität der Kanaren hervor.

## Plaza del Adelantado

Ein guter Startpunkt für die Erkundung ist der nach dem *adelantado,* dem ›Anführer‹ der Conquista Alonso Fernández de Lugo, benannte **Platz** ❶. Die Kronen der Palmen, Lorbeer- und Drachenbäume bilden ein dichtes Dach, sodass unter ihm alles im Schatten liegt. Und in der Mitte plätschert ein Brunnen ... Nach drei Seiten wird der Platz von Klöstern und Residenzen ehemaliger Konquistadoren flankiert; an der vierten Seite soll neben Gericht und Kapelle eines Tages die abgerissene Markthalle wieder auferstehen.

### Klösterliche Klausur

Das **Convento de Santa Catalina** ❷ erhebt sich mit mächtigen, abweisenden Mauern an der Westseite des Platzes. Sein einziger Schmuck sind zwei Holzportale sowie ein Söller, durch dessen Gitterwerk die im Kloster lebenden Nonnen auf den Platz schauen können, ohne gesehen zu werden. Seit dem frühen 17. Jh. widmen sich hier Dominikanerinnen dem Gebet – einst waren es 100, heute sind es so viele wie zur Zeit der Gründung, nämlich sechs. Nur die zum Kloster gehörende **Kirche** kann besucht werden. Sie hat Mudéjar-Decken und einen großen Silberaltar zu Ehren der Rosenkranzmadonna, der Ordenspatronin. Das Sanktuarium Siervitas machte die Kirche berühmt: Rechts vom Haupteingang verbirgt sich hinter Gittern der verhängte Sarkophag der ›heiligen‹ Nonne (s. Zugabe S. 54).

Plaza del Adelantado, monasteriodominicas lalaguna.es, Mo 10–14, Di–Fr 10–17, Sa 17–19.30, So 9–12 Uhr

## Wuchtig!

Mit seinen grauen Quadern, dem großen Portal und der langen Balkonfront wirkt der **Palacio de Nava y Grimón** ❸ imposant. 1585 ließ ihn die gleichnamige Adelsfamilie erbauen, die darin zur Zeit der Aufklärung Hof hielt, Konzerte und Theateraufführungen gab (s. Kasten rechts). Die Tradition setzt gegenüber das **Espacio Cultural CajaCanarias** ❹ fort. In einem großen, komplett entkernten Palast zeigt es auf zwei Stockwerken zeitgenössische Kunst – immer einen Blick wert!

In der großen Lücke an der Nordostecke des Platzes harrt die abgebrannte Markthalle ihres Wiederaufbaus. Daneben steht die **Ermita San Miguel**, eine kleine, 1506 vom *adelantado* gestiftete Kapelle. An der Südfront des Platzes, am Haus mit der Nummer 10, ehrt eine Plakette den 1534 hier geborenen Jesuitenpater José de Anchieta. Der glühende Missionar und Gründer der brasilianischen Stadt São Paulo wurde 1980 vom polnischen Papst seliggesprochen. Das angrenzende Hotel, einst Sitz der Grafen Celada, firmiert unter dem Namen **Laguna Nivaria**. Der römische Geschichtsschreiber Plinius hatte im 1. Jh. Teneriffa diesen Namen gegeben, und bis heute wird die Kirchenprovinz der Westkanaren so bezeichnet (Obispado Nivariense). Es lohnt sich, einen Blick ins Hotel zu werfen: Der Patio mit Café ist von morgens bis abends gut besucht.

Espacio Cultural CajaCanarias, Plaza del Adelantado 3, Mo–Fr 10–13.30, 17.30–20, Sa 10–13.30 Uhr, Eintritt frei

## Wo ein Freibeuter ruht

Eine Straße führt von der Südseite des Platzes zur **Iglesia de Santo Domingo** ❺ hinab. Seit seiner Gründung im frühen 16. Jh. war das Kloster eine Stätte der Gelehrsamkeit, zwischenzeitlich ein Priesterseminar. Die Dominikaner haben sich ein neues Domizil gesucht, sodass ihr Kloster, heute Sitz der Stadtverwaltung, besucht werden kann. Werfen Sie einen Blick auf das große, maßstabsgetreue Modell der Stadt anno dazumal und in die Innenhöfe mit Kreuzgang und Drachenbaum!

Die Kirche nebenan ist vielleicht La Lagunas schönste. Sie prunkt mit einem gigantischen Hochaltar aus amerikanischem Silber für die Rosenkranzmadonna. Ein 22 m langes Wandgemälde erzählt detailreich und dynamisch, wie die Madonna 1212 den christlichen Trup-

### KONQUISTADORENKARRIERE

Jorge Grimón (1455–1545) war ein kleines Licht, als er in den Kampf gegen die ›ungläubigen‹ Bewohner Granadas zog. Damals gehörte die Stadt noch zum islamischen Reich Al Andalus. Während der Conquista lernte Jorge den *adelantado* Alonso Fernández de Lugo kennen, einen mit allen Wassern gewaschenen Krieger, der auf weitere Beute aus war. Der *adelantado* gewann Jorge für die anstehende Eroberung Teneriffas, wofür dieser mit fruchtbarem Guanchen-Land belohnt wurde. Als er starb, gehörte er zu den *top five* der neuen Insel-Elite. Später taten sich die Nava y Grimón als Aufklärer hervor, gründeten im 18. Jh. La Lagunas Universität und den Jardín Botánico in La Orotava. Noch heute spielen Nachkommen der Familie auf Teneriffa eine wichtige Rolle.

# Lieblingsort

## Paradise Lost

Wenn Sie durch das Hauptportal der **Iglesia San Agustín** ⑫ lugen, sehen Sie eine Wildnis: Zwischen mürben Mauern wuchern Pflanzen, statt einer Decke öffnet sich ein weiter Himmel. Was ist hier passiert? Am 2. Juni 1964 brach in einer der ältesten Inselkirchen ein Feuer aus. Rasend schnell erfassten die Flammen die Holzdecken und -böden, das geschnitzte Gestühl, die in kostbare Gewänder gehüllten Heiligenfiguren … Der Kirchenschatz verglühte ebenso wie die Grüfte mächtiger Adelsfamilien.

pen in der Schlacht von Lepanto half, die ›Ungläubigen‹ zu stoppen. Geschaffen hat das Gemälde Mariano de Cossío 1943: ein Loblied auf das feudale Spanien, das erfolgreich das ›Reich des Bösen‹ (sprich: die Republikaner) in die Knie zwang … Einen Blick wert sind auch die Holzdecken im strengen Mudéjar-Stil (rechts) und im verspielten Portugal-Stil (links). In einer unterirdischen Gruft nahe dem Hauptportal ruht der Korsar Amaro Pargo (s. Zugabe S. 54).

## Calle Obispo Rey Redondo

La Lagunas wichtigste Geschäfts- und Promenierstraße verbindet die Plaza del Adelantado mit der Plaza de la Concepción. An ihrem Anfang steht das mächtige **Ayuntamiento** ❻ (Rathaus), nebenan die Residenz des Gouverneurs, die **Casa del Corregidor.** In das aufwendig gestaltete Portal sind die Wappen Teneriffas und der spanischen Krone eingelassen. Die obersten militärischen Machthaber bezogen gleich daneben Stellung: In die **Casa de los Capitanes** ❼, heute Touristeninfo, können Sie eintreten und den Innenhof mit Säulen aus rötlichem Naturstein bewundern. Im hinteren Bereich des Kreuzgangs entdecken Sie das bronzene ›Blindenmodell‹ der Iglesia de la Concepción (s. S. 38): Wer es ertastet, hat die Kirche von außen ›gesehen‹.

### Türme & Kuppeln
Nächster obligatorischer Stopp ist die **Catedral de los Remedios** ❽ auf einem Platz mit Palmen, Drachenbäumen und Araukarien. Seit ihrer Errichtung im Jahr 1515 wurde sie ständig erweitert, bis sie ihre heutige klassizistische Gestalt erhielt. Imposant ist der von mächtigen Basaltsäulen gegliederte Innenraum, der von einer großen Betonkuppel überwölbt ist. Diese wurde 2002–14 anstatt des ur-

sprünglichen, baufälligen Dachs eingesetzt. An das Hauptschiff schließt sich ein auf Säulen ruhender, halbrunder Umgang an. Im Vergleich zur Architektur wirken die Kunstwerke etwas blass, ausgenommen der vor Blattgold strotzende Altar für Mariahilf (Remedios), das gemalte Fegefeuer des Kanariers Cristóbal Hernández de Quintana und die Kanzel aus Carrara-Marmor. Im rechten Seitenschiff ist ein schlichter Grabstein für den 1525 verstorbenen Stadt- und Kirchengründer Alonso Fernández de Lugo angebracht. Sehenswert ist die Sammlung russischer Ikonen in den **Casas Capitulares** nebenan in der Calle Bencomo.

Plaza Fray Albino s/n, www.lalagunacatedral. com, Mo–Fr 10–20, Sa 10–12.30, 14–17 Uhr, Eintritt 5 € inkl. Audio-Guide; Casas Capitulares im Sammelticket (s. S. 46) inklusive

### Ebenso prunkvoll
Wo so viel weltliche und kirchliche Macht vereint sind, wollten führende Adelsgeschlechter nicht fehlen. Eintreten kann man in die ehrwürdige Casa de los Marqueses de Torrehermosa (1736), das heutige **Hotel Aguere.** Der hohe Lichthof mit seinem Marmorboden und den umlaufenden Galerien lädt dazu ein, im Café eine kleine Pause einzulegen. Gegenüber prunkt das 1915 errichtete **Teatro Leal** ❾ mit einer Jugendstilfassade. Im prachtvoll restaurierten Kammersaal werden Konzerte gegeben.

Noch mehr Musik, wenn auch etwas anderer Art, gibt es nur fünf Gehminuten von hier zu entdecken: im **Casa-Museo de Los Sabandeños** ⓱ (s. S. 41).

## Plaza de la Concepción

Den Abschluss der Calle Obispo Rey Redondo bildet die dreieckige, von einer Riesenaraukarie beschattete Plaza de la Concepción. Ihren Namen verdankt sie der Kirche **Iglesia de Nuestra Señora de la Concepción** ❿, deren auffälligstes Merkmal der fast freistehende siebengeschossige Glockenturm ist – von seiner Aussichtsplattform bietet sich ein weiter Blick über die Stadt! Der Innenraum macht mit seinen gelb-rosa Tuffsteinsäulen, der bemalten Holzdecke im Mudéjar-Stil und dem geschnitzten Hochaltar einen harmonischen Eindruck. Die kurz nach der Conquista erbaute Kirche bewahrt das Becken, in dem die Guanchen getauft wurden.

Sind Sie mittlerweile hungrig? Über die Gastro-Passage **Pasaje de la Concepción** können Sie zur Fußgängerstraße Herradores hinübergehen, wo sich weitere Lokale befinden …

## Calle de San Agustín

Parallel zur Calle Obispo Rey Redondo verläuft die Calle de San Agustín mit einer Reihe weiterer imposanter Gebäude. Das Kulturzentrum **Instituto Cabrera Pinto** ⓫, erkennbar am dunklen Glockenturm, war ursprünglich Teil des Augustinerklosters und Sitz der ersten Universität (1742–47). Heute wird in einem Teil Kunst ausgestellt, in einem anderen Teil büffeln Schüler der Sekundarstufe. Sehenswert ist der ehemalige Kreuzgang, der um einen romantischen Garten, den Jardín Botánico del Claustro, angelegt wurde. Nebenan erhebt sich die Ruine der 1964 abgebrannten Klosterkirche des **Convento San Agustín** ⓬, nach dem die Straße benannt ist.
Calle de San Agustín s/n, www.museocabrera pinto.es, tgl. 11–14 Uhr, Eintritt frei

### Bei der Schmerzensmadonna
Hinter einer langen Fassade mit Glockenturm verbirgt sich das ehemalige **Hospital de Nuestra Señora de los Dolores.** Von 1515 bis 2005 wurden hier Kranke versorgt, dann zog die Städtische Bibliothek ein: ein wunderbarer Ort, um im ringsum verglasten Kreuzgang mit Blick ins Grüne zu lesen! In der zugehörigen Kirche »Unserer Frau der Schmerzen« gefallen die bunt bemalte Holzdecke sowie der goldene Barockaltar.
Hospital/Bibliothek, Eingang Calle Juan de Vera; Kirche: Calle de San Agustín 42

### Barocke Pracht
Kurz danach kommen Sie zur **Casa Salazar** ⓭ mit einer üppig barocken Fassade aus dunklem Stein. Heute residieren hier Teneriffas Bischöfe, sodass Sie mit dem Sammelticket (s. o.) nur die schönen Innenhöfe des **Palasts** besichtigen können.
Calle de San Agustín 24, Mo–Fr 10–13.30 Uhr

### Der Lauf der Zeit – Casa Lercaro
Das im 16. Jh. von genuesischen Kaufleuten erbaute Haus dient heute als **Museo de Historia** ⓲: Der Innenhof, in dem einst Hahnenkämpfe stattfanden, ist von Balustraden aus Lorbeer- und Kiefernholz umgeben. In seiner Mitte steht der kuriose »Jahrhundertbrunnen« des Künstlers Paco Palomino: Er besteht aus 100 Quarzsandröhrchen, von denen nach Ablauf eines Jahres jeweils eines geleert wird. Der Sand kommt in das darunterliegende Gefäß und bedeckt drei kleine Tongegenstände, die das jeweilige Jahr kennzeichnen. An ihnen sollen nach Ablauf unseres Jahrhunderts die Nachfahren erkennen, was uns heute bewegte – eine Art Archäologie des Gefühls. Kurios ist auch der reale Brunnen: Sein Deckel ist mit einem Lochmuster versehen, das beim Blick in die Tiefe einen Stern auf die Wasseroberfläche zaubert. Über eine schöne Steintreppe gelangt man in die oberen Gemächer, in denen Teneriffas Geschichte erzählt wird.

### Ein Palast neben dem anderen
Neben der Casa Lercaro beherbergt ein 200 Jahre alter, restaurierter Kolonial-

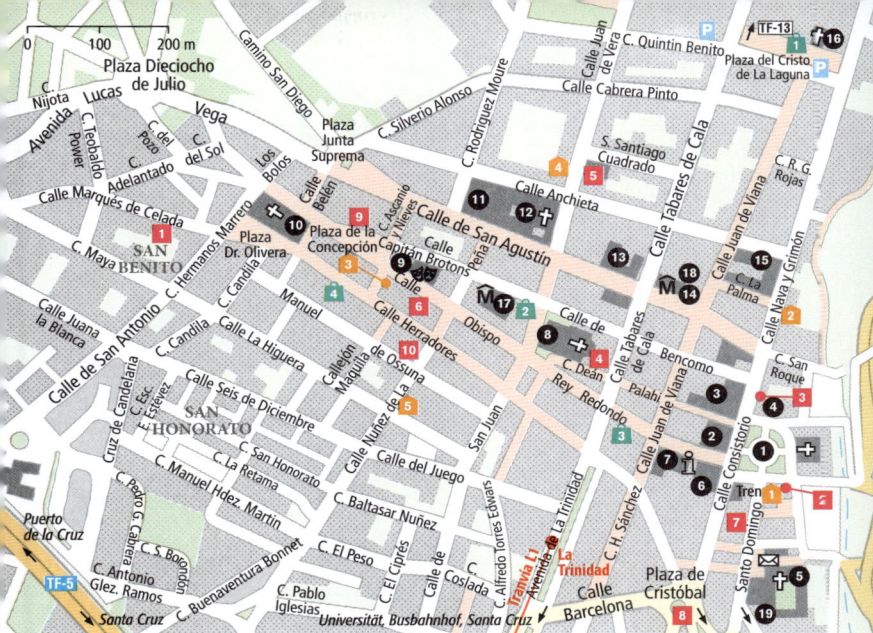

# La Laguna

### Ansehen

1. Plaza del Adelantado
2. Convento de Santa Catalina
3. Palacio de Nava y Grimón
4. Espacio Cultural CajaCanarias
5. Iglesia & Convento de Santo Domingo
6. Ayuntamiento
7. Casa de los Capitanes/ Touristeninfo
8. Catedral de los Remedios/ Casas Capitulares
9. Teatro Leal
10. Iglesia de Nuestra Señora de la Concepción
11. Instituto Cabrera Pinto
12. Convento San Agustín
13. Casa Salazar
14. Fundación Cristino de Vera
15. Convento Santa Clara
16. Santuario del Santísimo Cristo de La Laguna
17. Casa-Museo de Los Sabandeños
18. Casa Lercaro/Museo de Historia
19. Museo de la Ciencia y El Cosmos

### Schlafen

1. Laguna Nivaria Hotel & Spa
2. La Laguna Gran Hotel
3. Aguere
4. B&B La Laguna
5. Pensión Padrón

### Essen

1. La Tasca de Cristian
2. Laguna Nivaria
3. Nub
4. Guaydil
5. Bodegón Tocuyo
6. Tasca El Obispado
7. Baggerman
8. Tapasté
9. Café Palmelita La Laguna
10. Labicoca

### Einkaufen

1. Mercado Municipal La Laguna
2. Pisaverde
3. De la Tierra
4. El Aderno

palast die **Fundación Cristino de Vera** ⑭, eine Galerie mit 100 Bildern des 1931 auf Teneriffa geborenen Künstlers: pointilistisch gemalte, teils meditative, teils makabre Stillleben. Mit ihren gedeckten Farben, zart angedeuteten Formen und christlichen Symbolen transportieren sie eine Stimmung von Mystik und Askese. Da gibt es einen Tisch mit drei Brotlaiben, einen Schädel im Fenster, ein fernes, sanft moduliertes Gebirge – all dies passt ins religiöse La Laguna!

Still geht es auch nebenan in der **Casa Montañés** zu: Von den Holzgalerien baumeln Farne herab und eine Palme strebt gen Himmel …

Fundación Cristino de Vera, Calle de San Agustín 18, www.fundacioncristinodevera.com, Mo–Fr 11–14, 17–20, Sa 10–14 Uhr, Eintritt frei

### Und noch ein Palast!

Der Blick fällt in einen Innenhof, der mit seinen Glaswänden und Holzsäulen schlicht-modern gehalten ist. Das passt zum Credo des Clubs, der sich seit seiner Gründung 1777 der Aufklärung verschrieben hat. Damals wollte die »Königliche Wirtschaftsgesellschaft der Landesfreunde« (**La Real Sociedad Económica de Amigos del País**) das feudal-erstarrte Spanien im Sinne eines modernen Kapitalismus reformieren. Heute zeigt sie wechselnde Ausstellungen zu Kunst und Kultur, auch ein Blick in die Bibliothek ist möglich.

Calle San Agustín 23, Mo–Fr 9–13, 16–18 Uhr, Eintritt frei

### Vergoldete Nonnen

Über eine Seitenstraße der Calle de San Agustín erreicht man das **Convento Santa Clara** ⑮ mit seinen hohen, abweisenden Mauern. Die Klarissinnen führen dort zwar ein Eremitendasein, doch in ihrer Kirche sieht man Gold und Kunstschätze, wohin man schaut!

Calle Viana s/n

## Im Norden der Altstadt

Die Plaza del Cristo de La Laguna präsentiert sich als weiter, zugiger Platz. Während es vormittags viele zur improvisierten Markthalle zieht, ist er nachmittags fast verwaist. Diese Stimmung passt zum Kloster **Santuario del Santísimo Cristo de La Laguna** ⑯, wo in der Kirche eine in Silber gefasste Skulptur des gekreuzigten Jesus steht, eine sevillanische Schnitzarbeit, von Eroberer Alonso Fernández de Lugo 1520 nach Teneriffa gebracht. Alljährlich am 14. September wird die Christusfigur in einer feierlichen Prozession ›ausgeführt‹. An diesem Tag stiften traditionell die zu Reichtum gelangten und zurückgekehrten Emigranten aus Amerika dem Gotteshaus weitere mit Silber veredelte Kostbarkeiten.

Westwärts geht es über die Calle Quintín Benito zum Parque de la Constitución: In dem Palmenpark wird der lateinamerikanische Freiheitsheld Simón Bolívar mit einer Bronzebüste geehrt. Jenseits der Avenida de la Universidad schließt sich La Lagunas ›besseres‹ Viertel an: Wo einst auf fruchtbarem Land Obst und Gemüse gezogen wurden, stehen heute Villen in blumenreichen Gärten.

Calle Viana/Plaza del Cristo de La Laguna, www.cristodelalaguna.com, Mo–Do 8.30–12.30, 16.30–20, Fr–So 8.30–20 Uhr

## Südlich der Altstadt

Sobald man die Altstadt verlässt, tritt einem das neue, nüchterne La Laguna entgegen – funktionale Häuser an verkehrsreichen Straßen wie überall in Spanien. Immerhin erreicht man in zehn Minuten ab Plaza del Adelantado das sympathische lebendige Universitätsviertel. Zuerst kommt man ins **Cuadrilátaro,** ein von den Straßen Catedral und Delgado Bar-

*Auf der Plaza de los Remedios teilen sich Anwohner und Drachenbäume das vorhandene Sonnenlicht.*

reto, Heraclio Sánchez und Elías Serra Rafols gebildetes Viereck, in dem sich viele studentische Bars und Musikkneipen befinden. Das wilde Leben beginnt freilich erst am Wochenende am späten Abend, in der Regel nicht vor 23 Uhr.

Der **Campus Universitario** grenzt südlich an die Calle Delgado Barrero, noch ein Stück weiter hat man es zur Via Láctea, der Milchstraße. Dort erblickt man einen Bau mit einem gigantischen Parabolschirm. Ellipsen- und Sternformen aus Beton verdichten sich zu einem ›Schweif‹, weisen architektonisch auf die Mission des Museums hin. Hier, im **Museo de la Ciencia y El Cosmos** ⑲, wird man in die Welt der Wissenschaft entführt.

## Museen

### Kanarischer Exportschlager
⑰ **Casa-Museo de Los Sabandeños:** Kultort für Sabandeños-Fans. Kanarischer Folk kombiniert mit lateinamerikanischen Rhythmen machte die seit 1965 aktive Musikgruppe berühmt und brachte ihr viele internationale Tourneen ein. Plakate, Musikinstrumente und Videos von Auftritten führen in die Sabandeños-Welt.

Calle Capitán Brotons 7, www.sabandeños.com, tgl. 8.30–18.30 Uhr, Eintritt frei

### Die Vergangenheit lebt
⑱ **Museo de Historia:** Teneriffas Geschichte von der Guanchen-Zeit über die Conquista und Kolonialisierung bis zu den Emigrationsschüben im 20. Jh. (Begleitkommentar auf Deutsch).

Calle de San Agustín 22, www.museosde tenerife.org, Di–Sa 9–20, So, Mo 10–17 Uhr, 24., 25. u. 31. Dez. sowie 1. u. 6. Jan. geschl., Eintritt 5 €/2,50 €

### Von der Mikro- zur Makromaterie
⑲ **Museo de la Ciencia y del El Cosmos:** Anfassen, Ausprobieren und Experimentieren sind hier ausdrücklich

erwünscht, anhand von über 100 Teststationen dürfen Sie sich in die Schwerkraft, den Aufbau von Atomen und das Phänomen der Schwarzen Löcher einweihen lassen. Spannend ist es auch, in den Skelettspiegel zu schauen, der das eigene Knochengerüst enthüllt. Weitere Lernstationen: der Lügendetektor, der sich vom gesprochenen Wort nicht beirren lässt, und ein künstlicher Uterus, der zeigt, wie der Mensch im Leib der Mutter heranreift. Spaß macht das Spiegellabyrinth, in dem mit Licht Ihr Orientierungssinn auf die Probe gestellt wird. Und auch in einem ›verzogenen Zimmer‹ werden Ihre Sinne aus dem Gleichgewicht gebracht. Zuletzt besuchen Sie auf einer virtuellen Reise durchs Sonnensystem Mars und Jupiter; durch Teleskope erscheinen Sterne zum Greifen nah.

Av. de los Menceyes 70, Metrohaltestelle »Museo de la Ciencia«, www.museosdetenerife.org, Di–Sa 9–20, So, Mo 10–17 Uhr, 24., 25. u. 31. Dez. sowie 1. u. 6. Jan. geschl., Eintritt 5 € (Erläuterungen auf Spanisch/Englisch)

> **WANN NICHT?**
>
> Zur Siesta werden die Bürgersteige hochgeklappt, auch Sehenswürdigkeiten schließen. Zum Leben erwacht Laguna erst wieder nach 17 Uhr. Auch Samstag Nachmittag und Sonntag, wenn alles ruht, macht der Besuch weniger Spaß …

## Schlafen

La Laguna wartet mit einem vielfältigen Angebot in allen Preisklassen auf. Fast alle Unterkünfte sind in historischen Häusern untergebracht.

### Wohlfühlhaus

**1 Laguna Nivaria Hotel & Spa:** Das 4-Sterne-Hotel am schönsten Platz ist aus einer Adelsresidenz hervorgegangen – kein Wunder, dass es außen wie innen an einen Palast erinnert. Alle Räume strahlen Behaglichkeit aus: Innenhof und Frühstücksraum, auch die geräumigen, mit Stilmöbeln eingerichteten Suiten (mit Kitchenette). Im Nebenhaus Nivaria befindet sich ein gut geführtes Spa mit warmem Hydro-Massage-Pool, Jacuzzi, Saunen und Fitnessraum. Auch Räder werden verliehen. Das Frühstücksbüfett wird mit Obst und Gemüse von der hoteleigenen Bio-Finca bestückt; erfrischend lebendig ist das Ambiente im angeschlossenen Café. Übrigens ist das Hotel konsequent umweltbewusst: von Öko-Textilien bis zur eigenen Energieerzeugung durch Biomasse.

Plaza del Adelantado 11, T 922 26 42 98, www.lagunanivaria.com, 73 Zi und Suiten, DZ ab 71 €

### In ehemaliger Tabakfabrik

**2 La Laguna Gran Hotel:** Das Altstadthotel ist in der Lobby historisch designt; die meisten Zimmer, die sich um zwei begrünte Patios gruppieren, sind freundlich-funktional. Mit aussichtsreichem Open-Air-Pool und Fitnessraum auf der Dachterrasse.

Calle Nava y Grimón 16, T 922 10 80 80, lalagunagranhotel.com, DZ ab 130 €

### Ein Stern leuchtet

**3 Aguere:** Ein ehemaliger Adelspalast in der Altstadt firmiert seit 1855 als (1-Stern-)Hotel. Nachdem man eine antike Drehtür passiert hat, befindet man sich im glasüberdachten Innenhof mit Café und umlaufenden Galerien. Die 23 Zimmer sind mit Antiquitäten nostalgisch eingerichtet.

Calle Obispo Rey Redondo 55, T 922 31 40 36, www.hotelaguere.es, DZ ab 80 €

### Bed & Breakfast

**4 B&B La Laguna:** Frisch-fröhliches Hostel in einem Altstadthaus. Mit

Gemeinschaftszimmer sowie DZ mit Bad.
Calle Juan de Vera 21, T 822 17 36 08, www.bblalaguna.com, DZ ab 38 €, Bett ab 18 €

### Preiswert

**5 Pensión Padrón:** Señora Edilsa bietet in ihrer schwungvoll geführten Altstadtpension 20 saubere Zimmer mit Gemeinschaftsbad und Gratis-WLAN.
Calle Nuñez de la Peña 29, T 922 25 91 16, www.pensionpadron.com, DZ 30 € (ohne Frühstück)

## Essen

In der Universitätsstadt kann man hervorragend essen. Aufgrund des im Winter raueren Klimas steht Deftiges (eher Fleisch als Fisch) hoch im Kurs, das mit wärmendem Teneriffa-Rotwein heruntergespült wird. Doch auch viel Fusion gibt es … Mehrmals im Jahr steht ein Tapas-Abend an, an dem viele Lokale einen Happen samt Getränk zum symbolischen Preis anbieten.

### Gut & gemütlich

**1 La Tasca de Cristian:** Wenige Schritte von der Kirche Iglesia de la Concepción fühlt man sich sofort wohl: Natursteinwände, dunkle Holzmöbel, dämmrige Beleuchtung schaffen ein intimes Ambiente. Die Küche hält dem Ambiente stand mit dreierlei Tatar (vom Räucherfisch, Muscheln und Rind), Auberginen-Törtchen und großen Steaks zu moderaten Preisen …
Calle Marquez de Celada 17, T 922 25 65 88, Di–Sa mittags und abends

### Kreativ-kanarisch

**2 Laguna Nivaria:** Im gleichnamigen Hotel kann man wählen: Im Patio-Café isst man informell, im eleganten Laguna Nivaria auf hohem Niveau zu günstigem Preis. Jonay Darías bereitet Fantasievolles zu, wobei er Zutaten aus der hauseigenen Bio-Finca nutzt (Obst, Gemüse, Eier, Schweinefleisch). Probieren Sie Salat mit Orangen-Chutney und hinterher Gyozas (Teigtaschen), pikant gefüllt mit Fleisch, Ingwer und Papaya! Für Veggies empfiehlt sich »Minestrone«, wobei es sich wider Erwarten nicht um eine Suppe handelt, sondern um eine Vielzahl leicht gedämpfter Gemüsesorten unterschiedlicher Farbe und Textur. Große Portionen, ab 8 €!
Plaza del Adelantado 11, T 922 26 42 98, mittags und abends

### Sterneköche

**3 Nub:** Fernanda Fuentes aus Chile und Andrea Bernardi aus Italien dürfen sich mit einem Michelin-Stern schmücken. In elegantem Rahmen wird Fusion-Küche auf hohem Niveau serviert – dies allerdings zu einem hohen Preis: Menü ab 62 €.
Calle Nava y Grimón 18, T 922 07 76 06, nubrestaurante.com, Mi–So abends

### Unter einem guten Stern

**4 Guaydil:** Das Lokal ist nach einer Pflanze benannt, die nur auf den Kanaren wächst. Die Besitzerin Yaiza bekennt sich zu einheimischen Gerichten, die sie mit asiatisch-arabischen Elementen mixt. Das Fusion-Konzept kommt bei Tinerfeños bestens an, schon eine halbe Portion (media ración) macht satt!
Calle Dean Palahi 26, T 922 26 68 43, Mo–Sa mittags und abends, Hauptgerichte ab 7 €

### GRATIS-TOUREN

Mo–Fr vormittags werden von der Touristen-Info geführte Touren – auch auf Deutsch – angeboten. Anmeldung erwünscht, aber nicht obligatorisch (T 922 63 11 94, coordinador@turismolalaguna.org).

### Seit Generationen
**5 Bodegón Tocuyo:** Seit 1980 fühlen sich hier Studenten wie Senioren gleichermaßen wohl. Die Auswahl an edlen Tropfen ist groß, und damit einem der Wein nicht so schnell zu Kopf steigt, serviert Señor Manuel Käse- und Schinkenplatten für 6 €.
Calle Juan de Vera 16, T 922 25 00 45, mittags und abends

### Gemütlich »beim Bischof«
**6 Tasca El Obispado:** Mit Natursteinwänden und dunklem Holz präsentiert sich das bischöfliche Gasthaus in der zentralen Fußgängergasse. Die Küche ist deftig, man bestellt z. B. gebratenen Ziegenkäse mit Birnen-Soufflé, danach Schweinshaxe *(codillo)* in Honig-Senfsoße …
Calle Herradores 88, T 922 25 14 50, tascaobispado.com, Mo–Sa mittags und abends, Gerichte ab 8 €

### Exquisit & günstig
**7 Baggerman:** Die Metzgerei ihres aus Holland stammenden Mannes verwandelte die Señora mit zwei Söhnen in einen Delikatessenladen mit Bistro: Verkauft wird ausschließlich einheimisches Ziegen- sowie Rindfleisch aus Galicien, das als Spaniens bestes gilt, weil die Tiere hier noch auf der Weide stehen. Sie können es sich in der Vitrine aussuchen und sich daraus à la minute Hamburger und Filets zubereiten lassen. Dazu eine große Auswahl an Käse und Wurstwaren, Salaten und Snacks.
Calle Santo Domingo 4, T 922 25 24 41, Mo–Fr 8.30–20.30, Sa 8.30–14.30 Uhr, großer Hamburger aus Hirschfleisch 5 €

### Für Veganer
**8 Tapasté:** Knapp südlich der Altstadt werden in informellem Ambiente täglich wechselnde grüne Menüs für 10 € gezaubert.
Plaza San Cristóbal 37, T 822 01 55 28, www.tapaste.es, Mo–Sa 13–16 Uhr

### Mehr als nur ein Augenschmaus
**9 Café Palmelita La Laguna:** Stilvolles Café mit leiser Jazzmusik, dazu gibt

*Mit Schuhen von Pisaverde werden Füße zum Hingucker.*

es hauseigene, appetitlich arrangierte Pralinen und Trüffel, Kuchenstücke und Torten sowie – die deutschstämmigen Besitzer lassen grüßen! – pikant belegtes Vollkornbrot. Bei gutem Wetter sitzt man gern auch vor dem Café!
Plaza de la Concepción s/n, Edificio Belén, www.palmelita.es, tgl. 9–21 Uhr

### Locker-leicht
10 **Labicoca:** In einem Herrenhaus werden außer günstigen Tagesmenüs leckere Tapas und Teigtaschen *(saquitos)*, Filet mit pikantem Käse aus La Gomera *(solomillo al almogrote)* und mit Garnelen gefüllter Blätterteig *(hojaldre relleno de langostino)* serviert. Gute Weine und Mojitos!
Calle Manuel de Ossuna 24, T 922 31 41 85, Di–Sa mittags und abends, So nur mittags

## Einkaufen

In den parallel verlaufenden Fußgängerstraßen Calle Herradores, Obispo Rey Redondo und San Agustin gibt es Souvenir-Shops, Boutiquen und Traditionsläden. Die Markthalle befindet sich im Norden der Altstadt.

### Eine Welt für sich
1 **Mercado Municipal La Laguna:** Es dürfte noch eine Weile dauern, bis der Zentralmarkt an der Plaza del Adelantado wieder öffnet. Doch auch das Provisorium an der Plaza del Cristo macht Spaß: An über 80 Ständen bekommen Sie Obst, Gemüse, Käse, Süßes und Saures, Blumen und Kunsthandwerk … am meisten los ist Sa-Vormittag!
Plaza del Cristo, tgl. 7–14, Do auch 17–20 Uhr

### Freche Schuhe
2 **Pisaverde:** 2012 erhielten die Schuhmacher den nationalen Preis für »bestes Kunsthandwerk«. Von der Gummisohle bis zum Accessoire ist an den bunten, verrückt designten Schuhen alles handgemacht. Nicht billig, aber schön!
Calle Juan de Vera 7, www.pisaverde.com

### Kanarisch!
3 **De la Tierra:** Kulinaria und Kosmetik made in the Canaries: von Kaktus-Marmelade über Tajinaste-Honig und Olivenöl bis zu Aloe-Vera-Creme.
Calle Obispo Rey Redondo 7

### Die süße Seite des Lebens
4 **El Aderno:** Kleiner Laden, großes Angebot: Mousse in Törtchenform, Brownies, Mandel-Baiser, mit Süßkartoffel bzw. Kürbis gefüllte Teigtaschen, Gofio-Trüffel, Schoko-Lutscher und -Zigarren, Pralinen aus kanarischem Kaffee und vieles mehr.
Calle Herradores 95, www.eladerno.com

## Bewegen

**Wandern:** Von La Laguna ist es nicht weit ins Anaga-Gebirge (s. Verkehr), wo sich herrliche Wandertouren unternehmen lassen.

## Ausgehen

Beste Stimmung herrscht ab 21 Uhr in den Bars und Bodegas der Stadt, speziell im Uni-Viertel. Konzerte von Worldmusic bis Klassik finden im **Teatro Leal** statt
Teatro Leal, Calle Obispo Rey Redondo 50, www.teatroleal.com

## Feiern

- **Feria de Artesanía:** 2.–5. Jan. Auf der Plaza del Adelantado findet ein Kunsthandwerksmarkt statt.
- **Semana Santa:** März/April, s. S. 46
- **Fiesta de Corpus Cristi:** Mai/Juni. Nach Ostern ist Fronleichnam La Lagunas zwei-

tes großes Fest: Die Prozessionsstraßen werden mit ›Teppichen‹ aus Blumen ausgelegt.
- **Fiesta de San Benito:** 2. Sonntag im Juli. Das Erntedankfest findet schon im Sommer statt. Zu Ehren San Benito Abads, des Schutzheiligen der Bauern, startet an der gleichnamigen Kapelle ein Umzug mit vielen Ochsen, Kühen und Schafen, begleitet von Musik- und Tanzgruppen. Während dieser Romería werden Kartoffeln, Gofio und Gemüse verschenkt.
- **Fiestas del Cristo:** Mitte September. Einwöchiges Fest mit Kunsthandwerksmarkt und Konzerten, dem Umzug der »Feuerpferdchen« *(caballitos de fuego)*, einer »Nacht der Traditionen« und einem fulminanten Feuerwerk (www.aytolaguna.es).

## SEMANA SANTA

Düstere Trommelwirbel und blassgesichtige Heiligenfiguren, die auf Sänften durch die Straßen getragen werden, dazu Hunderte von Kapuzenmännern, die an die Inquisition erinnern: In La Laguna erleben Sie Ostern *(Semana Santa)* so eindrucksvoll wie nirgends sonst auf den Kanaren. »Die Sklaven des Allerheiligsten Herrn«, so der offizielle Name des Festkomitees, lassen am **Gründonnerstag** die Schatzkammern öffnen, auf dass die Gläubigen staunend den angehäuften Reichtum der Kirchen und Klöster betrachten können. Die Altstadt atmet den Geist des Mittelalters, so bei der Prozession *De la madrugada* am **Karfreitag** um 3 Uhr morgens oder auch bei der Prozession Magna am Nachmittag um 17 Uhr. Ganz still wird es ab 19.30 Uhr, wenn der verstorbene Christus in einer Schweigeprozession auf den Schultern der lang gewandeten »Büßer des Mitleids« *(Penitentes de la Misericordia)* durch die Straßen getragen wird.

## Infos

- **Oficina de Turismo:** Calle Obispo Rey Redondo 7, T 922 63 11 94, www.turismodelaguna.com, Mo–Fr 9–16.30, Sa/So 10–14 Uhr. In der historischen Casa de los Capitanes erhält man Stadtpläne und Broschüren und kann sich zu den Gratis- Rundgängen anmelden (s. Kasten S. 43).
- **Sammelticket:** Für 7 € ermöglicht das Ticket den Eintritt in alle Kirchen (außer der Kathedrale), in die Höfe des Bischofspalasts sowie das Ikonenmuseum. Erhältlich ist es an jedem Besichtigungspunkt. Für die Kathedrale werden zusätzlich 5 € fällig. Wer nur die Iglesia de Nuestra Señora de la Concepción mit Aussichtsturm besuchen will, zahlt 2 €. Wenn nicht anders angegeben, öffnen Kirchen und Paläste Mo 10–14, Di–Fr 10–17 Uhr.
- **Straßenbahn:** Von der Av. de la Trinidad (Endhaltestelle »Trinidad«) unmittelbar südlich der Altstadt erreicht man Santa Cruz mit der *tranvía* in 15–30 Min. (www.metrotenerife.com, Tickets am Automaten).
- **Bus:** Der Busbahnhof befindet sich 10 Gehmin. südlich der Altstadt (Tram-Station »Intercambiador«). Alle 5–10 Min. fährt ein Bus in die Hauptstadt (Linien 14–15, 101–102), auch nach Puerto de la Cruz (101–103) sowie ins Anaga-Gebirge (76–77, 275). Details und Verbindungen s. Reisekarte, Rückseite.
- **Auto:** La Laguna ist mit Santa Cruz via Autobahn TF-2/TF-5 verbunden. Ausfahrt 8-A führt zur Ringstraße TF-13 (»Via Ronda«), die man nach 2,5 km Richtung »Centro« verlässt, um an der Plaza del

Adelantado zu parken. Wer aus Puerto de la Cruz kommt, wählt Ausfahrt 8-B und folgt der »Via Ronda«. Achtung: Parkplätze in La Laguna sind rar, besser Bus und Straßenbahn benutzen!

• **Flughafen:** Der Nordflughafen Los Rodeos (Aeropuerto Norte) liegt 3 km westlich der Stadt und bedient hauptsächlich innerspanische Linien (T 902 40 47 04, www.aena.es).

# Candelaria  ♀ G4

Madonna über alles! Im wichtigsten Wallfahrtsort der Kanaren dreht sich alles um Mariä Lichtmess (span. Candelaria). Just hier soll sie den ›ungläubigen‹ Ureinwohnern erschienen sein … Auch wer nicht an Wunder glaubt, spaziert gern durch Candelaria, denn das 20 000-Seelen-Städtchen mit seinem schönen historischen Kern ist ein Lichtblick an der meist gesichtslosen Ostküste.

## Bühne zum Meer

Oberhalb des schmalen und 500 m langen Lavastrandes breitet sich die **Plaza de la Patrona,** der Platz der Schutzheiligen, aus. Riesig ist er und doch zu klein für all die Pilgerscharen, die sich hier jedes Jahr am 14./15. August versammeln. Zur Meerseite hin wird er von neun monumentalen **Bronzestatuen** flankiert, die die einstigen Guanchenherrscher darstellen. Dank ihrer Patina wirken sie fast schon historisch, stammen aber von 1993. Der kanarische Künstler José Abad schuf sie mit athletischen Körpern, markanten Gesichtern und wallenden Haarmähnen. Ihre Nacktheit wird nur durch einen Lendenschurz und eine locker über die Schulter geworfene Tierhaut verhüllt; Speer, Stab und Zepter sind die Insignien ihrer Macht. Stolz blicken sie hinüber zur **Wallfahrtskirche.**

## Neobarocke Pracht

Mit ihren Türmen, Kuppeln und dem üppig verzierten Portal präsentiert sich die **Basilica de Nuestra Señora de La Candelaria** in kanarischem Barock, doch der Schein trügt. Nachdem die ursprüngliche Kirche in einer Sturmflut 1826 unterging, wurde die heutige erst 1958 erbaut. In Kontrast zum schwungvollen Äußeren ist das dreischiffige Innere eher karg. So wird die Aufmerksamkeit auf die Figur der ›Lichtbringenden Jungfrau‹ gelenkt: Die 1,50 m große Replik der gleichfalls bei der Flut verlorenen Skulptur ist in ein juwelenbesetztes Gewand gehüllt und steht in einer prunkvollen Vitrine am Hauptaltar. Ein Wandgemälde illustriert die Geschichte der Madonna: Ende des 14. Jh. hatten Guanchenhirten die Frauenskulptur an der Küste entdeckt. Da ihr übersinnliche Kräfte zu eigen schienen, sah man in ihr eine Botin des göttlichen Willens. Weil sie eine Kerze in der Hand trug, verehrte man sie als ›Lichtbringerin‹ (Candelaria). Da hatten die Missionare, die bald auf der Insel kamen, leichtes Spiel. Rund um Candelaria verbuchten sie ihre ersten Erfolge und bereiteten den Boden für den Siegeszug der spanischen Eroberer. Der *mencey* von Güímar übernahm den christlichen Glauben und kollaborierte mit den Spaniern. Zum Dank dafür blieben er und die Seinen von den gröbsten Repressalien der Eroberer verschont.

Plaza de la Patrona de Canarias, basilica decandelaria.org, Mo 15.30–19.30, Di–So 9–19.30 Uhr

## Zur Grotte!

Nach der Besichtigung der Kirche können Sie von der letzten Guanchenstatue auf einem Promenadenweg zu jener Höhle spazieren, in der die Altkanarier das ursprünglich gefundene Bildnis aufgestellt hatten. Sie ist 14 Meter lang, 6 Meter breit und 5 Meter hoch. Nach Heiligsprechung der entdeckten Figur

# TOUR
# Auf halbem Weg zwischen Afrika und Amerika

**Die Pyramiden von Güímar**

## Infos

**Adresse:** Parque Etnográfico, Calle Chacona s/n, TF-1 Ausfahrt 11, 📍 G 4, T 922 51 45 10, www.piramides deguimar.es

**Öffnungszeiten:** tgl. 9.30–18 Uhr, Weihnachten und Neujahr geschl.

**Orientierung:** Erkundung auf vier thematischen Spazierrouten

**Preis:** Eintritt 18 €, Kinder 9–12 Jahre 5,50 €

Pyramiden im Atlantik? Sechs Stufenpyramiden in Güímar geben Wissenschaftlern Rätsel auf. Sie sind das Herzstück eines großen Ethno-Parks, in dem Teneriffas Ureinwohner vorgestellt werden. Wie sind sie von Afrika auf die Insel gekommen? Und hatten sie mit den Bewohnern Amerikas Kontakt?

Betrachten Sie die schweren Steinquader, die in schöner Symmetrie aufeinandergestapelt wurden, kommen Ihnen Bilder monumentaler altägyptischer Pyramiden in den Sinn. Und ist nicht auch der Blick auf den majestätischen Teide fantastisch? 1991 machten skandinavische Hobbyarchäologen den Star-Ethnologen Thor Heyerdahl auf die Pyramiden aufmerksam. Der kam, sah und sprach: Hier habe ein früher Kulturtransfer zwischen Alter und Neuer Welt stattgefunden.

### Ethno-Park

Mithilfe des Reeders Olsen, einem Landsmann Heyerdahls, wurden die Pyramiden erschlossen: Sie spazieren auf einem schön bepflanzten, knapp 1 km langen Weg – vorbei am ›Geheimgarten‹ mit seinen 70 giftigsten Pflanzen der Welt – um die rechteckigen, mit 50 x 16 x 10 m nahezu ebenmäßig geformten Bauten. Schauen Sie genauer hin, sehen Sie, dass für die Eckkanten jeweils ein hellerer und glatt geschliffener Stein verwendet wurde – er wurde extra aus den Cañadas hierher geschleppt! An der Westseite jeder Pyramide führt eine Freitreppe auf das ›Gipfelplateau‹, von dem man bis zum Teide blickt. Dort bietet sich zur Sonnenwende ein besonderes Spektakel. Für den kultischen Zweck der Pyramiden sprach eine benachbarte

*Waren denn die Maya hier? Begeben Sie sich auf Spurensuche und lösen Sie das Rätsel von Güímar ...*

Vulkanhöhle mit Steinwerkzeugen und Keramik aus der Zeit vom 7. bis 11. Jh. n. Chr.

**Nach der Praxis die Theorie**
Im angeschlossenen **Museum** wird Heyerdahls These untermauert, es habe lange vor Kolumbus' Entdeckungsreisen (ab 1492) zwischen den Bewohnern Europas, Asiens, Afrikas und Amerikas Kontakt gegeben. »Die Menschen waren in der Lage, den Ozean zu queren, Wind- und Meeresströmungen zu nutzen, als sie lernten, unsinkbare Boote aus Binsen zu bauen« (Heyerdahl). Modelle primitiver Schiffe sowie ihre Darstellung auf antiken Reliefs belegen, wie verbreitet sie dies- und jenseits des Ozeans waren. Mit den frühen Seefahrern kann das Wissen um den Pyramidenbau auf unterschiedliche Kontinente gelangt sein. Ein Dokumentarfilm zeigt Heyerdahls spektakuläre Atlantikquerung von Marokko nach Barbados im Schilfsegelboot. Eine originalgroße, von Aymará-Indianern aus Bolivien hergestellte Replik des 12 m langen Gefährts, genannt Ra II, ist in einem Zelt ausgestellt. Mit einem ähnlichen Boot, der Kon-Tiki, hat Heyerdahl eine weitere Fahrt unternommen, die 2013 verfilmt wurde: »Kon-Tiki – Eine Reise, die die Welt bewegte«. Heyerdahl gelang es, von Peru aus mithilfe des Humboldtstroms und des Passats Polynesien zu erreichen.

**Freimaurer-Pyramiden?**
Jüngste Untersuchungen legen den Schluss nahe, die Pyramiden seien nicht von Guanchen erbaut, sondern stammten aus dem 19. Jh., als ein reicher Freimaurer Besitzer des Landes war. Er habe sich – wie bei Freimaurern üblich – mit dem Sonnenkult beschäftigt und könnte den Bau der Pyramiden in Auftrag gegeben haben ... Die These mag ernüchternd wirken, doch auch wenn sie zuträfe, bleibt der Besuch doch faszinierend: als anschauliche Einführung in die Entdeckungsfahrten zur Neuen Welt ...

wurde die Höhle zur **Grottenkapelle San Blas** umgebaut.

Anschließend bietet es sich an, von der Plaza über die Freitreppe hinaufzulaufen in die verkehrsberuhigte Altstadt, wo an steilen Straßen kleine Häuser mit gedrechselten Holzbalkonen stehen. Der kleine, aus dem Häusergewirr hervorragende Glockenturm gehört zur barocken **Iglesia de Santa Ana (1575);** nahebei entdeckt man die Casa de las Miquelas, ein Töpferzentrum, in dem Frauen nach alter Guanchenart Krüge, Schüsseln und andere Keramikartikel herstellen.

Calle Isla de la Gomera 7, Mi–Sa 11–16 Uhr, Eintritt frei

### Essen, Einkaufen

Mit Tapas stärkt man sich in den Terrassenlokalen am Kirchplatz. Einfache Lokale findet man in der Fußgängerstraße Obispo Pérez Cáceres, doch sind die Preise im Pilgerort relativ hoch.

**Bauernmarkt**
**Mercadillo del Agricultor:** Käsemacher und Bauern bieten frische Waren an: Mi 9–14 Uhr auf der Plaza de Mercado Candelaria y Villagorgona, Sa 9–14 Uhr auf der Plaza vor dem Centro Comercial Punta Larga, www.ccpuntalarga.com.

### Feiern

Das ganze Jahr steht im Zeichen von Mariä Lichtmess:
- **2. Februar:** Namenstag der Heiligen mit Prozession.
- **14./15. August:** Aus allen Himmelsrichtungen ziehen Tausende von Pilgern in die Stadt zur ›Morenita‹, wie Candelaria, die schwarze Madonnenfigur, auch genannt wird. Besonders fromme Tinerfeños legen auf dem Weg zur Schutzheiligen die letzten hundert Meter auf Knien rutschend zurück. Am späten Abend finden auf der Plaza de la Basilica Konzerte bekannter Musiker statt.
- **7. September:** Bei einer der ältesten Inselprozessionen wird daran erinnert, wie die Hirten die Jungfrau entdeckten. Tausende von Pilgern tragen die Statue zur Küste.

### Infos

- **Oficina de Turismo:** Av. de la Constitución 7, T 922 03 22 30, oit@candelaria.es, So geschl. Infostand am Nordende der Fußgängerstraße.
- **Bus:** Stündlich kommt man nach Santa Cruz und Güímar (120, 122, 124). Details und Verbindungen s. Reisekarte, Rückseite.

# Güímar ♀G4

Ein Tal und eine Stadt: Eindrucksvoll ist der 17 km lange und 7 km breite, von mächtigen Flanken eingefasste Hang. Der Ort, der ihm den Namen gab, war zur Zeit der Guanchen ein Herrschaftssitz, heute leidet er an ausufernden Neubauten. Nur in der **Altstadt** wurde historisches Ambiente bewahrt. Die **Antigua Fonda Medina,** ein pastellfarbenes Haus mit Holzbalkonen in der Calle Obispo Pérez Cáceres 18, war früher ein Gasthof und dient jetzt als Kulturzentrum. Vom Brunnenhof gehen Inforaum, Ausstellungs- und Konzertsäle ab. Über die Calle San Pedro Abajo, die von alten herrschaftlichen Häusern gesäumt ist, geht es weiter zu einem Platz, der von der dreischiffigen **Iglesia de San Pedro** (1794) beherrscht wird; ihr Innenraum wirkt dank der blauen Draperien am Hauptaltar wie ein Theater. Vom Kirch-

### DER GARTEN MACHT'S

Ins Hotel der **Finca Salamanca,** ein feudales Landgut aus dem 19. Jh., kehrt man stets gern zurück. Die Salons atmen den Geist vergangener Epochen, im 50 000 m² großen Park – mit Kaktusgarten und ›schwingendem Rasen‹, Pergola, Pool und Weinpresse – kann man sich stundenlang verlieren. Hier wachsen auch die Mangos, Avocados und Orangen, die auf die üppige Frühstückstafel kommen. Im Restaurant, das mit seinen unverputzten Natursteinwänden an den alten Getreidespeicher erinnert, werden kanarische Menüs serviert (Carretera Güímar-Puertito Km 1,2, TF-1 Ausfahrt 11, T 922 51 45 30, http://de.hotel-fincasalamanca.com, 24 Zimmer und 4 Suiten, alle mit Terrasse, DZ ab 100 €).

platz folgt man der Calle Teobaldo Power südwärts zur **Casona de Santo Domingo,** einem Herrenhaus aus dem 16. Jh. Heute beherbergt es ein stilvolles Hotel mit Lokal. Gegenüber befindet sich die Kirche **Iglesia de Santo Domingo,** das zugehörige Dominikanerkloster (1649) ist nun Sitz des **Rathauses.**

# El Puertito de Güímar  ♀ G 4

Beschaulich geht es am Meer zu: Nur 4 km östlich der Stadt (TF-1 Ausfahrt 11) kommt man zum kleinen Hafen, der mit einer attraktiven Promenade und Liegeflächen für Sonnenanbeter lockt; über Eisentreppen steigt man zum Baden ins Wasser. Am Wochenende bevölkern viele Einheimische die Fischkiale. Folgt man der Promenade ostwärts, geht diese rasch in einen attraktiven **Küstenweg** über. Dieser führt durchs Malpaís de Güímar, ein fantastisches Lavafeld mit kleinen Tunneln und Toren, Mini-Buchten und -Salinen. Nach 40 Min. ersteigen Sie die Klippe am Kap Punta de los Altillos: Von dort können Sie auf gleichem Weg zurück oder 10 Min. weiter bis zu einer Gabelung laufen, wo Sie mit dem Rundweg »Montaña Grande« am Fuß des schwarzen Berges nach El Puertito kommen (Rundweg 6 km/2.30 Std.).

## Schlafen, Essen

### Stilvolles Stadthotel
**Santo Domingo:** Im historischen Haus hinter der Kirche wohnen Sie gemütlich. Die Besitzer leben vor Ort und leiten das Hotel engagiert. Die 12 Zimmer sind mit nostalgischen Accessoires eingerichtet, einige mit offenem Dachstuhl und Himmelbett, einige allerdings zur lauten Straße.
Calle Santo Domingo 82, T 922 51 02 29, www.casonasantodomingo.com, DZ ab 76 €

### Gemütlich
**Santo Domingo:** In fein-rustikalem Ambiente wird schmackhafte Regionalküche serviert, dazu gibt es Weine aus Teneriffa.
Calle Santo Domingo 82, T 922 51 02 29, Mo–Fr mittags und abends, Sa nur abends, Preise um 16 €

## Infos

- **Internet:** www.citguimar.es
- **Bus:** Leicht kommt man nach Santa Cruz und Candelaria (120, 124 und 127).

# Arico  ⍟ F6

Von der Küste hinauf in die Berge! Schier endlos schlängelt sich die TF-28 durch die mittleren Höhenlagen, dabei sind es von Güímar bis Granadilla gerade mal 40 km. Ungefähr auf halber Strecke liegt Arico. Es besteht aus drei durch Barrancos getrennten Vierteln: Arico Viejo, Arico Nuevo und Villa de Arico. Am schönsten ist **Arico Nuevo,** der mittlere Ort: Eine kopfsteingepflasterte Gasse führt bei Km 55,3 abwärts ins Zentrum, vorbei an weiß verputzten Landhäusern mit grünen Holztüren und Fensterläden. Sie mündet in einen romantischen Platz mit weißer Dorfkirche und Restaurant (s. Essen). Kurz hinter Arico Nuevo passiert man die Zufahrt (Km 57,6) zur Großkellerei Cumbres de Abona (Online-Verkauf: www.cumbresdeabona.es). Ein Stopp lohnt in **Villa de Arico** (Km 60), wo oberhalb der Straße die Kirche San Juan Bautista (1590) mit Kuppelturm und prachtvollem Drachenbaum steht.

## Schlafen, Essen

**Turismo Rural:** Die **Casa Hilda** oberhalb von La Sabinita wird über Turismo Rural Karin Pflieger (s. S. 244) vermietet, weitere **Landhäuser** in und um Arico über www.teneriferural.com.

### Stilvoll ländlich
**Casa Lala:** Gern legt man in diesem kleinen Lokal eine Pause ein und genießt kanarische Kost zu günstigem Preis: Lamm in Pflaumensauce (cordero en salsa de ciruela) und Ziegenfleisch (carne de cabra), im Herbst auch gedörrten Fisch mit Kastanien (pescado salado con castañas). Dazu trinkt man süffigen Landwein.
Calle La Cruz 14, Arico Viejo, T 922 76 81 26, Di–So 10–18 Uhr

## Einkaufen

### Glaskunst
**Arte de Cristal Claudia:** Claudia lädt zum Besuch ihrer Glas-Werkstatt ein.

*Dank dieser Boote ist San Miguel stets mit frischem Fisch versorgt.*

Verschmolzenes und gebogenes Glas, Lampen, Schalen, Spiegel, Schilder, sandgestrahlte Bilder: Alles, was einen Raum schöner macht, wird hier fabriziert. Samstags sieht man Claudia auf dem Markt in El Médano.

Arico Viejo, Calle Las Figuras 7, T 922 76 87 02, So–Fr ab 10 Uhr

### Prämierter Käse

**Quesería de Arico:** Bei der Genossenschaft an der Straße zur Küste kann man Käse erwerben: würzigen mit Gofio-Rinde oder halbgeräucherten und gereiften, die allesamt Preise auf der internationalen Käsemesse World Cheese Award errangen.

Carretera Poris de Abona – Arico Viejo (Km 3), Mo–Fr 8–15, Sa 8–13 Uhr

## Infos

- **Bus:** Mit Linie 111 kommt man alle 30 Min. nach Santa Cruz und via Los Cristianos nach Costa Adeje.

# San Miguel de Tajao  ♀F7

Kaum ein Urlauber verirrt sich bislang in den Fischerort, der über die TF-28 (Abzweig »El Río«) erreichbar ist. Funktionale Häuser in Blockbauweise beherrschen das Bild, doch gibt es an der Tuffsteinküste zwei hübsche, durch einen kleinen Hafen getrennte Kiessteinbuchten, die zum Baden einladen, dazu viele Möwen und herumstreunende Katzen. Mehrere Restaurants bieten *pescado fresco* (frischen Fisch), zumeist ein paar Schritte landeinwärts ohne Meerblick, was freilich der guten Stimmung keinen Abbruch tut. Vor allem am Wochenende, wenn kanarische Ausflügler anreisen, herrscht Hochbetrieb.

### WEIN UNTER WASSER

Nur Taucher können die **Bodega Submarina** besuchen, die unterseeische Weinkellerei nördlich von San Miguel de Tajao. In 18 m Tiefe lagern in einer Art Käfig etliche Weinflaschen führender Insel-Bodegas. Durch Strömungen und Gezeiten werden die Flaschen unentwegt bewegt, die Temperatur variiert ständig, der hohe Wasserdruck und die relative Schwerelosigkeit sorgen dafür, dass im Rebensaft unter Wasser andere chemische Prozesse ablaufen als in einer »normalen« Flasche. Nach längerer Lagerung ist das Glas mit einer Kruste aus Algen und Muscheln überzogen und wirkt sehr geheimnisvoll ... Doch nicht nur Wein reift heran. Zugleich verwandelt sich der Käfig in ein künstliches Riff, das von Fischen und Tauchern angesteuert werden soll ...

## Essen

### Unter Einheimischen

**Tabaibarril:** Hellblaue Wände, Tischdecken in Azur und dazu Bilder von Meeresgetier stimmen auf das Essen ein. Damián bereitet *pescado a la espalda* zu, d. h. der Fisch wird aufgeschnitten und auf dem Rücken gebraten. Fast alle Desserts sind hausgemacht, besonders gut: *café de seda* (eine Art Mousse) und *quesillo* (Käsekuchen). Mit kleiner Straßenterrasse.

Playa s/n, T 922 17 12 61, Di–So mittags und abends, Preise um 14 €

# *Zugabe*
# Amaro & Siervita

*Der Korsar und die Nonne*

Nein, er war kein Pirat, betont Daniel, er war Korsar. Dies sei ein großer Unterschied, denn als Korsar habe er »mit königlicher Erlaubnis« die Schiffe anderer Mächte angreifen und plündern, ja sogar die Besatzung, wenn nötig, töten dürfen. Die Hälfte der erbeuteten Schätze sei an die Krone gegangen, »ein für beide Seiten einträgliches Geschäft«. Daniel, der die Besucher La Lagunas durch die schönsten Kirchen der Stadt führt, weiß eine Menge über Teneriffas berühmten Korsaren zu erzählen.

### Teneriffas Robin Hood

»Amaro Pargo hieß er, denn seine Augen waren schwarz und stechend wie die einer Meeresbrasse *(pargo)*. Schon mit 14 Jahren zog er aufs Meer, wo er sich bald als verwegener Seemann einen Namen machte. Mit Zuckerrohr, Wein und Schnaps fuhr er von den Kanaren in die Karibik und kam von dort mit Silber und Gold zurück …« Daniel führt uns in die Kirche Santo Domingo zu einer in den Boden eingelassenen Grabplatte, in die ein von Kanonen flankierter Totenschädel eingraviert ist: »Hier drunter liegt er, zusammen mit seinen Eltern und seinem schwarzen Lieblingssklaven. Eigentlich müsste ich sagen, einem ehemaligen Sklaven, denn natürlich hat ihm Amaro die Freiheit geschenkt. Er war ein Kämpfer gegen die Ungerechtigkeit der Welt und setzte sich, wo er's nur konnte, für die Ausgestoßenen ein, tat viel für Waisenkinder, Häftlinge und Kranke. Sein Erweckungserlebnis verdankt er Siervita.« Daniel weist auf ein Bild an der gegenüberliegenden Kirchenwand, das eine nachdenkliche Nonne zeigt. »Wir sprechen über sie nur in der Koseform: *Siervita* (kleine Dienerin Gottes)«.

### Ein Wunder geschah …

»Siervita«, so Daniel, »stand ihm auch praktisch bei.« Weil ich mir darunter nichts vorstellen kann, wird Daniel deutlicher: »Sie sagte ihm, wann böse Stürme drohten oder ein Feind zu stark für ihn war …« Hokuspokus Fidibus, denke ich mir, soll ich das glauben? »Sie war älter als er, eine mütterliche Freundin, nicht mehr, ein rein platonisches Verhältnis …« Daniel schweigt eine Weile und fährt fort: »Eines Tages kam er von einer Reise zurück und erfuhr, dass sie verstorben war. Er wollte es nicht glauben und setzte durch, dass ihr Leichnam exhumiert wurde. Und siehe da: der Körper war intakt! Es gibt keinen Zweifel, natürliche Mumifizierung war am Werk«, ruft Daniel aus. Und was tat Amaro nun in seiner Trauer? »Er hat Siervita einen opulenten

> »Wir sprechen über sie nur in der Koseform: Siervita (kleine Dienerin Gottes).«

Sarkophag gespendet und sie unsterblich gemacht. Von ihrem toten Gesicht ließ er Bilder anfertigen, die beweisen sollten, dass sie ›lebendig‹ sei, hier also göttliches Wirken im Spiel war.« Bis heute werde Siervita von frommen Gläubigen angerufen: »Als ich einmal an ihrem Sarkophag stand, flehte eine krebskranke, von ihrem Mann verlassene Frau Siervita um Hilfe an. Drei Jahre später kam sie zurück und flüsterte mir zu, die Nonne habe sie geheilt!« Daniel macht mir einen Vorschlag: »Wenn Sie Lust haben, können Sie Siervita bald sehen. Einmal im Jahr, am 15. Februar, wird das Tuch, das den Sarkophag verdeckt, gelüftet …«

### Teneriffas nächste Heilige

Am 15. Februar reihe ich mich vor der Kirche in eine lange Schlange von Gläubigen ein. Schließlich stehe ich vor Siervitas Glassarg: Die Kutte, die man ihr übergestülpt hat, verdeckt alles bis aufs Gesicht – und man meint tatsächlich, sie könne jederzeit die Augen aufschlagen …

Die Nonnen des Klosters, erfahre ich, haben beim Papst den Antrag gestellt, ihre Ahnin seligsprechen zu lassen …

**Amaro & Siervita noch mal in Kürze:**
**Der Korsar:** Amaro Pargo alias Rodríguez Felipe (1678–1747) war so reich, dass ihm – nebst einer Schiffsflotte – halb La Laguna gehörte, dazu 30 weitere Häuser auf Teneriffa. 1725 wurde er geadelt – mit seinen Beutezügen hat er den Schatz der Krone vermehrt. In La Laguna ließ er Straßen bauen, stiftete für Kirchen Altäre, Gemälde und Skulpturen.
**Die Nonne:** María de León Bello y Delgado (1643–1731) alias La Siervita wurde in El Sauzal in eine verarmte Adelsfamilie geboren. Mit 25 Jahren trat sie ins Kloster Santa Catalina (La Laguna) ein. Ihr Geburtshaus in El Sauzal ist heute ein Museum. In ihrer Betzelle im Kloster sollen bald ihre Habseligkeiten ausgestellt werden: Gebetsbücher und Geißelketten, das Brett, auf dem sie schlief, und ihr ›Kissen‹ aus Stein. ∎

*»… denn seine Augen waren schwarz und stechend wie die einer Meeresbrasse …«*

# Die Südküste

**Vor der Kulisse gewaltiger Pyramidenberge** — Über 50 km, von El Médano bis Los Gigantes, erstreckt sich eine Ferien- und Freizeitlandschaft mit schönen Stränden und Spas, Bettenburgen und Boutique-Hotels, Festen von Folk bis Fashion.

*Seite 59*
### El Médano

Schön zum Selbermachen und auch zum Zuschauen – Wind- und Kite-Surfen an Teneriffas längstem Naturstrand. Und danach FKK im Schatten des ›Roten Berges‹ an der Playa de la Tejita …

*Seite 61*
### Los Abrigos

Über dem kleinen Hafen haben sich Fischlokale postiert. Und ganz in der Nähe ist eine *Reserva Natural* zu entdecken. Grün sind leider nur die Golfplätze … Aber sind Sie schon mal durch eine Bimssteinschlucht spaziert?

Ordentlich Wind und gute Wellen locken Surfer aus aller Welt.

## Eintauchen

*Seite 63, 88*
### Frischer Fisch im Fischerort

Die besten Ausflugslokale gibt es in Los Abrigos und La Caleta. Kein Wunder: Von beiden Orten fahren kleine Kutter hinaus aufs Meer, um den Fang einzuholen.

*Seite 66*
### Los Cristianos bis La Caleta

Bummel auf einer über 12 km langen Meerespromenade, vorbei an Stränden, denen man nicht ansieht, dass sie künstlich aufgeschüttet sind. Wer müde wird, erfrischt sich in den Fluten oder stärkt sich in einer der Strandbars.

Die Südküste **57**

*Seite 79*
## Beach-Bars Las Américas/ Costa Adeje

Die Meeresbrandung macht die Musik, untermalt vom Chillout-Sound – und der Blick übers Meer reicht bis La Gomera.

*Seite 81*
## Bahía del Duque ⭐

Lido-Atmosphäre am ›Strand des Fürsten‹, dem architektonisch gelungensten Abschnitt der Südküste. Auch der Sand ist hier besonders schön: weiß und weich!

*Seite 89*
## Playa de los Morteros/Diego Hernández

Auf einem Klippenweg bei La Caleta zu naturgeschützten, gleißend hellen Tuffsteinbuchten – auch hier kann man in die Fluten steigen! Wenn Sie mögen, machen Sie unterwegs Bekanntschaft mit Hippies und lassen sich Tarot-Karten legen.

*Seite 98*
## Whalewatching

Zwischen Teneriffa und der Nachbarinsel La Gomera leben viele Meeressäuger. Obwohl sie Nomaden sind, fühlen sie sich hier offenbar so wohl, dass sie gar nicht weg wollen. Reichlich Nahrung in Form von Riesenkraken macht's möglich.

Nicht ausgeschlossen: die Sichtung wild lebender Orcas.

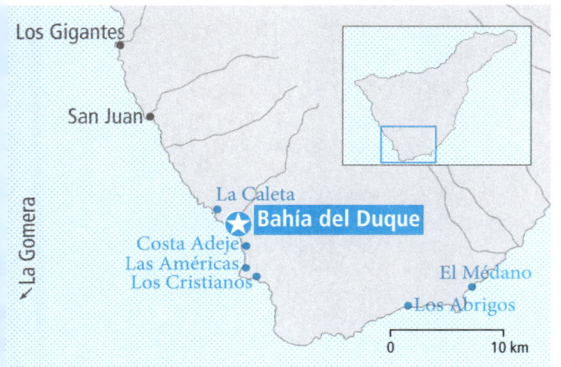

Tief durchatmen und sich die frische Meeresbrise um die Nase wehen lassen. Man muss am Strand von El Médano ja nicht zwingend surfen.

# erleben

# Teneriffas sonnigste Seite

> **ORIENTIERUNG**
>
> **Infos**
> www.arona.travel, www.costa-adeje.es oder App »I love Arona«
> **Verkehr**
> Durch öffentliche Linien sind die Küstenorte bestens miteinander verbunden. Regelmäßig fahren Busse in die Hauptstadt Santa Cruz, einmal morgens auch in den Nationalpark. Details bei den Orten und auf der Reisekarte, Rückseite.

Im Süden geschehen noch Wunder. Bis vor wenigen Jahrzehnten gab es dort nichts als wüste Erde, ausgedörrt und von der Sonne versengt. Eine geröllige Steppe, auf der nur mit größtem Einsatz ein paar Tomaten wuchsen. Doch gleichsam über Nacht verwandelte sich das, was so lange die Armut der Region ausgemacht hatte, in ihren größten Vorteil. Die Kunde von der das ganze Jahr über scheinenden Sonne ließ Scharen von kältegeplagten Nordlichtern anreisen; ab den 1950er-Jahren entstanden hier so viele Bettenburgen wie nirgendwo sonst auf dem Archipel. Das Wunder war freilich nur möglich, weil die Inselregierung massiv investierte. Sie ließ eine Autobahn und den Südflughafen bauen, dazu Meerwasserentsalzungsanlagen, Golfplätze und künstliche Sandstrände. Es entstand eine Stadtlandschaft, die heute, von kleinen Unterbrechungen abgesehen, von El Médano über Los Cristianos, Las Américas und Costa Adeje bis in den Westen hinaufreicht. In Los Gigantes endet die Ferienwelt mit faszinierenden, mehrere Hundert Meter aus den Fluten ragenden Klippen.

Viele Unterkünfte aus den 1960er- bis 80er-Jahren lassen mit ihren wabenartigen Balkonfassaden und kleinen Pool-Gärten leicht ein Gefühl von Enge aufkommen. Erst vor wenigen Jahren hat man begriffen, dass der Süden von Grund auf erneuert werden muss, will man die Urlauber nicht an konkurrierende Feriengebiete verlieren. So wurden Straßen verkehrsberuhigt und mit Palmen bepflanzt, neue Promenaden angelegt und in die Jahre gekommene Hotels abgerissen oder modernisiert. Neuere Siedlungen wie Fañabé, Bahía del Duque, La Caleta und Abama wurden von Anfang an als großzügige Nobelresorts mit schlossartigen Hotels konzipiert.

# El Médano  ♀ E8

Strand, Surfer und Starkwind: El Médano ist ein Mekka für alle, die ihren Urlaub in sportiver Szene unter Tinerfeños verbringen wollen. »Für mich ist es der Top-Spot der Kanaren«, sagt Valter, der hier eine Surf-Basis betreibt. »Und meine Gäste stört's nicht, dass ab und zu ein Flieger heranrauscht – der Wind übertönt ohnehin fast alle Geräusche.«

### Surf-Spot Nr. 1
In El Médano verstärkt sich der Passat düsenartig und sorgt auf dem Wasser für viel Speed. So gut sind die Bedingungen, dass hier alljährlich im August die »Wave Performance« der PWA World Tour stattfindet. Internationale Surf-Stars reisen an und begeistern die Zuschauer mit waghalsigen Sprüngen.

### Toller Strand, schöne Promenade
Doch was des einen Freud, ist des anderen Leid: Der Wind weht Strandbesuchern oft Sand ins Gesicht. Wem das nichts ausmacht, wird an der **Playa El Médano** viel Gefallen finden. Mit 3 km Länge ist sie Teneriffas längster Naturstrand und zieht sich südwärts bis zum rötlichen Kegel der Montaña Roja. Begleitet wird sie von einer attraktiven, mit Holzplanken ausgelegten Promenade. Dank raffinierter Beleuchtung ist sie auch ein schöner Abend-Parcours. Ein zweiter heller Paradestrand, die **Playa de la Tejita,** schließt sich an die Montaña Roja an. Da sie im Schatten des Berges liegt, ist es hier meist windstill und man kann wunderbar baden. Auch FKK ist erlaubt.

### Licht und Schatten
Gut bummeln lässt sich's auf den Fußgängerstraßen im Zentrum und längs

*Der südliche Abschnitt der Playa El Médano ist der Hotspot der Surfszene. Vor allem nachmittags bläst der Wind beständig stark, sodass sich viele bunte Segel und Kites sehen lassen – ein tolles Spektakel.*

der mit Naturstein und ein paar Palmen gestalteten Fischermole. Weiter landeinwärts sieht es weniger rosig aus. Die Straßen sind von schnell hochgezogenen Wohnblocks gesäumt. Von Meeresromantik keine Spur ...

## Schlafen

In El Médano ist das Angebot auf jüngere Urlauber zugeschnitten, die vor allem Sport treiben wollen. Viele einfache Unterkünfte werden über Surfshops und Bars vermittelt.

### Traditionelles Strandhotel
**Playa Sur Tenerife:** Das Mittelklassehotel am westlichen Ortsrand ist keine Schönheit, doch man hat den Strand direkt vor der Haustür. Mit Verleihstellen für Surfboards nebenan.
Playa del Médano, T 922 17 61 20, www.hotelplayasurtenerife.com, 70 Zi, DZ ab 98 €

### Näher am Wasser geht's nicht
**El Médano:** Das in den 1960er-Jahren erbaute Hotel steht auf einer ins Meer ragenden Felszunge, sodass es von fast allen Seiten von Wasser umgeben ist. Von den 91 Zimmern hat man Meerblick, über eine Treppe steigt man in den Atlantik. Freundliches Ambiente.
Playa del Médano/Paseo Picacho 2, T 922 17 70 00, www.medano.es, DZ ab 88 €

### Bed & Breakfast
**Villa Las Dunas:** 20 Gehminuten nordöstlich vom Stadtzentrum: freundliche Zimmer, Gemeinschafts-Kitchenette, Pool und Gratis-WLAN.
Calle Girasol 7, www.villalasdunastenerife.com, T 922 17 89 99, DZ 50 €

### Am Strand
**Camping Montaña Roja:** Engagiert geführter Platz wenige Schritte von der Playa de la Tejita. Vermietet werden Zelt, Campingwagen und hübsche, igluartige Holzhäuser *(cabañas)*; gute sanitäre Anlagen, ein Bistro, Rad- und Autoverleih.
TF-643 Km 3, T 922 69 63 30 922, www.campingmontanaroja.com/camping/, Holzhaus (4 Pers.) ab 80 €

---

### ›ROTER‹ UND ›GESCHÄLTER‹ BERG   **B**

Südwestlich von El Médano ragt die rötlich schimmernde **Montaña Roja** auf, die man auf einem markierten Weg erklimmen kann (2 Std. hin und zurück).
Lohnend ist auch ein Abstecher zur **Montaña Pelada** nordöstlich von El Médano. Folgen Sie ab Fischermole der küstennahen Avenida Juan Carlos 1,5 km, zuletzt vorbei an einer Reihenhaus-Siedlung (Bushaltestelle, Parkplatz). Unverkennbar ist der Berg, der mit seinen von Wasser und Wind zersägten Flanken tatsächlich wie ›geschält‹ *(pelado)* aussieht. An seinem Fuß liegt eine kleine Bucht mit hellem Sand, die in türkisfarbenes Wasser übergeht. Bei Ebbe ist die Playa recht groß, bei Flut muss man sich an die Felsen zurückziehen – auch hier ist Nacktbaden möglich (2 Std. hin und zurück).

---

## Essen

Einfache und relativ preiswerte Lokale gibt es in der Bucht vor dem Hotel El Médano und in den seitlich angrenzenden Gassen, besonders in der parallel zur Küste verlaufenden Calle El Picacho.

### Szenetreff
**Flashpoint:** Schattige Terrasse am Strand mit tollem Meerblick und lässig-legerer Atmosphäre. Da nimmt man es in Kauf,

*Die Umgebung der Montaña Roja ist perfekt für einen Strandtag.*

dass Service und Küche nicht perfekt sind. Satt macht Snack-Küche von Hähnchenburger bis Fisch-Curry. Achten Sie darauf, dass der Flugsand nicht im Essen landet …
Paseo Marítimo 52, T 922 17 61 11, tgl. 9–23 Uhr

### Pirat am Tejita-Strand
**Chiringuito Pirata:** Unter schwarzer Flagge mit Totenkopf sitzt man im Sand und genießt günstige Tapas mit Blick aufs Meer und die Montaña Roja.
Paseo Sotavento/La Tejita s/n, T 659 55 70 20, chiringuito-pirata.business.site, Di–Sa 9–21 Uhr

## Bewegen

### Wind-, Kite- und SUP-Surfen
**Surf Center Playa Sur:** Von einem deutschen Team geführte Surfbasis, Kursangebote und Verleihstation.
Calle La Gaviota, Hotel Playa Sur, T 922 17 66 88, www.surfcenter.el-medano.com

**TF7 Center:** Vom Surfchampion Valter Scotto geführte Basis bei El Cabezo.
Calle Punta del Este/Local 4, T 625 54 73 52, www.tieffesette.com

### Radfahren
**Bike Point Tenerife:** MTB-, Renn- und E-Bike-Verleih, dazu Touren von Café-Bike bis Profi.
Calle Villa de la Orotava 10, T 922 17 62 73, www.bikepointtenerife.com

## Infos

- **Verkehrsmittel:** Gut kommt man nach San Isidro und Granadilla (408–411), zur Costa del Silencio und nach Los Cristianos (470). Details s. Reisekarte, Rückseite.
- **Mercadillo:** Kunsthandwerk und Krimskrams auf dem Wochenmarkt (Plaza/Paseo Nuestra Señora de Roja, Sa 9–14 Uhr).

# Los Abrigos  ♀ E8

Am Meer zeigt sich der Fischerort von seiner attraktiven Seite: In der Felsbucht liegen Kutter vor Anker, die jeden Morgen auslaufen, um die vielen Terrassenlokale an der Promenade mit Frischware zu versorgen. Hier sitzen Sie mit Blick auf den Atlantik und genießen *pescado del día*. Landeinwärts das übliche Bild: Funktionale Häuser an geraden Straßen.

Auch die Gemeinde Granadilla, zu der Los Abrigos gehört, wollte ein Stück vom Tourismus-Kuchen abhaben. Deshalb gab sie ihr Ja-Wort zu neuen Siedlungen, die westlich des Ortes hochgezogen wurden: Vorbei am schicken Resort San Blas gelangt man in die rings um zwei Golfplätze errichtete Urbanisation Golf del Sur. Zuletzt wurden die Feriensiedlungen um den Jachthafen Marina de San Miguel ergänzt. Eine Promenade führt

# TOUR
# Durch eine gleißend helle Schlucht

**Naturschutzoase San Blas**

### Infos

**Start:** Los Abrigos, Reserva Ambiental, Besucherzentrum San Blas (📍 D/E 8)

**Planung:** Die zweistündige Führung auf Deutsch oder Englisch müssen Sie einen Tag im Voraus reservieren: Reserva Ambiental, Av. Greñamora 1, T 922 74 90 10 (Hotel), 15 €, Kinder (4–12 J.) 12 €

Wie ein Riegel schiebt sich das Hotel San Blas vor den gleichnamigen Barranco, der seine Geheimnisse erst auf den zweiten Blick preisgibt …

Das ›Schluchtenabenteuer‹ will verdient sein. Drum geht's zuerst in ein **Besucherzentrum,** wo Sie einen Crash-Kurs in Inselgeschichte erleben: nicht langweilig-abstrakt, sondern audiovisuell-dramatisch. Die Zeitreise startet mit der vulkanischen Entstehung, danach dürfen Sie dabei sein, wie in nacktem Fels Leben aufkeimt. Mit den ersten Siedlern bestellen Sie das karge Land und leiden mit ihnen, als diese von den Konquistadoren überfallen werden. Doch auch die neuen Siedler werden ihres Lebens nicht froh und planen die Flucht nach Übersee. Mit ihnen besteigen Sie das Schiff ins gelobte Land Amerika …

Doch jetzt ab in die Natur! Sie wandern durch eine **Schlucht,** in der die Guanchen ihren Göttern Opferrituale darbrachten, und kommen zu einer Staumauer, hinter der sich Regenwasser sammelt. Der kleine malerische See, der sich dabei ausgebildet hat, ist heute mit seinem dichten Schilfufer ein Refugium für Vögel: Wildenten und Blesshühner, Reiher, Falken und Raubwürger … Auf einem rustikalen Floß werden Sie den **See** queren, bevor Sie die Schlucht durchwandern …

Wer will, kann sich anschließend im **Museum** Filme zur kanarischen Kultur anschauen oder aber den Tag in San Blas bzw. seiner wilden Nachbarschlucht verbringen (s. S. 100).

zurück nach Los Abrigos, vorbei am halbrunden Meerwasser-Pool El Guincho und dem dunklen Kiessandstrand San Blas.

## Schlafen

### Mit Naturschutzgebiet
**Sandos San Blas:** Das weitläufige 5-Sterne-Resort (331 Zimmer) fügt sich in Farbe und Form perfekt in die Landschaft ein. Man speist all inclusive im Höhlenrestaurant, abends werden Shows und Live-Musik geboten. Fantasievoll ist die Pool-Landschaft mit Drachenbäumen und Sonnenterrassen, für Kinder gibt es zusätzliche Meerwasser-Pools, Miniclub und Spielplatz. Zum Steinstrand läuft man nur wenige Minuten. Der Besuch der Schlucht (s. Tour links) ist für Hotelgäste inklusive: Freuen Sie sich auf keulenartige Felsen und Rosetten, Höhlen und sanft abgerundete, mit filigranen Mustern überzogene Wände – im Museum gibt's eine Einführung!
Av. Greñamora 1, T 922 74 90 10, www.sandos.com, DZ ab 180 € alles inklusive

## Essen

### Bester Blick
**Perlas del Mar:** Die ›Meeresperle‹ ist zwar das letzte Lokal in der Reihe, hat dafür aber die beste Lage auf einem markanten Felsvorsprung. Viele Gäste bestellen die großzügige Fischplatte *(parrillada de pescado)*.
Calle La Marina s/n, T 922 17 00 14, mittags und abends, Mo geschl. Preise um 20 €

### Traditionell gut
**Los Abrigos:** Die hauseigenen Boote fahren täglich hinaus, um das kleine, familiäre Lokal mit frischer Ware zu versorgen. Mit Meerblick schmecken Miesmuscheln *a la marinera,* Fischsuppe, gegrillter Fisch und Langusten. Mittlere Preisklasse.
Calle La Marina 3, T 922 17 02 64, www.restaurantelosabrigos.com, Do–Di 12–22 Uhr

*Die Fischer von Los Abrigos beliefern mit ihrem Fang die Lokale vor Ort.*

## Bewegen

### Golf
**Golf del Sur:** 27-Loch-Platz nordwestlich von Los Abrigos: eine grüne Oase inmitten der Stein- und Staubwüste mit Blick aufs Meer. Übungszone mit Putting und Chipping Green. Erlaubt für alle Golfer mit offiziellem Handicap (Herren 28, Damen 36).
Urbanización Golf del Sur (TF-1 Ausfahrt 24), T 922 73 81 70, www.golfdelsur.es

### Unter Wasser gehen
**Submarine Safaris:** Im Jachthafen startet ein Tauchgang an Bord eines U-Boots. In 30 m Tiefe werden die Fische ans Fenster gelockt.
Marina San Miguel, Urb. Amarilla Golf s/n, T 922 73 66 29, www.submarinesafaris.com

## Infos

• **Bus:** Nach Los Cristianos und El Médano (470). Details s. Reisekarte, Rückseite.
• **Auto:** Aus Richtung Santa Cruz Abfahrt 62, von Los Cristianos Abfahrt 24.

- **Mercadillo:** Teneriffas beliebter Nachtmarkt in Los Abrigos, jetzt auch mit Bauern, die ihre frische Ware verkaufen (Plaza de la Iglesia, Di 17–21 Uhr).

# Las Galletas / Costa del Silencio   ♦D8

Wer Spanisch spricht, ist irritiert. Wo sind hier *galletas* (Kekse) und wo ist *silencio* (Ruhe)? Aufgrund des nahen Flughafens kann von Ruhe keine Rede sein und auch Süßschnäbel kommen hier nicht auf ihre Kosten. Die ausufernden Urbanisationen nahe dem Inselsüdzipfel entstanden rund um **Annapurna** (ehemals Ten Bel), ein 1968 für die Arbeiter eines belgischen Konzerns erbautes Resort. Mit seinen weißen, locker hingestreuten Beton-Kuben und -Quadern, mit Plätzen und Passagen, dem Wechsel von Licht und Schatten erschien es damals als Paradebeispiel moderner Architektur à la Le Corbusier. Leider wurde es nicht kontinuierlich gepflegt, sodass jetzt ein radikales Facelifting nottut …

Im Nachbarresort **Palm-Mar** führt eine 1,5 km lange Palmenallee zur Küste. Wo sie endet, beginnt eine Promenade, die in einen Küstenwanderweg übergeht. In 40 Minuten führt dieser durch das Lava-Naturschutzgebiet **Malpaís de Rasca** und zu zwei Leuchttürmen – der schönste Flecken weit und breit!

## Schlafen, Essen

### All inclusive am Meer
**Annapurna:** Das frühere Ten Bel wurde in ein 3-Sterne-Hotel mit 285 Apartments (all inclusive) umgewandelt, überrascht mit großem Meerwasser-Pool und eigenem Zugang zum Strand.
Av. de Fernando Salazar Gonzalez s/n, T 922 73 00 60, www.annapurnahotelltenerife.com, 2 Pers. ab 70 €

### Oase für die Seele
**Bahía Beach:** Bali-Liegen unterm Sonnensegel im Sand, dazu innovative Gastronomie mit exotischem Touch, Cocktails und Chillout-Musik, auch Live-Konzerte.
Av. Palm Mar (C.C. Muelles de Genova), Palm Mar, T 922 10 30 30, www.bahiabeachtenerife.com, Mo–Sa mittags und abends, Tapas ab 4 €

## Bewegen

### Golf
Anlagen in hügeliger Landschaft mit anfängerfreundlichem Parcours findet man bei **Golf Amarilla** (Urb. Amarilla Golf (TF-1 Ausfahrt 24), T 922 73 03 19, www.amarillagolf.es) sowie bei **Golf Los Palos** (TF-1 Ausfahrt 26), T 922 16 90 80, www.golflospalos.com) vor.

### Reiten
**Rancho Grande:** Der an Amarilla Golf angeschlossene Reitstall bietet Kurse sowie geführte Ausritte.
Urb. Amarilla Golf (TF-1 Ausfahrt 24), T 922 73 03 19

### Tauchen
**Club Buceo Coral Sub:** Kurse für Anfänger und Fortgeschrittene, auch nächtliche Tauchgänge sind möglich.
Alborada Beach Club, T 922 73 09 81, www.coralsub.com, So geschl.

### Wandern
Vom östlichen Ortsrand (Calle Chasna, Ap. Chasna C) geht es auf Piste zur kleinen Playa Amarilla hinab, wo unmittelbar am Meer die **Montaña Amarilla** aufragt.

### BIRDWATCHING IM MALPAÍS DE RASCA **B**

Das wüstenartige Küstenland (♥ C 8) ist so einsam, dass sich hier Steppenvögel niedergelassen haben. Zwischen Dornlattich und Wolfsmilchgewächs gehen sie auf Jagd nach Insekten und kleinen Echsen. Mit etwas Glück sehen Sie den braun-grau melierten Kanarenpieper und die Brillengrasmücke mit bläulicher ›Brille‹. Auch der Grauwürger, der seine Beute auf Dornen spießt, ist hier zu Hause. Durch furchteinflößende Schreie macht er auf sich aufmerksam. Last not least der Triel: erkennbar an seinem kräftigen Schnabel und dem charakteristischen Ruf ›Kur-Leeeee‹.

Bei Ebbe können Sie am Fuß des ›Gelben Berges‹, der in Beige bis Ocker leuchtet, zu einer kleinen FKK-Bucht laufen. Ist das Meer zu wild, müssen Sie den anstrengenderen Umweg über den Berg wählen: Erst aufs Gipfelplateau, dann am Rand des Kraters und ihn querend zur Ostflanke, zuletzt zur Küste hinab (hin und zurück 45 Min.).

### Infos

- **Oficina de Turismo:** Rambla Dionisio González 1, T 922 73 01 33, www.arona.travel, Mo–Fr 9–15.30 Uhr.
- **Verkehr:** Bus nach El Médano (470), Los Cristianos (467, 470), Costa Adeje (467), La Caleta (467). Weitere Verbindungen s. Reisekarte, Rückseite.
- **Fiesta de Carmen:** 16./17. Juli. Bootsprozession zu Ehren der Schutzheiligen der Fischer. Fiesta und Feuerwerk.

# Los Cristianos

♥ Karte 1, C 8; Karte 3, E/F 7/8

Die Ferienstadt an der Südküste ist keine Schönheit: Nicht wenige Bettenburgen stapeln sich am Meer, ziehen landeinwärts und machen erst vor den kegelförmigen Bergen Guaza und Chayofita Halt. Doch es gibt gute Gründe, weshalb sich Urlauber hier wohlfühlen: Der Ort ist sonnensicher und dank der flankierenden Berge windgeschützt, er hat schöne Strände und bietet gute Ausflugsmöglichkeiten. Und auf den Straßen hat man nicht nur Touristen um sich: Los Cristianos ist eine ›normale‹ Stadt mit Kirche und Kulturhaus, Bibliothek und Schule, Markt und Gericht.

### Wo der Südtourismus begann ...

Für die Tinerfeños war Los Cristianos stets der Hafen von Arona, jenem hoch oben in den Bergen versteckten Gemeindestädtchen. Eine Blütezeit wie die Häfen an der Nordküste erlebte er nie. Noch um 1950 bestand er aus kaum mehr als einer Handvoll Katen und einer Kirche zu Ehren Carmens, der Schutzheiligen der Fischer. Erst mit dem touristischen Aufschwung in den 1960er-Jahren expandierte Los Cristianos, immer mehr Menschen ließen sich auf der Suche nach Arbeit hier nieder. Sie kamen aus den umliegenden Bergdörfern, oft auch von den kleineren Westinseln.

## Hafen und Strand

Im Hafen schlägt noch immer das Herz der Stadt. Täglich starten Großfähren zu

# TOUR
# Promenadenbummel

**Von Los Cristianos bis La Caleta**

### Infos

**Start**: Playa de los Cristianos (♀ Karte 3)

**Länge**: 12 km

**Dauer**: 3.30 Std. (reine Gehzeit)

Die Strandpromenade, auf der Sie von Los Cristianos bis La Caleta laufen können, ist mit 12 km eine der längsten Flaniermeilen Europas. In sanftem Auf und Ab führt sie am Meer entlang, umrundet Kaps und Kliffs, ist mal verschwenderisch grün, dann wieder karg. Beachbars laden dazu ein, unterwegs eine Pause einzulegen. Und ein Dutzend Strände bieten sich für ein Bad an. An jedem x-beliebigen Punkt können Sie sich in die Tour einklinken. Und haben Sie keine Lust mehr, brechen Sie sie einfach ab und laufen bzw. fahren zurück!

### Vom Wal zu Arts Lifestyle

Der Bummel startet an der Promenade der **Playa de los Cristianos.** Wo sich diese weitet, sehen Sie landeinwärts einen gestrandeten Wal von Fernando Mena aus glatt poliertem Stein. Wenig später grüßt an der **Plaza de la Pescadora** die namensgebende »Fischverkäuferin«, die einen Korb voll Meeresgetier auf dem Kopf balanciert. Sie passieren Pavillons, an denen Tickets für Bootstouren verkauft werden, und folgen dem rechts einknickenden Paseo durch eine bunt ausgemalte Unterführung zur **Playa de las Vistas**, in deren Mitte eine Fontäne in die Höhe spritzt. Mittlerweile sind Sie an mehreren Sand-Bildhauern vorbeigelaufen, die ihre vergängliche Kunst immer wieder mit Feuchtigkeitsspray aufpeppen … Auf dem Kap, das die Playa de las Vistas von der **Playa del Camisón** trennt, steht das ultraschicke Zentrum **Arts Lifestyle** 4 (S. 78) – werfen Sie einen Blick hinein!

### Über das Kap des Fischadlers zum Barranco

Es folgt ein von **Liegerasen** flankiertes Promenadenstück: Rollen Sie Ihr Hand-

*Lässt sich das Meer wirklich besser durch ein verrostetes ›Fenster‹ betrachten? Wie immer: Ansichtssache!*

tuch aus, ein Nickerchen kann nicht schaden … Am nächsten Abschnitt ist kein Strand, dafür **Infotafeln** zu unterseeischen Vulkanausbrüchen und Riesen-Kalamaren. Passend dazu eine große, krakenartig ausgreifende Bronze-Skulptur von Drago Díaz. Eine zweite Installation erinnert an eine Fahne, eine dritte entpuppt sich als Fenster zum Meer (Juan López Salvador). An der **Punta del Guincho**, dem »Kap des Fischadlers«, können Sie Ihre Füße in einem Naturschwimmbecken kühlen, weiter geht es im Schatten von Palmen. Auf einer Holzbrücke queren Sie die Mündung des Barranco del Rey und befinden sich jetzt in der Gemeinde **Adeje**, die mit einem segelartigen Infopavillon auf sich aufmerksam macht.

### Badelandschaften, Holzwege, …

Schlag auf Schlag folgen die dunkelsandigen Strände der **Playa de Troya** und **Playa El Bobo**, bevor Sie aufsteigen zur Klippen-Badelandschaft (s. Lieblingsort S. 80) unterhalb des Hotels Jardín Tropical. Vorbei am Jachthafen erreichen Sie die kleine **Playa de la Pinta**, darüber thront der Kaluna Beach Club, wo es sich empfiehlt, auf dem Holzplankenweg zur **Playa de Torviscas** hinabzusteigen. Kurz darauf – noch immer auf dem Holzweg – erreichen Sie die **Playa Fañabé**, wo die Möglichkeit besteht, am Strand Minigolf zu spielen. Sie laufen um zwei weit vorspringende Felskaps herum, das letztere mit der privaten ›Burg‹ eines Seifenfabrikanten.

### Das Schönste zuletzt

Der gelungenste Küstenabschnitt ist die **Bahía del Duque** mit lidoartigem Strand und dem burgartigen Mirador del Duque. Nach erneuter Querung eines Barrancos erreichen Sie die dunkle **Playa de la Enramada** mit einer Bar unter Bambusschirmen. Spaß macht es, den Paraglidern bei ihren Landemanövern zuzuschauen! Nur wenige Schritte sind es von hier zur Straße (mit Bushaltestelle), Sie können freilich auch 5 Min. weiterlaufen zu den Fischlokalen von **La Caleta**.

Handtuch und Badesachen nicht vergessen! Bus 476 fährt alle 10–20 Min. nach Los Cristianos zurück.

den Nachbarinseln La Gomera, La Palma und El Hierro. Gleichzeitig liegt im Hafenbecken die Fischereiflotte vor Anker, bunt bemalte Kutter und kleine Boote, mit denen die Männer im Morgengrauen hinausfahren. Beim Zurückkommen werden sie erwartungsvoll begrüßt. Es macht Spaß, ihnen beim Ausladen des Fangs zuzusehen, beim Säubern der Netze und Reusen. Möwen fliegen kreischend umher, um sich ihren Anteil an der Beute zu sichern. Neben den Kuttern dümpeln nostalgische Windjammer, Motorboote und Jachten.

### Mit Meeresbrise in der Nase

Zwei Promenaden starten unmittelbar am Hafen. Die erste, breit und palmenbestanden, schmiegt sich in weitem Halbkreis um die 400 m lange Hafenbucht. An der **Playa de los Cristianos** wird Beach-Volleyball gespielt, weiter ostwärts, wo das Wasser sauberer ist, auch gebadet. Schön ist die Promenade, wo sie sich zur Plaza Galdós erweitert: Unter weit ausladenden Kronen Indischer Lorbeerbäume sind Bänke aufgestellt, von Terrassencafés kann man das Treiben beobachten.

Durch einen bunt bemalten Tunnel am Rincón del Puerto (auf Höhe der Mole) kommt man zu einer zweiten Promenade, die nach Las Américas führt (s. Tour S. 66). Sie schlägt einen großen Bogen um die **Playa de las Vistas,** so genannt, weil sie freie Sicht *(vista)* auf die Nachbarinsel La Gomera eröffnet. Sie ist 1 km lang, feinsandig und hell, nicht nur aufgrund ihres sauberen Wassers bestens zum Baden geeignet. Dank der Wellenbrecher ist sie brandungs- und strömungssicher. Auf halber Strecke der Promenade führen fugendicht ausgelegte Holzplankenwege über den Sand nah ans Wasser, wo Baywatcher Gehbehinderte in Amphibien-Buggies ins Wasser rollen – dieser Service ist kostenlos. Und auch hinter dem Strand sieht's nicht übel aus: strahlend weiße Bungalows am Hang der Montaña Chayofita …

## Altstadt

Von der Hafenbucht führen Flanierstraßen aufwärts. Sie sind von vierstöckigen Häusern gesäumt, in denen sich Restaurants, Bars und Souvenirshops drängen. Auch mehrere Pensionen gibt es hier, in denen Reisende auf dem Weg zu den Nachbarinseln einen Zwischenstopp einlegen. Der breiteste Paseo führt zur Plaza del Carmen. Dort steht die **Iglesia Nuestra Señora del Carmen,** eine schlichte Kirche mit hohem Glockenturm. Ebenfalls am Platz: das Reverón, eine der ersten Unterkünfte von Los Cristianos, die von einer einfachen Pension anno 1966 zum 4-Sterne-Hotel avancierte. Von hier ist es nicht mehr weit zur **Casa de Cultura** mit dem **Auditorio,** dem Konzertsaal der Stadt.

## Schlafen

### All inclusive auf die andere Art

**1 Mar y Sol:** (s. Thema S. 265) Av. Amsterdam 8, T 922 75 05 40, www.marysol.org, Ap. inkl. HP ab 125 € (Behandlungen werden teilweise von Krankenkassen übernommen)

### Zentral

**2 Labranda Reverón Plaza:** Von dem Mittelklassehotel läuft man gut 5 Min. zum Strand. Schön ist das Treppenhaus mit Glaskuppel und Wandmalereien, im obersten Stockwerk befinden sich das Frühstücksrestaurant mit Blick auf den Hafen sowie eine Terrasse mit beheiztem Pool. Die 44 Zimmer sind mit Stilmöbeln eingerichtet, relativ ruhig wohnt man im vierten und fünften Stock.

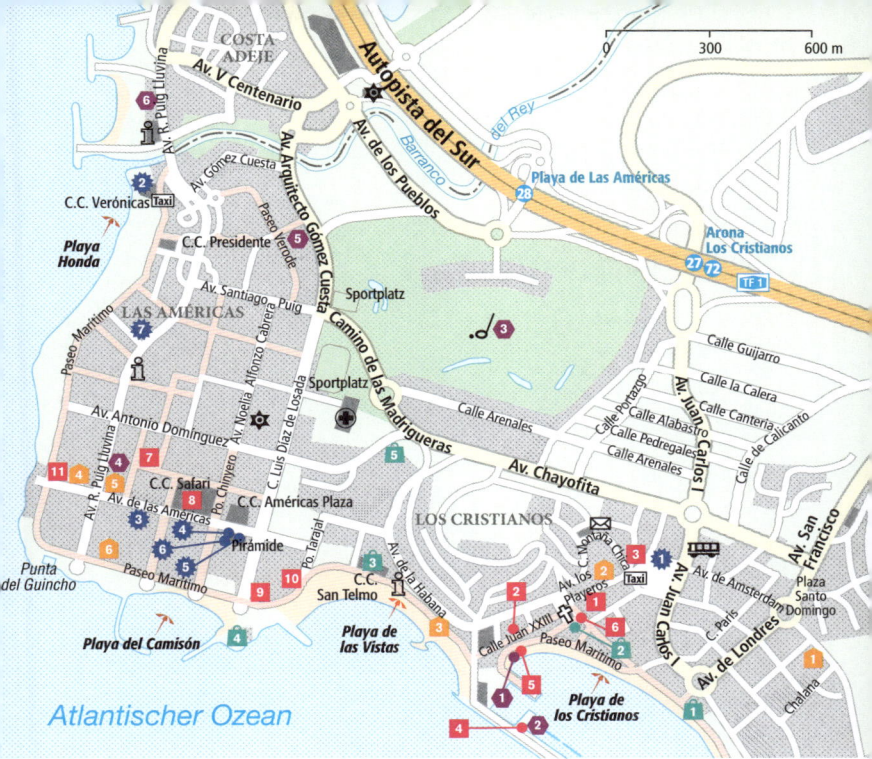

# Los Cristianos/Las Américas

## Schlafen
1. Mar y Sol
2. Labranda Reverón Plaza
3. Las Fuentes
4. Europe Villa Cortés
5. Park Club Europa
6. Parque Santiago

## Essen
1. Casa Tagoro
2. Yim Siam Thai Food
3. Sopa Comida Sana
4. El Teatro del Puerto
5. El Cine
6. Café 5
7. La Iberoteka
8. Thai Botanico
9. Pasta y Vino
10. Friends
11. Maui Beach Club

## Einkaufen
1. Mercadillo
2. Librería Bárbara
3. Kiosko Los Cristianos (Artenerife)
4. Arts Lifestyle & Shopping
5. El Aderno Sweet Shop

## Bewegen
1. Mar de ONS
2. Schiffsanlegestelle
3. Campo de Golf Las Américas
4. DIGA Sports
5. Aqua-Marina Dive Centre
6. Wandern (Haus der Begegnung)

## Ausgehen
1. Auditorio Infanta Leonor
2. Papagayo Beach Club
3. Milla de Oro
4. Pirámide de Arona
5. Magic Bar
6. Hard Rock Café
7. Tibu Tenerife

Av. Los Playeros, T 922 75 71 20, www.meeting-point.com, DZ ab 120 €

### In Top-Lage

3 **Las Fuentes:** 28 einfache Apartments über der Playa de las Vistas, zentral, aber ruhig, alle mit Terrasse und Meerblick.
Av. La Habana 7, T 922 75 23 90, www.lasfuentestenerife.com, Ap. ab 70 €

## Essen

In den Flaniergassen der Altstadt reiht sich Lokal an Lokal, die Palette reicht von Pizzerien über chinesische Büfetts bis zu rustikalen Grillstuben. Etwas abseits entdeckt man die erstklassige Casa Tagoro!

### Zum Wohlfühlen

1 **Casa Tagoro:** Für ein gemütliches Ambiente sorgen in Pastellfarben geschwemmte Wände, Antiquitäten und eingedunkelte Gemälde. Karin und Gerhard Brodträger bieten eine kreative Küche, aber auch Deftiges aus ihrer Heimat wie Weckerl mit Griebenschmalz, Schmankerln aus Wald und Feld und am Martinstag ein Ganserl. Den sonntäglichen Schweinsbraten mit Biersauce, Knödeln und Kraut gibt's für 15,80 €. Für besondere Gelegenheiten gönne man sich das abendliche, vier- bis sechsgängige Degustationsmenü (ab 68 €) – kreative Küche auf hohem Niveau!
Calle Valle de Menendéz 28, T 822 66 08 33, www.casatagoro.com, Di–Sa abends, So mittags u. abends

### Duft weckt Appetit

2 **Yim Siam Thai Food:** Bei einer Thailänderin und ihrem belgischen Mann gibt's originale Asia-Küche – nicht aus der Mikrowelle, sondern frisch zubereitet (deshalb bitte Wartezeit einplanen). Oft wechselt die Karte, immer mit von der

*Bunte Märkte gibt es auf Teneriffa wie den sprichwörtlichen Sand am Meer. Natürlich auch einen Mercadillo in Los Cristianos.*

Partie sind Hähnchen-Satay-Spieße mit süßsaurer bzw. Erdnuss-Soße. Zwischen 12 und 18 Uhr wird gern das preiswerte Zwei-Gänge-Menü bestellt.

Calle La Paloma 11 Local 1/Ecke Plaza Fontana, T 616 37 29 40, www.yimsiam tenerife.com, Mo abends, Di–So mittags und abends

### Informell & gesund
**3 Sopa Comida Sana:** Halb Bistro, halb Café: Janka bietet vegetarische und vegane Gerichte, täglich variierende Suppen, Salate, Gemüse-Hamburger und Quiches, frisch gepresste Obst- und Gemüsesäfte, auch eine kleine Fisch- und Fleischauswahl.

Plaza Pescador 1/Ecke Calle Montaña Chica 2, T 822 04 37 69, bei Facebook: sopateneri fe, tgl. 8–21 Uhr, Salate ab 4 €

### Der Name ist Programm
**4 El Teatro del Puerto:** Von der Terrasse des Fährhafens haben Sie das Treiben fest im Blick: ein- und auslaufende Schiffe, Traveller auf dem Weg zu den Westinseln, heimkehrende Fischkutter. Viel gibt's zu sehen, da ist das Essen fast Nebensache: Tapas, Burger und Sandwiches stillen den Hunger.

Estación Marítima, T 922 77 75 82, www. grupoelcine.com, tgl. 7–20 Uhr, Tapa ab 3 €

### Unter Einheimischen
**5 El Cine:** Das preiswerte Terrassenlokal versteckt sich in einer Passage zwischen Promenade und Plaza Galdós. Zur Mittagszeit ist es schwer, einen freien Tisch zu ergattern. Doch Carlos lässt niemanden leer ausgehen. Wer warten muss, erhält schon mal sein Getränk und darf sich wie auf einer Cocktailparty fühlen. Die Karte ist klein und die Zubereitung einfach, dafür ist alles frisch. Es gibt Fisch und Meeresfrüchte, dazu Salat aus schmackhaften Freilandtomaten, Runzelkartoffeln mit Mojo sowie Wein von einheimischen Bodegas.

Calle Juan Bariajo 8, T 922 10 77 58, www. grupoelcine.com, tgl. 11.30–23 Uhr

### Entspannt
**6 Café 5:** Wunderbar für eine kleine Pause: Weich gepolsterte Korbstühle auf der Straßenterrasse, an kühlen Abenden gibt's Decken dazu. Appetitliche Snacks, vorzügliche Kaffee-Variationen, hausgemachte Konfitüre und Cocktails – flott und freundlich serviert.

Calle Pablo Abril 5, tgl. 9–24 Uhr

## Einkaufen

Viele Läden und Boutiquen finden sich in den strandnahen Gassen, z. B. der Calle Juan XXIII und der Av. Suecia.

### Markt
**1 Mercadillo:** Großer Trödelmarkt neben dem Gran Hotel Arona.

Av. Marítima s/n, mercadosdelatlantico.com, So 9–14 Uhr

### Buchladen mit bestem Service
**2 Librería Bárbara:** Schon seit 1988 gibt es diesen gut sortierten Buchladen mit Strandlektüre und vielen Titeln über die Kanarischen Inseln in mehreren Sprachen. Ortrud und Tochter Hanna, stets freundlich und kompetent, beraten Sie beim Kauf. Außer aktuellen Titeln birgt der Laden auch ein großes Angebot an Sprachbüchern und Secondhand-Literatur!

Calle Juan Pablo Abril 6, T 922 79 23 01, libreriabarbara@gmail.com, Mo–Fr 10–13 und 17–20, Sa 10–13 Uhr

### Kunsthandwerk im Segelboot
**3 Kiosko Los Cristianos (Artenerife):** Im Pavillon der staatlichen Kunsthandwerkskette, das als Segelboot über der Promenade schwebt, bekommt man kanarische Keramik und Stickereien, Korb- und Webarbeiten.

# TOUR
# Zu Teneriffas kleiner Schwester

**Mit der Fähre nach La Gomera**

Wer an der Südküste wohnt, hat sie immerzu vor Augen: Teneriffas Nachbarinsel ragt zum Greifen nah als halbrunder Berg aus den Meeresfluten. Statt Bettenburgen bietet La Gomera viel Natur: Lorbeerwald, tiefe Schluchten und wilde Küsten – vielleicht lernen Sie hier Ihr nächstes Urlaubsziel kennen … Da Schnellfähren zwischen den Inseln pendeln, kann man die schöne Nachbarin im Rahmen eines Tagesausflugs kennenlernen.

**Ins Inselzentrum**
Von **San Sebastián,** der kleinen Inselhauptstadt, fahren Sie auf der Serpentinenstraße GM-2 auf- und landeinwärts. Am Pass Degollada de la Peraza empfiehlt sich ein Stopp: Über Abgründe hinweg fällt der Blick auf die Gebirgsstaffeln des Nordens und man begreift, warum La Gomera als die zerklüftetste Insel des Archipels gilt. Nach wenigen Kilometern lohnt ein zweiter Halt:

## Infos

📍 Karte 2, B 3

**Start:** Hafen Los Cristianos

**Planung: Fähren** zu anderen Inseln s. S. 75 (hin und zurück 68 €); erste Fähre um 8.45 (Armas) bzw. 9 Uhr (Olsen) Reservieren Sie Ihr **Mietauto** für La Gomera am besten schon im Hafen von Los Cristianos (zuverlässig: CICAR)!

**Tipps:** Oft gibt es günstige organisierte Gomera-Überfahrten inkl. geführter Bustour. Ebenfalls möglich: per Fähre (via San Sebastián) bis Valle Gran Rey zu fahren und sich erst dort in die Tour einzuklinken.

---

Am Felsgiganten **Roque de Agando** schauen Sie in die Schluchten des Südens.

In der Folge durchfahren Sie den **Nationalpark Garajonay** mit seinem Lorbeerwald, der sich über das gesamte, bis zu knapp 1500 m aufragende Inselzentrum erstreckt. Wie jener von Anaga (s. S. 204) ist er ein Museumsstück – in Europa sind Lorbeerwälder im Eiszeitalter ausgestorben. Schön ist es, die Kronen der bis zu 20 m hohen Bäume zu sehen, die eng miteinander verwoben sind; von den Zweigen flattern langhaarige Bartflechten … An der Kreuzung Pajarito bleibt man auf der Höhenstraße und passiert wenig später **Alto de Contadero**, wo man auf einem markierten Weg eine Schnuppertour in den Wald unternehmen kann. Auf der großen Waldlichtung **Laguna Grande** informiert ein kleines Besucherzentrum über den Lorbeerwald.

### Ins Tal des großen Königs

Über Las Hayas/Arure geht's ins **Valle Gran Rey**: In breiten Kehren senkt sich die Straße ins Tal, mit seinen Palmen auf terrassierten Flanken eines der schönsten der Kanaren. Ist die Zeit knapp, begnügt man sich mit einem Blick vom **Mirador de Palmarejo,** einem von César Manrique (s. S. 276) gestalteten Aussichtspunkt. Wer gut in der Zeit liegt, könnte zur breiten Mündung des Tals hinabfahren, dem Reiseziel von Individualisten. Schön ist der Ortsteil **La Calera**, im Hafen Las Vueltas und im Küstenviertel La Playa trifft sich die Szene.

### In den Norden

Anschließend geht es wieder in die Berge hinauf. In **Arure** schauen Sie vom **Mirador Ermita del Santo** in schwindelerregende Tiefe, in **Chorros de Epina** können Sie von einer ›Wunderquelle‹ trinken, bevor Sie hinabfahren nach **Vallehermoso**, ins ›Schöne Tal‹. Dann windet sich die Straße küstennah durch tief eingeschnittene Schluchten – mit möglichem Abstecher zum Mirador de Abrante (Juego de Bolas) – bis nach **Agulo**: Wie auf einem Tablett hängt es über dem Meer, im Hintergrund der gewaltige Teide.

Über das lang gestreckte Bananenstädtchen **Hermigua** geht es nach **San Sebastián** zurück. Die Sehenswürdigkeiten des Städtchens stammen aus der Kolonialzeit.

---

**Sehenswert in San Sebastián:** Kolumbushaus Casa de Colón (Calle del Medio 56, Mo–Fr 10–18 Uhr): Ausstellung zu den Entdeckungsfahrten des Seefahrers

## BOULE B

Vielerorts wird Boule gespielt und fast immer können Sie sich einklinken, egal ob die Spieler Tinerfeños, Briten oder Skandinavier sind. Sandbahnen wurden z. B. hinter der **Casa de Cultura** und an der kiesigen **Playa de Los Tarajales** (östl. Los Cristianos) angelegt.

Playa de las Vistas, www.artenerife.com, Mo–Fr 10–17, Sa 10–13 Uhr

## Bewegen

### Boots- und Schiffsausflüge
❶ **Mar de ONS:** In den Pavillons der Hafenpromenade kann man sich für Fahrten zur Beobachtung von Walen und Delfinen anmelden (s. Tour S. 98). Ferner im Angebot: Parasailingtouren und Hochseeangeln, Trips mit alten Windjammern, Piraten- und Glasbodenbooten.

### Fahrten mit der Fähre
❷ **Schiffsanlegestelle:** Von Los Cristianos starten Schiffe zu den Nachbarinseln La Gomera (s. S. 72), La Palma und El Hierro.

**Wandern:** Dank des hervorragend ausgebauten Busnetzes ist es kein Problem, auf eigene Faust zu Ausflügen in die Bergwelt zu starten. Infos zu geführten Touren erhalten Sie in der Touristeninfo (s. auch Kulturtreff Kirche S. 79). Wer viel Sonne verkraftet, kann ab Playa de los Tarajales am Ostende von Los Cristianos eine spannende Küstentour via Palm Mar nach Las Galletas unternehmen: auf einem ausgetretenen Weg zur Klippe hinauf und längs der Abbruchkante durch eine einsame, steppenartige Landschaft (4 Std. one way, mit Bus zurück; s. auch Birdwatching am Malpaís de Rasca S. 65).

## Ausgehen

Los Cristianos ist in seinem alten Ortskern relativ ruhig. Das Nachtleben spielt sich jenseits der Playa de las Vistas in Las Américas (S. 79) ab.

### Kultur
✹ **Auditorio Infanta Leonor:** Spielstätte mit guter Akustik: Auch Teneriffas Sinfonieorchester gibt hier Konzerte mit klassischer Musik. Ticketverkauf in der Cafetería oder 2 Std. vor Beginn. Nebenan, im Centro Cultural, finden Ausstellungen und Theateraufführungen statt.
Av. Juan Carlos I 20-B, T 922 53 13 00

## Feiern

Der Veranstaltungskalender ist prall gefüllt – außer traditionellen Fiestas gibt es trendige Events wie die ARN Culture Pride und das Ozean-Festival Arona Son Altántico.
- **Cabalgata de los Reyes Magos:** 5. Jan. Mit dem Schiff landen die kostümierten Heiligen Drei Könige im Hafen von Los Cristianos, ziehen dann auf Kamelen samt Gefolge durch den Ort, wo sie von unzähligen kanarischen Familien und Touristen erwartet werden. Am Abend oder tags darauf bekommen brave Kinder ihre Weihnachtsgeschenke.
- **FIMA:** Feb. Einwöchiges Festival internationaler Musik mit Workshops und Konzerten im Auditorio Infanta Leonor.
- **Carnaval:** Feb./März. Etwas später als in Santa Cruz, auch hier mit der Wahl einer Karnevalskönigin, einem großen Umzug und der Beerdigung der Sardine.
- **Tenerife Fashion Week:** Mai. Open-Air-Catwalks mit schrägen Outfits, entworfen von Teneriffa-Designern.

- **ARN Culture Pride:** Juni. Internationale Woche der ›LGBTIQ-Kultur‹ mit Musik, Ausstellungen und Strand-Vorträgen. Hier dürfen sich alle willkommen fühlen! (www.arnculturepride.com)
- **Verano en Los Cristianos:** Juli/Aug. Pop- und Rockkonzerte kanarischer und südamerikanischer Gruppen an der Promenade.
- **Festival de Músicas Mestizas:** Juli. Multikultifestival – Musik und Kunst im Zeichen von Toleranz, Fusion und Diversität.
- **Arona Son Altántico:** Juli/Aug. Musik, Film, Workshops und Unterwasseraktivitäten zum Thema »Umweltschutz in den Ozeanen«.
- **Feria del Pescado:** meist Ende Aug. Zweitägige Fischmesse mit Ausstellungen, Workshops, Showcooking und Konzerten.
- **Fiestas de Los Cristianos:** Anfang Sept. Zweiwöchiges Fest zu Ehren Carmens, der Schutzheiligen der Fischer.
- **Canarias Folk Festival:** Mitte Okt. bis Mitte März. An der Meerespromenade von Los Cristianos (Do) und in Las Américas (Sa) treten Folklore-Musiker in Aktion, an Gastro-Ständen werden Tapas verkauft.
- **Fin de año:** 31. Dez. Zum Jahresausklang gibt es ein Feuerwerk auf dem Kirchplatz.

## Infos

- **Oficina de Turismo:** Paseo Marítimo Playa de las Vistas, T 922 78 70 11, www.arona.travel, Mo–Fr 9–18 (in der Hochsaison länger), Sa–So 9–16 Uhr. Freundlich und effizient!
- **Bus:** Der Busbahnhof befindet sich an der Av. Juan Carlos am Zubringer zur TF-1. Leicht kommt man zum Südflughafen (111/343), nach Costa Adeje (110/343/447/473) und La Caleta (448, 476), ferner nach Santa Cruz (110), Puerto de la Cruz (343), Granadilla (416), El Médano (470), zum Teide-Nationalpark (342). Details s. Reisekarte, Rückseite.
- **Fähre:** Etwa 5 Verbindungen tgl. gibt es zwischen Los Cristianos und San Sebastián de la Gomera (mit der Möglichkeit zur Weiterfahrt ins Valle Gran Rey). Die Reedereien Olsen bzw. Armas steuern auch 1 x tgl. die Nachbarinseln El Hierro und La Palma an.

*Eine Garantie gibt es nicht – doch die Wahrscheinlichkeit, auf Delfine oder Wale zu treffen, ist vor Teneriffas Südküste sehr hoch.*

# Las Américas ♀ C7;

Karte 3, C/D 6/7; Cityplan S. 69

Wie der Name suggeriert, ist es eine ›Neue Welt‹, die in den 1970ern auf dem Reißbrett entstand. Seitdem ist sie auf Expansionskurs.

### Facelifting …
An schachbrettartig angelegten Straßen wurden dicht an dicht Hochhäuser, Apartmentanlagen und Einkaufszentren errichtet. Schon bald reichten sie bis zur Gemeindegrenze am Barranco del Rey und schwappten landeinwärts. Zu Beginn des 21. Jh. wurde die Notbremse gezogen: Die Ferienstadt musste dringend verschönert werden! So wurden viele Straßen in verkehrsberuhigte Palmenalleen verwandelt, Unterkünfte üppig begrünt und Fassaden neu gestaltet. Hoteliers, die ihre Zimmerzahl halbierten, um die verbliebenen Räume mit vergrößerter Fläche anbieten zu können, wurden von der Inselregierung unterstützt. Manche entschlossen sich gar zu einer drastischen Lösung: Sie ließen ihre Häuser abreißen, um Platz für eine gefälligere Architektur zu schaffen.

### … und Fantasy
Wie krass der Kontrast zwischen alt und neu ausfallen kann, erlebt man am Westende der Avenida de las Américas: Neben dem Conquistador, einem Hotelklotz im Stil der sachlichen Moderne, steht die Anlage Villa Cortés in postmoderner Erlebnisarchitektur. Einem mexikanischen Pueblo nachempfunden, gruppieren sich seine Flügel um eine Felslandschaft mit ›Lagune‹, selbst eine aztekische Pyramide und eine Kapelle fehlen nicht. Eine Pyramide größeren Stils leistet sich das benachbarte Mare Nostrum Resort: Stufen führen hinauf zu einem Mega-Tempel, auf dessen Säulen athletische Jagdgöttinnen ihren Bogen spannen. Blickt man zwischen den Säulen hindurch, erblickt man Retorten-Schönheiten in Heldenpose. Sie flankieren die »Pirámide de Arona«, in der fulminante Tanz- und Flamenco-Musicals stattfinden. Außerdem gibt es in Las Américas arabisch inspirierte Kasbahs, toskanische Plätze und mit dem Siam-Park sogar ein gebautes Stück Thailand. Jeder findet, was ihm gefällt – nur traditionelles Teneriffa ist Mangelware. Doch das Angebot kommt bestens an – die gut gefüllten Unterkünfte sind der Beleg …

### Alle wollen ans Meer!
Am Fuß einer Palmenböschung, nahe dem Mare Nostrum Resort, wurden Rasenteppiche ausgelegt, die bis zum hellen Sand der **Playa del Camisón** hinabreichen. Künstliche, die Bucht umarmende Riffs verwandeln sie in eine fast geschlossene Badewanne. Wo die Promenade nordwärts einschwenkt, liegt die **Punta del Guincho,** das felsige »Kap des Fischadlers«. Baden kann man in einem grünlichen Naturschwimmbecken, das sich bei Flut mit Frischwasser füllt. Hinter ihm liegt ein kleiner Sandstrand mit Bambusschirmen. Meist ist er leer, da viele glauben, dieser Strand sei privat. Doch da in Spanien alle Küsten öffentlich sind, dürfen sich auch hier Nicht-Hotelgäste ohne Bedenken niederlassen. (s. Tour S. 66)

## Schlafen

### Mexiko auf Teneriffa
**4** **Europe Villa Cortés:** 5-Sterne-Komfort in einem *pueblo* mit romantischen Innenhöfen – ein gutes Haus für Urlauber, die Ruhe in luxuriöser Umgebung genießen wollen. Kräftige Töne von Rot bis Gelb erfrischen das Auge, die weiten Räume sind mit mexikanischen Stilmöbeln, ausgefallenen Bildern und Skulpturen geschmückt (151 Zimmer). Die Pool-Landschaft lockt

*Die Formen und Farben Mexikos in der Villa Cortés – nicht umsonst heißt der Ferienort Las Américas ...*

mit Wasserfällen, durch eine Grotte kommt man zum Naturschwimmbecken El Guincho und zu einem kleinen Sandstrand.
Av. Rafael Puig Lluvina 38, T 922 75 77 00, www.europe-hotels.org, DZ ab 180 €

### Familienfreundlich
**5 Park Club Europa:** Die Ferienanlage in andalusischem Stil (323 Zimmer) richtet sich mit ihrem umfangreichen Sport- und Unterhaltungsprogramm vor allem an jüngere Gäste. Es gibt Pools mit Wasserrutschen, auf der Plaza eine Showbühne.
Av. Rafael Puig 23, T 922 75 70 60, www.europe-hotels.org, DZ all incl. ab 190 €

### Unkompliziert
**6 Parque Santiago:** Die 5 Aparthotels liegen fast alle in erster Strandlinie rings um das Kap Los Morritos. Am kleinsten ist das mexikanisch angehauchte Santiago V mit 24 Apartments, das als einziges nicht am Meer liegt. Beliebt ist Santiago III, das in Form eines locker gefassten Hufeisens eine große Pool-Landschaft flankiert. Über die Anlagen sind 15 Restaurants verstreut.
Av. Las Américas s/n, Los Morritos, T 922 74 61 03, parquesantiagotenerife.es/apartamentos, 2 Pers. ab 70 €

## Essen

Gut entspannen können Sie in Beach Clubs; abends, wenn es kühler wird, besucht man gern ein ›richtiges‹ Lokal.

### Unter einem Himmel voller Schirme
**7 La Iberoteka:** Es lohnt sich, das romantische, in einem Innenhof verborgene Lokal zu suchen – kleiner Tipp: vom Hard Rock Café ist's nicht weit entfernt! Die Einrichtung ist originell, die Tapas-Küche klassisch spanisch. Auch der Sangría schmeckt, und die Preise sind moderat!

Paseo Teneguia, C.C. Arcade Local 8-A, T 651 37 88 13, Mo–Fr mittags und abends

### Thailändisch
**8 Thai Botanico:** Auf einer ›botanischen‹ Terrasse werden feine Currys mit frischen Kräutern serviert. Gute Noten bekommen auch die Salate (ab 9 €).
C.C. Safari (1. Stock), T 922 79 77 59, www.thaibotanicotenerife.com, Mo–Sa mittags und abends

### Für zwischendurch
**9 Pasta y Vino:** Klassiker der italienischen Küche auf einer Souterrain-Terrasse an der Promenade. Rechnen Sie mit 8–10 € für hausgemachte Pizza und Pasta!
Paseo Marítimo/Ed. Royal Garden, T 922 79 16 80, www.pastayvino.com, mittags und abends

### Freundlich-flott
**10 Friends:** Tagsüber leichte und relativ günstige Strandküche auf einer von der Promenade leicht versetzten Terrasse. Abends geteiltes Echo bei gehobenen Preisen.
Paseo Marítimo/Paseo Tarajal (C.C. Compostela Beach), T 922 78 94 66, www.friendstenerife.com, tgl. ab 10 Uhr

### Mit Blick auf Surfer
**11 Maui Beach:** Toll sitzt man am Felskap El Guincho neben einem Mini-Strand mit Naturbecken, hinter dem sich eine Welle bricht. Wer es noch bequemer mag, mietet eine Liege unterm Bambusschirm und lässt sich Cocktails oder Light Lunch servieren.
Paseo Marítimo s/n (Villa Cortés Beach Club), tgl. ab 11.30 Uhr

## Einkaufen

Playa de las Américas möchte gern »eines der besten Shopping-Ziele Europas« sein. Nun ja … Gleich sechs große Centros Comerciales (auf dem Cityplan S. 69 markiert mit dem Kürzel C.C.) verteilen sich über den Ort, die von 10 bis 22 Uhr geöffnet sind. Am schönsten ist das **Arts Lifestyle & Shopping 4** (s. Kasten links) …

Hausgemachte kanarische Süßigkeiten, z. B. Mojito-Pralinen und Gofio-Trüffel, bekommen Sie (lassen Sie sich vom Namen nicht abhalten!) im **El Aderno Sweet Shop 5**: Av. Antonio Domínguez 16, Ap. Udalla Park (El Camisón).

## Bewegen

### Golf
**3 Campo de Golf Las Américas:** Relativ windgeschützte 18-Loch-Anlage an einem sanft abfallenden Hang mit Clubhaus und Villen, Seen, Bächen und Wasserfällen.

---

**ARTS LIFESTYLE & SHOPPING** A

Zwischen Playa de las Vistas und Playa del Camisón, wo der Sonnenuntergang schön zu beobachten ist, wurde ein strahlend weißes **Einkaufszentrum** errichtet. Es will anders als seine Vorgänger sein: Künstler von der Insel steuern Skulpturen bei, so die großen, an die Riesenköpfe der Osterinsel erinnernden ›Zykladen‹. Wissenschaftler von Teneriffas Universität helfen bei der Anlage eines Gartens bedrohter Pflanzen. Zum Atlantik öffnet sich ein ›See‹, wo sich Meeresbiologen um eine Erneuerung der Unterwasserflora und -fauna bemühen. Shopping sei fast Nebensache, so der Investor, primär gehe es darum, einen Lern- und Kunst-Raum zu erschaffen. Gern möchte man das glauben … (Calle Francisco Andrade Fumero 1, T 922 78 81 25, artstenerife.com).

Finca La Madriguera (TF-1 Ausfahrt 28), T 922 75 20 05, www.golflasamericas.com/de

### Radfahren, Wandern
❹ **DIGA Sports:** Mit erfahrenen, deutschsprachigen Guides zu MTB-Touren in die Berge (auf Wunsch mit Shuttle-Service), auch Radverleih und Verkauf von Zubehör. Wandertouren ab 50 €, günstiger bei der Kirche (s. u.).
Av. Rafael Puig Lluvina 23, T 922 79 30 09, www.diga-sports.de

### Tauchen
❺ **Aqua-Marina Dive Centre:** Eines von mehreren Tauchzentren mit Kursen für Anfänger und Fortgeschrittene, auch Ausrüstung wird verliehen.
Paseo Verode s/n (hinter Ap. Oro Blanco), T 651 16 37 07, www.aqua-marina.com

### Wellness
Spas in 5-Sterne-Hotels (z. B. Europe Villa Cortés und Mare Nostrum Resort) stehen gegen Bares auch Nicht-Hotelgästen offen. Mit Hydromassagen und Whirlpool, Saunen und Therapien sowie Fitness-Center.

## Ausgehen

Zum **Sonnenuntergang** trifft man sich in den Beachbars an der Promenade, so im **Papagayo Beach Club** ❷ (Av. Rafael Puig y Lluvina 2, www.papagayobeachclub.com). Mehrere Lokale mit Live-Musik gibt's in **Milla de Oro** ❸, dem Einkaufszentrum der ›Goldenen Meile‹ (Av. de las Américas). Von hier sind's nur ein paar Schritte zum C.C. Safari, wo um 20, 21 und 22 Uhr ein 20-minütiges **Wasserspektakel** steigt. Gleich gegenüber locken die Lichter der **Pirámide de Arona** ❹ – des Unterhaltungszentrums des Mare Nostrum Resort – mit fulminanten Tanz- und Musikshows des Balletts Carmen Mota (piramidedearona.koobin.com).

### KULTURTREFF KIRCHE
Im evangelischen »Haus der Begegnung« finden Yoga-Sessions, Literaturtreffen und Chorsingen, Spielnachmittage und Filmabende statt. **Wanderungen** zum Selbstkostenpreis werden über die Website angeboten. Teilnehmen dürfen alle, ein Glaubensbekenntnis wird nicht verlangt (**Haus der Begegnung** ❻, C.C. Salytien, neben Hotel H10 Gran Tinerfe, T 922 38 48 15, www.evangelische-kirche-Teneriffa.de).

### 1001 Nacht
✦ **Magic Bar:** Elegante Cocktail-Bar mit Konzerten ab 22.30 Uhr.
Av. de las Américas s/n, T 922 10 22 00, www.magicbartenerife.com

### Darf nicht fehlen
✦ **Hard Rock Café:** Inmitten von Rock-Memorabilia werden Burger, Sandwiches und Salate verputzt. Von der Terrasse im ersten Stock blicken Sie – vorbei an ›antiken Tempeln‹ – auf den Boulevard. Oft Live-Musik, DJ- und Jam-Sessions auf der Dachterrasse.
Av. de las Américas s/n, Pirámide de Arona, T 922 05 50 22, www.hardrock.com/cafes/tenerife

### Von relaxed bis rasend
✦ **Tibu Tenerife:** Club mit orientalisch inspiriertem Ambiente, Disco und Diva Night, Feuerschluckern und Farbspektakel, Disco meist ab 23 Uhr.
Av. Rafael Puig 30 (neben Hotel Las Palmeras), www.tibutenerife.com

## Infos

• **Oficina de Turismo:** Av. Rafael Puig Lluvina 19/Plaza del City Center, T 922

# Lieblingsort

## Beach Club Las Rocas in Costa Adeje

Einer der schönsten Orte an der 12 km langen Promenade: Hoch auf der Klippe, mit Blick auf die Nachbarinsel La Gomera, lässt man sich im Schatten von Palmen oder in einer Bambuspagode nieder. Serviert werden Salate, Paella, Meeresfrüchte und Fisch, für den kleinen Hunger auch Kaffee und Kuchen. Die angefutterten Kalorien kann man im kühlen Wasser der Pool-Landschaft abtrimmen. Wer weniger sportiv ist, hält auf einer Sonnen- oder Bali-Liege Siesta. Die Tageskarte kostet derzeit 45 € inkl. Essen und Getränke (Paseo Marítimo, tgl. 10–20 Uhr, gehobenes Preisniveau; angeschlossen ans Hotel Jardín Tropical mit separatem Eingang von der Promenade, Cityplan S. 82, ❸).

79 76 68, www.arona.travel, Mo–Fr 9–18, Sa–So 9–16 Uhr. Gute Beratung und Wandertipps, man bekommt aktuelle Stadtpläne und Broschüren.
• **Feiern/Feste:** s. Los Cristianos.
• **Bus:** s. Costa Adeje.

# Costa Adeje

9 Karte 1, C 7; Karte 3, C/D 2–5

Der Barranco del Rey, die »Schlucht des Königs«, mündet zwischen Las Américas und Adeje ins Meer: ein mickriges Rinnsal, das seinen Namen Lügen straft, aber doch die Grenze zwischen zwei Gemeinden markiert. Jenseits der kleinen Brücke beginnt eine Ferienstadt, die auf ›Qualitätstourismus‹ setzt. Vor allem im nördlichen Bereich entstanden zahlreiche 4- und 5-Sterne-Hotels.

## Rund um den Puerto Colón

Die beiden Naturstrände **Playas de Troya** sind immer gut besucht, denn sie sind mit feinem, wenn auch dunklerem Sand bedeckt. Künstliche Riffs sorgen dafür, dass man das ganze Jahr über baden kann. Einiges ist besser geworden: Der gesamte Uferbereich wurde begrünt, verkehrsberuhigt und von grellem Kommerz befreit.

In der benachbarten kleinen **Playa del Bobo** lässt die Mole nur einen schmalen Spalt für einströmendes Frischwasser. Weiter nördlich führt die Promenade an einer allmählich ansteigenden Felsküste entlang, auf der das Hotel Jardín Tropical thront. Selbst auf der Klippe kann man in die Fluten springen: nicht ins Meer, sondern in einen flussähnlichen Pool, der gegen Eintritt auch für Nicht-Hotelgäste zugänglich ist (s. Lieblingsort S. 80).

Das angrenzende Promenadenstück wartet auf bessere Zeiten: Allgegenwärtig sind hier immer noch Pubs, die English Breakfast, Fish & Chips und Champions League anpreisen. Der schrille Kommerz für britische ›Billigtouristen‹ dominiert bis über den Jachthafen hinaus. Entfliehen kann man ihm nur, indem man über Treppen ins Hafenbecken des **Puerto Colón** hinabsteigt: Mit seinen gewaltigen Betonmolen ist er zwar nicht architekturpreisverdächtig, doch die im Wasser dümpelnden Boote und das Surren der Stahlseile machen immerhin Lust, selbst einmal hinauszufahren. Der Wunsch ist erfüllbar, jeden Vormittag starten Ausflugsschiffe zu Kurztrips aufs Meer.

### Aufatmen in Playa Fañabé

Nördlich der Playa de La Pinta ändert sich das Bild: Tief hat man in den Gemeindesäckel gegriffen und die **Playa Torviscas** mit der **Playa de Fañabé** zu einem 800 m langen Sandstrand vereint. Dieser fällt flach ins Meer ab und ist durch künstliche Riffs vor starken Wellen geschützt. Das landeinwärts gelegene Viertel präsentiert sich im Villenstil: Die Palmen-Boulevards, an denen sich nie der Verkehr staut, sind von begrünten, großzügig gebauten Komforthotels und Apartmenthäusern gesäumt.

## Bahía del Duque

»Bucht des Fürsten« heißt sie programmatisch, der Name steht für elegantes Strandleben. Die Kritik am traditionellen Massentourismus wurde hier architektonisch konsequent umgesetzt. Statt anonymer Bettenburgen entstanden Hotels in kanarischem Kolonialstil. Auch wenn sie recht neu sind, gaukeln sie vor, sie seien alt: Schlossartige Kulissen mit Türmen, Erkern und Balustraden erinnern an die gute alte Zeit. Bis ins kleinste Detail wurde an ihrer Patina gefeilt: Naturstein mit

# Costa Adeje/La Caleta

## Schlafen

… in Costa Adeje
1. Hotel Iberostar Sábila
2. Iberostar Grand Hotel El Mirador
3. Jardín Tropical

… in La Caleta
4. Royal Hideaway Corales Resort
5. Sheraton La Caleta Resort & Spa
6. Hovima Jardín Caleta

## Essen

… in Costa Adeje
1. La Torre del Mirador
2. Monkey Beach Club
3. Café & Heladería El Duque

… in La Caleta
4. Restaurante 88
5. La Masía del Mar & Piscis
6. Coqueluche Beach Bar

## Einkaufen

1. Siam Mall
2. C.C. El Mirador/ C.C. Plaza del Duque
3. Kiosko Playa de Troya (Artenerife)
4. Fundgrube
5. Mercadillo Costa Adeje

## Bewegen

… in Costa Adeje
1. Puerto Colón
2. Siam Park
3. Aqualand Costa Adeje
4. Spa Vitanova

… in La Caleta
5. AAWE (Tauchakademie)
6. Flying Guide
7. T3 Athletic Sphere
8. Golf Costa Adeje

## Ausgehen

1. Kaluna Beach Club
2. Magma

**LA CALETA**

schroffem Relief, Edelholz mit Maserung, handgemalte Kacheln mit eingearbeiteten Rissen – alles soll authentisch wirken, lebendig und edel. Eingebettet sind die Hotelschlösser in große Gärten mit Pools, Wasserspielen und alten Bäumen. Das alles hat freilich für Urlauber seinen Preis: In Bahía del Duque gibt es fast nur 5-Sterne-Hotels.

Auf einem ins Meer vorspringenden Kap thront ein burgartiges Anwesen aus dunklem Lavastein, genannt **Castillo del Duque** (Burg des Fürsten). Sein Besitzer ist kein Fürst, sondern ein Fabrikant. Der Katalane Rafael Puig investierte 1966 sein mit Seife erworbenes Vermögen in den Bau von Hotels und gab so den Startschuss für die touristische Entwicklung des Inselsüdens. Im Schutz des Kaps liegt ein weißer Sandstrand, der mit Bambusschirmen und blau-weißen Pavillons Lido-Atmosphäre ausstrahlt. Auf der mit Naturstein gepflasterten Promenade laden Cafés und Lokale zu einer Pause ein. Blickfang des über allem thronenden **Hotels Bahía del Duque,** das der Bucht den Namen gab, ist die originalgroße Nachbildung des Kirchturms der Iglesia de la Concepción in Santa Cruz. Anschließend führt die Promenade zum Mirador del Duque empor, einer als Burg getarnten Einkaufspassage der feinen Art.

## Schlafen

### Von Aloe inspiriert
**1 Hotel Iberostar Sábila:** ›Sabaira‹ heißt auf Arabisch ›Aloe‹. Von dieser Pflanze sind Dekor und viele Details des 5-Sterne-Hotels inspiriert: Aloe-Vera-Gerichte in den Restaurants, Aloe-Vera-Kosmetika im Spa … Sogar Wellness-Zimmer gibt es, in denen Detox-Tees und Bio-Kekse, Smoothies, Nüsse, Obst und frische Düfte serviert werden. Statt normaler Restaurants gibt es einen Food Market, an dessen Essensständen Kulinaria aus aller Welt gekostet werden. Besondere Gerichte werden für Veganer und Gluten-Allergiker kreiert. Statt Animation gibt es Yoga, Tai Chi und Pilates, das *adults only*-Konzept verspricht Ruhe. Sábila thront über der Playa de Torviscas, nur wenige Schritte und Sie können im Atlantik baden. Oder doch lieber im Infinity Pool ganz oben in der Sky Lounge?
Av. Ernesto Sartí 5, T 922 944 58 10 96, www.iberostar.com, DZ ab 147 €

### Die Nummer 1
**2 Iberostar Grand Hotel El Mirador:** Hier stimmt alles: die fantastische Lage über dem Lido, die Freundlichkeit des Personals, die Zimmer und das großartige Frühstücksbüfett. Über Freitreppen geht es durch die terrassenförmig angelegte Pool-Landschaft zum Strand, Wasserspiele und Säulenkolonnaden säumen den Weg. Die meisten der 120 Zimmer haben Meerblick; da dies ein Hotel nur für Erwachsene ist, ist auch am Pool Ruhe gesichert.
Av. Bruselas s/n, T 922 71 68 68, www.elmiradorgranhotel.com, DZ ab 240 €

### Maurische Burg auf Klippe
**3 Jardín Tropical:** Minarette, Türmchen, Arkaden und ineinander verschachtelte Gebäude sorgen für ein labyrinthisches Wohngefühl. Von den 390 renovierten Zimmern (alle mit Gratis-WLAN, Balkon oder Terrasse) sind die Suiten Las Adelfas mit Marmorbad am besten. Auf das hervorragende Frühstück folgt ein dezentes Animationsprogramm, oft auch Yoga, Hobby Kitchen und Fotoshooting.
San Eugenio, T 922 74 60 00, www.jardin-tropical.com, DZ ab 140 €

## Essen

### Very relaxed
**1 La Torre del Mirador:** Von der eleganten Terrasse über dem Strand Bahía

del Duque schaut man aufs Meer und entspannt bei Blues. Das Essen ist fast Nebensache, für die tolle Lage wird ein kräftiger Aufpreis verlangt. Viele Gäste begnügen sich deshalb mit Kaffee & Kuchen.
Av. Maritima Bahia del Duque, C.C. El Mirador, T 922 71 22 09, www.latorredelmirador.com, ab 10 Uhr, Di geschl.

### Chillen bei Sonnenuntergang
2 **Monkey Beach Club:** Auch dies ein toller Ort, vor allem am Spätnachmittag: Der Club liegt hoch über dem Troya-Strand und bietet weiten Meerblick bei Chillout-Musik, im Sommer Partys und Shows. Akzeptables Essen zu moderaten Preisen und noch bessere Cocktails, leider hält der Service dem Ambiente nicht stand.
Av. Rafael Puig 3/Playa de Troja, T 922 79 06 56, www.monkeybeachclub.com, tgl. ab 10.30 Uhr

### Hausgemachtes Eis
3 **Café & Heladería El Duque:** Beliebter Treff am schönen Strandabschnitt.
Paseo Playa del Duque s/n, 11–17.30 Uhr, im Sommer länger

---

## Einkaufen

### Letzter Schrei
1 **Siam Mall:** Ein Gratis-Bus bringt Sie von vielen Orten der Südküste ins asiatisch inspirierte Einkaufszentrum neben dem Siam Park, die Haltestellen sind auf Flyern angegeben. Mit über 70 Läden und Lokalen.
Av. Siam 3, ccsiammall.com, tgl. geöffnet (mit Gratis-Parkplatz)

### Nobel shoppen
2 **C.C. El Mirador / C.C. Plaza del Duque:** Zu den attraktivsten Einkaufszentren zählen die an der Playa del Duque mit Edelboutiquen und Filialen bekannter Mode-Designer.

*Beim C.C. El Mirador geht's drinnen nobel zu, draußen eher leger.*

### Kunsthandwerk made in Tenerife
3 **Kiosko Playa de Troya (Artenerife):** Schon die Architektur macht klar: Hier wird anderes geboten als der übliche Souvenir-Ramsch. Ein Segel aus Beton schwebt über dem Boden, abgestützt durch ein Schrägdach, sodass man an eine Arche Noah denken mag. Die staatliche Kunsthandwerkskette Artenerife verkauft nur, was auf der Insel produziert wurde: Traditionelles und Trendiges, u. a. aus Ton und Holz, Leder und Stoff.
Av. de Rafael Puig Lluvina 1 (Filiale Puerto Colón), www.artenerife.com, Mo–Fr 10–17, Sa 10–13 Uhr

### Praktisches schick gestylt
4 **Fundgrube:** Im großen Geschäft nahe dem Hafen bekommen Sie Tabakwaren und Liköre, Sonnenbrillen, Strandmode und Kosmetika. Mit Filialen im C.C. Vistasur und im C.C. Carlota.
Av. del Litoral s/n, www.fundgrube.es, tgl. ab 9.30 Uhr

### Im Edelquartier
**5 Mercadillo Costa Adeje:** Der Markt erstreckt sich vom Einkaufszentrum El Duque bis zum Hotel Riu Adeje und weiter.
C.C. El Duque (Bus 416, 417 und 441), mercadosdelatlantico.com, Do u. Sa 9–14 Uhr

## Bewegen

### Bootsausflüge
**1 Puerto Colón:** Jeden Morgen starten Katamaran- und Unterwassertrips, Ausflüge zur Beobachtung von Walen und Delfinen, auch ein- und mehrtägige Segeltörns mit und ohne Skipper (T 922 71 42 11, s. Tour S. 98).

### Wasserparks
**2 Siam Park:** In einem der größten Wasserparks der Welt werden Besucher ins exotische Thailand versetzt, können in Pools mit surftauglichen künstlichen Wellen schwimmen, sich auf einem Lazy River treiben lassen und von schwindelerregenden Rampen in die Tiefe stürzen.
TF-1, Salida 28, www.siampark.net, T 902 06 00 00, tgl. 10–17, im Sommer bis 18 Uhr, Eintritt 35/24 €, Twin Ticket inkl. Loro Parque 60/41,50 €, frei für Kinder unter 6 Jahren; Parkplatz kostenpflichtig (Gratis-Bus von vielen Hotels, tgl. 9.30–18.30 Uhr, alle 30 Min.)

**3 Aqualand Costa Adeje:** Im Ortsteil San Eugenio Alto lockt man mit einem Delfinarium, Riesenrutschen und Spaßbecken; der »Boomerang« verspricht eine »schwindelerregende Reise auf einem Doppelschwimmreifen«.
TF-1, Salida 29, T 922 71 52 66, www.aqualand.es/tenerife, tgl. 10–17 Uhr, 26 €/18 € (Online-Rabatt)

### Wassersport
**Playa de Fañabé:** Hier wird gesegelt und gesurft, auch Wasserski, Parasailing, Jetski und Banane, Kanu und Tretboot. Tauchkurse bucht man am besten über das Water Sports Center im **Puerto Colón** ❶.
Puerto Colón, T 638 53 18 63, es.water sportstenerife.com

### Wellness
**4 Spa Vitanova:** Ein riesiges Thermalbecken, drinnen und draußen, mit Hydromassagen, dazu ein Kneipprondell, finnische und türkische Saunen sowie eine Eisgrotte. Es werden Therapien von Aroma über Aquarelax bis Shiatsu sowie die ganze Palette gängiger Massagen angeboten.
Hotel Gran Tacande, Calle Alcalde Walter Paetzmann s/n, Playa del Duque, T 922 71 99 10, www.spavitanova.com, tgl. 9–21 Uhr, Wellness-Zirkelbad ca. 3 Std. 27 €

## Ausgehen

In fast allen 4- und 5-Sterne-Hotels gibt es jeden Abend eine öffentliche Show, an der auch Nicht-Hotelgäste teilnehmen können. Weitere Angebote:

### Viel Action
**1 Kaluna Beach Club:** Attraktiver Beachclub oberhalb der Playa Torviscas, schön zum Sonnenuntergang und mit Blick bis La Gomera, den man auch im beheizten Infinity-Pool genießen kann. Partys Mi–So (Eintritt ca. 20 €!), DJ-Sessions, Breakdance-Shows, Jam- & Percussion, Zirkuseinlagen.
C.C. Costa Torviscas, Local 79, T 922 71 38 89, www.kalunabeachclub.com, tgl. ab 10 Uhr

### Pop, Klassik & mehr
**2 Magma:** In dieser kühn in die Landschaft gesetzten Riesenskulptur aus Naturstein, Holz und Beton finden Konzerte statt.
Av. de los Pueblos s/n (TF-1 Ausfahrt 28), www.tenerifemagma.com

## Infos

- **Oficina de Turismo:** Playa de Troya, Av. Rafael Puig de Lluvina 1, T 922 75 62 00,

www.costa-adeje.es, tgl. 10–17 Uhr; mit einer Filiale an der Playa Fañabé.
- **Bus:** Vom Busbahnhof an der Av. de los Pueblos (weitere Haltestellen an den Ausfahrtsstraßen) kommt man u. a. nach Adeje (447), La Caleta (467), Los Gigantes (473), Los Cristianos (u. a. 447/450/467/473), Santa Cruz (110/111), zum Teide-Nationalpark (342) und zum Südflughafen (111/343/450/711). Weitere Verbindungen s. Reisekarte, Rückseite.

# La Caleta  ♀ Karte 1, C 7;

Karte 3, A/B 1/2; Cityplan S. 82

Nie hätten sich die Fischer träumen lassen, dass sie eines Tages von der Tourismusindustrie eingeholt würden. Doch nun ist es so weit: Luxusresorts von Riu, Sheraton und Barceló umzingeln das Dorf. Erbaut sind sie in Form einer maurischen Kasbah, einer feudalen Residenz und eines Mega-Kreuzfahrtschiffs. Dazu kommt ein von den Bergen bis zum Ort hinabreichender Golfplatz und das T3 Athletic Sphere, ein Sport-Resort für Profis: »Lang wird's nicht mehr dauern und wir haben hier ein zweites Las Américas«, resümieren die Fischer.

## Promenade zum Fischerdorf
Eine Holzplankenpromenade schlängelt sich an der **Playa de la Enramada** entlang, einst ein naturbelassener Kiesstrand, heute mit Sand und Bambusschirmen aufgepeppt. Am Strand landen Paraglider, die in den Bergen von Adeje gestartet sind: ein schönes Gratis-Spektakel für Urlauber, die es sich in der urigen Strandbar gut gehen lassen. »Es ist auch schon mal ein Drachenflieger in die Menge gesaust«, schmunzelt Lorenzo von Flying Guides.

Ein kurzes Stück Straße, dann setzt sich die Promenade unter dem Namen Calle El Cabezo fort und führt zum ehemaligen Fischerdorf. Die kleinen Häuser drängen sich zwischen zwei Kaps, die die Naturbucht **Playa de la Caleta** umschließen. Auch im Dorf hat ein Umbruch stattgefunden: Die einst einfachen Pinten präsentieren sich heute als durchgestylte Seafood-Lokale. Unverändert blieb nur die hinter dem Restaurant La Caleta liegende Felsbucht, um die sich

### BESTES HOTEL EUROPAS

Mit seinen runden Formen erscheint das **Royal Hideaway Corales Resort** wie ein gleißend helles Raumschiff, das in La Caleta gelandet ist. Oder wie ein Oceanliner, der sich anschickt, ins Meer zu stechen. Bei den European Hospitality Awards 2018 wurde es zum »besten Hotel Europas« gekürt. Prämiert wurde die von Unterwasserformen inspirierte Architektur von Leonardo Omar: in runde Formen übersetzte Tropfen, Blasen, Korallen. Während im Bereich *Adults* helle Farben dominieren, werden im *Family*-Bereich dunkle Akzente gesetzt. Hier betritt man das Hotel durch eine ›Grotte‹, auf deren Felswand Unterwasserbilder projiziert werden. Alle Zimmer und Suiten (mit bis zu drei Schlafzimmern, Wohnküche und Privat-Pool) haben Meerblick-Terrassen. In die Hotellandschaft sind schöne Pools eingebettet. Extras machen das Leben angenehm: von der Smoothie-Bar beim Frühstücksbüfett über Gratis-Sonnenmilch LSF 50+ bis zu morgendlichen Yoga-Sessions (Calle Virgen de Guadalupe 21, T 922 75 79 00, www.royalhideaway.com, DZ ab 250 €).

*Auch so kann ein Hotel-Büfett aussehen: im Royal Hideaway*

noch schlichte Fischerhäuser scharen. Auf den ins Meer ragenden, von der Brandung glatt geschliffenen Felsplatten können Sie das Handtuch ausrollen und über Leitern ins Wasser steigen. Vorbei an der kleinen Kiesbucht **Playa El Varadero,** an der die Fischer ihre Boote zu Wasser lassen, kommen Sie am Fuß der Klippen noch ein Stück weiter, Felsplatten bieten sich fürs Sonnenbad an. Alternativ empfiehlt sich der Klippenweg zu naturgeschützten Nachbarbuchten (s. Tour rechts).

## Schlafen

### Hip

**5 Sheraton La Caleta Resort & Spa:** Das 5-Sterne-Haus trägt die Handschrift des Architekten Melvin Villarroes: eine marokkanisch inspirierte Festung mit Minaretten, aufgebaut um eine verspielte Pool-Landschaft. 284 geräumige Zimmer in frischen Farben mit Balkon, bitte aber Meerblick buchen! Gegen Gebühr erhält man Zutritt zum Spa Eutonos mit Thermalbad, Pool und Hydromassage, türkisch-finnischen Saunen und Eisgrotte.
Playa de la Enramada, Polígono 9, T 922 16 20 00, www.sheratonlacaleta.com, DZ ab 180 €

### Drei Sterne am Meer

**6 Hovima Jardín Caleta:** Mit seiner klotzförmig-fantasielosen Architektur ist es keine Schönheit, doch seine Lage am Meer ist top, die Apartments sind groß, es gibt einen Pool und auf dem Dach eine Sonnenterrasse.
Av. de las Gaviotas 32, T 922 71 11 28, www.hovima-hotels.com/de/, DZ ab 70 €

## Essen

Gut Fisch essen kann man in den Traditionslokalen im alten Fischerviertel nördlich der Hotels.

### Wenn's orientalisch sein soll

**4 Restaurante 88:** Das Dekor ist von 1001 Nacht inspiriert, die Palette der Gerichte reicht von Frühlingsrollen und Sushi bis zu Wolfsbarsch mit Ingwer.
Edificio el Nido, Av. de las Gaviotas s/n, T 922 77 58 29, www.restaurant88tenerife.com, mittags und abends, Di geschl., Menü ab 23 €

### Hier hat schon Mama gekocht

**5 La Masía del Mar & Piscis:** Seit 1981 eine auch bei Tinerfeños beliebte Adresse, heute vor allem dank der Tochter, der freundlich-flinken Marivi. Das doppelstöckige Terrassenlokal liegt fast am Ende der Promenade und bietet Meerblick, dazu frischen Fisch in großzügiger Portion, je nach Tagesfang Wrackbarsch, Thunfisch, Rotbarbe und Seehecht. Die Fischsuppe *(sopa de pescado)* kommt im Kupferkessel daher; die Meeresfrüchte werden vor dem Verzehr aus dem Aquarium gefischt. Ein schöner Ort auch zum Sonnenuntergang!
Calle del Muelle 3, T 922 71 08 95, masiadelmar.com, mittags und abends, Fisch ab 16 €

# TOUR
# Zu naturgeschützten Badebuchten

**Wo sich auch Hippies wohlfühlen …**

## Infos

**Start:** La Caleta, 📍 C 7

**Länge/Anforderung:** 5 km/1.30 Std. (hin und zurück), leicht, Trittsicherheit erforderlich
**Alternative:** Auf dem Küstenweg erreicht man nach weiteren 3 km Playa Paraíso, Rückfahrt mit Bus 471 nach La Caleta

Gleich hinter dem **Resort La Caleta** ein kleines Paradies: Laufen Sie vom letzten Restaurant auf schmaler Promenade zum Kiesstrand Playa El Varadero, vorbei am letzten Haus über Stufen aufwärts. Ein Weg nimmt Sie auf, der sich den kargen Hang zur ersten aussichtsreichen **Hochfläche** hinaufzieht. Unten das glitzernde Meer, oben sich in den Fels krallende Büsche. Anschließend geht's zur Felsbucht **Playa de los Morteros** hinab, einem Kies-Sand-Strand, der teils von einem Felsüberhang überdacht ist – ein romantischer Flecken!

Auf einem steileren, teilweise gestuften Weg geht es auf eine weitere **Hochfläche** hinauf: Von dort sehen Sie – hinter einer gleißend hellen Tuffsteinwand – den nächsten Strand, die Doppelbucht **Playa Diego Hernández**. Leider sehen Sie von hier auch bereits die Hochhäuser von Playa Paraíso … Der Weg senkt sich hinab zu den Stränden, die zu einem Bad einladen.

Einer geht noch … Wer Lust hat, läuft noch ein Stück weiter zu einem dritten Strand, der dunklen **Playa de Armeñime**.

Um den **Rückweg** zu variieren, steigen Sie von der letzten Hochfläche kurz vor La Caleta über eine Freitreppe zwischen Häuserreihen in den Ort hinab (s. auch Magazin S. 271).

### Unterm Bambusschirm

**6 Coqueluche Beach Bar:** Auf weich gepolsterten Bänken sitzen Sie am Meer, können sich mit einem Drink begnügen und den landenden Drachenfliegern zuschauen, aber auch Salate, Pasta und Hamburger ordern. Über die Bar werden Strandliegen und Schirme vermietet.
Playa de la Enramada, tgl. 10–22 Uhr, Salate ab 7 €

## Bewegen

### Rund ums Wasser

**5 AAWE:** Die Basis mit Unterwassermalereien an der Fassade ist Europas größte Akademie fürs Apnoe-Tauchen (ohne Sauerstoffflasche). Angeboten werden auch ›normale‹ Tauchkurse für Anfänger bis Fortgeschrittene, dazu Jet-Diving und Kajak, auf Wunsch alles an einem Tag (»Blue Adventures«). Gleichfalls mit von der Partie: Bootsausflüge ab La Caleta bzw. Puerto Colón.
Calle Las Artes s/n, T 609 04 83 51, www.apneaacademywe.com.

### Gehen Sie in die Luft!

**6 Flying Guide:** Worldcup-Pilot Lorenzo Nadali bietet Tandemflüge mit deutschsprachigem Begleiter an: Sie fahren vom Hotel in die Berge und starten je nach Windlage vom Spot La Moradita, Taucho, Los Picos oder Ifonche. Erst gewinnen Sie an Höhe, um die Küste von den zerklüfteten Graten Mascas bis zum Roten Berg zu überblicken, und schweben dann in 20–60 Min. zum Strand von La Caleta hinab.
T 664 80 67 11, www.flyinguide.com, 1 Woche Flüge + Unterkunft 530 €

### Sport total

**7 T3 Athletic Sphere:** Hoch über der Küste von La Caleta trainieren Profi- und Hobbysportler, spielen Tennis, Fußball und Beachvolleyball. Schwimmer freuen sich über 25 und 50 m lange Becken mit Gegenstromanlage. 3-D-Videoaufzeichnungen und Unterwasser-Beobachtungsfenster erlauben es, die Bewegungsabläufe der Schwimmer zu analysieren. Auf das Training folgt Entspannung im Spa.
Av. de los Acantilados s/n, T 922 78 27 55, www.tenerifetoptraining.com, tgl. 8–22 Uhr

### Golf

**8 Golf Costa Adeje:** Auf diesem 18-Loch-Platz spielt man auf einer ehemaligen Bananenplantage vor der Kulisse gewaltiger Pyramidenberge.
Finca de los Olivos s/n, T 922 71 00 00, www.golfcostaadeje.com

## Infos

- **Bus:** Mit Linie 467 geht es nach Adeje, Las Américas und Los Cristianos.
- **Fiesta de San Sebastián:** um den 20. Januar. Nach der Messe in Adeje wird das Bild des Heiligen zur Küste hinabgetragen, eine Gruppe von Reitern vorneweg, gefolgt von Kühen, Eseln und Ziegen. An der Playa de la Enramada werden die Tiere ins Meer getrieben und ›gesäubert‹, anschließend in der Ermita de San Sebastián gesegnet. Danach darf gefeiert werden!

# Playa Paraíso  ♀B7

Der Name ist reine Augenwischerei. Ein Paradies sucht man vergebens, vielmehr prägen ausufernde Urbanisationen das Bild. Unmittelbar an der Küste scharen sich pompöse 4- und 5-Sterne-Hotels hufeisenförmig um große Pools. Immerhin wurde zwischen den Hotels Roca de Nivaria und RIU eine Promenade angelegt und darunter eine helle Sandbucht; eine dunklere befindet sich unterhalb des Hotels Bahía Príncipe, gegenüber der gebührenpflichtigen Pool-Landschaft Lago Paraíso. Die meisten Hotels werden all inclusive angeboten, was nicht verwundert, da sich außerhalb von ihnen wenig abspielt. Eines Tages soll der Ort verschönt und mittels einer Promenade mit der 12 km entfernten Costa Adeje verbunden werden. Dass Naturschützer dagegen Sturm laufen, können die Investoren verkraften – selten hat ökologisch begründeter Protest auf der Insel etwas ausrichten können.

Südlich Playa Paraíso, gut 20 Min. zu Fuß, befindet sich das Fischerdorf El Puertito. Mit seinen weißen Häusern und den aufgebockten Booten erscheint es (noch) wie ein Postkartenidyll aus vortouristischen Zeiten.

## Schlafen

### In erster Küstenlinie
**Roca de Nivaria Gran Hotel:** Das 5-Sterne-Haus thront auf einer Klippe oberhalb einer kleinen Bucht. Mit großem, fantasievoll gestaltetem Pool-Garten wirkt es wie der Ableger des Hotels Jardines de Nivaria in Costa Adeje. Die 289 Zimmer sind geräumig und komfortabel; gegen Aufpreis gibt es auch Zimmer mit Meerblick; Tennisplatz, Mountainbikeverleih, Babyclub ab 10 Monaten bis 4 Jahre, Miniclub für 4- bis 12-Jährige, Gratis-Shuttle zur Costa Adeje.
Av. Adeje 300, T 922 71 33 69, adrianhoteles.com/roca-nivaria, DZ ab 160 €

### Jetzt auch als Hotel
**Hard Rock Hotel:** So erfolgreich war das Hard Rock Café, dass seine Macher unter die Hoteliers gegangen sind. »Nirvana« und »Oasis« heißen die beiden Towers mit 5-Sterne-Komfort in 624 Suiten. Es gibt fünf Pools und eine die Anlage flankierende Meerwasserlagune, ein Rock-Spa mit künstlichen Wasserfällen und viele Sportangebote (u. a. Beach-Volleyball, Fußball, Aerobic, Aqua Fitness, Tennis, Squash). Für den Nachwuchs stehen Kids Clubs bereit.
Av. de Adeje s/n, T 971 927691, www.hardrockhotels.com/tenerife, DZ ab 160 €

## Bewegen, Ausgehen

### Tauchen
**Aquanautic Club Tenerife:** Die Tauchschule untersteht deutscher Leitung. Gute Spots befinden sich vor Ort, getaucht wird in Gruppen von 5–6 Personen. Auch Einzeltauchgänge werden angeboten.
Av. Playa Paraíso Loc. 4, T 629 55 41 72, www.tauchen-auf-teneriffa.com

### Sky Lounge Bar
**The Sixteenth:** Jeden Abend Live-Musik auf einer Panoramaterrasse im 16. Stock des Hard Rock Hotel.
Tgl. 18–1 Uhr, Facebook: Thesixteenthtenerife

## Infos

- **Bus:** Mit Bus 471 kommt man nach Costa Adeje und Los Cristianos, Details s. Reisekarte, Rückseite.

# Abama  ♀B6

Wie wird aus einer Bananenplantage ein Luxusresort? Man kaufe billiges, möglichst meernahes Agrarland und warte darauf, dass dieses eines Tages für urbanisierbar erklärt wird. Wenn es so weit ist, investiere man das eingesparte Geld in Landschafts- und Architekturgestaltung, je spektakulärer, desto besser.

Nach dieser Devise wurde in Abama verfahren: An einem 160 ha großen Hang, der sich von den Klippen landein-

# Lieblingsort

## Playa de Abama

Ein von dunklen Klippen eingerahmter weißer Strand, daneben felsige Natur-Pools, die sich bei Flut mit Wasser füllen – wie gut, dass auch die Playa (♥ B 6) des Luxusresorts Abama öffentlich ist und ein jeder hier sein Handtuch ausrollen und baden kann. Die Bucht wird von Wellenbrechern geschützt, ein Strandlokal duckt sich unter der Klippe. (Zufahrt: Verlassen Sie die TF-47 bei Km 9 an der rostroten ›Festung‹ und steuern Sie den Parkplatz an. Von dort geht es zu Fuß auf der Zufahrtspiste *(acceso publico y gratuito)* in 15 Min. zum Strand. Oder fahren Sie hinab, lassen die Beifahrer aussteigen und parken anschließend am Hotel.)

wärts zieht, wurde 2005 eine Zitadelle errichtet, die mit ihren rostrot-violetten Minaretten an eine marokkanische Kasbah erinnert. Entworfen wurde sie von Melvin Villarroes, der sich bereits mit dem Sheraton Caleta und dem Jardín Tropical in Costa Adeje einen Namen gemacht hat. Oberhalb der Zitadelle erstrecken sich die Rasenteppiche eines 27-Loch-Golfplatzes mit Teichen und Palmenhainen; unterhalb der Zitadelle liegen Dutzende von Villen in üppigem Grün. Wo der Hang abrupt zur Küste hin abbricht, wurde eine Badelandschaft geschaffen, deren Wasser kaskadenartig in die Tiefe stürzt. Doch damit nicht genug: Eine Bergseilbahn bringt die Hotelgäste von der Klippe auf Meereshöhe hinab, wo sie in einer von dunklem Fels eingerahmten Sandbucht baden können. Wem diese zu künstlich erscheint, der kann bei Ebbe in die felsigen Natur-Pools ausweichen.

## Schlafen, Essen

### Im maurischen Stil
**The Ritz Carlton Abama:** Das 5-Sterne-Resort lockt mit 469 eleganten, im Ethno-Stil eingerichteten und mindestens 50 m² großen Zimmern, alle mit schönem Ausblick, entweder aufs Meer oder auf den grün aufleuchtenden Golfplatz. Im luxuriösen Bad wird jeden Tag eine Palette französischer Hermès-Kosmetika nachgestellt. Flure und Säle sind mit asiatischen und afrikanischen Antiquitäten geschmückt und sorgen für eine wohldosierte Prise Exotik. Zum Hotel gehören ein Clubhaus, ein Leseraum, eine westafrikanische Bar und ein Riesenbecken mit japanischen Koi-Karpfen. In einem sich zum Golfplatz öffnenden Wellness-Center gibt es Wassermassagen, türkische, finnische und afrikanische Saunen; eine breite Behandlungspalette folgt in Therapiezimmern bei klassischer Musik und Kerzenschein. Zum Hotel gehören ein Tennisclub und ein 27-Loch-Golfplatz.
Carretera TF-47 Km 9, T 922 12 60 00, www.ritzcarlton.com, DZ ab 230 €

In acht Restaurants des Hotels wird Abwechslung geboten: Bis 12 Uhr stärkt man sich am üppigen Frühstücksbüfett, bei dem Kaviar und Moët-Champagner nicht fehlen; im Laufe des Tages geht man zu feiner Fischküche im Klippen-Mirador über, zum argentinischen Steak oder zum japanischen Kabuki. Kulinarisches Highlight ist das Restaurant El Patio, das vom 3-Sterne-Koch Martín Berásateguí gemanagt wird.

## Bewegen

### Golf
**Abama Golf:** Die 18- und 9-Loch-Anlage wurde vom legendären Dave Thomas entworfen: Von jedem Loch sind das Meer und die Nachbarinsel La Gomera zu sehen! Mit Clubhaus, 3-Loch-Übungsplatz und Golfschule.
Calle Gran Bretaña s/n, T 922 12 60 00, www.abamahotelresort.com

## Infos

• **Verkehr:** Bus 473 nach Los Gigantes und Los Cristianos, s. Reisekarte, Rückseite.

# San Juan  ♥B6

Mit dem Abama-Resort in Blickweite wagt der Fischerort San Juan einen Neubeginn: Die am Hafen verlaufende Uferpromenade wurde mit Naturstein und einem fugendicht verlegten Holzparcours aufwendig gestaltet. So trinkt man in einem der Strandlokale gern einen Kaffee oder genießt frischen Fisch

*Der farbige Sand in den Straßen von Alcalá ist ein Überbleibsel von Fronleichnam. Da macht das Spielen noch mehr Spaß.*

und schaut dabei auf bunte Boote. Auch die von alten Bäumen beschattete Plaza mit Kirche und Terrassencafé ist sympathisch. Die weiter landeinwärts gelegenen, nüchtern bebauten Straßen warten auf Fördergelder.

## Essen

### »Da lacht der Mund«
**La Boca Ríe:** Bei Géraldine und Laurent, den französischen Besitzern, fühlt man sich gut aufgehoben, obwohl das Lokal nicht am Strand, sondern an der Küstenstraße liegt. Die Küche ist unkompliziert, es gibt Carpaccio in mehreren Varianten (um die 10 €), außerdem Fleisch und Fisch mit hausgemachten Soßen, Runzelkartoffeln und frisches Gemüse.
Av. del Emigrante 28, T 636 80 06 26, Di–So abends

### Gemütlich
**Tapería Jamón Jamón:** Tapas, Pulpo oder Thunfischsteak: alles in bester Qualität und noch günstig! Zum Flamenco-Abend (meist am Wochenende) sollten Sie reservieren!
Av. del Emigrante 24, T 922 13 87 27, Di–So mittags und abends

## Einkaufen

### Wochenmarkt
**Mercadillo:** Verkauf von kunsthandwerklichen Artikeln und Kleidung, Gemüse und Obst auf dem Kirchplatz.
Plaza de la Iglesia, Mi 9–13 Uhr

## Infos

- **Bus:** s. Abama.

# Alcalá  ♀B6

Rings um den kleinen Hafen behauptet sich ein beschaulicher Ortskern. Noch geht der Alltag seinen gewohnten Gang: Ältere Männer verbringen den Tag auf einer schattigen Bank an der Plaza. Doch die Tourismusindustrie hat inzwischen auch Alcalá im Visier: Im Norden des Ortes öffnete Gran Meliá Palacio del Isora, ein Resort mit über 570 Zimmern – so groß, dass es fast einen eigenen Ort bildet. Eine Küstenpromenade bringt Besucher und Dorfbewohner zusammen …

## Schlafen

### In einer Bananenplantage
**Hotel Rural El Navío:** An der Felsküste, 2 km vom Ortszentrum, wurden in einer Bananenplantage ehemalige Katen in ein Minihotel verwandelt. Alle 11 Zimmer haben eine Terrasse mit Meerblick, auch einen Pool gibt es.
Prolongación Av. Los Pescadores s/n, T 922 86 56 80, www.elnavio.es, DZ ab 95 €

### Traveller-Treff
**Pensión Alcalá:** Vierstöckige Pension mitten im Ort mit 12 geräumigen Zimmern oberhalb des gleichnamigen Lokals; 100 m entfernt (in der Calle Los Suspiros) werden auch Apartments vermietet: für max. 4 Pers., ohne tollen Ausblick, aber sauber.
Calle Marruecos 2, T 922 86 54 57, www.pensionalcala.com, DZ ab 45 €

## Essen

### Frischer Fisch
**Casa Mon:** Günstig, unkompliziert und auch bei Einheimischen beliebt – von der Carretera General abbiegen zur Plaza!
Calle La Plaza 5, T 922 86 54 43, mittags und abends, Di und So abends geschl.

## Infos

- **Bus:** Per Bus nach Los Gigantes (473 und 493), Guía de Isora (493) und Los Cristianos (473). Details s. Reisekarte, Rückseite.
- **Mercadillo:** Buntes Markttreiben im Ortskern (Av. Plaza del Llano, Mo 9–14 Uhr).

# Los Gigantes  ♀B5

Playa de la Arena, Puerto Santiago und Los Gigantes: Von Süd nach Nord passiert man drei Küstenorte, die längst miteinander verschmolzen sind. Dabei rücken die Bergflanken immer näher ans Meer heran. Bei Los Gigantes, wo 500 m hohe Klippen spektakulär aus den Fluten ragen, ist die viel befahrene Küstenstraße zu Ende, am Meer entlang ist kein Durchkommen mehr.

### Mit schönem Strand
Die pechschwarze, von Felsen eingerahmte Lavabucht **Playa de la Arena** zählt zu den besten Badestränden der Insel. Palmen sorgen für exotisches Grün, Gehwege führen im aufgeheizten Sand bis ans Wasser. Jahr für Jahr wird der Strand mit der blauen EU-Flagge für Sauberkeit und gute Infrastruktur ausgezeichnet. Aufgrund starker Unterströmung sollte man beim Baden im Uferbereich bleiben. Wird es zu voll, weicht man südwärts in die Lavabucht Punta Negra aus.

### Der alte Fischerhafen
Das aus einem Fischerdorf hervorgegangene **Puerto de Santiago** breitet sich auf einem Felskap aus: Südlich liegt

der Hafen, der eine gemütlich-maritime Atmosphäre ausstrahlt, obwohl die Fischer längst ihre Kutter zu Ausflugsbooten umfunktioniert haben. Nördlich befindet sich die Isla Cangrejo, eine Naturbucht, aufgrund der vielen britischen Besucher ›Crab Island‹ genannt.

### Gigantische Klippen
Eine tief eingeschnittene Schlucht, die sich vom Teno-Gebirge bis hinab zur Küste zieht, bildet die Trennlinie zum britisch dominierten Ferienort **Los Gigantes**. Flach ist nur das Gelände am ummauerten Hafenkarree, in dem Jachten, Kutter und Ausflugsschiffe liegen. Das angrenzende Poblado Marinero mit seinen Terrassencafés und Bars imitiert die Atmosphäre eines Fischerdorfs, die Unterkünfte sind in keinem guten Zustand. Rechts fällt der Blick auf einen dunkelsandigen, am Fuß der Klippen gelegenen Strand, die Playa de los Guíos. Oberhalb des Hafens liegt der schattige, von Restaurants gesäumte Kirchplatz, dahinter führen steile, dicht bebaute Straßen den Hang empor. – An der Ausfahrtstraße nach Santiago del Teide überrascht die vom französischen Künstler Bernard Romain gestaltete Fassade am derzeit geschlossenen Fischermuseum (Av. Quinto Centenario 14).

## Schlafen

### Optimaler Blick
**Barceló Santiago:** Im Umkreis von Los Gigantes hat sich das Hotelangebot in den letzten 20 Jahren nicht sehr verbessert, da freut man sich schon, dass es mit Barceló ein Hotel gibt, in dem wenigstens der Ausblick von fast allen Zimmern toll ist. Achten Sie aber bei der Buchung darauf, dass Sie nicht zur Straße hin wohnen, dort könnte der Schlaf gestört sein!
La Hondura 8, Los Gigantes, T +49-800-777 73 73, www.barcelo.com, DZ ab 110 €

## Essen

### Fusion auf hohem Niveau
**Rincón de Juan Carlos:** Koch Juan Carlos Padrón und sein Bruder, Profikonditor Jonathan, haben sich der kreativen Küche verschrieben – diese ist so teuer und gut, dass sie mit einem Michelin-Stern gekrönt wurde. Das Lokal, klein und intim, im Sommer mit Terrasse, ist über die Plaza La Buganvilla erreichbar.
Pasaje de Jacaranda 2, Los Gigantes, T 922 86 80 40, www.elrincondejuancarlos.es, nur abends, So Ruhetag, Degustationsmenü 85 €

### Am Strand
**Pancho:** Man sitzt auf der Terrasse unter schattigen Gummibäumen, schaut aufs Meer und genießt gehobene kanarische Kost: z. B. mit Wrackbarsch gefüllte Mini-Paprika, Thunfisch-Carpaccio oder Räucherfisch-Platte. Raffiniert sind auch die hausgemachten Desserts.
Av. Maritima 26, Playa de la Arena s/n, T 922 86 13 23, www.restaurantepancho.es, Di–So mittags und abends, Fischgerichte ab 15 €

### Informell
**Deli on The Hill:** »Bistro auf dem Hügel« an der Durchgangsstraße (oberer Ortsteil Los Gigantes). Vicki und Hannah bieten Frühstück (bis 12 Uhr), den ganzen Tag über leckere Sandwiches und Salat, Quiches und Kuchen, Smoothies und frisch gepresste Säfte – alles liebevoll angerichtet und obendrein günstig. Dazu gibt es eine Bücherecke und Gratis-WLAN.
Av. Quinto Centenario 32, T 628 50 01 63, www.deliononthehill.eu, So geschl.

## Bewegen

### Baden
Mit der **Playa de la Arena** hat der Ort einen schönen, 250 m langen Lavastrand.

In der Nähe des Jachthafens wartet die öffentliche Badelandschaft **El Laguillo** mit einem attraktiven Natur-Pool auf (Mo–Fr 9–17 Uhr). Ein weiterer guter Badeplatz (mit tollem Panorama) ist die schwarzsandige **Playa de los Guíos** am Fuß der ›gigantischen‹ Klippen. Bevorzugen Sie wärmeres Wasser, können Sie **Oasis Los Gigantes** besuchen: eine Badelandschaft mit zwei beheizten Pools (25 °C), einer davon Infinity für Erwachsene, ein kleinerer mit Rutschen für Kinder, von Palmen flankiert und mit Blick auf die Klippen (Av. José González Forte 7, T 610 15 94 81, www.oasislosgigantes.com, tgl. 10–18 Uhr, Tagesticket inkl. Liege 8 €).

### Schiffsausflüge
Im Sporthafen von Los Gigantes starten vormittags Touren aufs Meer (s. Whalewatching S. 98). Wollen Sie nach einer Wanderung durch die Masca-Schlucht mit dem Boot abgeholt werden, ist eine Reservierung empfehlenswert (s. Masca-Tour S. 129).

### Tauchen
**Los Gigantes Diving Centre:** Die Tauchschule im Sporthafen bietet Kurse in Englisch an, auch Equipment-Verleih. Av. Marítima s/n, Los Gigantes, T 922 86 04 31, www.divingtenerife.co.uk

## Infos

- **Oficina de Turismo:** Av. Marítima 36, C.C. Seguro del Sol, T 922 86 03 48, www.santiagodelteide.travel, Mo–Fr 8–14 Uhr.
- **Verkehr:** Busse fahren via San Juan nach Guía de Isora (493), ferner nach Los Cristianos (473) und Puerto de la Cruz (325). Details s. Reisekarte, Rückseite.

*Den Tag bei einem Gläschen Wein oder Bier an der Hafenpromenade ausklingen lassen und dabei die untergehende Sonne beobachten …*

# TOUR
# Whalewatching auf die sanfte Art

**Auf der Suche nach Walen und Delfinen**

### Infos

**Start:** In Las Galletas (Marina del Sur), Los Cristianos, Playa de las Américas/Adeje (Puerto Colón) und Los Gigantes starten gegen 10 Uhr Boote zu 3- bis 4-stündigen Waltouren.

**Planung:** Tickets kauft man entweder online oder unmittelbar vor der Fahrt am Hafen.

Erst fiel die Tour wegen Starkwind und hohem Seegang aus, doch am nächsten Tag ging's endlich los. »Atlantic Eco Experience« heißt das kleine Motorboot, das uns in **Puerto Colón** mit sechs weiteren Gästen aufnimmt. Mel, der Kapitän, sieht aus, als sei er mit allen Wassern gewaschen. Und auch Toni, der mitreisende Meeresbiologe, macht auf Pirat. Doch wie sich herausstellt, weiß er eine Menge über Wale und Delfine – und spricht ein gut verständliches Englisch.

### Das große Rauschen

Rasch lassen wir die **Küste** hinter uns, fahren aufs offene Meer. Keine Musikbeschallung – nur wir und das große Rauschen. Toni legt gleich los, erklärt, warum Meeressäuger Teneriffas Küste so lieben. »Hier stößt warmes Wasser auf kalte Meeresströmungen. So werden die tieferen, nährstoffreichen Atlantikschichten nach oben geschleust. Und mit dem Tiefenwasser kommen die großen Tintenfische. Das freut die Wale, denn Tintenfische sind ihre Lieblingsnahrung. Ein Grindwal benötigt 50 bis 60 kg – pro Tag!« Während Käpt'n Mel durchs **Meer** pflügt, erzählt Toni weiter: »Vor der Küste lebt eine Kolonie von mehreren Hundert Grindwalen. Mal schauen, ob wir heute ein paar zu Gesicht bekommen. Sie sind neugierig, wollen sehen, wer heute zu Besuch kommt!« Er lässt eine Tafel herumgehen, auf der all die Tiere abgebildet sind, die er schon gesichtet hat: Blau-, Finn-,

*Keine Angst vor diesen Rückflossen – es handelt sich hier nicht um Haie, sondern um Grindwale.*

Sei- und Pottwale, Orcas und Tümmler sowie kleinere Zahnwale, die Delfine. Ein Gast mit Flipflops und Clean-Ocean-T-Shirt merkt an, er habe von U-Boot-Manövern gehört, denen Wale zum Opfer gefallen seien. »Ja, das ist ein paar Jährchen her«, weiß Toni. »Die spanische Marine hatte zwecks U-Boot-Ortung Mittelfrequenzsonare abgesetzt. Ihr wisst ja, deren Schall reicht Dutzende von Kilometern – und wirkt wie ein akustischer Blitzschlag. Auf jeden Fall tödlich für Tiere, die ›mit den Ohren sehen‹. Um dem unerträglichen Geräusch zu entfliehen, schießen sie aus der Tiefe an die Meeresoberfläche. Dabei ergeht es ihnen wie einem zu schnell aufsteigenden Taucher: Durch mangelnden Druckausgleich explodieren die im Körper gelösten Stickstoffbläschen und schädigen die Organe.«

### Sanfte Riesen ganz nah

Still wird es im Boot. Jeder für sich sucht den Horizont ab – ragt da nicht irgendwo eine Schwanzflosse aus dem Wasser …?

Doch wir blicken zu weit in die Ferne. Toni ruft: »Schaut Backbord!« Sofort fährt Käpt'n Mel den Motor herunter, schaltet ihn ganz ab. Unser Bötchen schaukelt in den Wellen. Und da! Kaum 30 m von uns entfernt lässt sich eine Gruppe Grindwale sehen! Bogenförmig schnellen ihre dunklen Körper aus dem Wasser, tauchen unter und steigen erneut empor … Zwei sind wilder, schlagen das Wasser mit der Fluke, der Schwanzflosse. Furchtlos schwimmen sie an unser Boot heran – könnten sie es gar zum Kentern bringen? Von derlei Sorgen scheint aber außer mir keiner geplagt, stattdessen klicken unentwegt die Kameras … Jetzt lässt Toni ein Hydrophon, eine Art Unterwassermikrophon, zu Wasser, worauf seltsame Laute erklingen: glucksend, stöhnend und seufzend – Musik, die man so schnell nicht vergisst …

**Anbieter:**
Must Cat, www.mustcat.es (Las Galletas), Bahriyelli, www.mardeons-tenerife.com (Los Cristianos), Tenerife Dolphin, www.tenerifedolphin.com und Eco Experience (mit Biologen, 60 €!), www.atlanticecoexperience.com (beide in Puerto Colón), Nashira Uno, www.maritimaacantilados.com (Los Gigantes)

Die Preise schwanken zwischen 30 und 60 € p. P. (inkl. Snack).

# *Zugabe*
# Stille Wasser sind tief …

*An der Tuffsteinküste*

Vom Meeresufer zieht eine Schlucht landeinwärts, auf ihrem Grund sammelt sich Regenwasser, darf das Gestein formen und glätten. Das Bimssteinbett im Naturreservat San Blas überrascht aber nicht nur mit wunderbaren Stimmungen und Bildern fürs Auge, es birgt eine Vielzahl geschützter endemischer Pflanzen. Und vielleicht entdecken Sie auch Meeresschildkröten, Reiher und Geckos. (s. auch S. 62) ■

# Südliches Bergland

**In mittleren Höhenlagen bis zu 1500 m** — liegen historische Gemeindestädtchen – nett für einen Zwischenstopp oder für einen Landurlaub. Erwandern Sie Schluchten, Pyramidenberge und eine Mondlandschaft.

*Seite 107*
### Picknick in Las Lajas

Entspannung total – in duftendem Kiefernwald an urigen, aus Holz und Stein gebauten Tischen sitzen und dem unentwegten Tock-Tock des Kiefernpickers lauschen …

*Seite 107*
### Lokale in Vilaflor ⭐

Nach einer Wanderung stärkt man sich in Spaniens höchstgelegenem Bergdorf gern mit deftiger, wärmender Hausmannskost. Also etwa mit einem Gemüseeintopf, zu dem ein Vilaflor-Landwein gut bekommt.

Aus Vilaflor kommt, was der Mensch braucht: Wasser und Wein.

**Eintauchen**

*Seite 108*
### Zur ›Mondlandschaft‹

Paisaje Lunar, eine märchenhafte Felsgruppe im Kiefernwald mit Türmen und Minaretten: Sie will erwandert sein! Durch lichten Kiefernwald geht es beharrlich bergauf – und mit jedem Höhenmeter erweitert sich das Panorama.

*Seite 110, 113*
### Kunst open air

Unterhalb von Granadilla ›wachsen‹ Skulpturen zwischen Kakteen, bei Arona bekommen Kulturprojekte (Schmetterlings-)Flügel.

Südliches Bergland **103**

*Seite 110*
## Historische Städtchen

Vor gar nicht so langer Zeit wurde der Wohlstand nicht an der Küste, sondern in den Bergen erwirtschaftet. Denn dank Wasser war hier Landwirtschaft möglich. Hübsch sind die Ortskerne von Granadilla, Adeje und Arona.

*Seite 114*
## Um den Imoque

Es geht rings um einen alten Magmaschlot – vorbei an aufgelassenen Terrassenfeldern, Dreschplätzen und verlassenen Fincas.

*Seite 116*
## Auf den Conde

Kein Wunder, dass er der ›Gräfliche‹ heißt! Der pyramidenartige Vulkan ist einer der besten Aussichtspunkte der Insel – Gipfelstürmern liegt Teneriffas Süden zu Füßen.

*Seite 120*
## Zur Höllenschlucht

Von wegen Hölle – Barranco del Infierno! Leicht von der Südküste aus erreichbar, erstaunlich grün und zerklüftet. Von Adeje geht es durch einen wilden Barranco, der immer grüner wird, und am Ende wartet ein Wasserfall.

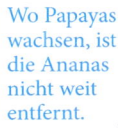
Wo Papayas wachsen, ist die Ananas nicht weit entfernt.

Die Uhren einfach mal hundert Jahre zurückdrehen? Genau das passiert Ende Juli: In den Dörfern Chirche und Aripe am ›Tag der Traditionen‹.

# erleben

# Terrassenfelder, Kiefernwälder, Vulkane

B

**ORIENTIERUNG**

**Infos**
www.vilaflordechasna.es
www.arona.travel
www.costa-adeje.es
guiadeisora.org/turismo
**Verkehr**
Busse verbinden die Touristenorte des Südens mit Vilaflor, Adeje, Arona und Granadilla. Bus 342 fährt bis zum Nationalpark hinauf. Details s. Reisekarte, Rückseite.

Blicken Sie von der Südküste Richtung Inselzentrum, sehen Sie gewaltige Abhänge, aus denen hier und da markante Vulkankegel hervorspitzen. Die ›unteren Hangetagen‹ sind mit Siedlungen für ausländische Residenten und Angestellte der Ferienstädte bedeckt. Attraktiver sieht es in den mittleren, fruchtbaren Höhenlagen aus. Dort liegen die historischen Gemeindestädte, von denen die touristischen Goldgruben des Südens verwaltet werden: Adeje und Arona, Granadilla, San Miguel und Guía de Isora. Alle haben einen herausgeputzten Altstadtkern, der von neuen, nicht immer gelungenen Vierteln umschlossen ist. Oberhalb der Gemeindeorte erstrecken sich terrassierte Bimssteinfelder, auf denen in großem Stil Wein, Obst und Gemüse angebaut werden. Mittendrin liegt Vilaflor auf 1466 m Höhe, seine Ausläufer reichen bis in den flirrenden Kiefernwald des Teide-Nationalparks. In Vilaflor und anderen Orten des südlichen Berglands quartieren sich Besucher ein, die gern fernab des Massentourismus in kleinen Hotels und restaurierten Gehöften wohnen. Sie lernen kanarischen Alltag kennen, haben es dabei weder weit zur Küste noch zum Nationalpark mit seinen großartigen Wanderwegen. Und genießen das ungewöhnliche Nachtleben, das hier aus Sternebeobachtung besteht! Allerdings kann es im Winter kühl sein, 4–8 Grad weniger als an der Küste. In Vilaflor – ein stets schönes Schauspiel – schaut man nicht selten auf vorbeiziehende Wolken hinab.

# Vilaflor

Im Frühjahr macht Spaniens höchstgelegener Bergort (1466 m) seinem Namen alle Ehre: Erst öffnen sich im ›Blühenden Städtchen‹ *(villa flor)* die Knospen der Mandel-, dann die der Obstbäume und bedecken die Hänge mit einem zartrosa Schimmer. Dank seiner mineralreichen Quellen und der trockenen, vom Harzduft der nahen Kiefernwälder gesättigten Bergluft wurde Vilaflor zum Kurort erklärt – es ist der einzige auf Teneriffa. Seine einzigen ›Kurgäste‹ sind bislang Wanderer und Naturliebhaber, die von hier zu Touren in die ›Mondlandschaft‹ und in den Nationalpark aufbrechen. Alle die von der Südostküste zum Teide wollen, kommen unweigerlich durch Vilaflor.

## Am Kirchplatz

Der mit Indischen Lorbeerbäumen gut bestückte Hauptplatz senkt sich hangabwärts. An seinem oberen Kopfende thront die weiße, um 1530 erbaute **Iglesia de San Pedro.** Ihren Namen verdankt sie Apostel Petrus, doch könnte sie ebenso gut nach dem 2002 heiliggesprochenen Pedro aus Vilaflor (1626–67) benannt sein. An ihn erinnert in der Kirche eine Alabasterfigur und vor der Kirche eine große Statue. Seine Karriere war ungewöhnlich: Pedro war ein Ziegenhirt, der sein Heil in der Emigration nach Übersee suchte. Wie so vielen anderen armen Schluckern erging es ihm in Amerika erbärmlich. Er blieb arm, war allein und wurde obendrein schwerkrank. Dem Tod entging er nur, weil ihn Franziskaner im Armenkrankenhaus von Guatemala-Stadt gesund pflegten. Aus Dankbarkeit blieb er bei ihnen und trat schon bald als Wunderheiler hervor. Dafür erhielt er so viel Geld, dass er sein eigenes Armenkrankenhaus, eine Schule und sogar einen Orden gründete. Bis heute ist Pedro der Schutzheilige Guatemalas, der von ihm gegründete Bethlehemiter-Orden hat eine millionenstarke Anhängerschaft. Das **Santuario del Hermano Pedro,** ein kleines ›Heiligtum‹ aus unbehauenem Naturstein aus dem 18. Jh. befindet sich gleich neben der Kirche. Ein paar Schritte höher thront die Casa de los Soler, das ›Haus der Grafen Soler‹ aus dem 17. Jh. Vom schönsten Gutshof weit und breit herrschten sie über Vilaflor.

Die meisten Besucher zieht es in ein paar Läden am Platz, in denen nebst allerlei Kitsch *rosetas* verkauft werden, rosettenartige Klöppelspitze, für die der Ort auf der ganzen Insel bekannt ist. Offenbar haben die Frauen an langen Winterabenden immer noch Zeit, sich dieser Fleißarbeit zu widmen …

## Miradores

Von der durch Vilaflor führenden TF-21 zweigt eine Straße zu einer steilen Bergflanke ab. Dort entdecken Sie die (meist verschlossene) **Ermita de San Roque.** Ein Stück bergauf liegt mit fantastischem Bergblick das Hotel Villalba (s. S. 106) – auch gut für einen Kaffee.

Oberhalb des Ortes, an der kurvenreichen TF-21 Richtung Teide, passieren Sie den terrassierten **Aussichtspunkt Pino Gordo** mit mächtiger Kiefer: Mit 9 m Umfang und 50 m Höhe ist sie nicht nur die ›dickste‹ ihrer Art in Europa (heißt deshalb auch *pino gordo,* ›die Dicke‹), sondern ist mit mindestens 750 Jahren auch eine der ältesten. Auf der gegenüberliegenden Straßenseite stehen zwei weitere stattliche Exemplare, die derart miteinander verwachsen sind, dass man sie ›die Verschlungenen‹ *(perñados)* nennt – auch sie haben ein paar Hundert Jahre auf dem Buckel.

## Las Lajas  📍 D6

7 km weiter, bei Km 58,5, verbirgt sich im Kiefernwald ein Picknickplatz mit Grillöfen, Holzbänken und Tischen; ein rustikales Lokal bietet vor allem Fleischiges. Knapp 1 km unterhalb der Anlage, bei Km 59,7, startet ein mit Steinmännchen markierter Weg auf den Sombrero de Chasna. An den ersten beiden Gabelungen hält man sich links, an der ummauerten Kiefer rechts (2.30 Std. hin und zurück).

## Schlafen

Für alle, die viel wandern wollen, ist Vilaflor ein guter Standort: Der Nationalpark ist nah, sodass lange Anfahrten zum Startpunkt entfallen. Es gibt eine große Auswahl an Unterkünften – vom 4-Sterne-Hotel bis zum aussichtsreichen Studio.

### Luxus in den Bergen
**Spa Villalba:** Mit einer Architektur aus Naturstein und Holz präsentiert sich das Hotel am Rande des Kiefernwaldes. Die 27 suiteartigen, in warmen Tönen gehaltenen Zimmer sind im Landhausstil eingerichtet, haben Terrasse bzw. Holzbalkon; den schöneren Ausblick und auch mehr Sonne bieten die von der Straße abgewandten Räume. Attraktiv ist das Spa mit Trocken- und Dampfsauna, Kneippgang und Jacuzzi, wunderbar der Wellness-Pool mit Blick auf den Kiefernhain. Im Ruheraum liegt man auf einem Wasserbett und blickt in einen Himmel voller Sterne. Wer sich auf besondere Art für die nächste Bergtour fit machen will, übt an der Kletterwand. Außerdem gibt es einen Kaminsalon sowie einen Lese- und Musiksaal. Ctra. San Roque s/n, T 922 70 99 30, www.hotelesreveron.com, DZ ab 190 €

### Familiär
**Alta Montaña:** Das frühere Haus des Deutschen Alpenvereins wird heute von freundlichen Spaniern geleitet. Man entspannt am Außen-Pool, auf der Terrasse oder im Lesesaal, schaut übers Dorf aufs Meer und die dahingleitenden Wolken. 15 schlicht-freundliche Zimmer mit Zentralhei-

*Spaniens höchstgelegenes Dorf ist gleichzeitig Teneriffas einziger Kurort.*

zung und Bad, Räder sind ausleihbar. Gegen Aufpreis werden Wandertouren angeboten, am Wochenende Bootsexkursionen.
Camino Morro El Cano 1, T 922 70 99 95, www.hotelaltamontaña.com, DZ ab 70 €

### B & B mit Teleskop
**Casa El Zaguan:** Das historische Haus am Kirchplatz, von Engländern geleitet, bietet 8 Zimmer, deren Gäste sich eine Küche, einen Kamin-Salon sowie einen Garten mit Außen-Pool teilen. Das Beste aber ist: Mit Teleskopen auf dem Dach können Sie die Sterne heranzoomen! Auch einwöchige Astro-Pauschalpakete werden angeboten.
Calle Obispo Pérez Cáceres 13, T 618 35 51 93, hotelcasazaguan.com, DZ ab 60 €

## Essen

Bei fast jedem Essen auf der Insel sind sie mit von der Partie: Vilaflors hochwertige Mineralwasser Fuente Alta und Pinalito. Doch auch der Wein der Region, gekeltert in den Bodegas Cumbre de Abona, schmeckt nicht schlecht!

### Schwungvoll geführt
**El Rincón de Roberto:** Nicht nur Wandergruppen steigen hier gern ab. Das Ambiente ist rustikal, im dunklen Raum flackert an kühlen Abenden das Kaminfeuer. Immer zu empfehlen sind Kürbissuppe und Tomatensuppe (mit frischem Oregano), Ziegenkäse, Kaninchen und Schweinerippchen. Gutes Preis-Leistungs-Verhältnis!
Av. Hermano Pedro 27, T 922 70 90 35, Mo, Di mittags, Mi–Sa mittags und abends

### Deftig-kräftig
**Casa Pana:** Knapp unterhalb des Kirchplatzes sitzt man in kleinen Räumen unter offener Holzdecke oder, noch schöner, auf der Bergblickterrasse. Hier stärkt man sich mit kanarischer Hausmannskost. Gut schmecken die gebratenen Gofio-Bällchen *(pringo)*, frisches Zicklein *(cabrito)* und Kaninchen *(conejo)*. Dazu trinkt man Weiß- und Roséwein aus der hauseigenen Bodega. »Billigurlauber« mag man nicht: Wer nur Kaffee und Kuchen wünscht, wird abgewiesen ...
Calle Los Castaños 7, T 922 70 90 70, Di–So mittags und abends

### Museal
**El Sombrerito:** 1936 eröffnete Großmutter María ein Lokal, ihr Enkel Chicho führt es in ihrem Geist fort. Man sitzt am schlichten Tisch und erfreut sich am günstigen Mittagsmenü (Mo–Fr), auch zu empfehlen: Eintopf nach Omas Art *(potaje de la abuela María)*, pikant gebeiztes Kaninchen *(conejo)* und Ziegenfleisch *(carne de cabra)*. Für eine Zeitreise in Marías Vergangenheit sorgen bäuerliche Alltagsgegenstände, die das Lokal museal erscheinen lassen: alte Waagen und Maße, Gofio- und Kaffeemühlen, Nähmaschinen, Pflug und Dreschbrett.
Calle Santa Catalina 15, T 922 70 90 52, mittags und abends

### SONNTAGS: EL ASADERO!

*»Hacemos un asadero* (Auf zum Grillen)!« – jeder bringt zum Picknicken etwas mit: Fleisch, Runzelkartoffeln und Mojo, Wein und Bier. Die rustikalen Picknickplätze mit Tischen und Bänken, Grill- und Wasserstellen liegen meist mitten im Wald. Nicht selten greift jemand zur Klampfe und stimmt Folk-Songs an, die inbrünstig mitgesungen werden ... Wollen Sie lieber allein sein, so kommen Sie werktags, wenn die Plätze im Dornröschenschlaf liegen. Schöne Picknickplätze sind z. B. Las Lajas oberhalb von Vilaflor und die Zona Recreativa Chio an der TF-38 oberhalb von Teneriffas jüngstem Vulkan Chinyero.

# TOUR
## Zur ›Mondlandschaft‹

**Von Vilaflor zur Paisaje Lunar**

### Infos

**Start:** Kirchplatz Vilaflor (♀ E 6)

**Dauer/Anspruch:** 13 km, 5 Std., je 500 m im An- und Abstieg, lang und teilweise steil, mittelschwer

**Markierung:** gelb PR-TF 72

Oberhalb von Vilaflor liegt mitten im Kiefernwald eine Felsgruppe, die mit ihren kleinen Pyramiden, Türmen und Minaretten wie eine Märchenkulisse erscheint. In einer Schlucht haben Wind und Wasser aus weichem Tuffstein eine bizarre Mondlandschaft *(Paisaje Lunar)* geschaffen. Ihr heller Bimsstein kontrastiert wunderbar mit dem dunklen Basalt der Felsen ringsum.

Der hier vorgestellte markierte Weg verläuft längs des alten **Camino Real de Chasna**, des »Königswegs«, der den Inselsüden mit dem Norden verband: Bauern zogen auf ihm mit schwer beladenen Mauleseln von Vilaflor ins Valle de Orotava.

### Zur Pista Madre del Agua

Von der Infotafel am unteren Rand des **Kirchplatzes von Vilaflor** geht es die Calle Castaños abwärts, dann links in die Calle Canarios. An ihrem Ende schwenken wir nach rechts und folgen dem Strääßchen ca. 75 m hinab, wo links der Straße der steingepflasterte Weg in die Natur startet. Er führt hinab in den **Barranco de Vera**, quert dort eine Piste und stößt an einem Wasserrondell nach 50 m erneut auf eine Piste. Ihr folgen wir nach links, um 60 m weiter scharf rechts auf den **Camino de Atajo** einzuschwenken. Eine knappe halbe Stunde führt er uns beharrlich durch Kiefernwald bergauf zum Bauernhof **Casa Galindo**. 350 m weiter eine Gabelung: Wir steigen halbrechts hinab in den Bar-

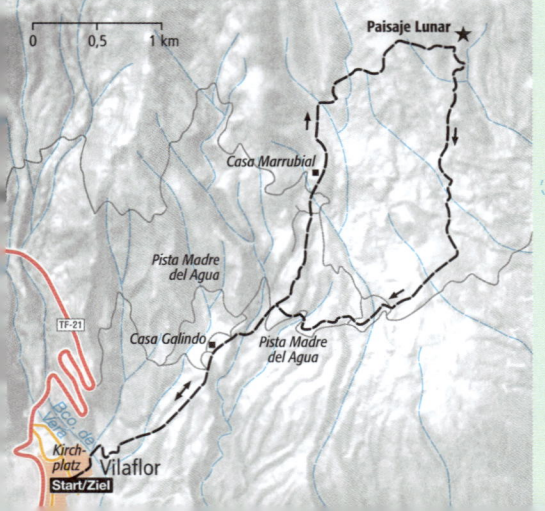

ranco de las Mesas und auf der gegenüberliegenden Hangseite hinauf zur **Pista Madre del Agua** (s. Variante unten). Wundern Sie sich nicht über angekohlte Kiefernstämme: Hier hat es Anfang 2018 gebrannt – doch nach dem Herbstregen schlugen die unverwüstlichen Bäume wieder aus … Und aus der nährstoffreichen Asche sprießt im Frühjahr ein fantastischer Blütenteppich! Im Mai erstrahlen mannshohe Natternköpfe in tiefem Rot …

### Vorbei an Lava-Eiern

Wir queren die Piste und ignorieren wenig später den rechts abzweigenden Weg (über diesen werden wir später zurückkommen). Nach 30 Min. wird eine zweite Piste und sogleich eine dritte gequert, für uns geht es hinter einer Schranke geradeaus bergauf. Wir passieren das Ruinen-Haus **Casa Marrubial**, queren ein paar Minuten später den Taleinschnitt und nehmen Kurs rechts auf den Hang, wo wir bald eine erste kleine, ›angesägte‹ Tuffsteinlandschaft passieren und einen Bergrücken ersteigen. Dort überraschen uns große **Lava-Eier**.

An der Gabelung nach 15 Min. halten wir uns rechts, queren 100 m weiter einen Kanal und biegen nach 5 Min. erneut rechts ein: Nun geht's bergab – vorbei an zwei Aussichtspunkten – zur faszinierenden **Mondlandschaft, Paisaje Lunar.** Spätestens jetzt ist eine ausgiebige Picknickpause fällig! Es duftet nach Harz, Wind streicht durch die Nadeln, Bienen summen und der Kiefernpicker pickt unentwegt …

### Der Rückweg

Von der Mondlandschaft geht es auf dem Weg rechts weiter durch Kiefernwald. An der Kreuzung nach 30 Min. halten wir uns geradeaus und laufen fortan rechts parallel zu einer Piste. Nach 30-minütigem Abstieg erreichen wir jenen Punkt oberhalb der **Pista Madre del Agua**, wo unsere Runde ihren Ausgang nahm. Auf dem vom Aufstieg bekannten Weg geht es nach **Vilaflor** zurück – jetzt schneller, da bergab.

**Variante:**
Alternativ kann man an der TF-21 bei Km 66 (Parkausbuchtung) der Waldpiste Madre del Agua 3,7 km folgen und sich hier in den von Vilaflor kommenden PR-TF 72 einklinken (die Wandertour verkürzt sich um 1.30 Std.).

## Einkaufen

Stickereiarbeiten und Klöppelspitzen: Eine reiche Auswahl findet sich in den Läden am Kirchplatz.

## Infos

- **Oficina de Turismo:** Plaza de San Pedro Apóstol, www.vilaflordechasna.es, tgl. 10–16 Uhr. Wanderer bekommen hier wertvolle Tipps für eine Fülle an möglichen Touren!
- **Verkehr:** 1 x tgl. fährt Bus 342 morgens von Costa Adeje via Vilaflor zum Teide-Nationalpark und ab Parador um 16 Uhr wieder zurück. Nur 1–2 x tgl. Verbindungen nach Granadilla (Linie 474), Arona, Chayofa und Los Cristianos (Linie 482). Details s. Reisekarte, Rückseite.
- **Fiesta del Hermano Pedro:** 25. April. Große Wallfahrt zu Ehren des Schutzheiligen: 17 km Abstieg zur Cueva de San Pedro an der Küste!

# Granadilla de Abona  ♀E7

Auf den ersten Blick wirkt die recht geschäftige Kleinstadt nicht gerade anheimelnd. Sie wird eher eine Liebe auf den zweiten Blick, denn die historische Altstadt lohnt einen Besuch. Wichtigste Sehenswürdigkeit ist der Convento de San Francisco am Hauptplatz neben dem Rathaus. Die Mönche sind längst fortgezogen, doch die von ihnen im Garten gepflanzten Orangen verströmen noch immer einen betörenden Duft. Das Kloster dient jetzt als Kulturzentrum, in dem wechselnde Ausstellungen gezeigt werden (Centro de Cultura, Plaza González Mena s/n, Sa/So geschl.).

Folgt man der Straße in Richtung Arico, kommt man zum Viertel um die barocke Iglesia San Antonio de Padua. Steile, von historischen Bürgerhäusern gesäumte Gassen führen in die oberen Etagen des Städtchens.

### KUNST INMITTEN VON KAKTEEN

Dies ist kein Themenpark der üblichen Art! Statt die Landschaft umzuformen, um sie ›exotischer‹ zu machen, geht man hier anders vor: Auf einem 80 000 qm großen hügeligen Gelände, aufgespannt zwischen Vulkankegeln und mit Fernblick zum Meer, wird die ursprüngliche Natur aus Wüsten- und Halbwüstenpflanzen geschützt. Zwischen Kakteen ›wachsen‹ mehr als 100 imposante Werke, Windspiele und Mobiles aus Stahl, Stein und Acrylglas, geschaffen von Gernot Huber und Künstlern aus aller Welt. Sie sind Teil eines renommierten **Skulpturenparks,** der stetig größer wird, denn jedes Jahr werden Arbeitsstipendien an begabte Bildhauer vergeben, die als kleines Dankeschön ein Werk zurücklassen (Fundación Canaria Gernot Huber, San Isidro/Finca Los Cardones, Calle Gernot Huber 33, T 922 77 23 31, www.gernot-huber-stiftung.de, ohne Anmeldung: am 2. Sonntag Nov.–April. 14–17 Uhr, für Gruppen nach Vereinbarung, Eintritt: 10 € als Spende für künstlerischen Nachwuchs, Jugendliche frei; Anfahrt: von Granadilla auf der TF-64 Richtung Küste, Abzweig bei Km 5.1; oder Autobahn TF-1 Ausfahrt San Isidro, dann TF-64 und 400 m hinter dem Ortsende von San Isidro links).

## Schlafen, Essen

### In der ehemaligen Post
**Senderos de Abona:** Das Hotel neben der Pfarrkirche (17 Zimmer) strahlt mit seinen Natursteinmauern, Balkendecken und alten Möbeln nostalgisches Ambiente aus. Man trifft sich im Salon oder im Innenhof, abends auch im Restaurant Terrero. Mit unbeheiztem Mini-Pool.
Calle Peatonal de la Iglesia 5, Granadilla, T 922 77 02 00, www.senderosdeabona.es, DZ ab 60 €

### Gemütlich
**Tasca Tierras del Sur:** Schon seit Jahren gilt das Lokal von Viktor und Alice als Geheimtipp unter Residenten – täglich wechselnde Gerichte der mittleren Preislage und Tapas, die das Wasser im Mund zusammenlaufen lassen!
Calle Pedro González Gómez 20, T 922 77 14 82, www.tascatierrasdelsur.com, Di–Sa nur abends

## Infos

• **Verkehr:** Von Granadilla fahren Busse nach El Médano (408–411), Los Cristianos (416), Vilaflor und Arona (474). Details s. Reisekarte, Rückseite.

# San Miguel de Abona    ♀D7

Ein herausgeputztes Gemeindestädtchen auf 550 m Höhe: Auf dem Kalvarienberg thronen weiße Kapellen, im Ortszentrum erhebt sich die Kirche zu Ehren des Erzengels Michael. Die vom Kirchplatz abgehenden Gassen sind von restaurierten Herrenhäusern gesäumt, besonders schön ist die Calle de la Iglesia. Einziger Ausreißer in der von Landwirtschaft geprägten Gegend ist das Castillo San Miguel unterhalb des Ortes: eine aus grauem Toscastein errichtete Fantasy-Burg mit Türmen und Zinnen, Wassergraben und Zugbrücke. Sie bildet die Kulisse für dubiose Ritterfestspiele, zu denen Busgruppen von der Küste angekarrt werden.

### So lebten die Herren
Im Ortszentrum wurde ein Herrenhaus aus dem 19. Jh. in das **Ethno-Museum Casa del Capitán** verwandelt. Vier Gebäudeflügel, einer davon mit Holzgalerie, umschließen einen Innenhof, in dessen Mitte eine (schwangere?) Bäuerin schwer an der Last auf ihrem Kopf trägt. Hinter Natursteinmauern wird anschaulich die Geschichte der Region vorgestellt; im angeschlossenen Kunsthandwerkszentrum kann man zuweilen Männern und Frauen bei der Arbeit über die Schulter schauen.
Calle Calvario 1, T 922 70 08 87, meist Mo–Fr 9–13 und 17–19 Uhr, Eintritt frei

### Weitblick auf Vulkane
Auf halber Strecke zwischen San Miguel und Valle de San Lorenzo lohnt ein Stopp am **Mirador de la Centinela** (›Aussichtspunkt des Wächters‹). Der Blick reicht über die südlichen Hänge bis hinab zum blau aufscheinenden Meer. Dazwischen sieht man eine Vielzahl kleinerer Vulkane, die aus dem geologisch älteren Basisgestein emporgeschossen sind.

### Mit Bauernmarkt
Dank großzügiger Bewässerung präsentiert sich das Valle de San Lorenzo als grüner Garten: Ananas werden hier ebenso angebaut wie Papayas und Zitronen, dazu Auberginen, Süß- und Frühkartoffeln. Exportschlager sind

*Schon von klein auf werden die Tinerfeños bei traditionellen Festen mit eingebunden, wie hier zu San Antonio Abad in Arona. – Macht manchmal schon ein wenig müde …*

aber Schnittblumen, allen voran die exotische Strelitzie. Dies ist der passende Rahmen für einen gut besuchten Bauernmarkt, der von der Küste mit Gratis-Bussen angesteuert wird (Mercado del Agricultor, Calle Cooperativa 2, Sa/So 8–14 Uhr; Infos zu Gratis-Bussen in der Touristeninfo von Los Cristianos und Las Américas).

## Schlafen

### Stilsicher
**San Miguel:** Das herrschaftliche Altstadthaus anno 1691 mit Blick über den Süden der Insel bietet 15 Zimmer, die alle mit Keramikboden, Holzbalkendecke und schweren Holzmöbeln kanarisch-rustikal eingerichtet sind; der Pool-Garten ist mediterran inspiriert. Es gibt Jacuzzi und Sauna, Saftbar und Weinkeller.
Calle Las Morales 2, T 922 16 79 22, www.hotelruralsanmiguel.com, DZ ab 90 €

## Essen

### Altgedient
**La Tasquita de Nino:** Bis heute ist dem Altstadthaus anzumerken, dass es als Tabakmanufaktur, als Post und Kantine diente. Auf allen drei Geschossen geht es gemütlich zu: Unten wärmt man sich am Kamin, im Erdgeschoss trinkt man ein Gläschen Wein und oben in der guten Stube sitzt man unterm offenen Dachstuhl. Kurios und kanarisch inspiriert ist das Essen: etwa gefüllte *bubangos* (Zucchiniart), Fischfilet mit Esskastanien oder Hühnchen mit süßer Mojosoße.
Calle Estanco 3, T 922 70 04 63, Mi–Mo mittags und abends, Hauptgerichte 7–15 €

## Feiern

● **Fiesta de San Miguel:** Um den 29. Sept. große Fiesta für den Ortsheiligen

## Infos

- **Verkehr:** Bus 416 verbindet San Miguel mit Granadilla und Los Cristianos.

# Arona   $\bigcirc$ D7

Von diesem kleinen, 630 m hoch gelegenen Ort werden die touristischen Goldgruben von El Médano bis Las Américas verwaltet. Kein Wunder, dass das Zentrum mit seiner schattigen Plaza, dem Rathaus und der Kirche herausgeputzt ist: Geld ist reichlich vorhanden. Allerdings herrscht meist ›tote Hose‹, sodass Arona für die meisten nur als Startpunkt zu Wandertouren interessant ist. Wenn Sie mögen, können Sie eine Galerie besuchen: Folgen Sie von der **Plaza Cristo de la Salud** der Calle El Calvario und biegen links in die Calle La Bodega ein, kommen Sie zur **Casa La Bodega**, die einst als Weinkellerei diente. Heute stellen hier Künstler Werke aus … (Calle La Bodega 6, unregelmäßig geöffnet, Eintritt frei).

### Kunst open air & mehr

2 km östlich Arona: Statt des üblichen Museumsbesuchs bietet das **Kulturprojekt Mariposa** ein Erlebnis besonderer Art – allerdings nur nach vorheriger Anmeldung. In den frühen 1990er-Jahren begann das Galeristenehepaar Hans-Georg und Helga Müller mit dem Aufbau eines Kunstparks auf Teneriffa. Bildhauer gestalteten ein riesiges Hanggelände 2 km östlich von Arona, wobei sie sich von der Landschaft zu ihren Werken inspirieren ließen: Skulpturen im Dialog mit der Natur. Die Schönheit des gestalteten Ortes soll das Denken beflügeln: In sogenannten Mariposien sollen »maßgebliche Persönlichkeiten aus Wissenschaft und Wirtschaft, Kunst und Politik« zusammentreffen, diskutieren und gemeinsam planen. Übernachten können Sie in originell gestalteten Steinhäusern und Jurten.

Calle Túnez 63-A, Arona, T 922 72 62 32, in Deutschland T 0711 636 68 84 (oft unbesetzt), www.mariposa-projekt.de, Besichtigung nur nach Voranmeldung, Eintritt 25 €

### Adler im Dschungel

Auf halber Strecke zwischen Arona und Los Cristianos: Der 75 000 m² große, subtropische **Águilas Jungle Park i**st wie eine Oase in die trockene Landschaft eingepasst. Unter Palmen ziehen Weiße Löwen und Bengaltiger ihre Kreise, in Gehegen leben Kängurus, Flusspferde, Flamingos, Affen und Pinguine. Als Höhepunkt wird eine Flugvorführung mit Raubvögeln unter freiem Himmel angepriesen: Adler und Falke erheben sich spektakulär in die Lüfte. Im Tagesverlauf gibt es weitere Vogelshows, Besucher können auch bei der Fütterung von Krokodilen und Seelöwen dabei sein.

Ctra. Los Cristianos – Arona Km 3 (TF-1 Ausfahrt 72), T 922 72 90 10, www.aguilasjunglepark.com, tgl. 10–17.30 Uhr, Eintritt online 24 €, preiswerter für Kinder unter 11 Jahren

## Schlafen

### Mit Hangblick

**La Correa del Almendro:** Das Landgut bietet rustikal eingerichtete Zimmer und Suiten, Pool-Garten und Radverleih. Erreichbar vom Ortskern auf der Calle Cruz de San Antonio 1 km bergauf.

Camino Real de Altavista 58, T 922 72 60 69, www.hrlacorrea.es, DZ ab 80 €

## Feiern

- **San Antonio Abad:** Januar. Am So vor dem 18. Januar findet zu Ehren des

# TOUR
## Zwischen Vulkanen

**Von Arona auf den Roque Imoque**

Der Weg rings um einen verwitterten Vulkan lässt eine alte Kulturlandschaft aufleben. Es geht vorbei an aufgelassenen Terrassenfeldern, alten Dreschplätzen und verlassenen Fincas. Unterwegs können Sie Drachenflieger beim Starten beobachten!

### Hinaus aus dem Ort
Von **Aronas Plaza** folgen wir der Calle Domínguez Alfonso nordwärts und schwenken hinter der Kirche links in die Calle San Carlos Borromeo ein. Diese mündet in die TF-51, in die wir rechts einbiegen. Nach 1 km ist das Restaurant La Granja de Arona erreicht, an dessen Parkplatz wir links in eine Piste einbiegen – hier beginnt der eigentliche **Wanderweg** (Camino del Topo/Camino de Suárez).

»Imoque« ist ein Guanchen-Name, seine Bedeutung unbekannt. Nach ihm ist eine Folk-Gruppe benannt, die alte Traditionen hochhält.

### Von La Granja zur verlassenen Finca
Auf Schotterpiste queren wir den **Barranco del Ancón**, halten uns bei der nächsten Weggabelung vor einem Wasserspeicher rechts und laufen auf dem Camino del Topo in Richtung **Ifonche** (über den Camino de Suárez geht es später zurück). Parallel zu einer kleinen Schlucht zieht sich der Weg mäßig steil in 30 Min. zu einem verlassenen Gehöft hinauf, hinter dem sich der Weg rechts fortsetzt.

### Zum Refugio
Wir steigen über die Wasserkanäle nach rechts und folgen dem Weg, der fortan zwischen zwei Barrancos verläuft – imposant ist der Blick nach links in den **Barranco del Rey,** die zerklüftete »Kö-

## Infos

**Start/Ziel:** Arona, ♥ C/D 7

**Länge:** 10 km, 4 Std., mittelschwer

**Anfahrt:** Mit Bus 342 ab Costa Adeje bis Arona; Autofahrer könnten weiter oben an der TF-51 beim Restaurant La Granja starten. Fahrzeug aber bitte nicht am Parkplatz des Restaurants abstellen!

nigsschlucht«, neben der sich der **Roque Imoque** 1172 m hoch auftürmt. Wasser und Wind haben seinen weichen Mantel abgetragen, übrig blieb sein harter Kern. Eine halbe Stunde nach dem verlassenen Gehöft passieren wir einige weitere Fincas und stoßen – den Wasserrohren folgend – auf das Lokal **El Refugio** – »die Zuflucht« und ein toller Ort für eine Rast (1.30 Std., s. S. 117)!

### Über einen Barranco zum Dreschplatz

Wir folgen der Piste 5 Min. nordwestwärts zu einem weiteren Haus, hinter dem wir links abbiegen (Schild »Fuente de las Pilas«) und auf steinigem Pfad in den **Barranco del Rey** hinabsteigen. Auf der gegenüberliegenden Hangseite führt der Pfad (grün markiert) aus der Schlucht heraus und zu einem verfallenen Haus, von dem wir durch eine Erosionsrinne auf den Sattel zwischen Roque Imoque und Roque de los Brezos zulaufen. Dort befindet sich ein runder, von Steinen eingefasster **Dreschplatz** – ein fantastischer Aussichtspunkt bis hinab zur Südküste und ein beliebter Startplatz von Drachenfliegern. Gequert wird der Pass vom roten Fernwanderweg GR-131, dem wir folgen.

### Auf dem Camino de los Suárez

Vom Dreschplatz geht es links – den Markierungen folgend – ca. 30 Min. an der Westseite des Roque Imoque entlang, dann hinab zur verlassenen, von Terrassenfeldern umgebenen **Casa de los Suárez**. Vom Haus führt der Weg durch eine bizarre Felslandschaft zur Einsattelung **Degollada de los Frailitos,** dem »Pass der kleinen Mönche«, mit Blick hinab bis zur Küste (3 Std.). Weiter auf dem roten GR-131 geht es erst durch einen Taleinschnitt, dann hoch über dem Barranco del Rey. Nach knapp 15 Min. heißt es aufgepasst: Ein Steinmännchen weist den Einstieg in den grün-weißen Weg, mit dem wir in 3 Min. zum Grund des **Barranco del Rey** hinabsteigen. Diesem folgen wir 30 m hinab, schwenken dann links hangaufwärts zur **Casa del Ancón.** Kurz hinter dem Haus geht unser Weg in eine Piste über, die uns zur bekannten Weggabelung bringt: Rechts gelangen wir zum Restaurant **La Granja** zurück.

»Von Weitem sieht der Roque Imoque wie der goldene Turm einer gotischen Kathedrale aus.« (Luis Diego Cuscoy, kanarischer Archäologe)

# TOUR
## Auf den ›gräflichen‹ Berg

**Von Arona auf den Conde**

### Infos

**Start/Ziel:** Calle Mazape in Arona (⚲ C/D 7)

**Länge/Anspruch:** 7 km, 4 Std., mittelschwer, Höhenunterschied je 400 m im An- und Abstieg

1000 m ragt er hinter der Küstenebene auf: So markant ist der pyramidenförmige ›Graf‹ *(conde),* dass er zum Wahrzeichen des Südens wurde. Von seinem Hochplateau genießen Sie spektakuläre Blicke.

### Auf den Panoramagipfel

Von der TF-51 zweigt oberhalb des Ortszentrums die **Calle Mazape** zum Roque del Conde ab. Ihr folgt man bis zur Hausgruppe **Vento**, wo dann bei Nr. 78 der Wanderweg in westlicher Richtung startet. Steinmännchen und Pfeile (weiß, grün) helfen bei der Orientierung.

Nach knapp 50 m biegt der Weg rechts ab und quert nacheinander zwei Seitentäler, bevor er sich gabelt: Wir ignorieren den rechts abzweigenden roten GR-131 und halten uns links. 100 m weiter geht es im Zickzack in den dritten, tiefer eingeschnittenen **Barranco del Rey** hinab, dann aus diesem hinauf und zu einer Gabelung. Wir halten uns links bergan und laufen rechts an einem **verlassenen Gehöft** vorbei, passieren Dreschplätze und aufgelassene Terrassenfelder.

30 Min. nach dem Gehöft ist die aussichtsreiche **Kammschulter** des Conde erreicht. Wir queren den Hang und stoßen nach 15 Min. auf ein Felsband, auf dem wir links in weiteren 15 Min. steil zum Gipfelplateau des **Conde** aufsteigen. Der Blick reicht von der Cañadas-Wand im Zentrum über die Berge des Südens zur Küste. Auf gleichem Weg geht's nach Arona zurück.

Schutzheiligen der traditionsreiche Umzug durch Arona statt, mit Ochsenkarren und Folklore.
● **Cristo de la Salud:** Anfang Okt. Ortsfest von Arona mit Prozession, Sport, Tanz und Feuerwerk.

## Infos

● **Verkehr:** Busse fahren z. B. nach Chayofa und Los Cristianos (342, 480 und 482) sowie Vilaflor (342 und 482). Details s. Reisekarte, Rückseite.

# Escalona ♥D7

Nichts Spektakuläres bietet das kleine Dorf 7 km oberhalb von Arona. Doch seine Umgebung ist idyllisch. Biegt man westwärts in die TF-568 Richtung Ifonche ab, kommt man zu einer Kapelle mit Steinbrunnen und einer Figur des Teneriffa-Heiligen San Pedro (s. Vilaflor S. 105). Über Täler und Weiler reicht der Blick – und wären da nicht die Doppelgipfel Roques Brezos, könnte man bis zur Küste schauen!

## Schlafen, Essen

### Ein Genuss
**Finca El Refugio:** Das 200-jährige restaurierte Bauernhaus liegt grandios einsam: mitten in der Pampa auf 940 m Höhe. Aktivurlauber fühlen sich hier wohl, denn Carmen und Andreas, die deutschsprachigen Vermieter, organisieren Wandertouren in den Nationalpark und sogar Kochkurse – auf Wunsch kombiniert! Übernachtet wird in einfachen, aber beheizbaren Zimmern mit Bad, im Aufenthaltsraum gibt es Sat-TV. Angeboten wird günstige Halbpension, auf Wunsch vegetarisch oder vegan. Anfahrt: von der TF 51 Km 9,9 (La Escalona) in Richtung Ifonche, nach 2 km links (ausgeschildert) und dann 1,5 km auf Schotterpiste.
Camino El Topo 34, T 922 72 58 94, www.el-refugio.com, So–Fr 11–18 Uhr, DZ ab 50 €, im Sommer geschl.

# Adeje ♥C7

Neben Arona ist dies die zweite Gemeindestadt, von der aus der Süden gemanagt wird. Doch während sich Arona eher klein und verschlafen präsentiert, geht es in Adeje urban zu. Von den Autobahnausfahrten ziehen sich neue Wohnsiedlungen hinauf bis zum historischen Zentrum in 350 m Höhe, das durch eine mit Indischem Lorbeer beschattete Allee erschlossen wird. Der breite Boulevard ist in seinem unteren Teil nach dem Guanchenkönig Tinerfe benannt, der im 15. Jh. über die gesamte Insel herrschte.

### Überraschender Platz
Vorbei an Straßencafés und Geschäften geht es auf der Calle Grande aufwärts. Sie endet an der verkehrsberuhigten **Plaza de España,** die sich effektvoll zur ›Höllenschlucht‹ öffnet. Von mehreren Seiten steigt man über Freitreppen zur Iglesia Santa Úrsula hinauf, die sich Adejes Feudalherren im 16./17. Jh. erbauen ließen. Hinter der Kirche, zur Schluchtseite hin, entdeckt man einen kühnen Bau aus Basalt und Beton. Wie ein Ausrufezeichen wurde ihm ein moderner, freistehender Glockenturm angefügt. Der Bau beherbergt das Museo Sacro mit wertvollen Gobelins, Gewändern und Silberkelchen. Auch ein Café gibt es (Mo–Fr 10–13, 17–19 Uhr, Eintritt frei). Auf der gegenüberliegenden Seite des Platzes befindet sich das Rathaus,

»Wer nicht liebt Wein, Weib und Gesang, bleibt ein Narr sein Leben lang.«
Den Tinerfeños muss man in der Hinsicht nichts mehr beibringen.

dessen Räume sich unterhalb der Plaza fortsetzen.

### Ein »festes Haus«
Hält man sich am Ende des Boulevards links, stößt man auf die Ruinen der **Casa Fuerte** (Calle del Castillo), einer 1555 auf Wunsch des Feudalherrn Pedro de Ponte erbauten Festung, von der aus die Angriffe englischer, französischer und nordafrikanischer Piraten abgewehrt werden sollten. 1902 ist sie abgebrannt, von den einst 17 Kanonen, die auf Piraten zielten, blieb eine erhalten … Die an der Casa Fuerte startende Calle Molinos führt geradewegs zum Restaurant Otelo I und zum Eingang der Höllenschlucht (s. Tour S. 120).

## Essen

### Rustikal
**La Rambla:** José und seine deutschsprachige Frau Alexandra bieten in ihrem kleinen Lokal unterhalb der Kirche Tapas und Kanapees *(montaditos)* sowie die besondere Spezialität: Hähnchen mit knuspriger Knoblauch-Kruste und Mojo-Soße *(pollo adejero)*. Günstig!
Calle Grande 7, T 922 71 04 28, mittags und abends

### Hausmannskost
**Otelo I:** Beliebtes Ausflugslokal am Eingang zur Höllenschlucht. Durch Panoramafenster bzw. von der Terrasse schaut man in sie hinab und sieht in der Ferne auch Adeje. Dazu schmecken kanarische Klassiker, für 10 € wird man satt. Mit Parkplatz – praktisch für die Höllentour!
Calle de los Molinos 44, T 922 78 03 74, www.restauranteotelo1tf.com, tgl. 11–23 Uhr

## Feiern

- **Semana Santa:** März/April. Am Karfreitag führen über 300 Laien Passion

und Tod Jesu Christi in der Calle Grande auf – eine Inszenierung, die Tausende Besucher in die Stadt lockt!
• **Corpus Cristi:** Mai/Juni. Zur Fronleichnamsprozession werden die Straßen Adejes mit Heiligenbildern aus gefärbtem Salz geschmückt.
• **Virgen de la Encarnación:** Oktober. Wallfahrt zu Ehren der Jungfrau von der Kirche Santa Úrsula hinab nach La Caleta.

## Infos

• **Verkehr:** Busverbindungen gibt es z. B. mit La Caleta (448), Costa Adeje (417, 447), Los Cristianos (447), Guia de Isora (417). Details s. Reisekarte, Rückseite.

# Guía de Isora ♥ B5/6

Die Gemeindestadt liegt in knapp 600 m Höhe an der TF-82 nach Santiago del Teide, von hier werden die Resorts rund um Los Gigantes verwaltet. Verlässt man die Straße auf der Höhe der modernen Casa de Cultura, kommt man in den höhergelegenen, restaurierten Altstadtbereich. Sehenswert ist der schattige Kirchplatz mit der Iglesia Nuestra Señora de la Luz aus dem 16. Jh. Einen Abstecher lohnen die oberhalb von Guía de Isora gelegenen Dörfer **Aripe** und **Chirche** (♥ C 5), in denen sich viele Häuser in traditioneller Architektur erhalten haben. Einige davon werden als Casas Rurales vermietet, ideale Unterkunft für alle, die im nahen Teide-Nationalpark wandern wollen (s. Übernachtungstipp rechts). Wer einen tollen Ausblick über die meist karge Landschaft genießen möchte, fährt zum Mirador de Chirche mit Lokal und Terrasse unterhalb der TF-38.

## Schlafen

### Wie aus dem Bilderbuch
**Casa Vistita:** Ein Natursteinhaus hoch oben im Dorf Aripe (2 km nordöstl. Guía de Isora), das seinen ländlichen Charakter bewahrt hat. Man betritt das Haus über einen blumenumrankten, überdachten Innenhof, von dem mehrere Räume abgehen (zwei Schlafzimmer, Salon, Küche mit allen Extras, Bad). Moderner Komfort kommt nicht zu kurz, es gibt Sat-TV, Gratis-WLAN, Waschmaschine und Heizung. (s. Thema »Alles Platte?« S. 276)
Camino Nuevo 18, Aripe, buchbar über Karin Pflieger, T 040 560 44 88, www.turismorural.de, für 2 Pers. ab 87 €/Tag (min. 5 Tage)

## Essen

### Familiär geführt
**Las Goteras:** In Tejina, einem wenig attraktiven Ort südlich Guía de Isora, genießt ein Lokal den Ruf, beste Adresse für Fleischgerichte zu sein – und dies zu einem günstigen Preis. Die Portionen sind großzügig, und können Sie nicht alles aufessen, wird Ihnen der Rest eingepackt – fürs Picknick am nächsten Tag. Erreichbar über eine Seitenstraße der TF-28 (ausgeschildert).
Calle La Gorrina 12, Tejina, T 922 85 70 56, Di–So mittags und abends, Preise um 18 €

## Einkaufen

Foodies aufgepasst: Wer gute Marmeladen, ausgefallene Chutneys und Sambals, knackige Gewürzmischungen, Mojos und andere Delikatessen mag, fährt von Guía de Isora ein paar Kilometer nordwärts nach Chío (s. Zugabe »Alles, was gesund macht« S. 122). TF-1 Ausfahrt Chío (El Teide), 200 m hinter der Tankstelle auf der rechten Seite.

# TOUR
# In die ›Höllenschlucht‹

### Von Adeje in den Barranco del Infierno

Zu Unrecht trägt sie den Namen **Barranco del Infierno**: von ›Hölle‹ keine Spur, ›paradiesischer Garten‹ wäre die bessere Bezeichnung. Zahllose Pflanzen wuchern auf ihrem Grund und ranken sich die Felswände empor, ein Bach plätschert, und am Ende ergießt sich ein 80 m hoher Wasserfall in mehreren Kaskaden in ein Felsbecken. Wer sich freilich abends in den Barranco verirrt, begreift, wie er zu seinem Namen kam. Denn dann erfüllt ein so unheimliches Gejammer, Gezeter und Geschrei die Dunkelheit, dass man glaubt, in einer Geisterschlucht gelandet zu sein. Dicht über dem Kopf flattern sie dahin, steigen auf und verschwinden auf Nimmerwiedersehen ... Bei diesen ›Geistern‹ handelt es sich um Gelbschnabelsturmtaucher *(Calonectris diomedea)*: dem Albatros verwandte Seevögel, die zum Brüten dem Meer zugewandte, unzugängliche Felswände anpeilen. Stets suchen sie die Dunkelheit der Nacht, doch verraten sie sich durch ihr schauriges Geschrei. Tagsüber werden Wanderer den scheuen Vogel kaum zu sehen bekommen ...

**Anfahrt:**
Mit Bus 417, 447 und 460 bis Adeje, dort Richtung »Casa Fuerte« und auf steilem Sträßchen zum Lokal Otelo

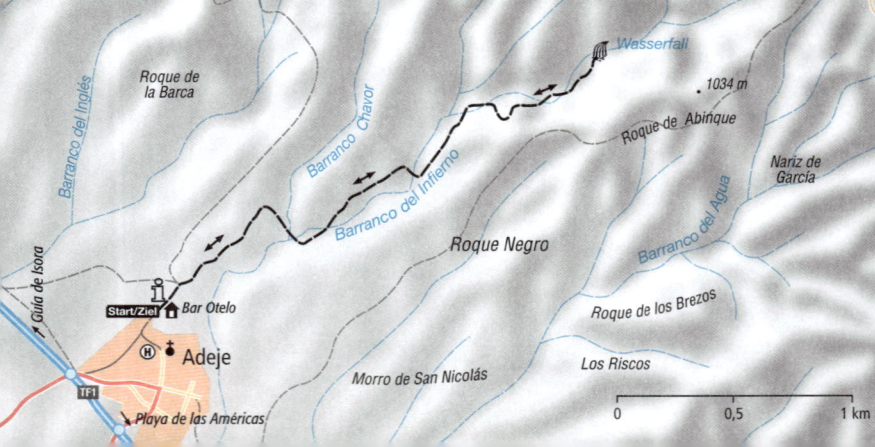

## Infos

**Start:** am Infohäuschen am Nordausgang von Adeje, Calle de los Molinos (♥ C 7)

**Öffnungszeiten:**
Mo–Fr 8–14.30 Uhr

**Planung:** 6,5 km, 3,5 Std., mittelschwer, Preis 8 €, geführte Wanderung (vorerst werktags 9.30 Uhr) 15 €, Mindestalter: 5 Jahre, Kinder unter 16 nur mit Erwachsenen; vorher reservieren, da nur max. 300 Pers. pro Tag Zutritt zur Schlucht erhalten!

### Trockener Auftakt

Vom **Infohäuschen** folgt man dem luftigen Höhenweg in die sich öffnende Schlucht. Zunächst verläuft er 200 m oberhalb des Barranco-Grunds, zu dem er sich peu à peu hinabsenken wird. Anfangs verrät er noch nichts von seinem Geheimnis: Seine offenen Hänge sind der Sonne ausgesetzt, seine Flanken mit wasserspeichernden Wüstenpflanzen bedeckt. Nach ein paar Felsnasen, an einem Rast- und Aussichtsplatz, wachsen mehrere Wolfsmilcharten beieinander – imponierend ist die mannshohe Kandelaberwolfsmilch, mit ihren armdicken, stacheligen »Blättern« einem Kaktus täuschend ähnlich.

### Feuchtes Finale

Je weiter man in den **Barranco** vordringt, desto schattiger, feuchter und kühler wird er. Nach 45 Min. hat sich der Weg zu seinem Grund abgesenkt, quert ein Seitental und führt in die Oberschlucht. Fortan begleitet ein Bach den Weg. An seinem Rand bildet die Kanarische Weide kleine Haine, Tümpel sind mit Wasserlinsen bedeckt. Unerreichbar weit oben sieht man Drachenbäume – vielleicht hatten just dort die Guanchen-Adeligen ihre Grabeshöhle. Immer enger schießen nun die Felswände zusammen. Der Weg wird steiniger und steigt leicht an.

Am hintersten Ende der **Schlucht**, wo die Bergflanken einen Felsdom bilden, in den kaum ein Sonnenstrahl dringt, stößt man auf den legendären **Wasserfall**: In drei Kaskaden rauscht er in einen dunkelgrünen Gumpen hinab. Herrlich ist es, an diesem ›magischen‹ Ort mehr Zeit zu verbringen, seine Füße ins kühle Quellwasser zu tauchen und den mitgebrachten Proviant zu verzehren. – Auch den Rückweg wird man so schnell nicht vergessen: Er eröffnet stets neue Perspektiven, alles sieht aus dieser Richtung anders aus …

### Was es zu beachten gibt

Am Infohäuschen oder online können Sie Tickets für den von Ihnen gewünschten Termin vormerken lassen. Gewandert wird nur, sofern das Wetter es zulässt; festes Schuhwerk ist Voraussetzung, Helme sind gegen Gebühr am Eingang erhältlich. Die Mitnahme von Tieren ist nicht erlaubt, auch nicht das Baden im Flussbett. Weitere Infos: T 922 78 00 78, www.barrancodelinfierno.es

# *Zugabe*
# Alles, was gesund macht – Delicias del Sol

*Zu Besuch in einer Delikatessen-Manufaktur*

In dem Laden namens »Köstlichkeiten der Sonne« (Delicias del Sol) in Chío (📍 B 5) schmeckt alles nach explosiver Natur: Aus Biozutaten von der Insel werden exotische Chutneys und Konfitüren gezaubert, es gibt Mandelmousse und Honig aus dem Nationalpark. Das Pikante kommt nicht zu kurz: Sambals und Mojo-Soßen, raffinierte Gewürzmischungen, Fleur de Sal aus La Palma und Ziegenkäseaufstrich aus La Gomera. Dazu ausgesuchte Teneriffa-Weine und zur Hilfe bei der Verdauung Liköre. Ein Geheimtipp auf 700 Meter! Im »Delicias« treffe ich die Schweizerin Amanda und den auf Teneriffa aufgewachsenen Gerrit.

**Wie kamen Sie auf die Idee, die Leitung dieses ausgefallenen Ladens zu übernehmen?**
**Gerrit:** Mehr als 30 Jahre hatte ich als Expat in verschiedenen Ländern gelebt und gearbeitet, zuletzt als Einkaufsdirektor für Danone und Metro Cash&Carry. In dieser Zeit lernte ich Früchte und Gemüse zu schätzen, die frei von Chemie angebaut werden – wie es hier im Nordwesten Teneriffas geschieht. Wir haben ein sehr persönliches Verhältnis zu den Bauern und privaten Fincas ringsum, das stärkt das Vertrauen in die sauberen Rohstoffe.
**Amanda:** Wie Gerrit habe ich die meiste Zeit meines Lebens im Ausland verbracht. Als Finanzdirektorin arbeitete ich in Spanien, Portugal, England, Indien, Deutschland und Saudi-Arabien. Mit dem Schritt in die Selbstständigkeit starten wir jetzt noch einmal richtig durch. Bewährtes beibehalten und neue Ideen einbringen – dieses gemeinsame Projekt macht Spaß. Unsere Produkte, davon sind wir überzeugt, sind einzigartig und das positive Kundenfeedback motiviert uns sehr.

**Werden Sie von der lokalen Regierung unterstützt?**
**Amanda:** Auf jeden Fall, unsere Gemeinde ist sehr hilfsbereit. Im Rathaus ist man stolz darauf, dass es eine Gourmetmanufaktur in Guía de Isora gibt. Wo sonst kann man Konfitüren, Chutneys, Mojos, Sambals und Gewürzmischungen in dieser Qualität finden?

»Nehmen Sie sich Zeit für den Besuch unseres Ladens! Bei uns können Sie die Fülle des Angebots im wortwörtlichen Sinn auskosten!«

**Gerrit:** Und was gut ankommt: Hier soll jeder nur das kaufen, was ihr oder ihm schmeckt. Darum haben wir für Neukunden die Regel eingeführt: Wenn nicht probiert wird, verkaufen wir nicht! Demnächst gibt's dann auch unsere Chutneys und Mojos bei ausgesuchten Metzgern der Insel und eine Auswahl in Delikatessenläden. Auf unserer Homepage findet man die Adressen.

### Haben Sie ein Lieblingsprodukt?
**Amanda:** Da ich als Schweizerin Süßigkeiten liebe, habe ich eher ein Auge für unsere Konfitüren. Maracuja mit Kern gefällt mir am besten: eine Frucht, die ich bisher so gar nicht kannte!
**Gerrit:** Was ich ein wenig vermisse, sind deutsche Produkte. Mein absoluter Liebling ist unser Tomaten-Curry-Chutney, in Anlehnung an die Currywurst.

### Was halten Sie von Aloe Vera & Moringa, den ›Modepflanzen‹ dieser Zeit?
**Gerrit:** Nun ja, es sind sehr gute Produkte, die ich jedem empfehlen würde. Doch da wir eine Gourmetmanufaktur sind, vertreiben wir keine Drogerie-Artikel wie Aloe Vera und auch keine Nahrungsergänzungsmittel wie Moringa.

### Was sollten Ihre Kunden wissen, bevor sie zu Ihnen kommen?
**Amanda:** Um einen Einblick in die mehr als 100 Produkte zu bekommen, sollten sie 20–40 Minuten einplanen. Wie gesagt: Vieles kann probiert werden! Und bei Allergien oder Unverträglichkeiten bitte Bescheid sagen.
**Gerrit:** Und wer nur mit Handgepäck reist, braucht nicht zu verzagen: Wir haben seit 2018 ein kleines Lager in Deutschland!

**Delicias del Sol:** *Chío, 3 km nördl. Guía de Isora, Paseo de la Libertad 65/TF-82 Km 32,5, T 922 85 13 85, www.delicias delsol.eu, Mo–Sa 9–17 Uhr* ∎

*Sind die Früchte reif für eine gute Marmelade? Gerrit Scharke testet mit einem Bio-Bauern die Qualität von Orangen im Hochland von Chío.*

# Der Nordwesten

**Im Teno-Gebirge** — Hier präsentiert sich Teneriffa ausgesprochen schroff. Während zum Westen gigantische Klippen jeder Erschließung trotzen, liegen auf einer Küstenplattform im Norden historische Städtchen. Hübsch ist auch Icod de los Vinos.

*Seite 129*
## Masca ⭐

Ein Dorf zwischen zerklüfteten Felswänden und mit Häusern, die sich an Kuppen klammern …
Grüne Palmen und reich blühende Hibiskussträucher mildern das dramatische Bild.

*Seite 132*
## Teno Alto

Wo sich das Teno-Gebirge weniger rau mit sattgrünen Hochalmen präsentiert, haben Ziegen reichlich Futter. Und deswegen gibt es am Ende der Inselwelt einen schmackhaften Käse.

Der Vulkan von El Palmar erinnert an einen angeschnittenen Kuchen.

**Eintauchen**

*Seite 135*
## Fischessen in Buenavista

Im El Burgado sitzt es sich wunderbar am wilden Meer.

*Seite 136*
## Punta de Teno

Am Fuß der ›Höllenmauer‹ wartet ein Leuchtturm mit Badeplätzen. Und auch der Weg dorthin ist ein kleines Abenteuer …

*Seite 137*
## Los Silos

An der stimmungsvollen Plaza schiebt jeder gern eine Pause ein.

## Der Nordwesten

*Seite 139*
### Garachico

Schönster Ort weit und breit – mit spannender Felsküste und kleinen, feinen Unterkünften. Klöster, Kirchen, koloniale Herrenhäuser führen in die Geschichte, Erfrischung bieten Natur-Pools.

*Seite 147*
### Zum Mirador de Garachico

Sind Sie gut zu Fuß? Dann auf zum Mirador de Garachico, wo Ihnen die Küste wie eine ausgebreitete Landkarte zu Füßen liegt.

*Seite 148*
### Icod de los Vinos

Altertümlicher Charme in einem Städtchen, das mehr zu bieten hat als den berühmten ›tausendjährigen‹ Drachenbaum. Der Name sagt's: ›Vino‹ – Wein – steht hier hoch im Kurs. Und nahebei gibt es mit der Playa de San Marcos eine schöne, schwarze Badebucht.

*Seite 150*
### ›Höhle des Windes‹

Unglaubliche 17 Kilometer misst die fünftlängste Lavahöhle der Welt. Tief führt die Cueva del Viento in Teneriffas Inneres. Den Blick auf erkaltete Lava und vielfarbige Gesteinsbänder begleitet eine ständige leichte Brise.

Nur Ziegen kommen mit dem schroffen Terrain des Teno-Gebirges zurecht.

Teddybären im Matrosen-Dress? Puppen mit Zahnspangen? Und viele weitere ausgefallene Unikate ›leben‹ in Artlandya (Icod de los Vinos, S. 152).

# erleben

# Teneriffas Wildwest

Man spürt's noch heute: Das Teno-Gebirge war vor langer langer Zeit vom Rest Teneriffas abgeschnitten. Der Nordwestzipfel bildete eine eigene, vom Wasser des Atlantiks umflutete Insel – erst durch gewaltige Vulkanausbrüche ist sie mit dem Zentralmassiv verschmolzen.

Wilder als hier präsentiert sich Teneriffa nirgendwo. Wohin man schaut, zerklüfteter Fels: Die Klippen Los Gigantes fallen 500 m senkrecht in die Tiefe, die Wellenstaffeln, die das Meer gegen sie wirft, haben das Gestein ausgefräst. Im Landesinnern wechseln hoch aufragende Bergkämme mit messerscharf eingegrabenen, schmalen Schluchten ab. Nur auf den Hochplateaus von Teno Alto und Palmar zeigt sich die Landschaft sanfter. Mit ihren grünen, windgepeitschten Almen und den von Natursteinmauern gesäumten Feldern erinnern sie ein wenig an Irland. An das Teno-Gebirge grenzt Isla Baja, die ›niedrige Insel‹. Der Name umschreibt die küstennahen Gemeindeorte Buenavista, Los Silos und Garachico.

Alle drei Städtchen, ganz besonders aber Garachico, haben einen hübschen historischen Kern, gute Unterkünfte und Lokale. Sie eignen sich hervorragend als Startpunkt für Wanderungen ins Teno-Gebirge. Weiter östlich lohnt ein Halt in der Altstadt von Icod de los Vinos und im Küstenort San Juan de las Ramblas.

### ORIENTIERUNG

**Infos**
www.todotenerife.es: Homepage der Inselregierung mit zuverlässigen Informationen über Küstenorte und Teno-Gebirge.
www.santiagodelteide.travel/de
http://buenavistadelnorte.es/turismo/
https://lossilos.es/turismo/
www.turismo.garachico.es/

**Verkehr**
Bus 462 fährt von Los Gigantes nach Santiago del Teide, von dort geht es mit Bus 355 über Masca und El Palmar nach Buenavista del Norte weiter. Von Buenavista fährt Bus 363 via Garachico nach Puerto de la Cruz, Bus 369 zur Punta de Teno. Ein Langtreckenbus ist Nr. 460, der vom Inselsüden (Costa Adeje) via Adeje, Santiago del Teide und El Tanque nach Icod de los Vinos fährt.

# Santiago del Teide  ♀B4

Das in einem Hochtal gelegene Städtchen regiert über die Touristenmetropole von Los Gigantes, doch von touristischem Remmidemmi ist hier wenig zu merken. Eine Allee von Orangenbäumen führt durch den Ort, vorbei am Rathaus und der maurisch angehauchten, kuppelgekrönten Kirche. Dahinter befindet sich der restaurierte Gutshof La Casona del Patio (1663), heute ein Landhotel. Regionalen Wein bietet die angeschlossene Bodega.

### Bei Töpfern in Arguayo
Traditionell geht es auch im ›Vorort‹ **Arguayo** zu, 5 km südlich an der TF-375. Dank reicher Lehmvorkommen war es stets ein Zentrum der Töpferei. Doch als besser bezahlte Jobs im Tourismus winkten, mochte sich kaum noch ein Jugendlicher mit dem Erdmatsch abplacken. Um das Handwerk vor dem Aussterben zu bewahren, taten sich die letzten Töpfer zusammen und eröffneten das Centro Alfarero. In einem traditionellen Natursteinhaus arbeiten sie im Innenhof und stellen Schalen, Krüge, Teller und Tassen her (Carretera General 35, meist Di–Sa 10–13 und 16–19, So 10–13 Uhr, Eintritt frei).

## Schlafen

### Modern-rustikal
**La Casona del Patio:** Aus Naturstein errichtetes Komforthotel (20 Zimmer), angeschlossen an ein 500-jähriges Anwesen mit zwei Weinpressen (jetzt Restaurant). Mit Dampf- und Trockensauna sowie Whirlpool, angeschlossen ist ein kleiner Reitstall.

*Die Iglesia San Fernando Rey im Zentrum Santiago del Teides putzt sich zu Feiertagen besonders heraus.*

Av. de la Iglesia 72, T 922 83 92 93, www.ginestarhotels.com, DZ ab 85 €

### Internetfreie Zone
**Caserio Los Partidos:** Mitten in der Pampa, zehn Autominuten nordöstlich von Santiago del Teide (von der TF-82 rechts ab in die TF-373 und von dieser wiederum rechts ab), wurde eine alte Finca in ein attraktives Landhotel verwandelt. Alle 12 Zimmer haben Terrasse mit Teide-Blick, die Gäste treffen sich in der ›Taverne‹ oder im ›Salon‹. Die meisten wählen Halbpension, vieles von dem, was auf den Tisch kommt, ist hausgemacht.

Pista El Franquis 4, San José de los Llanos, T 620 107911, www.caseriolospartidos.com, DZ ab 90 €

## Essen

### Unter Einheimischen
**El Patio:** Das Lokal an der Durchgangsstraße bietet kanarische Küche in rustikalem Ambiente zu einem fairen Preis. Sonntags gibt's *puchero,* Eintopf mit viel Gemüse und Fleisch.

Calle de la Iglesia 4-A, T 922 86 32 04, www.elpatiosantiagodelteide.com, So–Fr mittags und abends, Tagesmenü 10 €

## Bewegen

**Wandern:** Knapp 4 Std. braucht man für den 9 km langen markierten SL-TF 60 von Santiago del Teide nach Arguayo (zurück mit dem Bus).

## Degollada de Cherfe  ♀B4

Einen radikalen Landschaftswechsel erleben Sie am Cherfe-Pass, auf halbem Weg zwischen Santiago del Teide und Masca: Vom 1030 m hohen Aussichtspunkt blicken Sie im Südosten auf sanft gewellte Berghänge, im Nordwesten auf ein Stakkato aus aufgerissenen Schluchten, Zacken und Graten. Wer schwindelfrei und trittsicher ist, kann von hier einen 90-minütigen Höhenbummel auf einem Kamm zwischen zwei grandiosen Schluchten unternehmen. Von der ersten halben Stunde abgesehen, verläuft die Tour auf einem kräfteschonend angelegten Königsweg.

## Masca

Das immer wieder als schönstes Bergdorf der Insel angepriesene Masca liegt in einer tiefen, von mehreren hundert Meter hohen Felszacken umschlossenen Schlucht. Auf handtuchschmalen, dem Fels abgerungenen Terrassen wachsen Orangen, Zitronen und Mandeln. Palmenhaine verleihen der rauen Gesteinsarena einen Hauch Exotik. So knapp ist hier der flache, bebaubare Raum, dass sich die Natursteinhäuser auf mehrere durch Abgründe voneinander getrennte Felsrücken verteilen.

Erst 1996 wurde durch das schroffe Gebirge eine schmale und serpentinenreiche Straße, die TF-436, geschlagen. Autofahrern wird auf ihr einiges an Nervenstärke abverlangt – nicht nur wegen der vielen Kurven, sondern auch wegen der vielen Ausflugsbusse. Wer es einrichten kann, sollte die mittägliche Stoßzeit meiden!

### Der ›Vorort‹
Von Santiago kommend ist **Lomo de Masca** der erste Ortsteil von Masca. Die Häuser unterhalb der Durchgangsstraße ducken sich in der Felsszenerie. Zum Hauptweiler Lomo del Medio führt in 15 Min. ein steingepflasterter, unterhalb der Straße verlaufender Verbindungsweg.

# TOUR
# Durch ein gewaltiges Steinlabyrinth

**Von Lomo del Medio durch die Mascaschlucht zur Küste**

### Infos

**Start:** Masca, Lomo del Medio; **Ziel:** Playa de Mesca (B4–A5)
**Länge/Anspruch:** 4,5 km, 3 Std., 650 Höhenmeter im Abstieg, mittelschwer

**Anfahrt:** Ab Los Gigantes Taxi ca. 30 €, alternativ Bus 462 werktags 9.30 Uhr bis Santiago del Teide, dort 10.50 Uhr weiter mit Bus 355 bis Mascavon Norden mit Bus 365 ab Buenavista

Durch ein von 700 m hohen Felswänden umschlossenes Nadelöhr steigen Sie zur Küste hinab – die grandiose Tour durch die Masca-Schlucht. Aber nur trittsicheren, erfahrenen Wanderern ist sie zu empfehlen! Nach Regenphasen oft gesperrt (Steinschlaggefahr)!

Von der TF-436 in **Lomo del Medio (Masca)** steigen Sie an der Kirche vorbei abwärts. 30 m vor der Bar Fidel biegen Sie links in einen Treppenweg ein. Nach Queren einer Holzbrücke können Sie sich nicht mehr verlaufen, Farbmarkierung und Steinmännchen verraten den Weg. Dieser folgt dem gerölligen **Bachbett**, wobei er mehrfach die Seite wechselt. Nach jeder Windung eröffnen sich neue, zu Fels gewordene Phantasmagorien – besonders spektakulär, wenn von links und rechts kleinere Barrancos in die Masca-Schlucht münden. Nach 3 Std. Kraxelei erreichen Sie die Anlegestelle an der **Playa de Masca**. Von hier bringt Sie – bei ruhiger See – das (bestellte) Boot nach **Los Gigantes** (Reservierung z. B. in der Bar La Piedra in Masca, T 922 86 31 13, So geschl. oder online unter www.mascalosgigantes.com/reservas).

*Welches ist Teneriffas schönstes Bergdorf? Masca gilt als heißer Anwärter.*

### Im Zentrum

Der ›mittlere Bergrücken‹, so die Übersetzung von **Lomo del Medio**, ist zugleich der Mittelpunkt des Tales (Km 17). Hier befinden sich die Kirche, fast alle Läden und Lokale. Parken können Sie nur an der TF-436. Auf einem steingepflasterten Weg geht es zum schattigen Kirchplatz hinab. Beim weiteren Abstieg passieren Sie kleine, blumenumrankte Häuser und idyllische Terrassenrestaurants.

### Grandios! – Die Aussichtspunkte

Nordwestlich Lomo del Medio passieren Sie den Ortsteil La Vica, danach schraubt sich die Straße zum Café am **Mirador de Hilda** (780 m) hinauf. Von der Aussichtsterrasse genießen Sie den herrlichen Blick über das Masca-Tal. Ein paar Kilometer weiter hinauf markiert der Tabaiba-Pass (1030 m) die Klimascheide zwischen Nord und Süd. Vom **Mirador de Baracán** schauen Sie nordwärts auf eine nun veränderte Landschaft: Das Relief ist weicher, weniger zerklüftet und zerrissen.

## Schlafen

### Idyllisch im Fels

**Casa Rural Morro Catana:** Drei restaurierte Bauernhäuser am Hang mit weitem Blick in die Schlucht, vermietet von Señora Nieves und Sohn Pedro. Nach Abzug der Mittagshorden wunderbar still!
Calle El Lomito 15, T 922 86 34 09, www.morrocatana.es, 2 Pers. ab 70 €

## Essen

Alle Lokale bieten herrliche Aussicht aufs Tal, bodenständige Küche und Masca-Wein. Geöffnet sind sie meist nur 11–18 Uhr, nach Sonnenuntergang ist alles geschlossen.

## In alter Dorfpenne
**El Guanche – Alte Schule:** Auf der aussichtsreichen Terrasse genießt man einfache Bio-Küche ab 10 €, dazu hauseigenen Rotwein.

Calle El Lomito 9, T 922 86 30 27, www.restaurantelguanche-alteschulemasca.com, Mo–Sa 10–18 Uhr, auch Übernachtung ist möglich

## Saft aus Kaktusfrüchten!
**Bar Blanky Casa Fidel:** Hierher muss man weiter hinablaufen, deshalb geht's ruhiger zu. Das auf einem Grat exponiert balancierende Lokal (mit Terrasse!) bietet günstige Tapas und frisch gepresste Säfte.

Calle Lomo del Medio s/n, T 922 86 34 57, www.blankymasca.com

## Infos

- **Verkehr:** Mit **Bus** 365 kommt man 4 x tgl. nach Buenavista, 2 x tgl. mit Bus 355 nach Santiago del Teide. Details s. Reisekarte, Rückseite.

# El Palmar  ♥ B4

Wer von Masca kommt, reibt sich die Augen: Statt zerklüfteter Grate breitet sich rings um El Palmar ein sanft modelliertes, grünes Tal aus. Der Name erinnert an die Palmenhaine, die es hier einmal gab. Nach der Eroberung mussten sie Terrassenfeldern weichen, auf denen Getreide angebaut wurde. Heute ist das fruchtbare Kulturland verwildert, auf den Fluren wachsen Klatschmohn und Gladiolen. Bizarr wirkt der Dorfvulkan: eine Riesentorte, von der einige Stücke angeschnitten sind – die mineralhaltige Erde wurde zur Bodenverbesserung in den Bananenplantagen verwendet.

## Einkaufen

### Winziger Bauernmarkt
**Mercado del Agricultor:** Abzweig Teno Alto Km 6,4, So 8–13 Uhr.

## Schlafen

### Für Wanderer
**Albergue Bolico:** Von der Aktivagentur El Cardón geleitete Herberge 5 km südl. von El Palmar mit drei – im Winter kühlen – Schlafsälen à 10, 12 und 14 Betten; Einzelwanderer sind derzeit nur Fr–Sa willkommen. Bettzeug und Gemeinschaftsküche sind vorhanden. Neben dem Restaurant von El Palmar der ausgeschilderten Seitenstraße 1 km bergauf folgen.

TF-436 Km 9,3, Las Portales, T 922 12 79 38, www.alberguebolico.com, ab 14 € p. P.

## Essen

### Nicht alles Ziege
**Mesón del Norte:** Am Wochenende gibt's in Eusebios rustikalem Lokal frisches Ziegenfleisch und Käse aus Teno Alto. Beliebt sind Kaninchen mit Süßkartoffeln und als Nachtisch Pico de Baracán, inspiriert vom nahen Vulkan: ein Kegel aus Kaffeecreme, übergossen mit Waldfruchtsoße und dank Wunderkerze Feuer spuckend.

TF-436 Km 9,4, Las Portales (5 km südl. El Palmar), T 922 12 80 49, Di–So mittags und abends, Gerichte ab 10 €

### Picknickplatz
**Los Pedregales:** An der Straße nach Teno Alto (Abzweig El Palmar TF-436 Km 6,4) passieren Sie nach ca. 1 km einen großen Picknickplatz mit Tischen, Bänken und Grillrosten. Werktags ist er menschenleer; am Wochenende kommen viele Tinerfeños. Packen Sie Ihr Essen aus und genießen Sie den untouristischen Ort!

# TOUR
# Wildwest – ins gottverlassene Teno Alto

**Runde ab El Palmar**

## Infos

**Start/Ziel:** El Palmar (📍 B 4)

**Länge:** 13 km

**Dauer:** 4 Std., mittelschwer

**Höhenunterschied:** je 500 m im An- und Abstieg

Ziegen waren und sind die einzigen Nutztiere, die mit dem schroffen Terrain des Teno-Gebirges zurechtkamen. Die Bewohner dankten ihnen Milch, Käse und Fleisch. Noch heute leben Ziegenhirten in Teno Alto, erreichbar über eine in **El Palmar** von der TF-436 bei Km 6,4 abzweigende 7 km lange Stichstraße. Nähern Sie sich den Hirten standesgemäß (d. h. zu Fuß) und stärken Sie sich im Dorf für den Rückweg: Er führt längs der Wetterscheide und bietet fantastische Blicke übers Gebirge.

### Über den Kamm ins Dorf

Wo die **Carretera a Teno Alto** abzweigt, startet der Wanderweg links mit dem gelben Wegweiser PR-TF 57. Nach 15 Min. gemächlichen Aufstiegs durch

*Gassi gehen mal anders – Ziegen gehören zum Alltagsbild in Teno Alto.*

eine bäuerliche Landschaft berührt der Weg die Straße. Ein paar Minuten später quert er sie und führt durch lichten Erika-Heide-Buschwald steiler hinauf zum straßennahen **Baracán-Pass** (0.30 Std.). Hier können Sie auf El Palmar mit seinem ›Tortenberg‹ zurückschauen.

Parallel zur Straße geht's weiter: Erst läuft der Weg eine Kammschulter aus, dann senkt er sich in ein Seitental, um wenig später über einen felsigen Rücken zu führen. Anschließend geht es in ein grünes Seitental und links hangaufwärts zu einer **Piste**. Wo diese nach ca. 500 m eine scharfe Linkskurve beschreibt, verlassen wir sie nach rechts auf einem gepflasterten Camino. Er quert die Straße und mündet wenig später wieder in sie ein. Wir folgen ihr nach links zur oft wolkenverhangenen Plaza von **Teno Alto** mit Kapelle, Laden und Bar (1.40 Std.).

Teno Alto hieß früher **Los Bailaderos** – und so heißt noch heute das schlichte Dorflokal (T 922 69 30 16). Es bietet günstige Hausmannskost, Gemüsesuppe und frischen, oft mit Palmsirup servierten Ziegenkäse. Haben Sie mehr Hunger, gibt's noch Ziegenfleisch und *quesillo* (Käsekuchen), zubereitet aus der Milch der einheimischen Zottel. Auch nicht zu verachten: der herbe Regionalwein!

### Spektakulär an der Cumbre de Baracán

Wohlig gestärkt geht's weiter. Am Kirchplatz biegen wir links in ein Sträßchen ein (Richtungspfeil PR-TF 51) und passieren nach 10 Min. eine Schranke. Kurz danach geht es mit dem Wegweiser Richtung Cumbre de Baracán nach rechts und 200 m weiter links.

Nun führt der Weg rechts hoch durch Baumheidewald. Wo er aufhört, beginnt der schönste Teil der Tour: immer haarscharf an der **Wettergrenze** entlang. Während nördlich (zur Linken) feuchte Passatwolken Lorbeer, Farn und Baumheide nähren, scheint südlich (zur Rechten), wo sich die Wolken in ›Nichts‹ auflösen, alles ausgedörrt. Nur Wolfsmilch und Agave können sich behaupten. Mehrfach wechselt der Weg nun die Kammseite, sodass Sie den Klima-Gegensatz am eigenen Leib zu spüren bekommen. Getoppt wird das Ganze durch fantastische Blicke übers Teno-Gebirge ... Nach 20 Min. besteht die Möglichkeit, rechts zum **Gipfel des Baracán** hinaufzusteigen (hin und zurück zusätzlich 30 Min.); wir aber bleiben auf dem Hauptweg und steigen Richtung **Tabaiba-Pass** an der ›Windkurve‹ der Masca-Straße hinab, erreichen die TF-436 bei Km 12 (3 Std.).

*Der Baracán gilt als ganz besonderer Aussichtspunkt: Von hier aus lassen sich nämlich die unterschiedlichen Klimazonen der Nord- und Südseite Teneriffas erkennen.*

Ein paar Meter vor der Straße biegen wir nach links und folgen dem Weg erst abwärts, dann höhehaltend und an einem Natursteinhaus vorbei kurzzeitig auf Piste. Rasch wechseln wir nach rechts auf einen schmaleren Weg, der wenig später ein zweites Haus passiert. Schräg nach rechts queren wir eine Piste und kommen zur Straße, die uns links in 15 Min. zum Startpunkt in **El Palmar** zurückbringt (4 Std.).

# Buenavista del Norte  ♥B3

Schön ist der historische Ortskern mit Plaza und Café-Pavillon; nur einen Steinwurf entfernt erhebt sich die Kirche. Folgt man dem Schild zum Golfplatz, kommt man zur Küste mit einem wohltemperierten Schwimmbad (So geschl.) und dem Restaurant Burgado. Dort startet ein Promenadenweg, der an der schwarzen Playa de las Arenas vorbeiführt, dann an Treibhäusern landeinwärts schwenkt und nach 40 Min. am Fuß gewaltiger Klippen endet – ein Bad ist möglich an der kiesigen Playa de las Mujeres oder den benachbarten Felsbecken.

## Essen

### Am Wasser gebaut
**El Burgado:** Die Architektur ist avantgardistisch, die Küche bodenständig. Im kreisrunden, in den Fels integrierten Restaurant serviert Señor Paco frischen Fisch, Napfschnecken und Muscheln, dazu guten Inselwein. Schön sitzt man auch draußen unter kunstvoll drapierten Fischernetzen.
Playa de las Arenas, T 902 09 17 55, mittags und abends, Hauptgerichte ab 8 €

## Einkaufen

### Für Süßschnäbel
**El Aderno:** Von Likör-Törtchen über Mojito-Pralinen und Gofio-Trüffel bis zum locker-leichten Merengue ist in dieser Dulcería-Panadería alles hausgemacht! Übrigens werden auch ›Aderno-Weine‹ über die Konditorei vertrieben. Leicht zu finden: an der Hauptstraße nahe dem Kirchplatz.
Calle La Alhóndiga 8, www.eladerno.com, tgl. 9–20.30 Uhr

## Bewegen

### Golf
**Buenavista Golf:** Der schönste Platz Teneriffas eröffnet immer wieder Ausblicke auf den Teide: ein anspruchsvoller 18-Loch-Parcours zwischen Klippenküste und Teno-Gebirge mit Clubhaus, Panoramarestaurant und Golfshop. Ein 5-Sterne-Hotel gehört dazu! Die Zufahrt erfolgt über die TF-445 (Buenavista–Punta de Teno).
Finca La Hacienda s/n, T 922 12 90 34, www.buenavistagolf.es

### Tauchen, Wandern, Paddeln u. a.
**El Cardón:** Oficina Central, Hotel Vincci Selección Buenavista Golf & Spa, Calle La Finca, T 922 12 79 38, www.elcardon.com, Mo–Fr 10–14 Uhr.

## Infos

- **Verkehr:** Alle 2 Std. kommt man mit **Bus** nach Santa Cruz (Bis 107), stdl. nach Puerto de la Cruz (363) und 4 x tgl. nach Masca (355); Bus 369 Do–So stündlich zur Punta de Teno, sofern die Straße 445 für Privatautos gesperrt ist.

# Punta de Teno  ♥A4

Wer die wilde Klippenlandschaft im äußersten Nordwesten erkunden will, folgt der in den Fels geschlagenen TF-445. Doch prüfe man vorher, ob die Zufahrt erlaubt ist. In der ersten Wochenhälfte ist sie im eigenen Auto möglich, doch ab Donnerstag werden zur Entlastung des Naturschutzgebiets Verkehrsbeschränkungen erprobt. Ab Buenavista del Norte (Plaza de los Remedios) wird dann ein Shuttle-Transfer eingesetzt: vorerst

# Lieblingsort

### Ein Bad an der Punta de Teno

Am Ende der Inselwelt (♀ A 4), nur über eine kühn in die Klippe geschlagene Stichstraße erreichbar, steht ein Leuchtturm. An seinem Fuß versteckt sich ein kleiner Sandstrand, nahebei eine Felsbucht, in deren Schutz Fischerboote vor Anker liegen. Hier werden Meerbrassen und -grundeln eingeholt, über der Bucht ziehen Weißkopfmöwen gierig ihre Kreise. Tipp: Kommen Sie an einem ruhigen Werktag, nehmen Sie ein Picknick mit und verbringen Sie einen Tag à la Robinson!

Do–So 10–19 Uhr stündlich Bus 369. Bei Sturm oder nach Starkregen ist die Straße wegen Steinschlaggefahr komplett gesperrt.

Auf dem Weg zur Punta de Teno weist ein Auge im Fels den Weg zum **Mirador de Don Pompeyo**, von dem man über schwindelerregende Abstürze in die Tiefe schaut. Im Anschluss durchfährt man einen Tunnel, der häufig als Wetterscheide fungiert: In Buenavista del Norte mag man bei wolkenverhangenem Himmel gestartet sein, um am anderen Ende des Tunnels von strahlendem Sonnenschein begrüßt zu werden. Die Straße endet nach 9 km an Teneriffas nordwestlichstem Punkt. Am Fuß ›gigantischer Klippen‹ steht ein Leuchtturm, daneben mehrere Badebuchten und davor Fischerboote: ein wild-romantischer Flecken! Mit etwas Glück können Sie in einiger Entfernung vom Strand Delfinrudel im Wasser ausmachen.

# Los Silos  ♀B3

Ein hübscher Ort, der zu wenig bietet, um ein ›Highlight‹ zu sein, doch gerade deswegen gut für einen ruhigen Zwischenstopp ist. Dass das Gemeindestädtchen früher Bedeutung besaß, merkt man an seiner Architektur: Ein paar Schritte von der Durchgangsstraße liegt der romantische **Hauptplatz** mit Indischen Lorbeerbäumen und einem Pavillon. Eine schneeweiße Kirche mit hohem Turm zieht alle Blicke auf sich. In ihrem Innern entdeckt man Kunstschätze aus jener Zeit, da die Grundherren von Los Silos mit Zuckerexport ein Vermögen machten. Eines ihrer Herrenhäuser wurde zum schmucken Rathaus: Steigen Sie hinauf in die 2. Etage, wo ein gotischer, von Pfeilen durchbohrter San Sebastián mit entspanntem Gesicht den nächsten Angriff erwartet ... Asketisch wirkt das gegenüberliegende Kloster. Nonnen wohnen hier nicht mehr, der Bau dient als Rat- und Kulturhaus. Der Innenhof mit seiner umlaufenden Holzgalerie bewahrt den Zauber vergangener Zeiten.

### Zur Küste
Weniger romantisch erscheint die 2 km entfernte Küste: Ein paar Hochhäuser und ein Freibad wirken inmitten der herrlich wilden Natur deplatziert. Doch die Gemeinde hat Verschönerungsmaßnahmen gestartet, von denen auch die Gäste des Wanderhotels profitieren (s. Schlafen): Hoch auf der Klippe ist das Skelett eines Wals aufgebockt, von dem Stufen zu ›Felsbadewannen‹ hinabführen. Wer lieber laufen statt planschen will, folgt dem Küstenweg nordwestwärts zum Leuchtturm (40 Min. eine Richtung).

## Schlafen

### Ideal für Wanderer
**Luz del Mar:** Häuschen im kanarischen Stil auf einem weitläufigen, grünen Hang: So präsentiert sich die 4-Sterne-Anlage 200 m von der Küste, mittendrin der solarbeheizte Pool mit Fernblick aufs Meer. Zu jedem der 49 Apartments gehören Kitchenette und Terrasse. Nach der Tagestour relaxt man im Wellness- und Fitnessbereich mit Biosauna, Jacuzzi und Massagestudio. Danach trifft man sich zum opulenten Abendessen, das mit Zutaten von der hauseigenen Bio-Finca zubereitet wird. Vom Hotel werden geführte Wanderungen angeboten, u. a. zu den Klassikern Masca, Teno und Pico del Teide. Wer lieber allein wandert, versorgt sich an der Rezeption mit perfekt ausgearbeiteten Tourenbeschreibungen. Ferner im Angebot: eine Exkursion zum benachbarten Weingut,

*Bunte Plastikflaschen flattern im Wind auf der Plaza von Los Silos – zuvor waren sie im Atlantik flottierender Müll … Mittlerweile macht auch das jährlich stattfindende Festival Boreal auf die Bedeutung des Umweltschutzes aufmerksam.*

Kajak-Ausflüge vom Teno-Kap bis Los Gigantes, Höhlentrips und Drachenfliegen. In Hotelnähe liegen zwei Hartplätze für Tennisfans.

Av. Sibora 10 (im Ortskern von Los Silos abzweigen Richtung »Playa Sibora«), T 922 84 16 23, www.luzdelmar.de, DZ ab 130 €

### EcoHostel am historischen Platz

**Casa la Ranita:** In einem stilvollen älteren Haus bietet der Belgier Pascal Becker drei Doppel- und ein Dreibettzimmer, die sich zwei Bäder teilen. Während des guten Frühstücks tauscht man Tipps aus, toll ist die Dachterrasse mit Blick auf die Plaza.

Plaza de la Luz 4, T 674 47 12 49, info@casalaranita.org, DZ 55 €

## Einkaufen

Auf dem schmucken Platz wird am Sonntagvormittag ein kleiner *mercadillo* abgehalten: Bauern verkaufen ihre Ware.

## Infos

• **Centro de Visitantes:** Plaza de la Luz 10, T 922 84 10 86, Mo–Sa 9–13 Uhr. Broschüren zum Ort und seiner Umgebung.

• **Verkehr:** Stdl. erreicht man Buenavista (Bus 107 und 363) und Puerto de la Cruz (363), alle 2 Std. Santa Cruz (107). Details s. Reisekarte, Rückseite.

# Garachico

### Damals …
Es geschah am 5. Mai 1706: Erst gab es ein dumpfes Grollen – als ob ein Riese schnarchte. Dann zitterte die Erde und das Meer zog sich von der Küste zurück. Die Gipfel über der Stadt begannen zu glühen, Schwefelgeruch erfüllte die Luft. Schließlich schwappte einem Wasserfall gleich feurige Lava über den Steilhang und wälzte sich in Richtung Stadt …

So schilderten die Zeitgenossen den verheerenden Vulkanausbruch der Montaña Negra. Die Lava, die die halbe Stadt unter sich begrub und erst in den kühlen Meeresfluten erstarrte, beendete Garachicos ›goldene Zeit‹. Diese hatte 1500 begonnen, als der Genueser Cristóbal de Ponte, ein Finanzier der Conquista, auf seinen Ländereien kostbares Zuckerrohr anbauen ließ. Von hier wurde es in alle Welt verschifft, sodass Garachico bald nur noch *puerto rico* (reicher Hafen) hieß. Nach dem Vulkanausbruch konnte die Stadt nie wieder an ihre Boomzeit anknüpfen. Ihr Naturhafen war verschüttet, der Handel verlagerte sich nach Puerto de la Cruz. Erst 2013, über 300 Jahre später, erhielt Garachico einen neuen großen Hafen am östlichen Ortsausgang.

### … und heute
Kaum hatte sich nach dem Ausbruch die Lava abgekühlt, wurden auf ihr Kirchen, Klöster und koloniale Herrenhäuser wiederaufgebaut – bis heute strahlen sie viel Charme aus. Einige wurden in Hotels verwandelt und sind nun eine gute Adresse für alle, die ihren Urlaub fernab künstlicher Ferienwelten verbringen wollen. Zwar bietet Garachico keine optimalen Bademöglichkeiten, dafür kommen Wanderer im nahen Teno- und Teide-Gebirge auf ihre Kosten.

## An der Meerespromenade

Vom Lavastrom unberührt blieb das kleine **Castillo de San Miguel** ❶, an dessen Fassade Wappen der Konquistadoren-Familien prangen. Einst diente es der Abwehr fremder Schiffe: Immer wieder fingen Korsaren konkurrierender Kolonialmächte die aus Übersee kommende spanische Flotte ab, machten reiche Beute und versenkten manch eine Fregatte. Diese Politik der ›maritimen Nadelstiche‹ sollte die Handelsverbindungen zwischen Mutterland und Kolonie schwächen – heute würde man dazu ›low intensity warfare‹ sagen. Das 1571 errichtete Kastell war mit sieben Artilleriekanonen und drei Feldgeschützen bestückt und sollte die Korsaren abschrecken. Heute dient es als Ausstellungsraum, in dem Garachicos Geschichte nachgezeichnet wird. Vom Söller bietet sich ein weiter Blick über die Küste.

### Natürliche Badelandschaft
Die Lavaströme waren 1706 gut 100 m weit ins Meer vorgeprescht und als Riffs erkaltet. Zwischen ihnen blieben 2–3 m breite Fjorde, in die nun der Atlantik sein Wasser presst. Stets ist es bewegt, doch selten so stark, dass erfahrene Schwimmer nicht in die Fluten steigen könnten. Kleine Brücken und Wege führen über die Riffs, die die Bewohner **Piscinas Naturales El Caletón** ❷ nennen. Von gemauerten Steinbänken kann man das Spiel der Brandung beobachten.

Spazieren Sie in Richtung Osten, passieren Sie ein Freibad, das sicheres Baden unmittelbar an der Küste erlaubt. Ein gutes Stück weiter erinnert das **Monumento de la Tirada del Vino** ❸ an die hier erfolgte Weinausschüttung im Jahr 1655. Die Winzer hatten damals Fass um Fass angestochen und kostbaren Rebensaft durch die Gassen fließen lassen. Der Grund: Die britische Monopolgesellschaft Canary Company, die den kanarischen Weinhandel vom Ankauf der Reben bis zum Weinexport kontrollierte, hatte die Bauern mit niedrigen Preisen erpresst.

Die Promenade endet am neuen Hafen *(Puerto)*. Garachicos Fischer sind mit ihren Booten hierhergezogen, doch wirkt er noch recht leer. Die Ermita de San Roque, nach einer Pestepidemie Anfang des 17. Jh. errichtet, hält tapfer Stellung.

### LIZ TAYLORS PERLE

Im Franziskanerkloster, heißt es, wurde einst eine der größten Perlen der Welt aufbewahrt. Sie gehörte Pedro de Ponte y Llavena, der im weltumspannenden spanischen Kolonialreich eine wichtige Rolle spielte. Er war nicht nur Herrscher über Garachico und Generalkapitän der Kanaren, sondern zugleich Gouverneur von Brügge und Gent. Die besagte Perle stammte aus Panama, wo er seinen Militärdienst abgeleistet hatte. Das kostbare Stück von 50 Karat schenkte er dem König, damit er sie in seine Krone einsetze. Doch 1808 wurde diese Napoleons Beute. Er entnahm die Perle und überreichte sie Hortense de Beauharnais, der Mutter Napoleons III. Dieser wiederum veräußerte die Perle 1873 an eine britische Adelsfamilie, die sie nach fast 100 Jahren an den Schauspieler Richard Burton weiterverkaufte, und dieser schenkte *la peregrina* (die Pilgerin), wie die Perle mittlerweile hieß, seiner Frau Liz Taylor. Ihre Erben versteigerten das kostbare Stück in New York für satte 10,5 Mio. Dollar …

Von hier führt ein Küstenweg zur **Playa de Las Aguas,** an der man bei ruhiger See baden kann.

Castillo de San Miguel, Paseo Marítimo s/n, tgl. 10–16 Uhr, Eintritt 1 €

### Hinter dicken Mauern

Kunstfreunde haben vielleicht Lust, das ehemalige Dominikanerkloster (**Convento de Santo Domingo** ❹) oberhalb der Straße zu besuchen. Mit seinen sieben auf Arkaden ruhenden Holzbalkonen wirkt es imposant, vom Garten hat man einen tollen Blick auf das Meer. Im Kloster ist heute ein Altersheim untergebracht, die Kapelle wurde in eine – leider meist geschlossene – Galerie verwandelt. Über schmale Gassen spaziert man von der Meerespromenade landeinwärts ins historische Zentrum Garachicos zurück. In der Calle Estebán de Ponte befindet sich in einem ehemaligen Kloster das feine Hotel San Roque, im **Convento de las Franciscanas** ❺ leben noch heute Nonnen in strenger Klausur.

Ein weiteres Kloster, der **Convento de San Francisco** ❻, öffnet als Kulturzentrum und lohnt schon aufgrund seiner Architektur einen Besuch. Es ist um großzügige, von mehrgeschossigen Holzgalerien gesäumte Innenhöfe angeordnet, seine Gänge sind mit Kieselsteinen ausgelegt. Die von den Innenhöfen abgehenden Säle werden für Ausstellungen genutzt. Im Erdgeschoss ist ein kleines Naturkundemuseum *(Museo de Ciencias Naturales)*, im Obergeschoss eine Bibliothek untergebracht. Das Kloster steht – mit dem gegenüberliegenden Hotel **Quinta Roja** – auf der unteren Etage von Garachicos schönstem Doppelplatz, der **Glorieta de San Francisco** ❼ und der etwas höher angelegten Plaza de la Libertad.

Convento de Santo Domingo, Calle Santo Domingo, meist Mo–Fr 10–13, 16–18 Uhr
Convento de San Francisco, Glorieta de San Francisco, Mo–Fr 10–19, Sa–So 10–15 Uhr, Eintritt 1,50 €

# Garachico

### Ansehen
1. Castillo de San Miguel
2. Piscinas Naturales El Caletón
3. Monumento de la Tirada del Vino
4. Convento de Santo Domingo
5. Convento de las Franciscanas
6. Convento de San Francisco
7. Glorieta de San Francisco
8. Plaza de la Libertad
9. Casa de Piedra
10. Iglesia de Santa Ana
11. Plaza de Juan González de la Torre

### Schlafen
1. San Roque
2. Hotel Rural El Patio
3. La Quinta Roja
4. Gara
5. Trevejo Youth Hostel

### Essen
1. Casa Gaspar
2. Espacio Gastronómico Cañada de Garachico
3. El Mirador de Garachico
4. Ardeola

### Einkaufen
1. Tabacos Arturo

---

### Die Zeit anhalten

Ein so stimmiges Ambiente findet man nirgends sonst auf der Insel: eine Plaza im Schatten Indischer Lorbeerbäume, Kirchen, Klöster und Paläste in hellem Pastell. Bei einem Kaffee im Pavillon kann man die ruhig-heitere Atmosphäre der **Plaza de la Libertad** ❽ auf sich wirken lassen. Und vielleicht lässt man sich von der Muße der Tinerfeños anstecken, die hier den lieben langen Tag Karten spielen ...

Der ›Freiheitsplatz‹ ist das Herzstück der Stadt. Seinen Namen verdankt er einer Büste Simón Bolívars, der einst Südamerika vom spanischen Kolonialjoch befreite – seine Großmutter war aus Garachico nach Amerika emigriert. An der zur Schau gestellten Sympathie für den Befreiungskampf lässt sich ablesen, dass sich auch viele Kanarier gern vom spanischen ›Mutterland‹ lossagen würden ... An Kolonisierung erinnert auch der Palast an der Südseite des Platzes.

*Dank der pompös dekorierten Umzugswägen sowie der ausgelassenen Stimmung zählt Garachicos Romería zu den beliebtesten auf der Insel. Speis und Trank gibt es dort natürlich in Hülle und Fülle …*

Die **Casa de Piedra** ❾ (www.areagarachico.com, Mo–Sa 11–16 Uhr, Eintritt frei) war Sitz der Feudalherren Ponte, die sich nach der Conquista den Süden und Nordwesten Teneriffas sowie die Insel La Gomera aneigneten. Heute werden hier wechselnde Ausstellungen gezeigt. An der Westseite, hinter Baumkronen versteckt, steht Garachicos **Iglesia de Santa Ana** ❿ (Mo–Sa 10–17 Uhr, Eintritt 2 €) mit einem hoch aufschießenden Glockenturm. Auf dem Zifferblatt der Turmuhr lesen Sie einen deutsch klingenden Namen: Kreitz. Vermutlich handelt es sich hierbei um einen ausgewanderten Hamburger Uhrmacher, einen ›Aussteiger‹ anno 1861 … Das Innere der Kirche ist schön, aber nicht spektakulär: ein Barockaltar mit Figuren der hl. Anna von Luján Pérez sowie hölzerne Decken im Mudéjar-Stil über dem Hauptchor und über der Kapelle Señora del Carmen.

### Kleiner Park

Hinter der Kirche liegt in einer Talmulde ein weiterer kleiner Park – die **Plaza de Juan González de la Torre** ⓫. In seiner Mitte steht eine alte, gewaltige Weinpresse, die an die lange Winzertradition der Stadt erinnert. Im Hintergrund ragt die Puerta de Tierra auf, jenes original erhaltene Nadelöhr, durch das vor dem Vulkanausbruch alle Waren vom und zum Hafen gelangten.

### Die Uferstraße entlang

Vom Castillo führt die Uferstraße vorbei an der alten Mole (s. Lieblingsort S. 144) zur tief eingeschnittenen Bucht **Playa de El Muelle.** Die Straße steigt zum **Mirador del Emigrante** empor, einer Klippe, die all jenen Tinerfeños gewidmet ist, die ihr Glück in Übersee suchten. Eine vieldeutige Figur gibt Auskunft über ihr Schicksal: Federnden, fast fliegenden Schrittes schreitet sie dahin, wirkt beschwingt trotz der fünf Koffer, die sie im Schlepptau hat. So weit, so gut. Doch ist der Figur das Herz herausgeschnitten, was sie als bindungslosen Nomaden erscheinen lässt: Blieb das Herz in der Heimat oder in der Fremde zurück? Oder ist es auf dem Pendelweg verloren gegangen?

Auf einem ausgesetzten Felssporn erläutert eine Schautafel den Weg der Lava anno 1706. Tief unten liegt der **Charco de los monjes** (Teich der Mönche), ein türkis schimmernder Natur-Pool, in dem einst die Ordensbrüder – fernab unzüchtiger Blicke – badeten. Auf einer Steintreppe könnte man zum Charco und zur **Nachbarbucht El Bajío** hinabsteigen, doch ein Gitter versperrt den Weg mit dem Hinweis auf Steinschlag. Da ist es wohl besser, im Terrassencafé (Di geschl.) Platz zu nehmen und den Blick auf Garachico zu genießen …

## Schlafen

Garachico hat für einen so kleinen Ort erstaunlich viele außergewöhnliche, in historischen Häusern untergebrachte Hotels.

### Mittelalter grüßt Moderne

**1 San Roque:** Die Franzosen Laly und Dominique Carayon verwandelten einen Adelspalast aus Garachicos Gründerzeit in ein Designerhotel. Jedes der 20 Zimmer ist anders gestaltet, mal mit runder Badewanne neben dem Bett, mal mit einer Schlafstätte auf einer Galerie. Alle Möbel sind Klassiker der Moderne, stammen von Le Corbusier und Rietveld, Mies van der Rohe und Mackintosh. Im großen Innenhof steht ein 9 m hoher Springbrunnen von Miguel Navarro, Bilder von Joseph Beuys und raumgroße Schwarzweißfotografien begleiten durch den Tag: eine Erfrischung für die Sinne! Gefrühstückt wird in einem zweiten Innenhof, in dem sich auch der Pool befindet; außerdem gibt es im Haus eine Sauna. Mountainbikes sind gratis ausleihbar.

### WOHNEN BEIM FISCHADLER

Einer der wenigen verbliebenen Geheimtipps der Insel! Garachicos östlicher Vorort El Guincho (›Fischadler‹) gehört der Adelsfamilie Ponte, deren genuesische Vorfahren vor über 500 Jahren die spanische Conquista finanzierten und dafür reich mit Land belohnt wurden. Baltasar, Elena und Lorenzo, den letzten Erben, war das Anwesen zu groß, weshalb sie es in ein Landhotel inmitten eines 60 ha großen Bananenmeers verwandelten. Eine Palmenallee führt zum Haus, das mit seinen Wirtschaftsgebäuden hufeisenförmig einen romantischen Innenhof *(patio)* flankiert. Locker platzierte Sitzgruppen, subtropische Vegetation, die Nähe zum Meer und die lässige Hotelführung sorgen dafür, dass man sich auf Anhieb wohlfühlt. Der Aufenthaltsraum ist mit Antiquitäten eingerichtet, die Zimmer wurden im Landhausstil neu möbliert. Im Garten darf man Früchte pflücken, und der Pool ist beheizt, dazu gibt es Jacuzzi, Sauna und Tennisplatz, Kaffee und Tee gratis. Auf Wunsch wird die Privatkirche gezeigt, die von 1507 stammt und damit eine der ältesten Teneriffas ist (**Hotel Rural El Patio 2**, Finca Malpaís El Guincho, T 922 13 32 80, www.hotelpatio.com, 26 Zimmer, DZ ab 85 €).

# Lieblingsort

## Tür der Lüfte

Eine Lavazunge floss ins Meer und erstarrte in den Fluten des Atlantiks. 300 Jahre diente sie Garachico als Hafenmole westlich vom Castillo. Dann zogen die Fischer in den neuen Hafen und die Mole *(Muelle Viejo)* verwaiste. Jetzt stehen da zwei Marmorportale, durch die der Wind pfeift. Blicken Sie durch die offenen Türen, sehen Sie das Meer, den Himmel und *gara chico,* den ›kleinen Fels‹, dem Garachico seinen Namen verdankt (rechts außerhalb des Bildes). Wie durch Zauber verführt das umrahmte Bild zu visuellen Spielen. Der japanische Bildhauer Kan Yasuda sagt: »Meine Skulpturen müssen die Atmosphäre des Ortes atmen« – und genau das tun sie hier …

Calle Estebán de Ponte 32, T 922 13 34 35, www.hotelsanroque.com, DZ ab 190 €

### Trendy
**3 La Quinta Roja:** Das Rote Haus, der Palast des Grafen von Quinta Roja, steht an Garachicos schönstem Platz. 20 Zimmer gruppieren sich rings um einen großen, von Holzgalerien gesäumten Innenhof, in dem noch der alte Springbrunnen plätschert. Besonders schön sind die Juniorsuiten mit Veranda bzw. Terrasse (Nr. 204–210). Es gibt ein Lesezimmer im Turm und einen Salon, das Frühstück wird im Garten serviert. Für Ausflüge stehen kostenlos Mountainbikes bereit, gegen Aufpreis werden geführte Wanderungen angeboten. Auf dem Dach befindet sich der Wellness-Bereich mit Whirlpool, Dampf- und Trockensauna.
Plaza Glorieta San Francisco s/n, T 922 13 33 77, www.quintaroja.com, DZ ab 130 €

### Freundlich-familiär
**4 Gara:** Sonja und Miguel leiten das kleine Hotel in einem restaurierten historischen Haus im Zentrum von Garachico. Gefrühstückt wird im schönen Innenhof, von der Dachterrasse schaut man aufs Meer. Die 16 Zimmer sind eher klein, haben aber alles, was man braucht: Kühlschrank, Sat-TV und Gratis-WLAN.
Calle Estebán de Ponte 7, T 922 13 34 80, www.garahotel.com, DZ ab 100 €

### Ein Bett zum Schlafen
**5 Trevejo Youth Hostel:** Modernes Hostel in der Altstadt, wenige Schritte vom Hauptplatz. Mit Schlafsaal, Küche und Terrasse – sauber und gepflegt.
Calle Francisco Martínez de Fuentes 5, T 676 96 41 85, Bett im Schlafsaal ab 15 €

## Essen

An den spektakulär umbrandeten Natur-Pools können Sie gut etwas trinken, zum Essen sind andere Adressen besser.

### Lust an Tradition
**1 Casa Gaspar:** Hier kehren auch Einheimische ein: Die mallorquinische Köchin Antonia bereitet Spezialitäten ihrer Heimat zu, z. B. Zucchini-Auberginen-Auflauf und mit Meeresfrüchten gefüllten Tintenfisch – ihr Mann Gaspar und die Kinder servieren. Wer etwas Zeit mitbringt, sollte *pescado a la sal* bestellen, Fisch im Salzmantel gegart: Unter der weißen Hülle bleibt das Fleisch zart und schmackhaft!
Calle Estebán de Ponte 44, T 922 83 00 40, Di–Sa mittags und abends, Gerichte ab 10 €

### Mediterran
**2 Espacio Gastronómico Cañada de Garachico:** In einem historischen Haus mit Straßenterrasse und kleinem Innenhof servieren Mariela und Gabriel mediterran inspirierte Küche. Bestellen Sie am besten zwei oder drei Tapas zum Teilen! Auch die Salate schmecken (z. B. mit Ziegenkäse und Palmhonig).
Av. Tomé Cano 3/Ecke Calle Venus, T. 922 83 01 17, Mi–Mo mittags und abends, Gerichte ab 12 €

### Kilometer null
**3 El Mirador de Garachico:** In elegant-luftigem Ambiente wird kanarisch-kreative Küche serviert – angerichtet als kleines Kunstwerk. Probieren Sie die prämierte Tapa *escachadito!* Sie besteht aus einer mit frittiertem Mais panierten Blutwurstkugel und einem Süßkartoffel-Kabeljau-Türmchen. Toll auch das Schweinefilet mit Maracuja-Soße oder Fischfilet auf Tintenfisch-Carpaccio mit marinierten Napfschnecken. Wo immer möglich, wird auf frische Zutaten der Region (= Km 0) zurückgegriffen.
Calle M. de Fuentes 17, T 922 83 11 98, Mo–Sa 8–23 Uhr, Tapas ab 4 €

### Fein mit Meerblick
**4 Ardeola:** Gegenüber dem Küsten-Schwimmbad bieten Beatriz und Ángel frische Marktküche in modern-ele-

gantem Ambiente. Maritime Details (z. B. Beilagenteller in Form von Seeigeln und anderen Krustentieren) zollen der Meereslage Tribut. Ein Menüvorschlag: als Vorspeise Kroketten aus Ziegenkäse *(croquetas de almogrote)* oder Törtchen aus marinierten Avocados, Tomaten, Steinpilzen und Kartoffelscheiben *(milhojas de papas)*, danach ein frisches Fischfilet und als Dessert *crema de quesillo*, eine karamellisierte Frischkäse-Creme.
Av. Tomé Cano 4/Ecke Calvo Sotelo, T 922 13 30 12, www.restauranteardeola.com, Mi–Sa mittags und abends, So u. Di nur mittags, Gerichte ab 10 €

## Einkaufen

**Kunsthandwerk:** Im Ortskern bieten kleine Läden Keramik und originellen Schmuck, handgemachte Kerzen, Steinskulpturen und Kuriositäten. Auf Busgruppen ist das Sortiment in den Souvenirshops an der Küstenstraße eingestellt.

### Frisch gerollte Zigarren
**🛈 Tabacos Arturo:** Fran kümmert es nicht, dass er seinen Tabak importieren muss. Er verwendet hauptsächlich kubanische Blätter, mit deren Qualität er sich den Erfolg seiner Macuba erklärt. Immerhin erzielte seine Hausmarke in einem internationalen Zigarrenführer acht von zehn möglichen Punkten. Tagein, tagaus sitzt Fran Mund in seiner Werkstatt an der Meerespromenade. In aller Gemütsruhe rollt er die Blätter und ist froh, dass er sie nicht auch verkaufen muss – das übernimmt Mutter Ana. »Zigarren drehen ist viel schöner …«
Av. Tomé Cano 8/Calle Esteban de Ponte 11

## Bewegen

**Baden:** Zwar kann man im Küstenfreibad lange Bahnen drehen, doch spektakulärer ist das Baden und Schnorcheln an der **Playa de El Muelle,** der kleinen, geschützten Bucht an der alten Mole bzw. (bei ruhiger See) in den durch erkaltete Lavaarme geschaffenen Mini-Fjorden der **Piscinas Naturales.** Attraktiv ist auch die naturbelassene **Playa de Las Aguas** jenseits des neuen Hafens am Ostrand der Stadt.

## Feiern

• **Romería de San Roque:** 16. Aug. Erst wird der Schutzheilige Rochus im Boot promeniert, danach auf einer Sänfte durch die Gassen der Stadt getragen. Abends findet ihm zu Ehren auf der Plaza San Roque eine ausgelassene Fiesta statt.

## Infos

• **Oficina de Turismo:** Pavillon an der Av. República de Venezuela, T 922 13 34 61, www.turismo.garachico.es, Mo–Fr 10–14 Uhr, saisonweise auch Sa.
• **Verkehr:** Stdl. kommt man per Bus nach Buenavista (Linien 107, 363) und Puerto de la Cruz (Linie 363), alle 2 Std. nach Santa Cruz (Linie 107). Details s. Reisekarte, Rückseite.
• **Tren de Garachico:** Ein Elektro-Bummelzug startet ab 10 Uhr jede halbe Stunde an der Touristeninfo und tuckert in 15 Min. durch die Altstadt. Eine andere Route führt zweimal tgl. zum Mirador de Garachico hinauf (www.garachicoexperience.com, 5 € inkl. Audioguide und Eintritt ins Franziskanerkloster).
• **Auto:** Kommt man von Osten, passiert man kurz vor Garachico einen »Tunnel mit Augen«, sprich: ovalen Öffnungen in der Tunnelwand, durch die man tolle Blicke über die Küste erhascht. Am besten parkt man am Westrand der Stadt an der alten Mole vor der Touristeninfo.

# TOUR
# Wie ein Adler in den Lüften

**Zum Mirador de Garachico**

### Infos

**Start:** Garachico, Plaza de la Libertad
**Ziel:** Mirador de Carachico (📍 C 3)

**Länge:** 4 km
**Dauer/Anspruch:** 1.30 Std. (nur Hinweg), Aufstieg über 500 m, mittelschwer

**Rückweg:** mit Bus 325 und 460 nach Garachico zurück

Bei dieser Kurztour gewinnen Sie mit jedem Höhenmeter neue Perspektiven auf das hübsche Städtchen. Und Sie laufen durch lichten Kiefernwald am Rand jenes Lavastroms entlang, der einst halb Garachico unter sich begrub. Zum Abschluss können Sie im Mirador einkehren.

### Im Zickzack hinauf

Von der Meeresstraße gehen Sie zur **Plaza de la Libertad** und biegen neben dem Rathaus in die Calle 18 Julio ein (Wegweiser: »PR-TF 43 San Juan de Reparo 2,8 km«). Die Straße führt sogleich am kuriosen ›Zwergenhaus‹ *(Casa de los Enanitos)* vorbei. Wo der Asphalt rechts einknickt, gehen Sie geradeaus auf steingepflastertem Weg bergauf zu einem überdachten **Picknicktisch** an einer Straße – mit einem ersten schönen Blick auf Garachico. Der Weg quert die Straße schräg nach rechts und gewinnt rasch an Höhe. Nach 10 Min. stößt er auf die **Calle El Volcán**, der wir nach rechts folgen. In der Kurve passieren wir eine Schranke und biegen rechts in den von Seitenmäuerchen gesäumten alten Weg ein. In vielen Serpentinen schraubt er sich den Steilhang empor und eröffnet durch Kiefernzweige Aussicht auf Lava und Garachico. Nach gut 1 Std. stößt er auf eine Straße, der wir – vorbei am ersten Haus von **San Juan de Reparo** – ins Dorf folgen. Nahe der Kirche stoßen wir auf die TF-82, auf ihr geht es in 700 m nach rechts zum **Mirador de Garachico** mit herrlichem Tiefblick und guter kanarischer Kost (Reparo 54, T 922 83 11 98, www.miradordegarachico.com).

# El Tanque ♀B4

Wo das Teno-Gebirge abrupt zur Nordküste abbricht, liegt das lang gestreckte Dorf El Tanque – teils längs der sich zur Küste absenkenden Serpentinen der TF-421, teils längs der TF-82 Icod–Santiago del Teide. Spektakulär ist der Ausblick vom Mirador de Garachico, der wie ein Balkon über dem Abgrund schwebt. Von hier kann man die Küstenplattform von Buenavista bis Garachico überblicken.

## Camello Center
Inmitten der bäuerlichen Kultur des Inselhochlands wirkt die Kamel- und Dromedarfarm reichlich deplatziert: Tagesausflügler schaukeln auf dem Rücken der Wüstentiere durch lichten Buschwald und lassen sich in einem Teezelt in marokkanische Kultur versetzen.
Carretera TF-82 Km 10,2, T 922 13 61 91, www.camellocenter.es, tgl. 10–17 Uhr, Ritt ab 10 €, Kinder bis 12 J. 5 €

### SAMENSPENDEN

Großzügig wurden die Samen des Baumgreises verschenkt, sodass seine Kinder (und Enkel) nun über die ganze Welt verstreut sind. Da gibt es einen berühmten **Drago** in Santa Barbara, das der aus Icod stammende Missionar Cristóbal Oramas gegründet hat. Von dort ›eroberte‹ er ganz Kalifornien. Ein anderer Sohn steht im Nationalen Botanischen Garten von Wales, ein anderer in Madrid ...Von den meisten Abkömmlingen weiß man nichts, aber es müssen Tausende sein.

# Icod de los Vinos
♀C3

»Spieglein, Spieglein an der Wand, wer ist der Schönste im ganzen Land?« Natürlich der Drago von Icod! Seit den Pioniertagen des Tourismus wird der vermeintlich 1000-jährige Drachenbaum gnadenlos vermarktet: Es gibt ihn als Schlüsselanhänger, als Siebdruck auf T-Shirts, als Ohrring ... sein ›Blut‹ inspirierte sogar die Kreation eines knallroten Drago-Likörs. Die Stadt scheint sich hinter ihrem Baum zu verstecken, dabei ist sie in ihrem historischen Kern durchaus attraktiv.

## Romantischer Platz
Wie ein großer Balkon schwebt die **Plaza Lorenzo Cáceres** am Hang und lässt längst verflossene Zeiten aufleben: Ein runder Café-Pavillon in seiner Mitte lädt zu einer Pause ein, daneben ragt eine weiße Kirche auf – all dies eingebettet in dichtes Grün! Engelstrompeten lassen ihre eleganten Kelche hängen, Pandanus-Bäume ragen wie umgekehrte Kristalllüster aus der Erde; und ein Australischer Feigenbaum hat ein so riesiges Wurzelwerk, dass ihn nicht einmal zehn Mann umfassen können. Auch die Pfarrkirche **Iglesia de San Marcos** lohnt einen Blick: Ihr fünfschiffiger, von einer Mudéjar-Decke überspannter Innenraum birgt in einem Separee einen mexikanischen Schatz: 2 m hoch ist der 1597 von einem anonymen Meister geschaffene Gekreuzigte. An der Nordwestecke des Platzes befindet sich der **Mirador del Drago,** ein Pavillon, von dem man den Drachenbaum gut sehen kann. Wie ein gigantischer Blumenstrauß erhebt er sich aus dem Parque del Drago.

## Am Brunnen vor dem Tore
Über den Kirchplatz gelangen Sie zu einem kleineren, stimmungsvollen

Platz mit Brunnen, der **Plaza de la Pila** (offiziell »Plaza de la Constitución«). In den Herrenhäusern ringsum gibt es Cafés und Souvenirläden. Einen Blick lohnt die **Casa de los Cáceres**, das örtliche Kulturhaus mit einem von Galerien gesäumten Innenhof.

### Der Klassiker
Souvenir- und Delikatessenläden säumen den Weg zum **Parque del Drago.** Ist man endlich dort, kommt man durch Erika-Heide- und Lorbeerbaum-Haine zum Star des Gartens: Seinen Namen *Dracaena draco* (weiblicher Drache) erhielt der Baum 1735 von Carl von Linné, der sich von Legenden inspirieren ließ. Schlägt man dem Baum einen Ast ab, wächst er, wie das Haupt eines Drachen, sofort wieder nach – und dies erstaunlich schnell. Schon im ersten Jahr kann der Drago 15 cm emporschnellen. Da sein Stamm nicht richtig verholzt, sondern aus einem schwammartigen Netzgeflecht ohne Jahresringe besteht, ist die Bestimmung des Alters schwierig. Der Drache von Icod hat vermutlich keine 1000, aber doch mindestens 380 Jahre auf dem Buckel. Neben dem Drago wurde ein Besucherzentrum errichtet, das sich mit viel Holz und einem ›lebendigen‹, sprich bepflanzten Dach gut in den Garten einfügt.
Plaza de la Constitución 1, T 922 81 44 36, tgl. 9.30–19 Uhr, Eintritt 5 €

### Die große Flatter
Während fast alle Besucher zum Drago drängen, fristet der **Mariposario** – das Schmetterlingshaus – gleich nebenan ein Schattendasein. Dabei kann man hier in einem tropischen Treibhaus zwischen exotischen Pflanzen viele fantastische, frei fliegende Schmetterlinge sehen. Auch darf man miterleben, wie aus einer Raupe ein Kokon wird und diesem ein Schmetterling entschlüpft: viel Aufwand und Schönheit für eine Lebenszeit von max. drei Wochen ...
Av. de Canarias s/n, www.mariposario.com, tgl. 10–18 Uhr, Eintritt 8,50 €

### Lavabucht
2 km unterhalb von Icod liegt der Ortsstrand: die breite, von klotzigen Häusern eingerahmte **Playa de San Marcos.** Bunte Fischerboote sind aufgedockt, die Felsen ringsum von Höhlen durchlöchert. Nach dem Bad kann man sich am schwarzen Strand in einem der Terrassenlokale stärken.

## Schlafen

### Ungewöhliches Ferien-Erlebnis
**San Marcos:** Historisches Haus aus dem 18. Jh. unterhalb des Kirchplatzes. Jedes der sechs Zimmer ist unterschiedlich: mal klein, aber mit offenem Holzdachstuhl und Balkon zum Palmengarten, mal groß wie eine Suite und mit altem Lavagestein. Alle haben den Charme von einst mit antiken Stilmöbeln und Kristalllüstern, nostalgischem Bad sowie vielen Extras (Bademantel, Slipper, Haartrockner, Sat-TV, Gratis-WLAN, Safe, Minibar, Tee- und Kaffeekocher). Die Gäste teilen sich einen Prachtsalon mit Piano sowie ein kleines Spielzimmer, einen Patio und einen Garten. Das Büfett-Frühstück wird in der Bodega eingenommen und stimmt mit gepresstem O-Saft und à la minute zubereiteten Eierspeisen positiv auf den Tag ein – rasch kommt man hier mit anderen Gästen in Kontakt.
Calle Hércules 11, T 922 81 65 09, www.sanmarcos-hotel.es, DZ ab 95 €

## Essen

Ein schöner Ort für eine Pause ist die Cafeteria El Kiosco am schattigen Kirchplatz. Die Läden rings um die Plaza de la Pila laden zu Gratis-Degustationen kanarischer Kulinaria ein. Ein Paar bessere Lokale gibt

# TOUR
# In der ›Höhle des Windes‹

**Durch die Cueva del Viento**

Bei einem Besuch in Teneriffas ›Eingeweiden‹ sehen Sie, wie sich die Lava ihren Weg bahnte und welche fantastischen Wasserfälle und Terrassen sie dabei hinterließ.

### Im Besucherzentrum
Bevor der Höhlentrip startet, erfährt man im Centro de Visitantes, wie die Höhle entstand: Vor 27 000 Jahren brach der Pico Viejo aus, der sogenannte ›alte Gipfel‹ neben dem Teide. Sein glühender Lavastrom wälzte sich über steile Hänge zur Nordküste. Während die obere Schicht der dünnflüssigen Lava im Kontakt mit der Luft rasch erkaltete, zog der darunterliegende heiße, flüssig gebliebene Strom weiter. Als sich der Pico Viejo beruhigte und nur noch wenig Lava spie, füllte der Strom nicht mehr die gesamte Röhre aus und hinterließ beim Erkalten Seitenstufen. Auch die eigentümliche Tierwelt der Höhle wird im Besucherzentrum vorgestellt: Einige der vielen, zu ewiger Dunkelheit verdammten Insekten haben ihr Augenlicht verloren – es wurde nicht mehr gebraucht. Stattdessen ›sehen‹ die Tiere mit dem Tastsinn ihrer Hinterbeine. Schon die Guanchen kannten die Höhle und bestatteten hier ihre Toten: Die in Ziegenhäute eingenähten Mumien sind im Museo del Hombre in Santa Cruz ausgestellt.

*Die Cueva del Viento ist die fünftlängste Lavahöhle der Welt: 17 km zieht sie sich labyrinthartig durch den Gebirgsstock.*

### Auf dem ›Königsweg‹
Im Bus wird man in die Natur gebracht. Nach fünfminütiger Fahrt ist eine kleine Schlucht erreicht, von wo man nur noch zu Fuß weiterkommt: Auf einem steingepflasterten, jahrhundertealten Königsweg wandert man eine knappe halbe Stunde durch Kiefernwald. Unterwegs erklärt der Führer die Flora und Fauna der Schlucht und geht auf ihre Geschichte ein.

*Nichts wie los ins Inselinnere!*

### Infos

**Start:** Centro de Visitantes, Calle Los Piquetes 51 (♀ C 4);
**Anfahrt:** mit Pkw ab Icod de los Vinos, ausgeschildert »Cueva del Viento«

**Planung:** tgl. 9–17, Do bis 18 Uhr, im Sommer länger, Eintritt 20 €, Kinder 5–14 J. 8,50 € (unter 5 J. nicht zugelassen). Führungen in Deutsch bzw. Englisch in Gruppen bis zu 16 Pers. um 10, 11, 13 und 14 Uhr, Dauer 2 Std. (davon 1.15 Std. in der Höhle), Reservierung obligatorisch: T 922 81 53 39 oder online www.cuevadelviento.net.

### In der Höhle

Mit Schutzhelm ausgerüstet geht es in die Höhle. Man läuft durch den Tunnel 200 m – das klingt kurz, doch ist die gefühlte Entfernung in der Finsternis ungleich größer. Gleich zu Beginn bemerkt man eine leichte Brise, die während der gesamten Tour nicht verebbt, und man begreift, wie die Höhle zu ihrem Namen kam.

Spannend ist, was der Führer mithilfe seiner Taschenlampe ausleuchtet: Lava, die an der Decke in Tröpfchenform erstarrte und sich am Tunnelrand in vielfarbig schillernden Bändern ablagerte. An einigen Stellen hat sich die Lava ausgehobelte Rennbahnen geschaffen, an anderen sieht man versteinerte Terrassen und kann nachvollziehen, in wie vielen Schüben der Lavastrom durch den Tunnel floss. Besonders eindrucksvoll sind jene Stellen, an denen er sich wasserfallartig über Steilstufen ergoss und weiter unten ›Seen‹ bildete.

Der Führer erklärt, wie die Lava durch ihre schiere Masse, die Hitze und den immensen Druck den Tunnel, den sie durchfloss, aufsprengte. Reichte ihr der Raum nicht, durchstieß sie das Gestein mit Wucht und bahnte sich ihren Weg in neu geschaffenen Röhren. Staute sich glühende Lava, schoss sie nach oben, sodass senkrechte Schächte entstanden. Dann lagerte sich an der Oberfläche so viel Lava ab, dass das enorme Gewicht zum Einsturz des Höhlendachs führte. Das Resultat: ein dreigeschossiges, weit verzweigtes und noch weitgehend unerforschtes Labyrinth. – Bevor es zurückgeht, blicken Sie von einer Aussichtsterrasse weit in die Tiefe.

## ARTLANDYA – ZURÜCK IN DIE KINDHEIT  **A**

In einer restaurierten Finca entdeckt man Europas größtes Puppenmuseum: In liebevoll arrangierten Märchenszenen stehen Hunderte künstlerisch gestalteter Modelle, handgearbeitete Unikate bzw. limitierte Sammlerstücke: Elfen, Nymphen und Straßenkinder, mit Glanz und Glamour oder mit Brille und Zahnspange. In einer Manufaktur veranschaulichen Ingrid und Georg Taupe, wie die Puppen entstehen. Von der Café-Terrasse im Garten genießt man den Weitblick übers Tal (Camino el Moleiro 21, Ortsteil Santa Bárbara, 3 km südöstl. Icod, www.artlandya.com, Di–So 10–18 Uhr, Eintritt 10 €, Kinder ab 6 J. 4,50 €, Anfahrt: erst Richtung Cueva del Viento, dann ausgeschildert).

es an der vom Kirchplatz abzweigenden Fußgängerstraße Calle San Sebastián.

### Viele Einheimische
**La Parada Casa de Comidas:** Der Name deutet es bereits an: »Haltestelle Essenshaus« steht für familiäres, informelles Ambiente sowie für Hausmannskost, die satt macht – und dies zu günstigem Preis. Hier gibt's Gofio-Kroketten und Pilze mit grüner Mojo-Soße, deftiges Kaninchen und gegrillten Kabeljau. All dies auch auf der schattigen Straßenterrasse.
Calle Rambla Perez del Cristo 2/San Sebastián, T 922 81 14 91, mittags und abends, So abends geschl.

### Feiner
**El Mortero:** Thun-Tatar, marinierter Tintenfisch, gebratener Ziegenkäse mit Tomaten und Zimt … Sprich: fantasievoll variierte kanarische Küche – in modernem Ambiente.
Calle San Sebastián 7, T 922 81 49 55, www.restauranteelmortero.com, Di–Sa 9–23, So 9–16.30 Uhr, Hauptgerichte ab 9 €

## Feiern

• **Fiesta del San Andrés:** Ende Nov. Die Weinlese wird originell gefeiert: Auf eingefetteten Waschbrettern saust man die steile Calle del Plano in Icod de Los Vinos hinab – aufgetürmte Autoreifen beenden die rasante Fahrt.

## Infos

• **Oficina de Turismo:** Calle San Sebastián 6, T 922 81 21 23, Sa/So geschl. Oberhalb des Kirchplatzes werden Sie mit Infos versorgt.
• **Verkehr:** Gratis-Parken im Einkaufszentrum La Magalona ein paar Gehminuten unterhalb des Kirchplatzes (ausgeschildert).
• **Bus:** Alle 2 Std. kommt man nach Santa Cruz (Linie 106/108), stdl. nach Puerto de la Cruz (Linien 354 und 363) sowie zum Strand von San Marcos (Linie 362). Details s. Reisekarte, Rückseite.

# San Juan de la Rambla  ♀D3

Die meisten Besucher fahren vorbei, doch lohnt der etwas morbide Ort einen Stopp. Rund um die Pfarrkirche hat er sich dörflichen Charme bewahrt, an Gassen mit krummem Kopfsteinpflaster stehen Bürgerhäuser mit verblichenen Holzbalkonen. Einen Abstecher wert ist die dicht gedrängte Häusergruppe an der Küste *(Las Aguas),* die ihren Namen dem stets brodelnden, an die Felsklippen brandenden Meer verdankt. Auch einen

*Georg Taupe führt vor, wie eine Puppe entsteht: Make-up fürs Porzellangesicht, eingestanzte Kulleraugen, Haare und Wimpern.*

kleinen Kiesstrand und einen Bootsanleger gibt es. Passend zum Ambiente bieten mehrere Lokale Fischgerichte. Appetit holt man sich bei einem romantischen Klippenspaziergang auf dem PR-TF 30, der in 20 Min. ostwärts bis zum Weiler La Rambla führt. Unten rauscht das Meer, oben stapeln sich über grünen Terrassenfeldern mächtige Felswände. Zurück geht es auf gleichem Weg.

## Schlafen

### Familiär
**Finca San Juan:** Landhotel mit 9 Zimmern und Apartments oberhalb der Küste, umgeben von Weingärten und Bananenplantagen. Kleiner Pool, Sauna und Tennisplatz. Zum Frühstück wird hausgemachte Marmelade serviert.
Calle Mazapé, T 922 69 40 78, www.fincasan-juan.com, DZ ab 73 €

## Essen

### Seit Jahren gleich gut
**Las Aguas:** Bei schönem Wetter genießt man von der Außenterrasse Meerblick, ist es arg windig, speist man im eleganten Innenraum. Das Lokal ist auf Reisgerichte spezialisiert, mal mit Fisch oder Meeresfrüchten, mal vegetarisch. Preise moderat.
Calle Destila 18, T 922 36 04 28, www.sanjuandelarambla.com, Di–Sa mittags und abends, So nur mittags

## Infos

- **Verkehr:** Alle zwei Stunden kommt man mit dem Bus nach Santa Cruz (Linie 107–108), stdl. nach Puerto de la Cruz (Linie 363). Details s. Reisekarte, Rückseite.

# TOUR
## Küstenerkundungen

**Wanderungen ab Mirador San Pedro**

### Infos

**Startpunkt:** erreichbar über die TF-5 bei Km 41 (Bus 363), 📍 D 3

**Tour 1 (grün):** Länge 5 km, Dauer 2 Std.

**Tour 2 (schwarz):** Länge 7 km, Dauer 3 Std.

**Zur Playa del Socorro – hier lockt das Ziel (grün)**
Ein paar Meter vor dem **Restaurant Mirador** zweigt rechts ein breiter Weg ab. An der Gabelung nach ein paar Minuten gehen wir geradeaus, an der Straße nach 300 m biegen wir rechts ein und laufen 500 m durch Bananenplantagen zur Siedlung **Rambla del Mar**. An der Gabelung im Ort halten wir uns links und steigen über einen Treppenweg zum Nordende der 1 km langen Kies-Sand-Bucht **Playa del Socorro** hinab – ein schöner Flecken, vor allem zum Sonnenuntergang! So schön ist er, dass hier schon mancher Werbespot gedreht wurde.

Der Strand schmückt sich mit der Blauen EU-Flagge für Sauberkeit von Sand und Wasser, doch vor dem Baden wird aufgrund starker Strömungen gewarnt! Dafür ist die Playa del Socorro umso beliebter bei Surfern, die sich in die hohen Wellen werfen. Juli/August finden sogar Ausscheidungswettkämpfe des World Cup statt. Das ganze Jahr über sorgt eine Bar fürs leibliche Wohl.

**Naturschutzgebiet Rambla del Castro (schwarz)**
Vom **Parkplatz an der TF-5 beim Restaurant Mirador** geht's rechts hinab und sogleich links, wo uns ein breiter Camino aufnimmt. Durch

*Ein verlassener Ort, eine romantische Ruine: die Casa Hamilton an der Felsküste. Kaum vorstellbar, dass ein Weg zum Strand hinabführt …
Und hinter dem vorspringenen Kap liegt die Playa del Socorro.*

eine Oase aus Drachenbäumen und Palmen führt er zum **Barranco del Madre Agua** hinab. Wir queren ihn und setzen unseren Weg auf der anderen Seite fort. An der Gabelung nach 300 m halten wir uns links und laufen hinab, zwei Linksabzweige ignorierend, zu einer alten Kanonenstellung, dem **Fortín de San Fernando** mit grandiosem Tief- und Weitblick. Noch im 18. Jh. wurden von hier Piraten abgeschmettert! Von der Stellung geht's ein Stück zurück, wir schwenken links ein und steigen nach 100 m auf einem Treppenweg zur **Casa Hamilton**, einem 1903 erbauten Pumpwerk, hinab. Heute präsentiert es sich als Ruine in morbider Pracht – ein grandioser Flecken vor der Kulisse des Meeres!

Nach einem Abstecher zur **Kiesbucht La Fajana** geht es auf schweißtreibendem Treppenweg wieder zum Rand der Abbruchkante hinauf. Oben halten wir uns rechts, laufen am Fortín de San Fernando vorbei und gelangen zur **Casona de los Castro**, einem stattlichen Herrenhaus aus dem 16. Jh. inmitten wild wuchernder Exoten. Dort schwenken wir links ein und folgen dem Palmenweg, der in den uns vom Hinweg bekannten Camino mündet. Rechts führt er zum **Parkplatz** zurück (3 Std./7 km).

# Los Realejos  ♀E3

Nur wenige Besucher verirren sich nach Los Realejos, denn wie beim Nachbarn La Guancha ist kein Ortskern auszumachen. Mit 36 000 Einwohnern gehört Los Realejos zu den größeren Städten der Insel. Die wenigen Sehenswürdigkeiten verteilen sich auf die Ober- und Unterstadt, die durch einen tief eingeschnittenen Barranco voneinander getrennt sind.

In **Realejo Alto** steht eine 1498 vom Eroberer Alonso de Lugo gestiftete Kirche, der er den Namen von Spaniens Nationalheiligem gab: In seinem Namen ließ er in der Iglesia de Santiago jene Guanchen taufen, die bereit waren, sich zum Christentum zu bekehren. Eine weitere Kirche, die Iglesia de la Concepción, steht in **Realejo Bajo**: Zwei Medaillons im linken Seitenschiff zeigen Sieger und Verlierer der Conquista.

### Aussichtspunkte

An der TF-342, die Icod el Alto mit Realejo Alto verbindet, lohnt ein Stopp am Mirador El Lance: Eine überlebensgroße Bronzefigur zeigt den *mencey* von Taoro, der sich in den Abgrund stürzte, weil er den Tod einem Leben in spanischer Knechtschaft vorzog. Die Aussichtsplattform ›klebt‹ wie ein Adlerhorst am Tigaiga-Steilhang, der sich vom Teide-Massiv bis zur Küste hinzieht. Biegt man in Icod el Alto in die TF-344 ein, kommt man zum **Mirador de la Corona**. Da er eine Etage höher liegt, ist hier das Panorama noch beeindruckender. Unterhalb des Aussichtspunkts wartet ein Picknickplatz.

## Schlafen

### Oberhalb der Playa El Socorro
**La Hacienda de Cuatro Ventanas:** Das Anwesen aus dem 17. Jh. ist in eine große Bananen-Finca eingebettet und liegt nahe der Autobahn. Sechs Häuser (je mit 1 bzw. 2 Schlafzimmern), eingerichtet mit Antiquitäten und ausgesuchten modernen Stücken, toll ist der Ausblick von der Terrasse. Dazu ein tropischer Garten mit ›Lese- und Ruheecken‹ sowie einem Infinity-Pool mit Meerblick.
Playa del Socorro 1–2, T 636 51 01 47, www.haciendacuatroventanas.com, Ap. ab 130 €

### Bio-Finca
**Finca el Quinto:** Am Rand des Naturschutzgebiets Castro bietet Familie Köllmann auf einer großen Bio-Finca rustikale Apartments. Eine Gemeinschaftsküche und ein Wohnzimmer laden zum Kennenlernen ein. Auf Wunsch kann auch ›kreative Freizeit‹ bzw. Babysitten gebucht werden.
Caserio los Quintos 37, T 922 34 50 02, www.fincaelquinto.de, Ap. ab 50 €

## Essen

### Im Kloster
**Mesón El Monasterio:** Eindrucksvoll ist der Park des ehemaligen Klosters anno 1646, doch mit der wachsenden Zahl von Busgruppen hat – bei steigenden Preisen – die Qualität des Essens etwas nachgelassen. Serviert wird Fleisch vom Holzkohlegrill, dazu Landwein vom Fass. Zufahrt über die TF-5 Ausfahrt 36 (Richtung Los Realejos); das Kloster befindet sich an der Kreuzung der Straßen TF-322 und TF-333.
Calle 25 de Julio 12 (Ortsteil La Montañeta), T 922 34 07 07, mittags und abends

## Infos

- **Im Internet:** www.losrealejos.es
- **Verkehr:** Alle 2 Std. kommt man per Bus nach Santa Cruz (Linie 108), stdl. nach Puerto de la Cruz (Linien 354 und 363). Weitere Verbindungen s. Reisekarte, Rückseite.

# *Zugabe*
# Neue Inseln entstehen

*Vulkanismus auf Schritt und Tritt*

In Garachico werden Sie mit Teneriffas jüngerem, im Teno-Gebirge mit dem ältesten Vulkanismus konfrontiert. Immer wieder können Sie in der Regionalpresse lesen, neue kleine Erdbeben seien im Meer gemessen worden. Und es könnten sogar neue Inseln entstehen. »Noch sind sie nicht über den Meeresspiegel hinausgewachsen, doch lange wird es nicht mehr dauern«, scherzt Juan Carlos Carracedo, Direktor der Vulkanologischen Station, »vielleicht 1000, vielleicht 1 Mio. Jahre …« *Las Hijas,* die Töchter, hat man sie getauft, um deutlich zu machen, dass sie und alle, die noch kommen, Ableger der Kanaren sind. Eine neue Insel liegt 300 Seemeilen südwestlich von El Hierro und hat schon einen submarinen Sockel von 3000 m aufgebaut. Ihre Spitze liegt nur noch 350 m unter der Meeresoberfläche. Zur Überraschung der Vulkanologen rückte 2011 eine weitere neue Insel knapp südlich von El Hierro dicht an die Meeresoberfläche heran. Ihre Entstehung war begleitet von massivem Magmaauswurf, Erdbeben und Austritt von Gasen.

In der Herausbildung von *Las Hijas* spiegelt sich die Entstehungsgeschichte des Archipels. Ein in 100 km Tiefe aktiver Magmaherd hat im Lauf von 20–30 Mio. Jahren so viel Lava gespien, dass die Vulkane bis über Meeresniveau hinauswuchsen. Da dies in großen Zeitabständen geschah und die Erdplatte über dem Herd langsam nach Osten wanderte, entstanden die Kanarischen Inseln nacheinander.

*Vor gut 100 Jahren – beim letzten Vulkanausbruch auf der Insel – lief zehn Tage lang Lava aus dem Chinyero.*

Teneriffa erhob sich vor 7,5 Mio. Jahren aus dem Meer und bestand aus drei Inseln (Teno, Anaga und Adeje-Massiv), die vor 2–3 Mio. Jahren durch gewaltige Eruptionen miteinander verschmolzen, wobei ein riesiger Zentralvulkan, der Ur-Teide, aufgerichtet wurde.

Die Platte über dem Magmaherd wandert ostwärts, sodass im Westen des Archipels weitere Inseln entstehen. Was nicht heißt, dass es nur dort zu Eruptionen kommen wird. Jüngere Ausbrüche beweisen, dass auch die ›alten‹ Inseln den Kontakt mit dem Magmaherd nie ganz verloren haben: Auf Teneriffa spie zuletzt 1909 der Chinyero (s. Bild oben und S. 221) Feuer; täglich steigen durch den Teide mehr als 100 t Kohlendioxid aus dem Erdinnern auf. ■

# Valle de Orotava

**Zwischen den gewaltigen Teide-Kammschultern** — Das weite Hangtal, das sich zur Küste hinabsenkt, ist üppig grün und von Passatwolken befeuchtet, die Strände sind dagegen pechschwarz. Puerto de la Cruz und La Orotava sind hier die Stars.

*Seite 161*
### Puerto de la Cruz ⭐

In der Stadt im Norden Teneriffas mischen sich die Urlauber noch unter die Einheimischen und umgekehrt. Die alten Häuser und Villen und eine von César Manrique gestaltete kunstvolle Badelandschaft mit knallroten Riesenskulpturen am Lago Martiánez sind anziehende Gegensätze.

*Seite 166*
### La Ranilla

Street Art wertet das Fischerviertel von Puerto de la Cruz mit seinen bunten Fußgängergassen und Lokalen von urig bis trendy mächtig auf.

Was wollten wohl die Beatles in Puerto de la Cruz?

**Eintauchen**

*Seite 166*
### Playa Jardín

Ein schwarzer Strand, aber was für einer! Palmen, die aus Lava wachsen, Wasserspiele und Felswege – ein Landschaftskunstwerk vom Allroundkünstler César Manrique.

*Seite 168*
### Playa del Bollullo

Entlang aussichtsreicher Klippen laufen Sie zu einem schwarzen Paradestrand, an dem Sie gut und gern einen vollen Tag verbringen können. Wenn Sie kein Picknick dabeihaben – kein Problem! Fürs leibliche Wohl sorgt eine Bar.

## Valle de Orotava

*Seite 169*
### Parque Taoro

Lustwandeln zwischen Wasserspielen und Nahblicken auf Puerto de la Cruz. Am Risco Bello, dem ›schönen Fels‹, schmeckt ein Kaffee unter Orangenbäumen.

*Seite 170*
### Jardín Botánico

Vorsicht vor der ›Würgefeige‹! Keine Angst: Die Mußestunden zwischen den Exoten aus aller Welt in Puerto de la Cruz überlebte noch jeder sicher gesund.

*Seite 179*
### Altstadt von La Orotava ⭐

La Orotava ist eine Zeitreise in Teneriffas Geschichte – in eine Zeit, als man wunderschöne Städte baute! Ein Stück oberhalb des Ortes beginnt die ›Waldkrone‹ mit allerbesten Wandermöglichkeiten.

*Seite 185*
### Feste

Vergängliche Riesengemälde aus farbigem Lavasand bedecken zu Fronleichnam ganze Plätze. Und wenn im September das Geisterdorf Pinolere zum Leben erweckt wird, tun alle so, als hätte es hier nie einen Exodus gegeben …

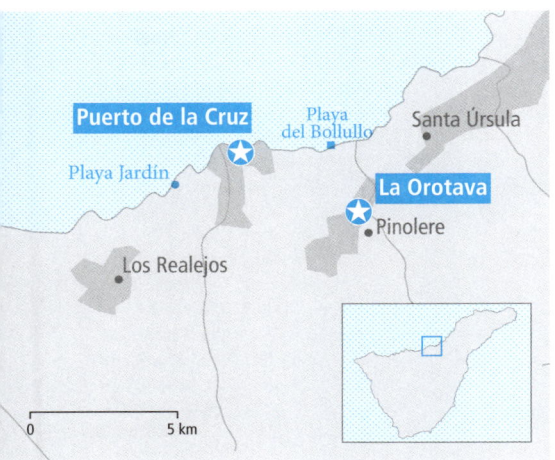

Kein Deutscher ist auf der Insel bekannter als Alexander von Humboldt.

»Nirgends«, schreibt Alexander von Humboldt, habe er ein »so harmonisches Gemälde« wie den Valle de Orotava gesehen.

# »Schönstes Tal der Welt«

Noch vor wenigen Jahrzehnten war das 100 km² große Valle de Orotava ein Naturparadies, »schöner«, so Alexander von Humboldt, »als die Golfe von Neapel und Genua«. Es gab nur zwei Städte: das herrschaftliche La Orotava, in dem die Adeligen in stets frischer Luft zwischen Gebirge und Meer lebten, und Puerto de la Cruz, den zugehörigen Hafen, über den die Früchte der Plantagen nach Europa verschifft wurden. Als Badeort wurde Puerto de la Cruz von der britischen High Society entdeckt, die hier ab Ende des 19. Jh. den Winter verbrachte und sich das damals größte Grand Hotel Spaniens erbauen ließ.

Heute ist das Hangtal von Orotava die bevorzugte Wohngegend der Insel und entsprechend zersiedelt. Eine sechsspurige, parallel zur Küste verlaufende Autobahn zerschneidet das Tal und trennt die beiden historischen Orte. Während in La Orotava aufgrund der frischen Temperaturen nur wenige Besucher Quartier nehmen, ist Puerto de la Cruz zum Ferienzentrum des Nordens aufgerückt. Prunkvillen inmitten von Parks kontrastieren mit Bettenburgen, doch ein Facelifting hat begonnen, um die Stadt für neue Besuchergenerationen fit zu machen: Das Fischerviertel wurde saniert, in die Jahre gekommene Hotels werden aufgepeppt.

---

### ORIENTIERUNG

**Infos**
www.tenerife-laorotava.com: Karten und Webcams, regionale Feste und Ausflugstipps (englischsprachig).

**Verkehr**
Wer mit dem **Auto** anreist, wählt für Puerto de la Cruz die Autobahnausfahrten 32 (Playa de Martíanez, Botánico), 36 (Taoro-Hügel) oder 39 (Playa Jardín, Loro Parque) und für La Orotava die Ausfahrten 31, 33 und 34. Auf den verstopften Straßen beider Städte macht das Autofahren wenig Spaß, mit dem **Bus** kommt man leichter ans Ziel. Linie 343 verbindet Puerto de la Cruz mit dem Nord- sowie dem Süd-Flughafen und mit der Costa Adeje; Linie 102/103 fährt von Puerto de la Cruz nach Santa Cruz und Linie 325 via Icod de los Vinos und Santiago del Teide nach Los Gigantes. Wichtig für alle Touren im Nationalpark ist die Linie 348 via La Orotava.

# Puerto de la Cruz  E3

Die Ferienstadt an der Nordküste ist kein touristisches Kunstprodukt, sondern eine in 500 Jahren gewachsene Stadt. Alte Häuser und Villen künden von früher, so im Fischer- und Hafenviertel sowie rund um den Taoro-Park. 30 000 Menschen leben ständig hier und gehen ihrem Alltag nach – mit Siesta und Fiesta, kanarischer Gemütlichkeit und Geselligkeit. So fühlen sich in Puerto de la Cruz vor allem Besucher wohl, die sich gern unter Einheimische mischen, beim abendlichen Corso auf der Promenade oder auf der Plaza. Sie haben nichts dagegen, dass es hier kühler ist als im Süden, brauchen weder Sonnengarantie noch Action am Strand oder Animation am Pool. Auch dass das Meer hier weniger freundlich ist, nehmen sie in Kauf. Ein paar dunkle, künstlich aufgeschüttete Sandstrände gibt es immerhin, auch eine attraktive Badelandschaft. In kurzer Zeit ist man im Orotava-Tal mit vielen Ausflugs- und Wandermöglichkeiten.

## Orientierung gewinnen

Die Orientierung fällt nicht leicht: Die Stadt steigt von der Küste über mehrere, durch Schluchten voneinander getrennte Hügel bergan. Die Altstadt liegt am Meer, auf halbem Weg zwischen der Playa de Martiánez und der Playa Jardín. Während sich hier viele historische Häuser erhielten, prägen die landeinwärts gelegenen Straßenschluchten oft gesichtslose Bettenburgen im Stil der 1960er- und 1970er-Jahre. Im Osten teilt ein Barranco die oberen Etagen der Stadt in das Viertel La Paz, den bevorzugten Wohnort von Deutschen, und den Parque Taoro. Eine Schlucht im Westen markiert den Übergang zum Vorort Punta Brava mit dem Loro Parque.

## Promenade mit Höhepunkten

Am Lavastrand **Playa de Martiánez** ❶, wo sich Surfer in die Wellen werfen, beginnt die Avenida de Colón, eine mit Naturstein ausgelegte und mit Palmen be-

*Die drittgrößte Stadt Teneriffas bietet historischen Charme und viel Grün.*

## BEATLES?

Straßenmusiker spielen vor dem klotzigen Hotel Las Vegas (nahe San Telmo) alte Lieder der Beatles, doch kaum einer weiß, warum. 1963, kurz bevor die Musiker mit ihrem Song »Please, please me« erstmals die Charts stürmten, quartierten sie sich hier ein. Sie boten an, ein Gratis-Konzert zu geben, doch es wurde ihnen verwehrt: Ihre ›Hottentotten-Musik‹ war im gediegenen Ambiente des Badeorts unerwünscht. Bis heute erinnert nicht einmal eine Plakette an ihren Aufenthalt. Was für eine verpasste Werbechance! Übrigens logierte im Hotel in den 1980er-Jahren Mike Oldfield, der hier das Instrumentalstück »Mount Teide« komponierte. Und man höre und staune: auch Bono, Bandleader von U2, kam oft hier vorbei …

grünte Flanierpromenade. Sie führt am **Lago Martiánez** ❷ vorbei, der durch weiße Palisadenmauern und Windspiele auf geköpften Baumstämmen auf sich aufmerksam macht. 1970 hat hier César Manrique, der bekannteste Künstler der Kanaren, ein weites Kap zu einer Pool-Landschaft umgebaut und für die Stadt eine brandungs- und strömungssichere Bademöglichkeit geschaffen. Seiner Devise, die Schönheit der vorgefundenen Natur zu akzentuieren, blieb er auch bei diesem Projekt treu. Mithilfe runder Formen und einer ruhigen Farbkomposition hat er eine wunderbare Wohlfühllandschaft kreiert. Hier und da sind verwitterte Vulkanfelsen eingestreut, bizarr wirken die auf dem Kopf stehenden Bäume mit ihren nach oben gestreckten Wurzeln. Um das Bild zu beleben, hat Manrique knallrote, begehbare Skulpturen in Schlangenform geschaffen.

Den Mittelpunkt der Anlage bildet ein großer See mit einer Insel samt Restaurant. Angrenzend befindet sich ein halbes Dutzend weiterer Pools, wo Sie mit Blick auf den Teide schwimmen.

Wo sich die Promenade verengt und ihren Namen ändert, stößt man auf die weiße kanonenbestückte, dem Schutzpatron der Seeleute geweihte **Capilla San Telmo** ❸ von 1730. Toll ist von hier der Blick auf die wilde Playa de San Telmo: Treppen führen in die Kiesbucht hinab, die durch eine Mole vor der stärksten Brandung geschützt ist. Auf Felsplattformen können Sie ein Sonnenbad nehmen, während wenige Meter entfernt die Brandung tobt.

Hoch oben verläuft der Paseo, durch Palmen verschönt und mit Naturstein ausgelegt. Er verlängert sich bis zur **Punta del Viento**, dem ›Windkap‹, wo man noch einen schönen Blick zurück auf die Bucht werfen kann.

Lago Martiánez, Av. de Colón 1, www.ocio costamartianez.com, tgl. 10–17, im Sommer bis 19 Uhr, Eintritt 5,50 €

## Rund um den alten Hafen

Das Hafenbecken liegt im Schutz eines Kaps, das im Zug des Tourismusbooms **Plaza de Europa** ❹ getauft wurde. An die Festung, die hier einmal stand, erinnern Wachhäuschen, Kanonen und mächtige Wehrmauern, die man ersteigen kann: Statt Piraten zu sichten, begeistert man sich heute am Naturschauspiel Brandung.

Festungsartig präsentiert sich auch das 1973 erbaute **Ayuntamiento** ❺ (Rathaus) mit seinen Türmen und Holzbalkonen, herrschaftlich die Casa Miranda an der Südseite. Benannt ist sie nach Francisco de Miranda, dem Sohn eines nach Venezuela ausgewanderten Tinerfeños, der zu einem Führer des antikolonialen Kampfes gegen Spanien wurde.

Am Haus zweigt die kopfsteingepflasterte Calle Las Lonjas ab, in der einst der Fischmarkt abgehalten wurde. In einem der verbliebenen historischen Häuser hat die ›Bruderschaft der Fischer‹ das spannende **Casa Museo del Pescador** ⓭ (s. S. 171) eingerichtet. Die Straße führt zum ehemaligen Zollhaus, der restaurierten **Casa de la Aduana** ❻: Von 1706 bis 1833, als Puerto de la Cruz wichtigster Inselhafen war, wurden im Haus alle Ein- und Ausfuhren Teneriffas besteuert – es war das wirtschaftliche Nadelöhr der Insel. Heute sind hier das Kunstmuseum **MACEW** (s. S. 171) und die **Touristeninfo** untergebracht, im benachbarten Laden werden Kunsthandwerk und Kulinaria verkauft.

Wo ein Zollhaus steht, ist der Hafen nicht weit. Allerdings wirkt er mit seinen beiden Molen bescheiden und wird nur noch von wenigen Fischern genutzt. Dafür lenkt die »Fischverkäuferin« alle Blicke auf sich: eine lebensgroße Bronzefigur, die schnellen Schrittes vom Hafen Richtung Stadt eilt, die frische Ware auf dem Kopf lauthals ausrufend …

Jenseits des Hafens tut sich eine große Brachfläche auf, die eines Tages ein Parque Marítimo werden soll. Durch einen gewaltigen Deich hat man dem Meer bereits 100 000 m² abgerungen, doch Spaniens Mühlen mahlen langsam …

## Platz unter Palmen

Lebendiger Mittelpunkt der Stadt ist die **Plaza del Charco** ❼ – benannt nach einem Teich *(charco)*, der immer nur dann entstand, wenn eine starke Flut ihre Wellen hierher schleuderte. Heute ist man vor derlei Gefahren sicher, sitzt in Terrassencafés im Schatten von Palmen und Lorbeerbäumen. Zu jeder Tageszeit gibt es etwas zu sehen: Angestellte kommen auf ein Frühstück vorbei und genehmigen sich später ein Mittagsmenü; ältere Herrschaften sind ins Gespräch vertieft, wobei sie ihre herumtollenden Enkel nicht aus dem Auge verlieren. Wenn die ersten Touristen zu Abend gegessen haben, treffen die Kanarier ein.

## Kirchenlastig

Östlich des Platzes führt die verkehrsberuhigte Calle Quintana zur **Iglesia de San Francisco** ❽, die um 1600 entstand und damit eines der ältesten Gebäude der Stadt

---

### GRAFFITI GIGANTISCH

Langweilige Hausfassaden? Graue Wände? Nicht in Puerto de la Cruz! Seit 2014 werden jedes Jahr Künstler aus aller Welt eingeladen, die Stadt mit Street Art zu beleben. Vor allem im Fischerviertel La Ranilla wurden sie aktiv – an fast jeder Straßenecke sind ihre spektakulären Werke zu entdecken. Ausgerechnet in der Calle El Lomo, der legendären Gastromeile, ist eine Hauswand mit Motiven bemalt, die nun wahrlich nicht appetitanregend wirken. Da tummelt sich allerlei Ungeziefer in Schwarzweiß, hyperrealistisch dargestellt sind Fühler, Stechwerkzeuge und Panzer! Der belgische Künstler Roa, der die Tiere entwarf, erklärte, es seien Puertos Kakerlaken gewesen, die ihn zu seinem Mammutwerk inspiriert hätten … Freundlicher ist das Bild »Ritual« (Teobaldo Power 16). Es erinnert daran, dass einst alle Ziegen des Orts einmal im Jahr im Hafen gebadet wurden. Und schmunzeln darf man in der Calle Méquinez 66, wo das Riesenporträt einer unverschleierten arabischen Frau zu sehen ist, die verführerisch auf die Passanten herabblickt … Nicht selten überraschen die Graffiti auch mit poetischen Titeln: »Kannst Du es erträumen, kannst Du es erschaffen!«

## Puerto de la Cruz

### Ansehen
1. Playa de Martiánez
2. Lago Martiánez
3. Capilla San Telmo
4. Plaza de Europa
5. Ayuntamiento
6. Casa de la Aduana/MACEW
7. Plaza del Charco
8. Iglesia de San Francisco
9. Instituto de Estudios Hispánicos de Canarias
10. Iglesia Nuestra Señora de la Peña
11. Castillo San Felipe
12. Playa Jardín
13. Parque Taoro
14. Loro Parque

ist. Sie war das Gotteshaus der Franziskaner, deren angrenzendes Kloster heute als Konzert- und Theatersaal öffnet. Schräg gegenüber noch mehr Kultur: Das **Instituto de Estudios Hispánicos de Canarias** ❾ (Calle Quintana 18, www.iehcan.com, Mo–Fr 11–13, 18–20 Uhr, Eintritt frei) rührt seit Jahrzehnten die Werbetrommel für moderne Kunst, Musik und Autorenkino. Schön ist das Entree mit einer Wendeltreppe aus hölzernen ›Orgelpfeifen‹ und angrenzender Galerie. Ein paar Schritte weiter dominiert die **Iglesia Nuestra Señora de la Peña** ❿ den erhöhten, mit Palmen und Hibiskus bewachsenen Platz. In ihrer Schatzkammer, dem *Museo Sacro*, lagern Schmuck aus Europa und der Neuen Welt (s. S. 171).

## Puerto de la Cruz

6 Punta Brava
7 Puerto Azul

### Essen
1 Régulo
2 Kafka
3 Mamma Rosa
4 Templo del Vino
5 El Limón
6 Agora
7 El Aderno
8 Morty's
9 Café de París

### Einkaufen
1 Mundo del Mapa
2 Mercado Municipal
3 La Vida Bio
4 Fundgrube
5 Casa de la Aduana

### Bewegen
1 Campo de Golf y Escuela La Rosaleda
2 Mountainbike Active
3 Centro de Buceo Atlantik
4 La Marea Surf School-Playa Martíanez

15 Jardín de Orquídeas
16 Mirador de la Paz
17 Jardín Botánico
18 Casa Museo del Pescador
19 Museo Arqueológico

### Schlafen
1 Botánico
2 Tigaiga
3 Vallemar
4 Monopol
5 Marquesa

### Ausgehen
1 Las Tejas Verdes
2 Abaco

---

Vor der Kirche erinnert eine Büste an einen Tinerfeño, der international Karriere machte: Als 20-Jähriger kehrte Agustín de Béthencourt (1758–1824) seiner Heimatstadt den Rücken, wenig später war er Direktor der frisch gegründeten Madrider Ingenieurschule. So viele Brücken und Kanäle entwarf er, dass sein Ruhm bis Russland drang, wo ihn Zar Alexander I. für weitere ehrgeizige Projekte verpflichtete. Gegenüber der Kirche steht Béthencourts Geburtshaus, das heutige **Hotel Monopol.** Mit seinen Holzbalkonen hat es sich in die Gegenwart gerettet.

Noch älter ist das benachbarte **Hotel Marquesa** von 1712, in dem eine irisch-tinerfeñische Kaufmannsfamilie den Weltreisenden Alexander von Humboldt empfing – spazieren Sie in den von Holzgalerien gesäumten Innenhof, wo ein raumhohes Porträt des Wissenschaftlers hängt (s. Zugabe S. 188).

## Fischerviertel La Ranilla

Westlich der Plaza del Charco liegt das schön sanierte Fischerviertel, das liebevoll ›Fröschlein‹ (*ranilla*) genannt wird. Farbenfroh restaurierte alte Häuser kontrastieren mit kleineren Neubauten, Fußgängerstraßen wurden geschaffen und mit Palmen bepflanzt, Plätze wellenförmig mit Kopfsteinpflaster ausgelegt. Hier in La Ranilla trifft man sich gern zum Essen, an der Calle del Lomo und ihren Seitengassen reiht sich ein Lokal ans nächste (s. Exkurs Graffiti S. 163).

Die parallel verlaufende Palmenallee Calle Méquinez führt geradewegs zum **Castillo San Felipe** ⓫ aus dem 17. Jh. Eine vor dem Eingang postierte Kanone erinnert daran, dass es einst Piraten abwehren sollte. Heute ist das Kastell entkernt, die alten Natursteinmauern erstrahlen – ein toller Rahmen für Kunst und Konzerte.

Eine Brachfläche hinter dem Castillo, die voller Kieselsteine war, haben Besucher in einen **Steingarten** verwandelt: Männchen aus fragil aufeinandergeschichteten Kieseln stehen vor der Kulisse des Meeres, bis sie von einem Sturm umgeworfen und von anderen Händen neu aufgerichtet werden … Was die einen freut, ist den anderen ein Dorn im Auge: Techniker der Umweltbehörde warnen vor einer ›Trivialisierung‹ der Landschaft.

Castillo San Felipe, Paseo de Luis Lavaggi 12, Di–Sa 11–13 und 17–20 Uhr, Eintritt frei

### Zum »Gartenstrand«

Zu Füßen des Kastells liegt die **Playa Jardín** ⓬, an die sich weitere Strände anschließen. Sie wurden von César Manrique gestaltet und sind ein weiteres Beispiel für eine geglückte ›künstliche‹ Aufwertung der Landschaft. Für die Strände wurde vom Meeresboden schwarzer Lavasand hochgepumpt. Ein halb versunkenes Riff schützt davor, dass er von der Brandung weggeschwemmt wird. Zwei Promenaden, die eine auf Meereshöhe, die andere auf einer niedrigen Klippe, verbinden die Strände miteinander. Für exotisches Flair sorgen nicht nur Palmen am Strand, sondern auch ein sich von der Küste terrassenförmig landeinwärts ziehender Park. Viele Besucher bleiben in der ersten Bucht am Fuß des Kastells, schöner und weniger überlaufen ist der nachfolgende Strand. Der wildeste Flecken ist ein Felsplateau zwischen der **Playa del Charcón** und **Playa de Punta Brava**: Ein kleiner Wasserfall stürzt in Kaskaden von der Klippe; in einiger Entfernung sieht man das Fischerviertel Punta Brava. Mehrere Terrassencafés und -restaurants bieten Stärkung im Schatten aufgespannter Segel – gern verbringt man hier ein paar Stunden.

---

### WASSERWELTEN UND VOGELSANG  **W**

Die große Mehrheit der Besucher ist vom **Loro Parque** ⓮ begeistert. Vom Tiger bis zum Seidenäffchen, vom Minipapagei bis zum Orca wird in Aquarien und gepflegten Gehegen die Artenvielfalt unseres Planeten vorgestellt. Täglich erleben Sie Shows, die zeitlich so arrangiert sind, dass Sie auf keine verzichten müssen. (Av. Loro Parque – Punta Brava, nahe Playa Jardín –, T 922 37 38 41, www.loroparque.com, tgl. 8.30–18.45 Uhr, Eintritt 34 €, Kinder 6–11 Jahre 23 €; Gratistransfer mit dem Expresszug alle 20 Min. ab der Plaza de los Reyes Católicos an der Promenade.)

# Lieblingsort

## Risco Bello

Nahe der Stadt und doch so fern: Der ›Schöne Fels‹ über dem **Parque Taoro** ⓭ entpuppt sich als Paradiesgarten. Dicke, leuchtende Orangen hängen von den Bäumen, unter Trompetensträuchern stehen Cafétische. Einziges Geräusch, das man vernimmt, ist das Schnattern der Wildenten und das Gekrächze der Schwarzschwäne. Zwar wirken Café und Garten ein wenig verwildert, doch das tut dem Zauber keinerlei Abbruch (tgl. 9.30–18.30 Uhr, Eintritt 4 €).

# TOUR
## Schwarze Schönheit

### Zur Playa del Bollullo

### Infos

**Start/Ziel:** Playa de Martínez, Puerto de la Cruz, 📍 E 3

**Dauer/Weg:** 8 km, etwa 3 Std. (hin und zurück); mittelschwer, gelb markiert PR-TF-30
**Tipp:** Sonnenschutz und Wasser mitnehmen!

**Hinweis:** Trittsichere Wanderer können vom oberen Ende der Bollullo-Treppe zur einsameren Doppelbucht Playa de los Patos (FKK) / Playa del Ancón weiterlaufen!

Von der **Playa de Martíanez** ❶ folgen Sie der Avenida zum C.C. Martiánez, schwenken dort in den Treppenweg Camino de Cabras, der zum Boulevard San Amaro und weiter links zum **Mirador de la Paz** ⓰ hinaufführt. Auf einer Treppe geht es hinab zum Camino de la Costa, einer aussichtsreichen Promenade. Sie mündet am Hotel **Semiramis** in eine Straße. Ihr folgen Sie nach links, biegen nach 500 m links ab und gehen geradeaus, bis Sie über eine Unterführung auf die andere Seite der TF-31 gelangen.

Auf einer Piste geht es an terrassierten Bananenfeldern vorbei. Der Camino senkt sich in den **Barranco de la Arena** hinab, auf der gegenüberliegenden Seite zieht er sich zu einer Bank hinauf, auf der Sie im Schatten von wildem Tabak eine Pause einlegen können.

Nach ein paar Minuten ein erster Blick auf die **Playa del Bollullo**: eine von Klippen flankierte Bucht, von deren schwarzem Sand sich die weißen Wellen effektvoll abheben. Sie lassen das Restaurant Bollullo rechts liegen und schwenken links auf einen Weg, der Sie zu einem Felssporn bringt. Auf einem Treppenweg geht's hinab zur **Playa del Bollullo**, wo Sie eine Bar erwartet. Aber Vorsicht beim Baden: oft starke Brandung, gefährliche Strömungen!

# Parque Taoro

### Grüner Höhenbummel
Spaß macht ein Spaziergang durch den steil angelegten **Parque Taoro** ⓭. Wer von unten kommt, findet den Treppenweg an der Ampel hinter dem Hochhaus Belair. Lohn der Mühe: Mit jedem Höhenmeter haben Sie einen besseren Ausblick auf die Stadt, auf prächtige Vegetation und niederrauschende Kaskaden. Unterwegs passieren Sie das Café Terraza Taoro, noch romantischer sitzen Sie, ein Stück höher, im **Risco Bello** mit einem Gartencafé (s. S. 167). Zu diesem gehört der **Jardín Acuático** (›Wassergarten‹), in dem Sie auf verschlungenen Wegen steil hinab- und wieder hinaufsteigen. Dabei kommen Sie an einem hübschen Teich vorbei, Grapefruitsträucher lassen ihre prallen Früchte ins Wasser hängen. Papayas und Bananen sind zum Greifen nah, eine efeuumrankte, künstliche Grotte bietet Kühlung. Seinen letzten Schliff erhielt der Garten von René de Radigués: Als seine Frau krank wurde, verließ er Belgien und erwarb 1969 den Nordabhang des Parque Taoro. Ein Wassergarten voll exotischer Pflanzen sollte die Lebensgeister seiner Frau stimulieren; heute ist er allgemein zugänglich.

So schön ist der Parque Taoro, dass hier 1892 eines der ersten Grandhotels Spaniens entstand: Das gewaltige Bauwerk thront hoch auf dem Berg und bietet weite Blicke übers Tal auf die Küste. Eine britische Gesellschaft hatte es errichtet, betuchte Überwinterer sollten in luxuriöser Umgebung von ihrem chronischen Lungenleiden genesen. In jener Zeit galten lange Kuraufenthalte in milder, salzhaltiger Luft als einzige Möglichkeit, die Tuberkulose zu überleben. 1907 wurde aus dem britischen Grand Hotel Taoro das deutsche Kurhaus Humboldt: Es umwarb die deutsche Klientel, womit es aber die britische prompt verprellte. Es folgten Insolvenz, Brand, Umwandlung in ein Casino und neuerliche Schließung. Heute steht das **Hotel Taoro** leer und träumt von besseren Zeiten ... Dahinter führt der Promenadenweg Camino de la Sortija zu Hotels, auf halber Strecke steht rechter Hand die aus Naturstein errichtete **Anglikanische Kirche,** in der auch die deutschsprachige evangelische Gemeinde residiert.

### Orchideengarten
Am Fuß des Parque Taoro, erreichbar über die Carretera del Botánico, liegt dieser 1774 von einer britischen Kaufmannsfamilie angelegte Garten. Jede Ecke ist einem Gast gewidmet, der hier zu Besuch war, u. a. die Krimiautorin Agatha Christie, die Pflanzenmalerin Marianne North und der Naturwissenschaftler Alexander von Humboldt. Noch heute kann man üppige Drachenbäume und Araukarien bewundern, dazu eine kleine **Orchideensammlung** ⓯.
Carretera del Botánico/Eingang gegenüber Nordende der Calle Bélgica, www.jardineorquideas.com, tgl. 9.30–17 Uhr, Eintritt 4,75 €

# La Paz & El Botánico

»Der Frieden« *(La Paz):* So wurde das Viertel auf den Klippen oberhalb des Strandes Playa Martiánez getauft. Häuser und Hotels inmitten großzügiger Gärten sollten ihren Bewohnern Ruhe und Entspannung bescheren. Zu Fuß erreichen Sie La Paz am besten über einen attraktiven, aber anstrengenden Treppenweg, der mit seinen über 300 Stufen nicht umsonst »Ziegenweg« *(Camino de Cabras)* heißt: Von der Playa Martiánez folgen Sie der palmenbestandenen Avenida Aguilar y Quesada hinauf und biegen hinter dem C.C. Martiánez links in den Treppenweg ein. Wenig später mündet dieser in eine breitere, links hinaufführende Promenade. Immer wieder eröffnen sich Ausblicke, Bänke laden zu einer Verschnaufpause

*Ist das eine efeuumwucherte Kirchenruine oder ein Großblättriger Feigenbaum? Da kann man schon mal ehrfürchtig davor stehen.*

ein. Wo die Promenade in eine Straße mündet, halten Sie sich links und gelangen zum **Mirador de la Paz** ❶❻, einem Aussichtspunkt mit der Büste Agatha Christies (s. Thema S. 274).

### Kleines Paradies

Das Viertel, das sich an La Paz anschließt, ist nach Spaniens zweitältestem **Botanischen Garten** ❶❼ (Calle Retama 2, tgl. 9–18 Uhr, Eintritt 3 €) benannt. Auf 40 000 m² wachsen hier Zier- und Nutzpflanzen, darunter viele Palmenarten. Der ungewöhnlichste Baum ist ein Großblättriger Feigenbaum (*ficus macrophylla*) mit einem so gewaltigen Stamm- und Wurzelwerk, dass man eine gewachsene Kathedrale vor sich zu sehen glaubt. Gern wird der Baum ›Würgefeige‹ genannt: Es heißt, sein Samen gelange durch Vögel in die Astgabeln anderer Bäume, wo er Keime und meterlange Luftwurzeln ausbilde. Haben sich diese in der Erde verankert, ist vom Trägerbaum nicht mehr viel übrig, die Arme der Würgefeige haben ihn zu Tode umschlungen. So gruselig die Geschichte auch klingt, wahr ist sie nicht! Der Feigenbaum selbst ist es, der die Luftwurzeln ausbildet, wobei diese nicht aus der Hauptwurzel wachsen, sondern aus anderen Teilen der Pflanze. Erst sind sie zart wie Haar, doch sobald sie die Erde berühren und ihr Nährstoffe entziehen, verholzen sie und bilden mächtige Säulen aus, die den Baum stützen und ihm zusätzliche Nahrung zuführen.

Oft verraten bereits die Namen die Besonderheit einer Pflanze. Kurios ist der benachbarte Wurstbaum (*kigelia africana*), dessen langstielige Blüten sich in herabhängende ›Leberwürste‹ verwandeln. Der Korallenbaum (*erythrina rubrinervia*), gleichfalls an der Hauptallee, bildet knallrote Blüten aus. Damit seine Bestäuber, die Vögel, zielsicher angelockt werden, trennt er sich sogar von seinem Blätterkleid. Splitternackt steht er da, sodass seine Blüten voll zur Geltung kommen.

Natürlich wachsen im Garten auch bekannte Exoten wie Riesenstrelitzien, Bougainvillea, Oleander, Jacaranda und Araukarien. Auch Pflanzen, deren Früchte begehrt sind, kann man im Park entdecken: Ananas, Avocados, Mangos, Kaffee und Macadamia-Nüsse. Doch wie kommt der Garten nach Puerto de la Cruz? Carlos III. war es, der Pflanzen seiner Überseekolonien für das Mutterland nutzbar machen wollte. Da aber ein Übergang vom tropischen zum zentralkastilischen Klima zu radikal erschien, ließ er 1788 auf den Kanaren – auf halbem Weg zwischen Amerika und Europa – einen Akklimatisierungsgarten anlegen. In ihm sollten Exoten an die milden kanarischen Temperaturen gewöhnt werden, um alsdann aufs Festland verpflanzt zu werden. Der erste Teil des Experiments gelang, der zweite schlug fehl: Während in Puerto de la Cruz die Pflanzen prächtig gediehen, gingen sie auf dem spanischen Festland zugrunde.

## Museen

### Surrealismus gefällig?
**MACEW:** Das Obergeschoss der **Casa de la Aduana** ❻ beherbergt ein Museum für zeitgenössische Kunst, dessen Sammlungen Eduardo Westerdahl, der bekannteste Kunsthistoriker des Archipels, zusammengetragen hat. In Wechselausstellungen sind Werke der kanarischen Surrealisten Óscar Domínguez und Juan Ismael zu sehen, auch Manuel Millares, César Manrique und Lola Massieu sind vertreten.
Calle las Lonjas s/n, Facebook: macewpuerto delacruz, Mo–Fr 10–14 Uhr, Eintritt frei

### Silberschatz
**Museo Sacro:** Neben der **Iglesia Nuestra Señora de la Peña** ❿ zeigt das Museum sakraler Kunst Silberkelche, Monstranzen und vieles mehr.
Plaza de la Iglesia, Mo–Sa 9–13, 16–18 Uhr, Eintritt 2 €

### Kurios
⓲ **Casa Museo del Pescador:** In einem historischen Haus hat die Cofradía de Pescadores, die ›Bruderschaft der Fischer‹, ein spannendes Museum eingerichtet: Es zeigt auf zwei Etagen Schiffs- und Bootsmodelle aller Art, Fischtrophäen und Haifischkiefer, historische Fotos von Bootsausfahrten, dazu Netze, Reusen und gusseiserne Anker … an jeder Ecke eine neue Kuriosität!
Calle las Lonjas 5, tgl. 9–19 Uhr, Eintritt frei

### Klein & fein
⓳ **Museo Arqueológico:** Gleich zum Auftakt der Calle del Lomo grüßt das archäologische Museum in einem Herrenhaus: Guanchenkeramik, Mumienreste und historische Karten sowie Waffen sind effektvoll in Szene gesetzt.
Calle del Lomo 9, Di–Sa 10–13 und 17–21, So 10–13 Uhr, 15.8.–15.9. geschl., Eintritt 2 €

## Schlafen

Es gibt eine Vielzahl von Unterkünften aller Preisklassen, die meisten wurden in den letzten Jahren restauriert. Wer gern mitten im Geschehen wohnt, quartiert sich an der Promenade oder in der Altstadt ein.

### Exklusiv
❶ **Botánico:** Seinen Namen verdankt das 5-Sterne-Haus dem gegenüberliegenden Botanischen Garten. Auch sonst ist alles auf Botanik eingestellt: In zwei Gärten wachsen alte Palmen, Drachen- und Lorbeerbäume; der Wellness-Bereich kommt als exotischer Spa Garden daher: Am Fuß eines originalen Thai-Tempels liegt der Außen-Pool (28 °C) mit Wassermassagen und unter einer heißen Grotte, ein langes Becken mit Koi-Karpfen führt zum Innen-Spa, wo sich unter »Tempeldächern« das lichte, natürliche Ambiente fortsetzt. Hier entspannt man in einer Kräuter-Aroma- und einer Japanischen Sauna, im Dampfbad, in der

Eisgrotte sowie einem 34 °C warmen Pool (Spa für Gäste inkl.). Unter ärztlicher Leitung und gegen Gebühr werden Therapien von Ayurveda bis Wraps mit Vulkanerde angeboten. Die 252 behaglichen Zimmer sind mit Bildern von Pflanzen und Papageien dekoriert, den besten Blick über den Garten hinweg auf die Silhouette des Teide bieten die vom 2. bis 4. Stock Richtung Süden. Das Frühstücksbüfett ist opulent und gesundheitsorientiert – gern nimmt man im Garten Platz. Zum Haus gehören zwei Tenniskunstrasenplätze und 18-Loch-Putting-Green, ein Gratisbus fährt in die Stadt.
Calle Richard J. Yeoward 1, T 922 38 14 00, hotelbotanico.com, DZ ab 188 €

### Persönlich

**2 Tigaiga:** »Quadratisch, praktisch, gut – wie Ritter Sport«, witzelt Enrique Talg über die Architektur seines Hotels. Er hat gut lachen, denn das 4-Sterne-Haus hoch über der Stadt im Parque Taoro hat viele Stammkunden. Seit 1958, bereits in dritter Generation, ist es im Besitz der Familie. Zur guten alten Hotellerie gehört, dass es keine Animation gibt, dafür gemütliche Aufenthaltsräume und kleine Aufmerksamkeiten, u. a. Vorträge oder botanische Führungen. Bei 76 Zimmern hat man die Wahl zwischen Blick zur Stadt mit Morgensonne oder zum Teide mit Sonne am Nachmittag. Das Frühstück ist variantenreich, bei gutem Wetter kann man es auch im Garten genießen. Dieser ist in Jahrzehnten üppig gewachsen, der beheizte Pool schwebt auf einem Felsvorsprung. Nebenan gibt es noch die »Tigaiga Suites«, eine Anlage mit 30 neuen großen Apartments. Als erstes Hotel der Kanaren hat Tigaiga die europäische Norm für Umweltmanagement erfüllt: Solarenergie, Mülltrennung und biologische Wasseraufbereitung sind vorbildlich.
Parque del Taoro 28, T 922 38 35 00, www.tigaiga.com, DZ ab 150 €

### An der Promenade

**3 Vallemar:** Viersterner mit 171 modern designten Zimmern gegenüber der Badelandschaft Lago Martiánez. Man sollte ein Zimmer zum Meer nehmen – je höher, desto besser! Fantastisch ist die Dachterrasse mit Pool und Rundumblick über die Stadt – ein guter Ort für einen Cocktail! Auf dem Frühstückstisch des Hotels landen viele Produkte der hauseigenen Bio-Finca.
Av. de Colón 4, T 922 38 48 00, www.vallemar.com, DZ ab 100 €

### Hibiskusblüten pflastern den Weg

**4 Monopol:** Tradition hat auch das angrenzende 3-Sterne-Hotel: 1928 erwarben es die bayrischen Großeltern des heutigen Besitzers Orlando Gleixner. Auf seine Mutter Renate geht das Ritual zurück, den Weg ins Hotel mit frischen Hibiskus-Blüten auszulegen. Ein verwunschener Innenhof ist von viergeschossigen Holzgalerien eingefasst, von denen freundliche Zimmer abgehen. Erfrischung bieten ein von Terrassen eingefasster Pool, Sauna und Jacuzzi.
Calle Quintana 15, T 922 38 46 11, www.monopoltf.com, DZ ab 55 €

*Selbst Humboldt war seinerzeit ein Fan des Marquesa …*

*Kaffee und Kuchen? Das Ebano am Kirchplatz hat feine Versuchungen.*

### Schön angestaubt

**5 Marquesa:** »Es ist unmöglich von Puerto de la Cruz zu sprechen ohne sich an Mr. Cologán zu erinnern, dessen Haus Reisenden aller Länder offen stand«, so schrieb Alexander von Humboldt 1799. Just dieses Haus am Kirchplatz dient seit 1887 als Hotel. Bis heute hat es sich sein nostalgisches Entree bewahrt: Man betritt es durch einen Patio mit umlaufenden Holzgalerien und schmiedeeisernen Lüstern. Das gleiche Ambiente haben die angrenzenden Aufenthaltsräume. Die Zimmer sind sehr unterschiedlich, ab dem 3. Stock aufwärts schläft man ruhiger. Schön ist die Dachterrasse mit Mini-Pool und herrlichem Ausblick.
Calle Quintana 11, T 922 38 31 51, www.hotelmarquesa.com, DZ ab 65 €

### Nahe Playa Jardín

**6 Punta Brava:** Kleines, familiär geführtes Haus im Einheimischenviertel Punta Brava mit sechs gut ausgestatteten Apartments.
Plaza Manuel Ballesteros 13, T 610 32 19 46, www.apartamentospuntabrava.com, 2 Pers. im Apartment ab 80 €

### Mit Spanisch-Sprachschule

**7 Puerto Azul:** Das von Jens Kindiger geführte 2-Sterne-Hotel für Traveller befindet sich in einer Fußgängerstraße im Fischerviertel La Ranilla, dem Hotspot der Straßenkunst- und Gastro-Szene. Die Zimmer sind freundlich-frisch und haben Balkon (am sonnigsten zur Fußgängerzone). Gäste können sich gratis Tee zubereiten und erhalten an der rund um die Uhr besetzten Rezeption viele Tipps. Weitere Pluspunkte: kostenloses WLAN im gesamten Haus, Sat-TV im Fernsehraum, Bibliothek, Dachterrasse mit Weitblick – und ein günstiges kontinentales Frühstück. Ans Hotel ist die Sprachschule Sothis angeschlossen, deren Kurse in Deutschland als Bildungsurlaub anerkannt sind.
Calle del Lomo 24, T 922 38 32 13, www.puerto-azul.com, DZ ohne Frühstück ab 38 €, Rabatt ab 4. Nacht, 26 Zimmer.

## Essen

Die Gastropalette ist so international wie die Gäste: Deutsche Futterkrippen, skandinavisches Smörgåsbord und britische Pubs gibt es zuhauf. Auch die kanarische Küche ist präsent. Besonders stimmungsvoll isst man in den verkehrsberuhigten Gassen im ehemaligen Fischerviertel.

### Der Klassiker

**1 Régulo:** Seit 1986 werden im schönen Patio dieses Herrenhauses kanarische Gerichte fantasievoll zubereitet. Hier schmeckt z. B. marinierter Lachs, der um ein Törtchen Fischmousse gewickelt ist, dazu passend die süßsauren Soßen und der Schweif gerösteter Kartoffelstifte (*pastel de salmón*). Gleichfalls gut ist

*Neulich in Puerto de la Cruz: »Lust auf ein Feierabendbier?« – »Ach, eins könnten wir ja trinken, oder?« – »Pépe, schieb' doch mal ein paar Tapas rüber …« – »Hast du noch was von dem Likör von letztens?«*

Carpaccio aus Tintenfisch (*carpaccio de pulpo*). Was die Hauptspeise angeht, so sagt Ihnen Señor Régulo gern, was an diesem Tag frisch ist. Moderate Preise, souveräner, unaufdringlicher Service. Am Wochenende ist Reservierung nötig.
Calle Pérez Zamora 16/Ecke San Felipe, T 922 38 45 06, Mo nur abends, Di–Sa mittags und abends

### Mit Passion & Mission

2 **Kafka:** Das Lokal liegt im Fischerviertel, wo Sie stimmungsvoll auf der Terrasse sitzen – oder drinnen im modern-eleganten Raum, umringt von Koch- und Kafkabüchern. Küchenchef Carles Cano kocht mit Leidenschaft und gibt sein Wissen gern an andere weiter, z. B. bei spanischen Gastro-Wochen in Deutschland. Er unterzieht die frischen, natürlichen Produkte einer ›Metamorphose‹ – frei nach Kafkas »Verwandlung«. Die Portionen sind groß und wunderschön angerichtet. Gut schmeckten beim letzten Besuch Tintenfisch-Carpaccio und Rinderfilet mit Foie Gras in einer Port-Sherry-Reduktion, großartig die vier Stunden in Rotwein geschmorten Bäckchen vom frei laufenden iberischen Schwein. Die Menükarte präsentiert sich in Zeitungsform zum Mitnehmen als »The Daily Kafka«.
Calle Cruz Verde 2, T 922 38 12 83, mittags und abends, So u. Mo nachmittags geschl., Tapas ab 4 €, Hauptgerichte ab 9 €

### Nach Omas Rezepten

3 **Mamma Rosa:** Gemütliches Lokal in der Gastromeile mit kleiner Straßenterrasse. Mamma Rosa aus Sizilien steht hinter der Theke und Sohn Cristián bereitet Salat, Pasta und Pizza zu; gut schmecken die Desserts, z. B. *cannoli*, mit süßem Schichtkäse und Nussmousse gefüllte Teigröllchen.

Calle del Lomo 4, T 922 38 04 51, www.risto rantemammarosa.com, mittags und abends, Do Ruhetag, Salate ab 7 €

### Gemütlich im »Weintempel«
**4 Templo del Vino:** Familie Baum, Weinimporteure auf Teneriffa seit 1999, betreibt in der Gastrogasse ein rustikales Lokal. Die in der Vitrine ausgestellten Tapas lassen einem das Wasser im Mund zusammenlaufen: Meeresfrüchtesalat und Hühnchenkeulen, gefüllte Paprika und Fischfrikadellen, frische Steinpilze von Teneriffa. Spaß macht auch der sogenannte ›Fleisch am Galgen‹, ein Spieß, der hängend serviert wird! Mutter Bärbel kocht delikat, Sohn Matthias und Frau Sabrina servieren und der Vater sorgt für die Weinzufuhr. Gut sind die offenen Hausweine, empfehlenswert auch die von Teneriffa, allen voran der feurige Rotwein Tajinaste aus dem Orotava-Tal. Sehr empfehlenswert! Übrigens betreiben die Besitzer um die Ecke in der Calle Cruz Verde einen Wein-Shop, in dem man auch Delikatessen bekommt – auf die Hand oder abgepackt zum Mitnehmen.
Calle del Lomo 2, T 922 37 41 64, www.templodelvino.com, mittags und abends, Di geschl., Tapas ab 3, Fleischgerichte ab 10 €

### Ganz ohne Tier
**5 El Limón:** Frisch ist die Zitrone *(limón)* und frisch ist auch das Ambiente, das Veggie-Essen und der Service! Aus Zutaten, die bevorzugt regional eingekauft werden, entstehen jeden Tag neue Menüs, die zu einem günstigen Preise angeboten werden. Für den kleinen Hunger gibt's Sandwiches und frisch gepresste Säfte bzw. alkoholfreie Cocktails. Kein Wunder, dass das Lokal nahe der Kirche so gut besucht ist!
Calle Esquivel 4, T 922 38 16 19, tgl. 12–23 Uhr, Drei-Gang-Menü mit Saft 11 €

### Treff in antiker Tradition
**6 Agora:** Daniela und Eduardo wollen einen Ort schaffen, in dem interessante Gespräche möglich sind, »in einer Gesellschaft, die sich teilweise zu schnell und zu hektisch bewegt. Auf dass Lichtblicke den Nebel der täglichen Routine durchbrechen …« Jeden Tag spielen Straßenmusiker auf der stimmungsvollen Plaza vor dem Café, einmal in der Woche treffen sich Menschen unterschiedlicher Nationalitäten zum Sprachaustausch. Das Kulinarische ist fast Nebensache: Es gibt Craft Beer, gute Cocktails, Kuchen.
Plazoleta de Benito Pérez Galdós 6, tgl. 9–22 Uhr, Kaffee & Kuchen 4 €

### Beim Botanischen Garten
**7 El Aderno:** Das exklusive Café von Teneriffas bestem Konditor bietet luftigleichte, zuckerarme Törtchen und Trüffel, dazu guten Kaffee und hausgemachtes Bio-Eis – ein kulinarischer Lichtblick im Einkaufszentrum des Stadtteils La Paz.
C.C. Canary Center Local 44 (La Paz), ggü. Hotel Botánico, T 922 38 73 01, tgl. ab 9 Uhr

### Hallelujah!
**8 Morty's:** Wenn Sie bei beim Namen an *mort,* den Tod, denken, liegen Sie richtig: »Mein Kaffee kann Tote aufwecken« ist das Motto dieses Lokals, das auf witzige Art den Tod zelebriert … und nur bio und fairtrade einkauft! Hier genießen Sie ausgesuchte Kaffeesorten von Jamaica Blue Mountain bis Bremen Münchhausen, dazu Teneriffas Craft Beer Tacoa und japanischen (!) Whisky. Bei Morty's ist es so gemütlich, dass man gar nicht mehr aufstehen mag! Um die Zeit totzuschlagen, gibt's zum Schmökern deutschsprachige Bücher und Zeitungen sowie diverse Spiele.
Av. Fam. Betancourt y Molina 14-A, www.mortys.es, tgl. 8–22 Uhr

### Die Lage macht's
**9 Café de París:** Den ganzen Tag über ist das plüschige Café an der Promenade gut gefüllt, Süßschnäbeln schmecken die kalorienreichen Torten!
Av. de Colón s/n, T 922 38 40 00, ab 9 Uhr

*Ölsardinen-Alarm? Nichtsdestotrotz zählt die Playa Jardín als bester Strand der Gegend – und das zu Recht!*

## Einkaufen

**Einkaufszentren:** In den über die ganze Stadt verstreuten Centros Comerciales findet man alles, was man braucht.

### Bücher und einiges mehr

**1 Mundo del Mapa:** Im Laden »Die Welt der Karten« finden Sie Literatur über die Kanaren, vorwiegend aus dem Verlag von Verena Zech. Antonio Mas, ihr Partner, führt den Buchladen und ergänzt das Sortiment um topografische und 3-D-Inselkarten sowie Kulinaria vom Archipel, u. a. Bananenwein, Chutneys und Marmeladen, Palmsirup, Flor de Sal und kanarische Mojos.
Calle San Felipe 12, T 648 40 17 84, www.editorial-zech.es/de/buchladen, Mo–Fr 8.30–14, 15–20.45, Sa 8.30–14 Uhr

### Markthalle & Flohmarkt

**2 Mercado Municipal:** In einem funktionalen Betonbau im Westen der Stadt versorgen sich Canarios und Residenten mit Fisch, Obst und Gemüse. Freitags gibt's Live-Musik, Samstagvormittag findet auf der Dachterrasse ein Flohmarkt statt. Kunden können gratis parken!
Av. de Blas Pérez González 6, Poligono San Felipe, www.mercadopuertodelacruz.es, Mo–Sa 8–14 und 16–20 Uhr

### Öko-Supermarkt

**3 La Vida Bio:** Gut sortierter, großer Laden in einer Fußgängerstraße parallel zur Promenade. An ein paar Bistro-Tischen kann man das Gekaufte sogleich verzehren.
Calle La Hoya 45

### Kosmetika & Accessoires

**4 Fundgrube:** Alle internationalen Marken findet man in diesem großen Laden gegenüber der Badelandschaft.
Av. de Colón 12, www.fundgrube.es

### Kunsthandwerk & Kulinarisches

**5 Casa de la Aduana:** Fast noch interessanter als all die Klöppelspitze, Stickerei, Flechtarbeit und Keramik sind die Delikatessen. Wie kleine Kunstwerke werden Teneriffas beste Weine präsentiert, etwa »Humboldt« und »Auratava« sowie prämierte Tropfen der Bodega Viñátigo. Auch Liköre, Marmeladen und Honig.
Calle de las Lonjas s/n, Muelle Pesquero, www.artenerife.com, So geschl.

## Bewegen

### Baden

Bester Strand ist die schwarzsandige **Playa Jardín** mit ihren angrenzenden Buchten. Wer sich unter krebsroten Touristen nicht wohlfühlt, geht an die Westseite des Strandes, wo sich jüngere Tinerfeños, darunter viele Wellenreiter, tummeln. Klein und schwarzsandig ist die **Playa Martiánez** am Ostende der Stadt. In der Nähe des Wellenbrechers ist sie badetauglich, doch wo Wellen ungehindert einströmen, trauen sich nur erfahrene Surfer ins Wasser. In der angrenzenden, mit Meerwasser gespeisten Pool-Landschaft **Lago Martiánez** zahlt man Eintritt, kann aber einen herrlichen Badetag verbringen. Östlich von Puerto de la Cruz liegt die schöne Bucht **Playa del Bollullo** (s. Tour S. 168).

### Golf
**❶ Campo de Golf y Escuela La Rosaleda:** Kleine, von Bananenplantagen umgebene 9-Loch-Anlage mit Driving Range und Putting Green. Am südöstlichen Ortsrand von Puerto, erreichbar über die Autobahnausfahrt 32.
Camino Carrasco 17, Carretera del Botánico, www.golflarosaleda.es

### Radfahren
**❷ Mountainbike Active:** Neben dem Hotel San Borondón werden City- und Mountainbikes vermietet. Auch geführte Touren mit und ohne Shuttle-Service.
Calle Puerto Viejo/Dr. Madan 44, T 669 15 75 67 (9–11 Uhr), 620 00 59 98 (16.30–18.30 Uhr), www.mtb-active.com

### Tauchen
**❸ Centro de Buceo Atlantik:** Tauchschule im Hotel Maritim (Richtung Los Realejos): Schnuppertauchen, Tauchgänge, Kurse für Anfänger ab 12 Jahren mit Abschluss eines Grundscheins.
T 922 36 28 01, www.atlantik-tauchen.de

### Wandern
Viele Startpunkte sind von Puerto de la Cruz mit Bus erreichbar. Am schnellsten kommt man zur Corona Forestal, dem Kiefernwaldgürtel in ca. 1100 m Höhe: Bei La Caldera, der Endhaltestelle von Bus 345, startet eine Tour (s. S. 186). Ein paar Kilometer weiter beginnt die Hochgebirgslandschaft des Nationalparks, erreichbar mit Bus 348.

Für alle, die lieber in Gruppen wandern, bieten die evangelische und die katholische Kirchengemeinde mehrfach wöchentlich geführte Touren zum Selbstkostenpreis (Informationen: T 922 38 48 15, www.evangelische-kirche-teneriffa.de; T 922 38 48 29, www.katholische-gemeinde-teneriffa.de). Daneben gibt es kommerzielle Anbieter, z. B. www.wandertouren-teneriffa.de, www.islactiva.com, www.aventura-wandern.de oder www.derwanderstab.de.

### Wellenreiten
**❹ La Marea Surf School:** Das Surfcamp an der Playa Martiánez hat einen großen Vorteil: Das Revier liegt unmittelbar vor der Haustür: Rauf aufs Brett und losreiten!
Playa Martiánez s/n, www.lamareasurfschool.com

## Ausgehen

Rund um den Pavillon auf der Plaza del Charco vergnügt sich ein eher älteres Publikum, die Jüngeren zieht es in die Kneipen und Clubs der parallel zur Meerespromenade verlaufenden Calle La Hoya.

### Live-Musik jeden Abend
**Las Tejas Verdes:** Kanarisch-lateinamerikanische Gitarren-Rhythmen und kraftvoller Gesang reißt das Publikum von den Stühlen.
Calle Puerto Viejo 28, www.lastejasverdes.com, Musik ab 20 Uhr

### Hoch über der Stadt
**Abaco:** Im kanarischen Herrenhaus öffnet abends eine Cocktailbar, an zwei Tagen der Woche finden Konzerte statt.
Calle Casa Grande s/n, Urb. El Durazno, T 922 37 01 07, www.abacotenerife.com, Mi–Mo ab 19 Uhr Cocktailbar, Do 20.30 Uhr Flamenco-Show 25 €, Sa 19.30 Klavierkonzert 10 €

## Feiern

- **Los Reyes Magos:** 5. Jan. Die hl. drei Könige werden am Castillo begrüßt und reiten bonbonwerfend durch die Stadt.
- **Fiesta del Carnaval:** Feb./März. Mehrwöchiger Ausnahmezustand, Highlight ist die Carrera de Tacones, ein Hindernislauf für als Frauen verkleidete Männer, die mit High Heels starten müssen …
- **Festival Música Antigua:** Ostern. In historischen Kirchen wird hochkarätige Barockmusik aufgeführt.
- **Fiesta de la Cruz:** 3. Mai. Zum Fest des Kreuzes werden alle Kruzifixe geschmückt; abends Feuerwerk.
- **MUECA:** Anfang Mai. Mehrtägiges Straßentheater-Festival, ergänzt um Tanz und Musik (www.festivalmueca.com).
- **Fiesta de San Juan:** 23./24. Juni. Sonnwendfeier und Johannisfest fallen zusammen: In der Nacht zum 24. Juni werden auf den Hügeln Feuer entzündet, tags darauf treibt man Ziegen aus den umliegenden Dörfern zum Hafen und badet sie. San Juan ist der Schutzheilige der Tiere!
- **Fiesta de Carmen:** 16./17. Juli. Bootsprozession zu Ehren der hl. Carmen, der Schutzheiligen der Fischer. Getanzt wird vor allem auf der Plaza del Charco und in den Straßen Perdomo und La Marina.
- **Fiesta de San Andrés:** Ende Nov. Fest zu Ehren des hl. Andreas.

## Infos

- **Oficina de Turismo:** Casa de Aduana/Calle Las Lonjas s/n, T 922 38 60 00, www.citpuerto.com, Mo–Fr 9–20, Sa–So 9–17 Uhr, im Sommer kürzer. Tipps für Ausflüge und Kulturveranstaltungen.
- **Bus:** Der Bahnhof liegt an der Calle del Pozo im Westen der Stadt. Alle 30 Min. kommen Sie nach La Orotava (Linie 101 u. 350), stdl. nach Santa Cruz (101 über die kleineren Orte, 102 via Nordflughafen, 103 direkt), alle 2 Std. nach Icod de los Vinos, Garachico und Buenavista

*Kein Wunder, dass die Altstadt von La Orotava unter Denkmalschutz steht: Klöster reihen sich an Paläste reihen sich an Herrenhäuser …*

del Norte (363). Zum Nationalpark Teide geht es um 9 Uhr morgens ab, Rückfahrt ab Parador 16 Uhr (Linie 348). Details s. Reisekarte, Rückseite.
• **Auto:** Gebührenpflichtige Parkhäuser z. B. am Busbahnhof im Westen der Stadt, in den Einkaufszentren Martiánez und La Cúpula sowie zentral an der Plaza de Europa.

# La Orotava

Die historische, an steilen Bergflanken angelegte Altstadt bewahrt die Schönheit vergangener Epochen. Seit der Conquista residieren hier Adel, hoher Klerus und wohlhabendes Bürgertum, ihr Reichtum spiegelt sich in architektonisch gelungenen Straßenzügen und Plätzen. Die auf 340 m gelegene Stadt hat eine Reihe kleiner, attraktiver Unterkünfte. Im Winter werden die Temperaturen oft als niedrig empfunden, im Sommer dagegen freut man sich über die frische, vom Harzduft der nahen Kiefernwälder gesättigte Brise. Doch egal in welcher Jahreszeit man kommt, stets lohnt ein Spaziergang durch die herrschaftlichen Straßen – ein Genuss für das von den Touristenstädten nicht gerade verwöhnte Auge!

## Am Verfassungsplatz
Kommt man vom Busbahnhof, gelangt man über die Calle Calvario (mit Touristeninfo) zur **Plaza de la Constitución** ❶, die wie ein Balkon über dem Hang schwebt. Mittendrin ein verspielter Pavillon und ein Terrassencafé, das nicht umsonst »La Parada« (die Haltestelle) heißt – gern legt man hier eine Pause ein. Von der Nordostseite des Platzes geht es hinauf zum **Convento de San Agustín** ❷, einem ehemaligen Augustinerkloster, heute ein Kulturzentrum. Die zugehörige Kirche mit schönen Mudéjar-Decken und Barockaltären ist nur kurz vor und nach dem Gottesdienst zugänglich. Sehenswert ist das **Liceo de Taoro** ❸ an der Südostseite des Platzes. Über eine pompöse, von exotischen Pflanzen umrankte Freitreppe gelangt man zu einem italienisch inspirierten Palazzo, der einst als höhere Schule diente, heute einen privaten Kulturclub beherbergt. Im zugehörigen Café-Restaurant kann man hoch über der Stadt preiswert speisen.

## Rund ums Rathaus
Von de Plaza de la Constitución geht es auf der gepflasterten Carrera Escultor Estévez weiter stetig bergauf. Schmiedeeiserne Ketten flankieren den Bürgersteig und betonen den repräsentativen Charakter dieser Straße. Wo sie sich verengt, liegt linker Hand das **Ayuntamiento** ❹ (Rathaus), ein spätklassizistischer Palast anno 1871. Auf dem Rathausplatz finden alle wichtigen Feste statt: von der Wahl der Karnevalskönigin bis hin zu Fronleichnam mit seinem farbenprächtigen Spektakel (s. Kasten S. 185).

## Zwölf Häuser
Die Carrera mündet in eine steile Querstraße, an der sich die zwölf Häuser der einstigen Stadtelite aneinanderreihen. Folgen Sie der Straße aufwärts, kommen Sie zur **Casa de los Balcones** ❺ (1632), dem ersten der für die Kanaren so typischen ›Balkonhäuser‹. Der Eintrittspreis wurde in den letzten Jahren leider stetig nach oben geschraubt. Sehenswert ist der mit Holzgalerien gesäumte Innenhof, ein kleines Museum im Obergeschoss spiegelt kanarische Wohnkultur anno dazumal. Vollgestopft ist das Erdgeschoss mit Kulinaria und Teneriffa-Souvenirs made in China. Ähnlich sieht es gegenüber in der **Casa del Turista** ❻ aus.

Ein Stück weiter bergauf passieren Sie das abweisende Gemäuer des **Hospital de la Santísima Trinidad** ❼. Im Portal des ehemaligen Franziskanerinnenklosters ist noch heute eine ausge-

# La Orotava

## Ansehen
1. Plaza de la Constitución
2. Convento de San Agustín
3. Liceo de Taoro
4. Ayuntamiento
5. Casa de los Balcones
6. Casa del Turista
7. Hospital de la Santísima Trinidad
8. Casa Lercaro
9. Molino de Gofio La Máquina
10. Iglesia Nuestra Señora de la Concepción
11. Iglesia Santo Domingo
12. Casa Torrehermosa
13. Hijuela del Botánico
14. Jardín Victoria
15. Centro de Visitantes Telesforo Bravo del Parque
16. Museo de las Alfombras

## Essen
1. Taoro
2. La Duquesa
3. Liceo de Taoro
4. Bodegón El Reloj
5. Café Relive

## Einkaufen
1. Artenerife

## Ausgehen
1. Sala Teobaldo Power

## Schlafen
1. Alhambra
2. Victoria
3. La Orotava
4. La Paloma
5. Pensión Silene
6. Hostel Tenerife

polsterte Drehwiege eingelassen. Unverheiratete Frauen konnten sich hier nachts im Schutz der Dunkelheit ihres Neugeborenen entledigen. Vernahmen die Mönche Babygeschrei, drehten sie die Wiege zum Klosterhof und nahmen das Findelkind auf. Nicht nur entging die Frau damit der ›Schande‹, auch konnte sich das Kloster auf diese Weise immer wieder über Nachwuchs an Nonnen und Mönchen freuen.

Lassen Sie sich auf der Straße hinabtreiben, kommen Sie zur **Casa Lercaro** ❽ (Calle Colegio 7, So 10–19, Mo–Do 9–19, Fr/Sa 10–24 Uhr) 1672 von genuesischen Kaufleuten errichtet, heute ein Café-Restaurant. Sein Schmuckstück ist der von Holzgalerien gesäumte Innenhof, der sich zu einem Garten öffnet. Über Drachenbäume hinweg schauen Sie über das Orotava-Tal. Neben der Casa ist seit 300 Jahren die alte Mühle **Molino de Gofio La Máquina** ❾ (Calle Colegio 3, Mo–Sa ab 9 Uhr) in Betrieb, in der es nach geröstetem Getreide duftet. Einst mahlte sie mithilfe von Wasserkraft, heute mit Elektromotor. Señor Manuel ist der letzte seiner Zunft – die übrigen neun haben längst aufgegeben.

Casa de los Balcones/Casa del Turista, Calle San Francisco 3–4, www.casa-balcones.com, tgl. 9–18.30 Uhr, Eintritt 5 €

### Rund um die Kirche

Die schönste Kirche der Stadt, die **Iglesia Nuestra Señora de la Concepción** ❿ (Mo–Fr 9.30–13, 16–18.30 Uhr), wurde 1788 erbaut, nachdem ihre Vorgängerin durch ein Erdbeben eingestürzt war. Pompös ist ihre Schauseite, die sich wie ein aufgeschlagenes Altartriptychon präsentiert. Zwei flankierende Türme stützen das massige Kirchenschiff, aus dem eine Kuppel emporwächst. Das Innere schmücken zahlreiche Retabeln, gestiftet von reichen Tinerfeños; zum Dank fanden sie in der Kirche ihre letzte Ruhestätte. Heiligenskulpturen der Barockbildhauer Luján Pérez und Fernando Estévez dürfen nicht fehlen.

Gehen Sie weiter zur Calle Tomás Zerolo und biegen dort links ab, erreichen Sie die **Iglesia Santo Domingo** ⓫ mit zugehörigem Dominikanerkloster. Schräg gegenüber hat Artenerife in der herrschaftlichen **Casa Torrehermosa** ⓬ (Calle Tomás Zerolo 27, www.artenerife.com, Mo–Fr 10–15 Uhr, Eintritt frei) einen Schau- und Verkaufsraum für kanarisches Kunsthandwerk eingerichtet.

### Parks zum Durchatmen

Die **Hijuela del Botánico** ⓭ (Calle Tomás Pérez, 1, tgl. 9–18, im Sommer bis 20 Uhr, Eintritt frei) ist die ›kleine Tochter‹ *(hijuela)* des Botanischen Gartens von Puerto de la Cruz. Auf engstem Raum drängen sich hier subtropische Pflanzen aus aller Welt, darunter rot und gelb blühende Engelstrompeten, Drachenbäume, Palmen, …

Gegenüber dem Garten befindet sich das Portal zu einem weiteren Park, dem terrassierten **Jardín Victoria** ⓮ (Calle León s/n, Mo–Fr 9–18, Sa/So 10–15 Uhr, Eintritt frei). Über schmale Wege geht es steil hinauf zum Marmormausoleum des Marquis de la Quinta Roja. Da die Kirche dem bekennenden Freimaurer ein christliches Begräbnis versagte, ließ sich der Graf im Jahre 1882 auf seinem eigenen Grund und Boden und mit bestem Ausblick auf die Stadt bestatten.

### Einstimmung auf den Nationalpark

Im 8 Mio. teuren Dreiecksbau des **Centro de Visitantes Telesforo Bravo del Parque** ⓯ nordwestlich des Stadtzentrums (Ausfahrt 31) werden Sie multimedial über Teneriffas Natur informiert. Spektakulär ist das Inselrelief samt Nachbau eines Vulkantunnels, in dem Sie über ›strömende Lava‹ spazieren. Auch ist es toll anzuschauen, wie sich die Insel unterirdisch fortsetzt! Das Obergeschoss präsentiert sich als Aussichtspunkt auf den Vulkanriesen, während der Garten

*Landete im Guinnessbuch der Rekorde: der riesige Teppich aus Lavasand, der zu Fronleichnam den Rathausplatz schmückt.*

die Flora präsentiert, die in den höheren Lagen wächst.
El Mayorazgo (Ausfahrt 34), Calle Dr. Sixto Perera 25, T 922 92 23 71, www.reservasparquesnacionales.es, Di–So 9–14, 15.30–18 Uhr, Eintrittsgebühr geplant

## Museen

### Pomp & Pracht
**Museo Sacro:** Den »Schatz von Mariä Empfängnis«, eine wertvolle Kunstsammlung, finden Sie im Museum der **Iglesia Nuestra Señora de la Concepción** ❿: Skulpturen, Gemälde, Silberkreuze und -kelche unter einer artistischen Holzdecke.
Mo–Fr 10–13 Uhr, Eintritt 3 €

### Aus Amerika!
**Museo de Artesanía Iberoamericana de Tenerife (MAIT):** Im zugehörigen Dominikanerkloster der **Iglesia Santo Domingo** ⓫ wird Kunsthandwerk aus der Neuen Welt gezeigt. Rings um zwei romantische Klosterhöfe gruppieren sich Säle, in denen Musikinstrumente, Keramik, wertvolle Textilien und Möbel zu sehen sind.
Calle Tomás Zerolo 34, Mo–Fr 10–15 Uhr, Eintritt 3 €

### Teppiche aus Sand
⓰ **Museo de las Alfombras:** Kitschfreies Museum in einem herrschaftlichen Palast aus dem Jahr 1592, der noch darauf wartet, restauriert zu werden. Auf Schautafeln sehen Sie, wie die legendären Fronleichnamsteppiche entstehen (s. S. 185).
Calle San Francisco 5, Mo–Fr 10–14 Uhr, Eintritt 2 €

### Lebendiges Geisterdorf
**Museo Etnográfico Pinolere:** Folgen Sie der TF-21 in Richtung Teide, empfiehlt sich nach knapp 5 km ein Abstecher nach Pinolere. Das durch Aus- und Abwanderung verlassene Dorf wurde in ein **Freilichtmuseum** verwandelt, in dem die Welt der Vorfahren zu Leben erweckt wird: Reetgedeckte Natursteinkaten wur-

den restauriert und originalgetreu eingerichtet – vom Heiligenbildchen bis zum Pisspott wurde kein Detail ausgelassen. In einem alten Tante-Emma-Laden tanzt ein Paar und rings ums Dorf stehen iglauähnliche Strohhäuser. Einmal im Jahr, meist am ersten Wochenende im September, kommen Kunsthandwerker von der ganzen Insel zur großen Messe. Dann kann man Korbflechtern, Schnitzern und Schmieden bei der Arbeit zuschauen.
Calle Alzados Guanches s/n, Pinolere, T 922 33 67 33, Di–So 10–14 Uhr, Eintritt 3 €

## Schlafen

### Für Neugierige
**1 Alhambra:** Die Villa (1910) im historischen Zentrum ist vom maurischer Architektur inspiriert: Im glasüberdachten Innenhof plätschert ein Brunnen, in die ringsum verlaufenden Säulenkolonnaden sind geometrische Ornamente eingelassen. Der prächtige Salon ist mit Stuck und raumgroßen Bildern des venezolanischen Künstlers Otazzo geschmückt, das reichhaltige Büfettfrühstück wird an einer Tafel eingenommen. Die fünf Zimmer sind unterschiedlich, aber immer schön eingerichtet mit Stilmöbeln.
Calle Nicandro González Borges 19, T 922 32 04 34, www.alhambra-teneriffa.com, DZ ab 100 €

### Entschleunigen
**2 Victoria:** Ein denkmalgeschütztes Herrenhaus aus dem 17. Jh. wurde in ein schmuckes Hotel verwandelt. Der Innenhof weitet sich zum Restaurant und zur Weinbar. Um ihn herum sind 13 Zimmer angeordnet, die mit dunklen Stilmöbeln und Orientteppichen gemütlich eingerichtet sind. Die Dachterrasse eröffnet einen weiten Blick über Altstadt, Meer und Teide. Morgens gibt es im Patio ein appetitliches Frühstücksbüfett, tagsüber feine Menüs.

Calle Hermano Apolinar 8, T 922 33 16 83, www.hotelruralvictoria.com, DZ ab 80 €

### Rustikal
**3 La Orotava:** In einem der ältesten Häuser der Stadt (1580): fünf gemütliche, dunkle Zimmer mit Dielen und offenem Dachstuhl. Am schönsten sind Nr. 2 und 3 mit schweren Holztüren, das Letztere mit einem Guanchenbild über dem Bett. Gefrühstückt wird in der original erhaltenen Küche aus dem 16. Jh.; im musealen Salon liegen Bücher und Spiele aus.
Carrera Escultor Estévez 17, T 922 32 27 93, hotelruralorotava.es, DZ ab 72 €

### Urig
**4 La Paloma:** Miguel und Emilia vermieten ein Haus aus dem 16. Jh. mitten in der Stadt. Mit Patio, drei Schlafzimmern, Wohnraum, Küche und Bad – aus den weiß gekalkten Wänden blitzen die alten Natursteine hervor.
Calle Salazar 23, T 922 32 23 51, www.casa-lapaloma.com, DZ ab 64 €

### Nostalgisch und zentral
**5 Pensión Silene:** Gepflegte Pension in einem historischen Herrenhaus der Altstadt. Die drei Zimmer verfügen über Bad und eine Terrasse mit Meerblick.
Calle Tomás Zerolo 9, T 922 33 01 99, www.sileneorotava.es, DZ ab 45 €

### Für Traveller
**6 Hostel Tenerife:** Der Österreicher Manfred Schmalnauer, als Wanderführer mit der Insel bestens vertraut, bietet Zimmer für 1–4 Pers., eine Gemeinschaftsküche, Terrassen und Innenhof.
Calle Marqués 24, T 661 56 14 67, www.hostal-intercambio.com, DZ 33 €

## Essen

Viele Lokale schließen abends schon gegen 20 Uhr, einige öffnen nur während der Mittagsstunden. Gut essen können Sie auch in den Hotelrestaurants Victoria und La Orotava (s. Schlafen).

### Legendär
**1 Taoro:** 1914 ist der Breslauer Konditor Egon Wende auf Teneriffa hängengeblieben; bis heute ist sein Lokal in Familienbesitz und mittlerweile eine Institution: Hier treffen sich alle Generationen und Schichten. Man betritt Taoro durch eine kleine Konditorei, die sich seit ihrer Eröffnung unverändert erhalten hat. Hier kann man allerlei Süßes auswählen, das man auf einem hübschen Hochtablett in den Garten trägt. Vielen Gästen gefällt auch die solide und täglich variierende kanarische Kost. Im Taoro gibt es keinerlei Geräuschberieselung durch Musik, TV oder Spielautomaten, man hört nur Vogelgezwitscher und die Stimmen der Gäste.
Calle León 5, T 922 33 00 87, Di–Sa mittags und abends, So nur mittags, Preise um 11 €

### Wo Mama kocht
**2 La Duquesa:** Das kleine Lokal gegenüber der Pfarrkirche ist nach der Gräfin benannt, doch gibt es sich alles andere als feudal: Großzügige Portionen kanarischer Hausmannskost locken mittags so viele Tinerfeños an, dass sich eine Schlange bildet. Trotz des Andrangs ist die Bedienung stets gut gelaunt.
Plaza Patricio García 6-B, T 922 33 49 49, Mo–Fr nur mittags, Preise um 10 €

### Preiswert im Palast
**3 Liceo de Taoro:** »Essen Sie am schönsten Platz zum günstigsten Preis« – die Werbung verspricht tatsächlich nicht zu viel. Allein schon der Aufstieg über die große Freitreppe zum hochherrschaftlichen Palais am Rande des Victoria-Parks macht Spaß. Schön sitzt man auf der Veranda, beliebt ist das täglich wechselnde 3-Gang-Menü für 10 €.
Plaza de la Constitución 6, T 922 33 11 11, Do–Di mittags und abends

### Urig etwas außerhalb
**4 Bodegón El Reloj:** Kanarische Küche aus frischen Regionalzutaten in rustikalem Ambiente hoch über der Stadt (könnte man mit einem Ausflug nach Pinolere verbinden). Bestellen Sie bei Beatriz z. B. Thun-Tatar, gefüllte Mini-Paprika (*pimientos con ventresca*) oder Fleisch vom schwarzen Schwein, auf Steinplatte gegart (*cochino negro)!* Dazu wird hauseigener Wein serviert.
Camino Los Frontones 37 (La Florida, Anfahrt auf enger, steiler Straße), T 922 32 65 69, mittags und abends, So–Abend und Mo geschl., Preise um 18 €

### Auf einen Kaffee
**5 Café Relive:** In dieser kleinen, modernen Konditorei in der Altstadt ist alles hausgemacht: Brot, Backwaren und das Eis.
Carrera del Escultor Estévez 12, www.boutiquerelieve.com, tgl. 7–21.30 Uhr

## Einkaufen

### Kunsthandwerk
**1 Artenerife:** Im Verkaufsraum der Casa Torrehermosa gibt es authentische Teneriffa-Ware: Keramik, Stickerei und Flechterei. Da Handarbeit viel Zeit verschlingt, ist das Preisniveau entsprechend hoch.
Calle Tomás Zerolo 27

## Ausgehen

### Konzerte
**1 Sala Teobaldo Power:** La Orotavas Konzertsaal ist benannt nach dem Schöpfer der »Cantos Canarios«, einer bekannten Komposition die Motive kanarischer Volksweisen einbezieht. Gespielt wird Musik aller Stilrichtungen von Folk über Jazz bis Klassik.
Calle Calvario 1, T 922 33 02 24

## FEST FÜRS AUGE

Zu **Fronleichnam** werden in den Straßen Bildteppiche aus Blüten und farbiger Vulkanasche ausgelegt. Tagelang sind die Künstler damit beschäftigt, fantastische Blumen, Ornamente und Heiligenporträts zu erschaffen, oft stellen sie auch komplizierte Themen wie Immigration dar. Die Mühe ist groß, doch das Kunstwerk nicht von Dauer: Kaum ist die Prozession über sie hinweggeschritten, sind die Bilder für immer zerstört ... Die ungewöhnliche Tradition geht auf das 19. Jh. zurück, als eine Gräfin aus La Orotava der Fronleichnamsprozession einen würdigeren Rahmen verleihen wollte. Andere Adelsfamilien wollten nicht nachstehen, und so übertrafen sie sich bald gegenseitig als Sponsoren prachtvoller Dekoration. Seit 1912 gibt es eine Gilde der **Bildteppichleger** *(alfombristas)*, der nur ausgewiesene Meister angehören. 2007 wurden ihre fast 1000 m² großen Werke als »flächenmäßig größte Sandteppiche« ins Guinnessbuch der Rekorde aufgenommen (s. auch Museo de las Alfombras S. 182).

Am Sonntag, der auf den Fronleichnamstermin folgt, können Sie ein zweites Fest erleben: Zu Ehren des Schutzheiligen der Stadt, des in ganz Spanien verehrten San Isidro Labrador, findet ein farbenfroher Umzug der Bäuerinnen und Bauern statt. Sie werfen sich adrett in Schale, Musikgruppen sorgen für gute Stimmung.

## Feiern

- **Fiesta de Carnaval:** Feb./März. Die meisten Veranstaltungen finden auf der Plaza del Quinto Centenario statt, getanzt wird auf der Plaza de la Constitución. Nach der abschließenden ›Beerdigung von San Crispín‹ steigt ein großes Feuerwerk.
- **Semana Santa:** Ostern. Tgl. Prozessionen von einer der vielen Kirchen.
- **Fiesta de Corpus Cristi:** Mai/Juni, s. Kasten.
- **Romería de San Isidro:** Juni, s. ebenfalls Kasten unten.
- **Weihnachten:** Von Heiligabend bis zum 6. Januar kann in der Calle Isla de la Gomera 7 (nahe Rathaus/Ayuntamiento) die traditionelle Krippe besichtigt werden.

## Infos

- **Touristenbüro:** Calle Calvario 1 (Sala Teobaldo Power), T 922 32 30 41, www.laorotava.es, Mo–Fr 9–18 Uhr, saisonweise auch am Wochenende geöffnet. Im Erdgeschoss des Auditoriums Teobaldo Power befindet sich die *Oficina de Turismo.* Sie erhalten hier nützliche Broschüren sowie Infos zu Kulturveranstaltungen und zum Nationalpark.
- **Stadtführung:** Originelle Stadttour mit Theater- und Musikeinlagen, Tapas und Wein, Start Do 16 Uhr vor dem Tourismusbüro, 20 €; bitte spätestens 2 Tage vorher in der Oficina reservieren.
- **Verkehr:** Der **Busbahnhof** befindet sich nordöstlich der Altstadt (Av. de José Antonio/Ecke Calle Miguel de Cervantes). Alle 30 Min. kommen Sie nach Puerto de la Cruz (Linie 101), La Laguna und Santa Cruz (101, 107–108), stdl. zum Nordflughafen (107–108). Linie 348 passiert La Orotava auf dem Weg von Puerto de la Cruz zum Nationalpark (Rückkehr ab Parador 16 Uhr). Wer mit **Auto** kommt, sucht lange nach Parkplätzen. Ein Parkhaus befindet sich an der Calle General Machado nahe der Kirche San Agustín.

# TOUR
# Zu den ›Orgelpfeifen‹

**Runde ab La Caldera, oberhalb von Aguamansa**

Die Waldkrone zwischen dem Orotava-Tal und dem Nationalpark ist ein gutes Wandergebiet – nicht so spektakulär wie der Nationalpark, aber perfekt zum ›Einlaufen‹. Über weite Strecken wandern Sie durch Kiefernwald – vorbei an bizarr erodierten Felsen. Mehrere *chozas* (Unterstände) künden davon, dass hier einst Hirten vor Wind und Wetter Schutz suchten.

### Richtung Orgelfelsen
Vom unteren Teil des Parkplatzes **La Caldera** (mit Bushaltestelle) folgen wir der Piste PR-TF 35 nach Pinolere und passieren den Waldgasthof. Nach 170 m verlassen wir den Asphalt nach links auf der Forstpiste Richtung Pedro Gil und wandern durch lichten Kiefernwald auf die Orgelfelsen zu: Wie verwitterte Giganten wirken die aus dem Wald senkrecht aufragenden Basaltsäulen, die Wasser und Wind im Lauf von Jahrtausenden zu ›Orgelpfeifen‹ modelliert haben.

### Mit Teide-Blick
Nach 750 m, am Unterstand **Choza Pedro Gil**, schwenken wir nach links und kommen nach weiteren 1,5 km zur **Casa del Agua** (1 Std.), einem ›Wasserhaus‹ aus Naturstein (– unmittelbar davor zweigt links der Pfad »PR-TF 35 Aguamansa 2,2 km« ab, mit dem wir unsere Tour abkürzen könnten). Wir bleiben auf der Forstpiste und genießen kurz darauf den sich zwischen Kiefernzweigen eröffnenden Blick auf den Teide. Nach 600 m ignorieren wir einen Linksabzweig.

## Infos

**Start/Ziel:** Picknick- und Parkplatz La Caldera an der TF-21 zwischen Km 16 und 17 (1 km oberhalb Aguamansa),
📍 F4

**Anfahrt:** Bus 345 von Puerto de la Cruz

**Länge:** 7,3 km, 3.20 Std., leichte Tour

---

1,2 km weiter, hinter dem arg ramponierten Unterstand **Choza El Topo**, biegen wir links ab in einen breiten Weg (Wegweiser »Choza Pérez Ventoso«), der serpentinenförmig hinabführt. 5 Min. später ignorieren wir einen Linksabzweig, 600 m weiter biegen wir an der Kreuzung am Fuß eines verfallenen Unterstands in die hintere linke Piste ein. Diese führt durch Buschwald steil hinab und mündet in ein Asphaltsträßchen, dem wir nach rechts folgen.

### Ländlichkeit am Rand des Waldes

An Feldern vorbei gelangen wir zu einer **Wegkapelle**, schwenken links ein und halten uns nach 200 m rechts (»Aguamansa«). An Esskastanienbäumen vorbei kommen wir zu einer Gabelung und folgen dem Wegweiser nach rechts: »PR-TF 35 Casa Forestal 0.9 km« (Hinweis: Von links kommt der »Camino Nuevo« herab, der Abkürzungsweg von der Casa del Agua!). 700 m weiter verlassen wir das rechts einknickende Sträßchen auf dem links abzweigenden PR-TF 35 »Barranco de la Arena–Casa Forestal 0.9 km«, der uns links eines wildromantischen Barrancos zur TF-21 hinaufführt. Wir folgen der Straße aufwärts (»PR-TF 35 La Caldera«).

### Wald-Finale

An der **Infotafel** links der Straße biegen wir rechts in einen Treppenweg ein (»La Caldera 1 km«). Durch dichten Heidebuschwald gehen wir aufwärts, dann hinab und berühren nach 100 m die Straße und steigen steiler aufwärts. Hier heißt es Schritte zählen: Denn nach wieder gut 100 m verlassen wir den Weg auf einem rechts abzweigenden, unscheinbaren Pfad, der nach 700 m die Zufahrtspiste zur Caldera quert und steil zum Parkplatz emporführt.

### INFO: Wasser!

Der Barranco del Madre del Agua ist die ›Schlucht der Mutter allen Wassers‹, und in Aguamansa (›ruhiges Wasser‹) existierte 50 Jahre lang eine Zuchtstation für Forellen. Kein Wunder – im klaren Gebirgswasser fühlen sich die Fische wohl. Aber woher kommt all das Wasser? Die Erklärung ist einfach: Die langen Nadeln der Kiefernzweige kämmen die Feuchtigkeit aus den Passatwolken; diese rieselt in Form von Tropfen herab, sickert in den Boden und sorgt so für steten Wassernachschub.

# *Zugabe*
# Unterwegs mit Humboldt

*Warum es dem Allround-Genie so gut auf der Insel gefiel*

Nur wenige Tage verbrachte Alexander von Humboldt auf Teneriffa, doch diese waren folgenreich. In seinem Buch »Südamerikanische Reise« schrieb er so begeistert über die Insel, dass viele Naturwissenschaftler seinen Spuren folgten. Die Tinerfeños danken es ihm bis heute: Einer der besten Inselweine trägt seinen Namen, und ein kühner Aussichtspunkt an der TF-21 von La Orotava nach Santa Úrsula heißt **Mirador de Humboldt**. In Bronze gegossen sitzt der Naturforscher lebensgroß auf der Terrassenmauer und richtet die Augen in die Ferne. Genießen Sie mit ihm den weiten Blick auf das Orotava-Tal! Bleibt zu hoffen, dass man hier auch bald wieder in einem Lokal einkehren kann – frühere Gäste schwärmen noch vom ›Sonnenuntergang mit Humboldt‹ – einem hochprozentigen Kaffee mit Sahne, Likör und Rum …

**In die Natur!**
1799 erfüllte sich der Wissenschaftler einen Lebenstraum. Mit einer üppigen Erbschaft gesegnet, trat er zu einer Weltumseglung an, die als eine der wichtigsten Forschungsreisen in die Geschichte eingehen sollte. Pizarro nannte sich das Schiff, auf dem er segelte und das sich im Morgengrauen des 19. Juni durch dichten Nebel und an englischen Belagerungsschiffen vorbei in den Hafen von Santa Cruz stahl. Die Stadt, die damals kaum mehr als 8000 Seelen zählte, empfand Alexander von Humboldt als freundlich – kein Wunder: Mit einem Empfehlungsschreiben des spanischen Königs ausgestattet, öffneten sich ihm alle Türen. Doch Humboldt hielt sich nicht mit Antrittsbesuchen auf, sondern wollte nur eines: möglichst schnell in die Natur eintauchen, um sie so umfassend wie möglich zu beschreiben. Schon wenige Stunden nach seiner Ankunft in Santa Cruz war er in den Bergfalten hinter der Stadt unterwegs und sammelte Pflanzen für sein Herbarium.

# Kein Deutscher ist auf der Insel bekannter als er.

**Humboldt-Blick**
Tags darauf ritt er auf einem Maulesel über Tacoronte in den Inselnorden. Als er das Orotava-Tal zum ersten Mal erblickte, geriet er ins Schwärmen. Nirgendwo, schrieb er, habe er »ein so mannigfaltiges, so anziehendes, durch die Verteilung von Grün und Felsmassen so harmonisches Gemälde« vor sich gehabt. In Puerto de la Cruz übernachtete und im Haus des irisch-kanarischen Kaufmanns John Cologan. Wer Humboldts Spuren folgen will, kann dort heute gleichfalls Quartier nehmen: Seit 1820 firmiert das Haus als Hotel Marquesa.

### Teide-Aufstieg

Humboldt besuchte den Jardín Botánico, doch das eigentliche Ziel seiner Reise war der Teide, »der erste aktive Vulkan, den ich besteigen darf«. Schon am nächsten Tag startete er in aller Frühe, war allerdings etwas unglücklich über das ihm auferlegte Korsett. Es missfiel ihm, dass er Führern zu folgen hatte und deshalb nur das zu Gesicht bekam, »was die anderen Reisenden auch schon gesehen haben«. Doch selbst auf dem ausgetretenen Pfad (der heutigen TF-21) entdeckte er sogleich eine Pflanze, die keinem Wissenschaftler vor ihm aufgefallen war: das kleine, violett blühende Teide-Veilchen, das nur hier und nirgendwo sonst auf der Welt wächst. Aufmerksam notierte er die verschiedenen Vegetationszonen und gewann so ein weiteres Puzzlestück seiner Pflanzengeografie, mit der er eine neue Wissenschaft begründete.

Abends traf die Expedition in der Hütte der Engländer *(estancia de los ingleses)* ein, damals kaum mehr als ein Felsüberhang in 3000 m Höhe. Die Nacht war eisig, dauerte aber nicht lang, denn Humboldt wollte zum Sonnenaufgang auf dem Teide-Gipfel sein. Oben notierte er: »Wir sahen zu unseren Füßen Palma, La Gomera und die große Canaria. Die Berge von Lanzarote, die bei Sonnenaufgang dunstfrei gewesen waren, hüllten sich bald wieder in dichte Wolken.« Und an anderer Stelle: »Das Auge übersieht bei hellem Wetter vom Gipfel ein Stück Erdoberfläche von 115 000 km², also so viel als ein Viertel der Oberfläche Spaniens.« Bald durfte Humboldt noch mehr erleben: Beim Abstieg über die Nordwestflanke sah er die schwarz schwelenden Lavamassen des Pico Viejo, der ein Jahr zuvor ausgebrochen war.

### Sozial sensibel

Bei aller Begeisterung über die Natur bleibt sein Blick doch auch auf die sozialen Verhältnisse gerichtet. Als er eine Farnart beschreibt, kommt er unvermittelt auf den Hunger zu sprechen. Die Wurzeln des Farns seien, so Humboldt, zu Mehl zerrieben und geröstet, das ›Brot der Armen‹. Der Insel wäre viel geholfen, notiert er, wenn der adelige Großgrundbesitz aufgelöst und an landlose Bauern verteilt würde.

### Zu neuen Ufern

Als die Pizarro am 25. Juni wieder in See stach, schrieb Humboldt seinem Bruder: »Ich gehe praktisch mit Tränen in den Augen. Gerne würde ich hier leben …« Doch diesen Wunsch hat er sich nicht erfüllen können, nie wieder hat er kanarischen Boden betreten. Dafür schickte er 16 Jahre später seinen Freund Leopold von Buch, den Begründer der modernen Geologie, nach Teneriffa. Dieser lieferte, wozu Humboldt selbst nicht gekommen war: eine komplette »Physische Beschreibung der Kanarischen Inseln«. ∎

# Der Nordosten

**Große Kontraste** — Von Santa Úrsula bis zu den Ferienorten Bajamar und Punta del Hidalgo geht eine Stadt in die nächste über. Im äußersten Nordosten dagegen öffnet sich eine komplett andere Welt: Gebirge, Lorbeerwald und wilde Buchten.

*Seite 193*

### Essen wie die Tinerfeños

In eine Garage kommen Klappstühle und ein paar Tische – fertig ist die Guachinche! So lange junger Wein fließt, servieren hier Winzer Deftiges von Schweinerippchen bis Runzelkartoffeln. Teneriffas bestes ›Guachinche-Revier‹ liegt zwischen Santa Úrsula und Tacoronte.

*Seite 196*

### Weine kosten in El Sauzal

Im Gutshof und in der Bodega probieren Sie hiesige Tropfen. Rot schmeckt auf Teneriffa meist besser als weiß!

Verdankt Almáciga seine Marienskulptur einer Flaschenpost?

*Seite 200, 202*

### Baden in Naturschwimmbecken

In aller Ruhe ein paar Runden im Wasser drehen, während wenige Meter entfernt wilde Wellen brechen – das geht z. B. in Bajamar und Punta del Hidalgo.

*Seite 204*

### Anaga-Höhenstraße

Der Grat in 1000 m Höhe ist immerhin so breit, dass eine Panoramastraße auf ihm Platz fand. Steile, bewaldete Flanken stürzen in die Tiefe. Auf dem Weg hinab geht's an Höhlenweilern vorbei, an der Küste tost die Brandung.

## Eintauchen

## Der Nordosten

*Seite 206*
### Wandern im Anaga-Lorbeerwald

Grünes Lorbeer-Dickicht, durchzogen von wattigen Wolkenfetzen, die in Windeseile die Waldhänge hinaufhuschen – Geister, die sich in Luft auflösen, um woanders wieder aufzutauchen. Vom 1000 m hohen Kamm senken sich steile Schluchten zur Küste hinab. Dort bietet sich ein ganz anderes Bild: Surfcracks werfen sich in die hohen Brandungswellen und liefern ein tolles Schauspiel ...

*Seite 210*
### Casa África

Das Lokal in Roque de las Bodegas unter Leitung von Señora África ist legendär.

*Seite 210*
### Graffiti-Bunker

Die mit Graffiti besprühte Ruine Los Órganos entpuppt sich als grandioser Aussichtspunkt auf die Küste.

*Seite 211*
### Baden mit Karibikflair

An der 2 km langen, weißen Playa de las Teresitas steigen Sie vor gezackter Bergkulisse in die Fluten. Wer Schatten sucht, findet ihn unter den Palmen.

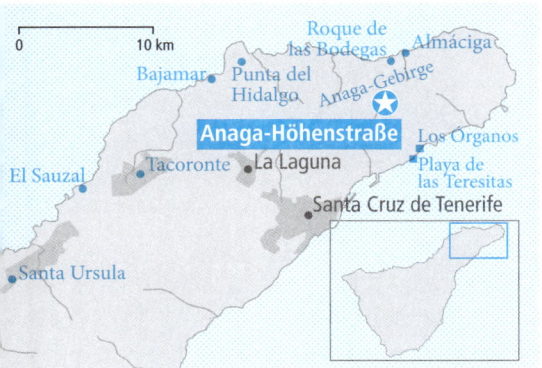

In El Sauzal selbst Bier brauen? Es muss ja nicht gleich ein ganzes Fass sein.

Lorbeerwälder gehören zu Teneriffas Nordosten. Der Lorbeer wächst hier nicht am Strauch, sondern am Baum – und er darf nicht gegessen werden.

## erleben

# Wilde Küsten und Lorbeerwald

Eine gewaltige Bergschulter, die sich vom Inselrückgrat zur Küste senkt, riegelt das Valle de Orotava von den nördlich angrenzenden Hängen und Tälern ab. Erschlossen wird die Region durch die Autobahn TF-5 und die parallel verlaufende Nordstraße TF-217, wo mehrere Ortschaften ineinander übergehen. Serpentinenreiche Stichstraßen führen zur Küste, wo am Fuß steiler Klippen ehemalige Fischerorte mit Naturschwimmbecken locken. Oberhalb der TF-5 nimmt die Besiedelung ab: Terrassierte Felder reichen bis zu einer Höhe von 900 m, darüber beginnen ausgedehnte Kiefernwälder.

Das Highlight ist Anaga im äußersten Nordosten. Neben dem Teno-Gebirge und dem Teide-Nationalpark ist dies das dritte große Naturschutzgebiet Teneriffas. Seine Landschaft ist so wild, dass ihr nicht beizukommen war: Für Rodung sind die Hänge zu steil und Landwirtschaft ist nur auf schmalen, den Bergflanken abgerungenen Terrassenfeldern möglich. Von dem knapp 1000 m hohen Kamm, der sich von Las Mercedes diagonal bis zur Nordostspitze erstreckt, senken sich tief eingeschnittene Schluchten zur Küste.

### ORIENTIERUNG

**Infos:** www.todotenerife.es: Die Homepage der Inselregierung bietet für den Nordosten die interessantesten Infos.
**Verkehr:** Busse von Puerto de la Cruz zur Hauptstadt passieren Santa Úrsula und La Matanza; mit Bus 50 geht's von La Laguna, mit Bus 105 von Santa Cruz nach Bajamar und Punta del Hidalgo. Das abgelegene Anaga-Gebirge erreicht man mit den Linien 76-77, 273 und 275.

Immergrüner Lorbeerwald überzieht die oberen Hänge und versetzt Besucher in eine Märchenwelt. Aus dem grünen Dickicht ragen hier und da grau verwitterte Bergriesen auf, so der Taborno, das Matterhorn Teneriffas. Vereinzelte Weiler klammern sich an die steilen Flanken. Unterkunft gibt es nur in einigen Landhäusern und einer Wanderherberge. Auf markierten Wegen kann man die Gegend durchstreifen, ein guter Startpunkt ist das Besucherzentrum in Cruz del Carmen. Einen wilden Kiessandstrand hat Bodega de los Roques; Teneriffas Paradestrand entdeckt man in San Andrés. In beiden Orten kann man gut Fisch essen!

# Santa Úrsula, La Matanza & La Victoria  ♀ F 2/3

Wo fängt es an? Wo hört es auf? Die längs der TF-217 aufgereihten Städtchen gehen nahtlos ineinander über. Funktionale Häuser säumen die Hauptstraße, darüber und darunter stapeln sich Siedlungen. Viele leben dort, die im Valle de Orotava arbeiten, sich aber die dortigen Immobilienpreise nicht leisten können oder wollen. Auf kleinen Feldern wird Wein angebaut – ein wichtiger Grund, weshalb die Gegend ein Hotspot der Guachinche-Gastroszene ist (s. Thema S. 254). Andere Köche zogen nach, sodass es sich hier sehr gut essen lässt.

Wer Spanisch kann, wundert sich über den Ortsnamen **La Matanza** (das Gemetzel). Tatsächlich sollen just hier am 31. Mai 1494 von 2000 Spaniern, die die Ureinwohner angriffen, 1800 (!) niedergemetzelt worden sein. Den Guanchen war es gelungen, die Eindringlinge in eine enge Schlucht zu locken, wo es ein Leichtes war, sie unter einer Steinlawine zu begraben. Anderthalb Jahre später fand nahebei eine zweite Schlacht statt. Am 25. Dezember 1495 stellten sich die Guanchen den spanischen Truppen auf offenem Feld – dabei verloren Tausende von ihnen binnen weniger Stunden das Leben. **Victoria** (Sieg) nannten die Spanier den Ort dieses Massakers, das den Weg für die endgültige Unterwerfung der Ureinwohner ebnete. Und auch die dritte Stadt im Bunde, **Santa Úrsula**, hat etwas mit der Conquista zu tun: Benannt ist sie nach jener Heiligen, die mit 11 000 Jungfrauen aufgebrochen war, die ›Ungläubigen‹ zu missionieren. Unter ihrem Banner sollten auch die überlebenden Guanchen zum ›wahren Glauben‹ finden …

## Schlafen

### Paradiesische Oase
**Jardín de la Paz:** Ein »Garten des Friedens« auf einer terrassierten Hangkante überm Meer, mit Blick auf Berge und Atlantik – fast jeden Abend mit herrlichem Sonnenuntergang! Die 12 großzügigen und geschmackvollen Apartments versinken zwischen Palmen, Bougainvillea- und Hibiskussträuchern. Opulentes Frühstücksbüfett open air, bestückt mit Früchten aus eigenem Bio-Anbau. Dazu zwei Außen-Pools und Sauna mit Traumblick.
Calle Acentejo s/n, La Matanza, T 922 578 319, www.jardin-de-la-paz.com, 1 Woche ab 832 € p. P.

## Essen

### … in La Matanza

### Essen im Kuhstall
**La Cuadra de San Diego:** Gegenüber einem Gutshof aus dem 16. Jh. servieren Almudena und Isabel, die beide gut Deutsch sprechen, kanarische Tapas und fantasievolle Eigenkreationen. Die Karte ist klein und wechselt oft, alles ist frisch, die Preise akzeptabel. Fast immer angeboten werden Spinatsalat mit Grapefruitdressing, Pilz- und Spinatkroketten sowie mit Käse und Paprikawurst gefülltes Schweinefilet. Dazu gibt es guten Wein aus der Familien-Bodega. Alle Nachspeisen sind hausgemacht: Köstlich sind Zitronentorte mit Creme und Merengue, das Gofio-Eis mit Palmenhonig und das Brombeersorbet. Rustikal sitzt man im ehemaligen Stall (cuadra), besonders schön im Garten unter zwei Drachenbäumen.
Camino Botello 2 (Zufahrt über die Autobahn TF-5, Ausfahrt 23 Richtung La Matanza, dann auf der TF-217 1,6 km bis zur Kapelle Ermita San Diego), T 922 57 83 85, www.lacuadradesandiego.es, Do–So 13–16 Uhr

### Räucherfisch
**Casa Juan:** Das von Jutta und Klaus (alias Juan) geführte Lokal bietet Räucherfisch aus eigener Produktion. Doch auch viele Wurstwaren und die Käsepastete sind hausgemacht. Besonders stimmungsvoll ist es an kühlen Abenden, wenn Feuer im Kamin brennt. Zufahrt: TF-5 Ausfahrt 23 (Richtung La Matanza), im Kreisverkehr erste Ausfahrt (Richtung La Victoria), nach 1 km dem Hinweisschild nach rechts folgen.
Calle Acentejo 77, La Matanza, T 922 57 70 12, www.casajuan.net, Di–Sa mittags und abends, Fischsuppe 4 €

### ... in Santa Úrsula

#### Großmutters Kesselchen
**El Calderito de la Abuela:** In Cuesta de la Villa, dem westlichen Vorort von Santa Úrsula, reiht sich ein kanarisches Ausflugslokal ans nächste. Großmutters Kesselchen hat moderate Preise und ist das bekannteste: hier gibt es Deftig-Kanarisches in heiterem Interieur mit Holztischen und gepolsterten Bänken, dazu Blick auf Berge und Meer. Angeschlossen ist ein Weinkeller, in dem man sich den zum Essen passenden Rebensaft aussuchen kann.
Cuesta de la Villa 130 (TF-217 Km 9), T 922 30 19 18, www.tripicotea.com, Di–So mittags und abends

#### In-Treff
**La Bodeguita de Enfrente:** Gegenüber vom Calderito: Tapas und kräftige Teneriffa-Tropfen in urigem Ambiente. Naturstein, gemauerte Bänke und Holztische, in Ocker geschlemmte Wände, hier und da abblätternder Putz, angestaubte Flaschen und allerlei bäuerliches Handwerksgerät. Dank der Brüder Mario und Fabián herrscht eine lockere Stimmung. Die Gerichte sind an der Tafel angeschrieben, z. B. gebratener Ziegenkäse mit Mojosoße *(queso frito con mojo)*, Grillplatte *(parrillada)* und als Nachtisch ein Tiramisú. Gutes Preis-Leistungs-Verhältnis.
Cuesta de la Villa 205, T 922 30 27 60, www.labodeguitadeenfrente.net, Mo, Mi–Fr abends, Sa/So mittags und abends

### Infos

- **Verkehr:** Alle 30 Min. geht es per **Bus** nach Santa Cruz und Puerto de la Cruz (Linie 101). Details s. Reisekarte, Rückseite.

# El Sauzal  ♀F2

An diesem Ort fährt man leicht vorbei. Die meisten lernen nur die am Ortseingang nahe der Autobahnausfahrt liegende **Casa del Vino** kennen. Gern legt man dort einen längeren Halt ein und hat dann kaum noch Zeit, den historischen Kern zu erkunden. Dieser liegt weit unten am Steilhang und ist nur über eine 1,5 km lange, abschüssige Straße erreichbar.

### Auf der Klippe
Kurz vor der Stadtmitte kommen Sie zu einer Gabelung: Rechts geht es zum Mirador La Garañona, einer begrünten Aussichtsterrasse mit spektakulärem Blick vom Teide bis zur Klippenküste. Länger genießen können Sie ihn in einer Eisdiele (Heladería, Di/Mi geschl.).

Halten Sie sich an der Gabelung links, erreichen Sie das Ortszentrum mit Rathaus, moscheeartiger Kirche und dem **Museo Siervita** zu Ehren der hier geborenen, als Heilige verehrten Nonne (Mi 15–18, Do–Sa 11–18, So 10–13 Uhr, Eintritt frei). Vorbei am Aussichtslokal Las Terrazas del Sauzal geht es auf der Pasaje Sor de Dios zu einer Straße hinab, wo sich der Eingang zum verwilderten, über gepflasterte Serpentinenwege erschlossenen **Parque de los Lavaderos** befindet.

*Probieren geht über Studieren: Daran halten sich alle im Restaurant des Weinmuseums Casa del Vino La Baranda …*

## Wo nicht nur Milch & Honig fließen

Die **Casa de la Miel & Centro de Interpretación de la Biodiversidad,** in der Casa del Vino untergebracht (s. Tour S. 196), macht mit Teneriffas Schwarzer Biene bekannt. Das ursprünglich aus Afrika stammende Insekt schwirrt vom Orotava-Tal bis zu den alpinen Cañadas aus, um den Nektar von Pflanzenblüten zu trinken. Beim Rückflug zum Bienenstock setzt es diesem ein enzymhaltiges Sekret hinzu, auf dass er sich in Honig verwandle. Alsdann wird die vorverdaute Mischung in die Waben des Bienenstocks eingespeichert, wo sie unter Wasserverdunstung zu Honig heranreift. Das und mehr wird kenntnisreich illustriert. Weitere landwirtschaftliche Themen stellt das angeschlossene »Zentrum der Biodiversität« vor, während eine Dauerausstellung *(Los medianeros de la hacienda San Simón)* das harte Los der Pächter beleuchtet.
Calle San Simón 51, T 922 56 27 11, www.casadelamiel.org, Mo–Fr 8.15–14.30 Uhr (Aug. geschl.), Eintritt inkl. Besuch der Casa del Vino (s. Tour S. 196)

## Darf's mehr sein als Wein?

In El Sauzal wird hervorragendes Bier hergestellt. In der schick-modernen Gasthausbrauerei **TACOA** produzieren Teresa Queipo und Jochen Zeisel Bier nach dem Reinheitsgebot, d. h. einzig aus Malz, Hopfen, Hefe und Wasser. In Workshops können Sie Ihr eigenes Bier kreieren! Zur Wahl stehen Einsteiger-Abend- sowie intensive Tageskurse … Und auch kleine Gerichte sind im Angebot, die kanarisch-deutsche Mischung macht's: Es gibt z. B., passend zum Bier, gebratenen Ziegenkäse mit Mojo-Soße ebenso wie Bratwurst und Ofenhaxe! Sie finden die Brauerei an der alten Landstraße zwischen Tacoronte und der Autobahnabfahrt El Sauzal.
Carretera General del Norte 122, T 922 56 41 73, www.tacoa.com, mittags und abends

## Infos

- **Verkehr:** Per Bus kommt man nach Tacoronte (Linie 012) und La Laguna (Linie 011–012). Details s. Reisekarte, Rückseite.

# TOUR
# Feine Tropfen in El Sauzal

**In der Casa del Vino La Baranda**

Den besten Überblick über Teneriffas Weine erhalten Sie in der **Casa del Vino** in El Sauzal, wo Sie alle guten Inselweine kosten können. Ein Museum erzählt von der langen Geschichte des kanarischen Weins.

### Schlag nach bei Shakespeare

Wein wurde auf Teneriffa schon vor 350 Jahren angebaut, in England fand er begeisterte Käufer. Shakespeare, so liest man, wurde vom Hof jedes Jahr mit einem großen Fass Kanarenwein belohnt; da wundert's nicht, dass er den Tropfen in seinen Werken gleich dreimal gerühmt hat! Bekannt ist vor allem das Zitat aus seinem Drama »King Henry IV«. Shakespeare legt hier einer Wirtin die schönen Worte in den Mund: »Ich schwör', du hast zu viel Canary getrunken; das ist ein wunderbar eindringlicher Wein, er parfümiert das Blut, noch eh' man fragen kann, was das denn sei.«

### Fall & Aufstieg

Freilich wirkte sich die Weltpolitik schon damals auf die wirtschaftliche Entwicklung der Inseln aus. Die koloniale Konkurrenz zwischen Großbritannien und Spanien wurde dem »Canary« im frühen 17. Jh. zum Verhängnis: Der Export brach ein, produziert wurde fortan – ohne große Ambitionen – nur für den Hausgebrauch. Erst als die EU gegen Ende des 20. Jh. Subventionen bereitstellte, begann Teneriffas Weinkarriere von Neuem. Um die Zersiedlung zu stoppen, stärkte die Inselregierung die Landwir-

---

**Infos**

**Casa del Vino La Baranda:**
Calle San Simón 49, El Sauzal, T 922 57 25 35, www.casadel vinotenerife.com, Di–Sa 10–20, So 10–18 Uhr, Eintritt 3 €, Degustation 2 € pro Wein

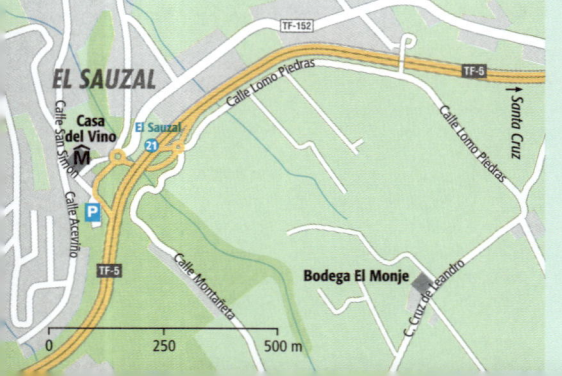

*Mit Augenmaß: Felipe Monje pflegt einerseits alte Familientraditionen, wagt aber andererseits auch öfter mal was Neues innerhalb der Weinszene.*

te und bezuschusste Bauern, die auf ihrem Land Reben pflanzten. Sie subventionierte Weinkurse und vergab Kredite für die Anschaffung moderner Technologie. Den Durchbruch feierte die Weinproduktion mit der Verleihung der geschützten Herkunftsbezeichnung (Denominación de origen, D.O.). Heute werden Dutzende Rebsorten angebaut. Etliche davon sind nur auf den Kanaren vertreten, weil sie auf dem europäischen Festland im 19. Jh. der Reblaus zum Opfer fielen: Listán Negro, Marmajuelo, Tintilla … Dass eine kleine Insel eine derartige Vielfalt an Reben hervorbringt, verdankt sie den unterschiedlichen Mikroklimata. Je nachdem, ob die Reben im mild-feuchten Norden oder im trockenen Süden, auf Meereshöhe oder im Mittelgebirge wachsen, entwickeln sie andere Geschmacksnuancen. Im Degustationsraum der Casa del Vino können Sie sich von der Qualität der Inseltropfen überzeugen.

### Canary Wine again

Felipe Monje, dem rührigen Besitzer der benachbarten **Bodega El Monje,** ist es zu danken, dass alle Kanaren-Weine heute wieder unter dem historischen Namen vermarktet werden. »Das macht uns auf dem internationalen Markt sichtbarer.« Bei Señor Felipe können Sie ›live‹ erfahren, wie Wein angebaut wird. Viermal täglich werden Rundgänge durch die unterirdische Kellerei angeboten, in der neben uralten Eichenfässern moderne Stahltanks stehen. Oft organisiert Felipe Konzerte und Kunstausstellungen, sein Lieblingsprojekt ist »Wein & Sex«: Beflügelt vom Wein, schreiben Gäste ihre erotischen Fantasien auf ein Stück Papier, das in ein Fass geworfen wird. Anschließend werden die Wünsche herausgefischt und von Schauspielern auf der Bühne improvisiert. Und was war die ›schlimmste‹ Fantasie? Felipe lacht: »Eine Frau wollte, dass ihr Mann verprügelt wird …«

> **Infos**
>
> **Bodega El Monje:** Camino Cruz de Leandro 36, T 922 58 50 27, www.bodegasmonje.com, Di–So 10–18 Uhr, Führung inkl. Degustation 12 €, Anfahrt wie Casa del Vino

# Tacoronte  ♀ G2

Mit seinen längs der TF-217 aufgereihten Häusern wirkt der knapp 24 000 Einwohner zählende Ort auf den ersten Blick wenig attraktiv. Doch dieser Eindruck wird korrigiert, wenn man das historische, unterhalb der Hauptstraße gelegene Zentrum erreicht.

### Gut versteckt – Die Altstadt
Rings um die mit Platanen bewachsene **Plaza del Cristo** gruppieren sich restaurierte herrschaftliche Häuser. Eine Freitreppe führt zur **Iglesia El Cristo de los Dolores** hinauf, wo der namensgebende gemarterte Christus von 1662 als Erlöser der Menschheit neben dem Kreuz steht. Durch den Chorumgang gelangt man ins angrenzende **Convento de San Agustín** (1649), das mit seinem rings um einen Garten angelegten Kreuzgang gefällt. Nach Auflösung des Ordens im 19. Jh. diente das Kloster nacheinander als Rathaus, Gefängnis und Schule. Heute ist hier Tacorontes Kulturhaus untergebracht. Vom Platz (bitte den dort ausgestellten Plan anschauen!) spaziert man – an stattlichen Herrenhäusern vorbei – zum kleinen Stadtpark **Parque Hamilton,** in dem Methoden des Weinanbaus vorgestellt werden.

Etwas weiter – etwa zehn Gehminuten – ist der Weg zur Plaza Chica, die von der barocken **Iglesia Santa Catalina** dominiert wird. Ihr Prunkstück ist ein silberdurchwirkter Hochaltar, den ein in Mexiko reich gewordener Tinerfeño seiner Heimatstadt gestiftet hat.

Verlässt man Tacoronte in Richtung La Laguna, entdeckt man eine surreale Hommage an Óscar Domínguez, den berühmten, 1907 in Tacoronte geborenen Maler: Einer riesigen Sardinendose entwächst ein knorriger Drachenbaum, wie ihn der Künstler auf einem seiner Bilder einst gemalt hat.

## Einkaufen

### Bauernmarkt
**Mercadillo del Agricultor:** Die Markthalle platzt aus allen Nähten. Eine Ecke ist für Wein reserviert, unübersehbar ist die Marke Viña Norte der einheimischen Genossenschaft. Aus Wein entsteht auch der klassische Weinessig, den man für *mojos* benötigt. Viele Varianten dieser Soße, ohne die kaum ein kanarisches Mahl auskommt, werden hier angeboten: roter Mojo aus Chilischoten und Paprika, grüner aus frischem Koriander, Petersilie und Avocado, aber auch der seltene weiße aus zerstampften Mandeln. Und probieren kann man in der Halle auch: z. B. Konfitüren aus Kaktusfeige und Mango oder den köstlichen Teneriffa-Honig – ganz toll auf Frischkäse!
TF-16 Tacoronte-Tejina Km 3,5 (Barrio de San Juan), www.mercadillodelagricultor.com, Sa–So 8–14 Uhr

## Feiern

• **Carnaval:** März. Tacoronte gehört zu den letzten Gemeinden, die zum Festumzug blasen. Karneval heißt hier Piñata Chica; viele Veranstaltungen finden auf der Plaza del Cristo statt; auch eine Oldtimer-Rallye steht auf dem Programm.
Fiesta de Santa Catalina: 25. Nov.. Großes Fest zu Ehren der Patronin.

## Infos

• **Verkehr:** Mit Bus kommt alle 30 Min. nach La Laguna (012, 51) sowie Puerto de la Cruz und Santa Cruz (101), seltener nach El Sauzal (012) und Mesa del Mar (021). Details s. Reisekarte, Rückseite.

# El Pris und Mesa del Mar  ♀F/G2

Schmale, kurvenreiche Straßen schrauben sich mehrere hundert Meter zu den beiden Orten hinab. Am Ortseingang von **El Pris** wurde eine wenig ansprechende Apartmentanlage errichtet, doch am Meer blieb das Flair des alten Fischerdorfs erhalten. Im Hafen ankern Boote, die täglich hinausfahren, um die Lokale mit Fisch zu versorgen. Sehenswert ist die kleine Ermita de Nuestra Señora del Carmen. Die zwischen dem Anleger und der Fischereigenossenschaft erbaute neue Kapelle erhielt 2018 den vom American Institute of Architects vergebenen Preis für religiöse Architektur.

In einem Meerwasserschwimmbad kann man sich bei ruhiger See erfrischen. Spaß macht der 1 km lange Küstenspaziergang, der erst um ein Felskap, dann längs der Playa del Sargo und weiterer Buchten bis nach **Mesa del Mar** führt.

Dieser Ort breitet sich auf einer tischebenen, den Klippen vorgelagerten Küstenplattform aus. Leider wurden auch hier in den 1970er-Jahren Apartmenthochhäuser hochgezogen; Verschönerungsaktionen sollen retten, was zu retten ist. So gibt es nun auch hier ein Meerwasserschwimmbecken mit Liegeflächen auf Holzplanken, ein kurzer Tunnel führt zur schwarzsandigen Playa de la Arena, wo sich der Küstenweg fortsetzt. Er endet an der Mündung einer Schlucht, über der sich das Castillo de Óscar Domínguez erhebt, die Sommerresidenz des surrealistischen Künstlers.

## Essen

### Am Meer
**Bar Pescador:** Die Lage unterm Gummibaum an der Promenade ist schön, die Küche schlicht: Zu günstigen Preisen bestellt man *papas arrugadas con mojo* (Runzelkartoffeln mit pikanter Soße), dazu Fisch und Salat.
Paseo Marítimo s/n, El Pris, T 922 56 28 06, ab 12 Uhr, wechselnder Ruhetag

## Infos

• **Verkehr:** Von Mesa del Mar kommt man mit Bus nach Tacoronte (Linie 021). Details s. Reisekarte, Rückseite.

# Valle de Guerra und Tejina  ♀G1

Das Hangtal senkt sich von der Hochebene La Lagunas sanft zur Felsküste hinab, an seinen Flanken wird Landwirtschaft betrieben. In Plantagen, die mit ihren grauen Plastikplanen kein schönes Bild abgeben, wachsen tropische Pflanzen, Blumen und Bananen für den Export. In **Valle de Guerra,** dem Hauptort des Tals, können Sie ein Ethno-Museum besuchen, an einer Stichstraße zur Küste befindet sich ein tolles Hotel (s. Lieblingsort S. 201).

Ein Stück weiter nördlich liegt **Tejina,** das man getrost vergessen könnte, wäre da nicht die Küste. Biegen Sie von der mitten durchs Zentrum führenden TF-16 in den Camino de la Costa ab (später Camino Playa de Jover), erreichen Sie in gut 2 km den Küstenweiler **Jover.** Rechts liegt die durch Felsarme geschützte Kiesbucht Playa de Jover, links die Felsbucht La Caleta del Roncador und zwischen beiden das kleine, attraktive Naturschwimmbecken Charco de Jover. Hier können Sie auch in die Fluten steigen, wenn das Meer etwas rauer ist. Und die steingepflasterten Terrassen sind ein guter Ort für ein Sonnenbad. Wer gern wilde

Küsten erkundet und dabei wüste Pisten in Kauf nimmt, kann Richtung Westen noch manch eine Entdeckung machen: von der Brandung zernagte Klippen, Höhlen, schwarze Buchten …

### Wie anno dazumal
**Casa de Carta:** Ein Gutsherrenhaus inmitten eines schönen Gartens wurde in ein *Museo de Historia y Antropología* (Museum der Geschichte und Anthropologie) verwandelt. Vom Himmelbett bis zur Mausefalle ersteht vor dem geistigen Auge ein Bild vom Alltagsleben auf dem Lande vor 100 Jahren. Gleichfalls eingeweiht wird man in die Herstellung von Seide und in die Techniken und Eigenheiten des Tabakanbaus.
Calle El Vino 44, Carretera Valle Guerra–Tacoronte, www.museosdetenerife.org, tgl. 10–17 Uhr, Eintritt 5 €

## Schlafen

**Costa Salada:** s. Lieblingsort rechts

### Für Junge & Junggebliebene
**Lagarto Backpackers Hostel:** reundlich geführtes Hostel zwischen El Pris und Bajamar, erreichbar über die TF-16. Mit Zimmern für 2–6 Pers., gut ausgestatteter Küche, Pool-Garten und Bike-Verleih.
Camino del Guincho 108, T 922 54 54 87 www.lagartobackpackers.com, ab 13,50 € p. P.

## Essen

### Für Fleischesser
**Bodegón Casa Tomás:** Zum Wein von der Familien-Bodega serviert Señor Tomás große Portionen gegrillten Fleisches zu einem vernünftigen Preis.
El Portezuelo, Callejón de la Iglesia 2, T 922 63 80 07, www.restaurante-bodegoncasatomas. es, Di–So 12–23.30 Uhr, Aug. geschl.

## Einkaufen

### Bauernmarkt in Tegueste
**El Mercadillo del Agricultor:** Neben Obst und Gemüse werden auch Qualitätsweine verkauft.
Calle Asuncionista 6, www.mercadillode tegueste.es, Sa, So 8–14 Uhr

## Infos

• **Verkehr:** Bus 105 fährt halbstündlich nach La Laguna und Tegueste. Weitere Verbindungen s. Reisekarte, Rückseite.

# Bajamar ♀G1

Mit Häusern im Stil der 1970er-Jahre entspricht Bajamar nicht gerade dem Ideal eines romantischen Fischerdorfs. Zum Meer gelangen Sie über eine von der TF-13 bei Km 15,6 abzweigende Straße (Schild »Piscinas Naturales/Paseo Marítimo«). Dort werden Sie mit mehreren großen Naturschwimmbecken (Eintritt frei) und einem kleinen Strand im Schutz einer Mole überrascht. Eine Promenade führt ostwärts an der Küste entlang, vorbei an einigen Restaurants. Folgen Sie der Carretera General de Bajamar weiter, können Sie gegenüber Haus 184 (von rechts mündet die Calle de las Palmeras ein) auf einem zehnminütigen Weg zu einem schwarzen Kies-Sand-Strand am Fuß der ›Melita-Klippe‹ hinabsteigen.

## Essen

### Kanarisch mit Pfiff
**Casa Pepe:** Kleines Lokal über dem tosenden Meer. Die Brüder Berto und Chi-

# Lieblingsort

## Landhotel an der Salzküste

Grandios auf einer Klippe gelegene Villa – die Brandung bricht sich an den Felsen, nirgends auf Teneriffa wohnt man näher am Meer. Überall sieht und spürt man es: im Frühstücksraum mit verglaster Veranda, auf den Terrassen oder im beheizten Salzwasser-Pool. Die Gäste freut's, dass die Spa-Einrichtungen rund um die Uhr benutzt werden können – welches Hotel bietet ein Bad bei Vollmond? (**Costa Salada**, G 1, T 922 69 00 00, www.costasalada.com, DZ ab 85 €; Zufahrt TF-161 ab Tejina 2,5 km oder via Valle de Guerra).

qui, die das Lokal der Eltern übernommen haben, bieten neue und abwechslungsreiche kanarische Küche und dazu den passenden Teneriffa-Wein. Sehr gutes Preis-Leistungs-Verhältnis.
Piscinas Municipales/Paseo Werner Rautenberg 5, T 922 54 09 58, Mi–So nur mittags

### Nicht nur für Süßschnäbel
**Palmelita Bajamar:** Das Café nahe dem Naturschwimmbecken hat sehr gute Konditoreiwaren und Konfitüren, mehrmals in der Woche gibt es Mehr- und Vollkornbrot. Das ›Gründercafé‹ Melita hält auf einer Klippe an der Straße nach Punta del Hidalgo seit 1968 eröffnete. Dort sitzen Sie besonders schön zum Sonnenuntergang!
Av. Gran Poder, Ed. Piscinas, T 922 15 03 55, www.palmelita.es, tgl. 9–21 Uhr

## Infos

- **Verkehr:** s. Infos S. 204

# Punta del Hidalgo  ♀H1

Über Klippen schauen Sie auf wild gezackte Berge, deren Gipfel meist ein Wolkenhäubchen krönt. Auch diesem Ort wurde schon früh eine funktionale Urbanisation beschert, die wenig Rücksicht auf die Naturkulisse nahm. Was gut tut: ein Bad im schönen Naturschwimmbecken (gratis) am Fuß des Hotels Océano und ein 3,4 km langer Küstenspaziergang. Dieser führt am Leuchtturm vorbei, der wie eine Rakete 50 m in die Höhe schießt – eine fantastische Säulenskulptur in Weiß. Ein paar Schritte weiter kommen Sie zum Restaurant Charco de la Arena mit einem zweiten Natur-Pool (Mo geschl., Eintritt 5 €). Am schönsten präsentiert sich der Ort, wo er endet: Wild wirft das Meer seine Wellen gegen die Klippen, darüber erheben sich stoisch die Felsgiganten Dos Hermanos. Vom Wendeplatz am Ende der TF-13 starten markierte Wege hinauf ins Anaga-Gebirge (s. Bewegen).

## Schlafen

### Eine runde Sache
**Océano Health Spa:** Das zehnstöckige 4-Sterne-Hotel hat eine fantastische Lage am Meer, dazu ein großes Spa mit Saunen, Jacuzzi und Thalasso-Bad sowie einen schönen Pool-Garten, der sich zum Atlantik öffnet. Obendrein gibt es ein öffentliches Naturschwimmbecken direkt vor dem Haus. Das Hotel verfügt über 78 großzügige, komfortable Apartments und Studios. Frühstück und Abendessen können auf der Gartenterrasse eingenommen werden, auf Wunsch wird Diät- und Schonkost serviert. Angeschlossen ist ein von deutschen Ärzten geleitetes Zentrum für Naturmedizin. Die Kuranwendungen werden von deutschen Krankenkassen anerkannt! Das Hotel bietet Yoga-Kurse, Nordic Walking, therapeutische Pool-Nutzung und Wassergymnastik, Wanderungen und Spanischkurse sowie ein anspruchsvolles Kulturprogramm: Konzerte, Lesungen und Vorträge.
Calle Océano Pacifico 1, T 922 15 60 00, www.oceano.de, Ap. für 2 Pers. ab 140 €

## Essen

### Traditionsreich
**La Caseta:** Als Señor Acostas Mutter das Lokal vor über 50 Jahren eröffnete, war es das einzige Haus weit und breit. Heute ist es sehr viel größer als damals,

# TOUR
# Gezackte Grate, tiefe Atlan
## und viele Höhlen

**Von der Küste ins Anaga-Gebirge**

### Infos

**Start:** Punta del Hidalgo (📍 H 1)

**Länge:** 8,5 km, 3.30 Std.
**Höhenunterschied:** 850 m

**Rückfahrt:** Bus 275 Las Carboneras–La Laguna, Bus 105 La Laguna–Punta del Hidalgo

Vom Wendeplatz der TF-13 in **Punta del Hidalgo** geht es auf der links abgehenden Nebenstraße ein paar Schritte hinab. Rechts zweigt eine Asphaltpiste ab (»PR-TF 10 Chinamada«), die mit Blick auf den doppelgipfligen Dos Hermanos zum Grund des Barranco del Río hinabführt. Wir gehen eine Minute das Bachbett rechts hinauf, um dann links in den Wanderweg einzuschwenken. Schweißtreibend schraubt sich der kühn angelegte Weg erst durch den **Barranco**, dann durch eine Seitenschlucht. Nach gut einer Stunde ist ein großartiger **Aussichtspunkt** erreicht, es folgt kurz darauf ein zweiter. Dann eine steile Passage über Felsstufen, bevor man auf einer höhehaltenden Strecke verschnaufen kann. Ein letztes Mal geht es steil hinauf, bevor Terrassenfelder das Höhlendorf **Chinamada** ankündigen (2 Std.).

Nach einer Pause in der Bar La Cueva (s. S. 205) folgen wir der Straße nach Las Carboneras, verlassen sie nach 5 Min. rechts mit dem PR-TF-10 und erreichen 30 Min. später einen Pass (Strommast!), der bereits zum Dorf **Las Escaleras** gehört. Geradeaus geht's nach Cruz del Carmen, wir aber schwenken hinter dem Kamm links in den PR-TF 10.1 ein und stoßen nach 15 Min. auf eine Straße, auf der wir links rasch das Dorf **Las Carboneras** erreichen.

über eine Terrasse und eine glasdachte Veranda. Gäste loben vor em die große Auswahl an Torten und Kuchen sowie das frittierte Spritzgebäck, die leckeren churros! Mo–Fr günstiges Tagesmenü.

Av. Marítima 1, T 922 15 66 32, Di–So 9–24 Uhr

## Infos

- **Touristeninfo:** Wendeplatz Ende TF-13, T 922 15 78 32, www.turismolalaguna.es, tgl. 9–17 Uhr.
- **Verkehr:** Alle 30 Min. mit Bajamar, La Laguna und Santa Cruz (Linie 105). Details s. Reisekarte, Rückseite.
- **Fiesta de San Juan:** 23./24. Juni. Nahe dem Leuchtturm werden zur Sonnwendfeier Feuer entfacht.

# Anaga-Höhenstraße  ⊙ 9 H–K 1/2

In Europa kennt man das lederartige Lorbeerblatt, das Suppen und Soßen eine pikant-säuerliche Würze verleiht. Nicht ein paar Blätter, sondern einen ganzen Lorbeerwald gibt es im Nordosten Teneriffas. Kühn ragt ein knapp 1000 m hoher Kamm auf, der sich vom Weiler Las Mercedes 25 km bis zum einsamen Dorf Chamorga erstreckt. Von ihm fallen gen Westen und Süden von tiefen Schluchten zerrissene Steilflanken zur Küste hinab. In den oberen Lagen sind sie mit dichtem, dunkelgrünem Lorbeerwald bedeckt, der seine Existenz vor allem dem Wind verdankt: Die vom Nordostpassat herangewehten Luftmassen, die sich bei ihrem Flug über den Atlantik mit feuchter Luft vollgesogen haben, stoßen an den steilen Bergflanken auf ein Hindernis, steigen auf und kühlen ab, wobei sie zu Wolken kondensieren. Sie kriechen den Nordhang empor und schwappen über den Kamm, um sich auf der wärmeren Südseite sogleich aufzulösen. Mit 1000 mm Niederschlag pro Jahr in höheren Lagen ist das Biosphärenreservat die feuchteste Region Teneriffas – eine Regenjacke und einen Pulli sollte man deshalb stets dabeihaben!

Den Nordosten kann man nicht auf einer Straße umfahren. Nur eine dem Kammverlauf folgende Höhenstraße erschließt die Region, von der mehrere Stichstraßen abgehen; sie führen zu den auf Bergkuppen thronenden Dörfern sowie zu den Küstenorten. Es ist empfehlenswert, schon früh ins Anaga-Gebirge aufzubrechen, denn bereits gegen Mittag bilden sich die Passatwolken aus.

Der Einstieg ins Gebirge erfolgt via Tegueste bzw. La Laguna; im Weiler **Las Canteras** beginnt die Höhenstraße TF-12, die sich in die TF-123 verlängert; in **Las Mercedes** taucht man in den dichten Lorbeerwald ein.

### Erste Aussichtspunkte

**Km 25,3:** In weiten Serpentinen schraubt sich die TF-12 zum **Mirador de Jardina** hinauf, wo man erstmals einen unverstellten Blick auf die Hochebene von La Laguna bis hin zum Teide hat.

**Km 22,8:** An der Zufahrt zum **Mirador Cruz del Carmen** ehrt eine kleine Kapelle die Schutzheilige Carmen. Ein **Besucherzentrum** informiert über das Naturschutzgebiet (s. Tour S. 206) und hält Infoblätter für Wanderer bereit. Rings um das *Centro de Visitantes* stehen typische Lorbeerbäume, fein säuberlich etikettiert. Spazieren Sie zum Aussichtsbalkon am Ende des Parkplatzes, wo sich ein weiter Blick über die Hochebene von La Laguna bis hin zum Teide eröffnet.

### Wohnen wie die Vorfahren

**Km 20,8:** Von der TF-12 zweigt die TF-145 ab, die in etwa 5 km **Las Carboneras** erreicht. Das Dorf besteht aus einer kleinen Kirche mit einem Platz, einigen steilen Gassen und zwei Ausflugslokalen. Von hier führt der 2,3 km lange Wanderweg PR-TF 10.1 nach **Chinamada** (s. Tour S. 203). Genauso lang ist die Straße, die in dem in einer Einsattelung grandios gelegenen Höhlenweiler endet. Die nur noch wenigen Bewohner haben den Steilflanken schmale Terrassenfelder abgerungen und leben wie ihre Guanchenvorfahren in Höhlen, die sie freilich zeitgemäß aufgerüstet haben. Beliebter Treffpunkt der Einheimischen ist die Bar **La Cueva** (Mi–So 10–19 Uhr). Wer sich einen Überblick über das Dorf und seine Umgebung verschaffen will, spaziert von der Kirche in 15 Min. zum Aussichtspunkt Mirador de Aguaide.

### Wanderparadies Taborno

**Km 20,7:** Zurück auf der Höhenstraße, passiert man 100 m weiter das Ausflugslokal Casa Carlos (mit wechselndem Ruhetag!), von dem aus gleich mehrere Wanderwege starten. Der kürzeste führt in 40 Min. zum Dorf **Taborno,** das aussichtsreich auf einer Bergflanke thront und das man natürlich auch per Auto (TF-145 Richtung Las Carboneras) erreichen kann. Rechts am Kirchlein vorbei kommt man zu einem kleinen Mirador; von hier aus startet auch der Wanderweg zum **Roque de Taborno.**

### Abstecher nach Afur

**Km 18,5:** Kurz hinter der Bar Santiago (beste Aussicht, Tapas und Wein) verlässt man abermals die TF-12. Eine Stichstraße, die links abzweigende TF-136, schraubt sich in vielen Serpentinen die Bergflanken hinab und führt über den Weiler Roque Negro nach **Afur,** dessen drei Ortsteile sich über mehrere Bergflanken terrassenförmig den Hang hinabstaffeln.

Das Untere Afur *(Afur Bajo),* wo die Straße endet, ist ein weltvergessener, romantischer Flecken mit Kirchlein und Plaza. Ein markierter Wanderweg zieht sich längs des Barranco de Afur in 45 Min. zur gleichsam weltverlorenen Felsbucht Playa del Tamadite hinab; 1.30 Std. braucht man, um nach Taganana zu kommen.

### Immer weiter ...

Auf der Straße passiert man die Streusiedlung **Casas de la Cumbre** und 1 km weiter ein ehemaliges Forsthaus *(casa forestal),* an dem sich mehrere Wanderwege kreuzen. Hinter dem Haus startet der *Camino de las vueltas* PR-TF 8. Der Weg der Kehren senkt sich durch geradezu dschungelhaften Lorbeerwald nach Taganana hinab (insges. 1.30 Std.). Bleibt man auf der TF-12, gelangt man zu einer recht verwirrenden Straßengabelung: Links geht es auf der Kammstraße (sie nennt sich fortan TF-123) in 12 km nach Chamorga (s. S. 209), geradeaus führt die TF-12 zum Küstenort San Andrés, von der nach gut 1 km die Straße nach Taganana-Benijo abgeht.

## Wildromantische Nordküste

**Km 11,4:** Um zur Küste zu gelangen, folgt man der TF-12 in Richtung San Andrés (sic!) und biegt nach gut 1 km links in die Tunnelstraße TF-134 ab, die sich in engen Serpentinen mit 16 % Steigung den Berg hinabschraubt. Ein erster Halt lohnt in **Taganana,** dessen Guanchenname sich dem markant aufragenden Roque de las Ánimas, dem Berg der Seelen, verdankt. Ein paar Lokale haben sich hier auf Tagesausflügler eingestellt, doch die meisten Bewohner leben nach wie vor von Subsistenzlandwirtschaft. Auf kleinen Terrassenfeldern, die von sorgfältig aufgeschichteten Natursteinmauern gestützt werden,

# TOUR
# »Wege der Sinne« in Wäldern der Voreiszeit

**Naturlehrpfade ab Cruz del Carmen**

Wolkenfetzen, die durch Baumkronen huschen und knorrige, vom Wind gebeugte Lorbeerbäume: Sie hören das Geräusch herabfallender Tropfen, fühlen die unterschiedlichen Rinden und Blattgewebe, riechen Pilze und modrige Feuchtigkeit …

Als Einstieg in den Anaga-Wald empfiehlt sich ein Besuch im **Besucherzentrum in Cruz del Carmen** (s. S. 204), wo südwärts drei »Wege der Sinne« starten. Die beiden ersten verlaufen über Laufstege und sind behindertengerecht. Der erste Lehrpfad ist 340 m lang, der zweite als 540 m lange Runde angelegt. Der dritte – orange markiert – ist mit 1,2 km etwas länger, steiler und nimmt die beiden ersten in einer Schleife auf. Er trägt den Namen »Was der Lorbeerwald verbirgt«. An seinem Scheitelpunkt schauen Sie vom **Mirador Llano de los Loros** über Steilhänge hinweg bis Santa Cruz hinab. Unterwegs erläutern Schautafeln markante Facetten des Waldes.

### Überlebende
Vor vielen Millionen Jahren wuchsen Lorbeerbäume rings ums Mittelmeer. Doch während sie dort infolge der Eiszeit ausstarben, konnten sie auf einigen Atlantikinseln dank der dort herrschenden milden Temperaturen überleben. Außer auf den Kanaren erhielten sie sich auf Madeira, den Azoren und den

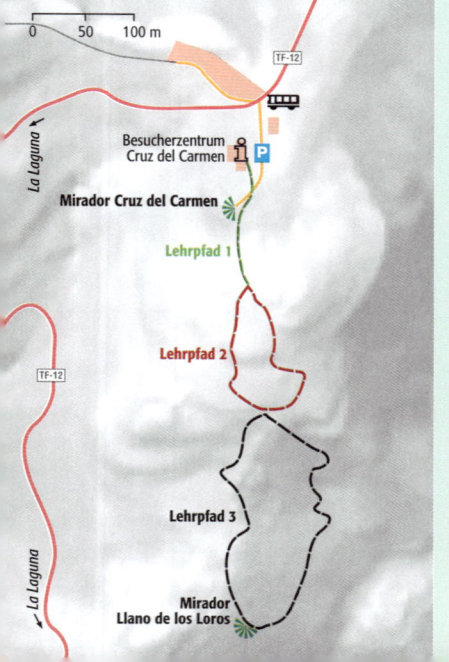

## Infos

**Start:** ♥ H1, Ermita Cruz del Carmen, Besucherzentrum Cruz del Carmen (Centro de Visitantes, Parque Rural Anaga), TF-12, Km 22,8, tgl.

**Planung:** 9.30–16, im Sommer bis 15 Uhr, T 922 63 35 76, Eintritt frei, s. S. 204

**Anfahrt:** mit Bus 76, 77, 273, 275; mit Pkw über die TF-12

Kapverden, die aufgrund ihrer ähnlichen Natur zusammenfassend Makaronesien, ›Glückliches Land‹ (von griech. *makaros*, glücklich), genannt werden. Lorbeerwald findet man überall dort, wo der feuchte Nordostpassat herrscht, d. h. an der Nordseite der Insel auf einer Höhe zwischen 500 und 1100 m. Die wichtigsten Lorbeerbäume stehen – säuberlich etikettiert – am Eingang zum Besucherzentrum, so der *Til*, der auf Deutsch wenig schmeichelhaft ›Stinklorbeer‹ heißt, weil er einen unangenehmen Geruch verströmt. Andere bekannte Exemplare sind der *Barbusano*, das ›kanarische Edelholz‹, der Azoren-Lorbeer und der mit dem Avocado-Baum verwandte *Viñatigo*. Mit ihren Kronen bilden sie ein dichtes Dach, durch das kaum ein Lichtstrahl dringt. Ihre lederartigen, immergrünen Blätter haben die Fähigkeit, Wasser aus Wolken zu melken, und sorgen dafür, dass der Wald feucht wie ein Schwamm bleibt.

Nach der Conquista wurden weite Teile von Teneriffas Lorbeerwald gerodet, um Brennholz für die Zuckersiedereien zu liefern; später dienten die Bäume als Baumaterial. Ein großer, zusammenhängender Wald erhielt sich im abgelegenen Anaga-Gebirge, wo die Barranco-Wände so schroff und steil sind, dass ein Abholzen schwierig ist. 1987 wurde er unter Naturschutz gestellt, sein Erhalt somit dauerhaft gesichert.

### Bedeutungsvoller Lorbeer

Lorbeerblätter sind begehrt. Geschätzt wird das in ihnen enthaltene ätherische Öl als Würz-, aber auch als Rauschmittel. Daphne, das altgriechische Wort für Lorbeer, verweist auf die Geschichte der gleichnamigen Nymphe, die sich in einen Lorbeerstrauch verwandelte, um Apolls Nachstellungen zu entgehen. Dieser wiederum trug als Symbol seiner unerwiderten Liebe ein Gewinde aus Lorbeerzweigen. Im alten Rom war der Lorbeerkranz bereits zum Zeichen von Ehre und Sieg mutiert. Nur Kriegsherren, die erfolgreich aus der Schlacht heimkehrten, durften ihn tragen.

Noch heute schmücken sich in Großbritannien anerkannte Dichter mit dem Titel »Lorbeerbekrönter Poet« *(poeta laureatus)*, und in Deutschland ehrt das Silberne Lorbeerblatt erfolgreiche Sportler.

*Auf in den Lorbeerwald! Auf nach Chamorga …*

bauen sie Wein, Obst und Gemüse an; ihre Ziegenherden durchstreifen die Täler. Dass Taganana einst eine Hochburg des Zuckerrohranbaus war, wird beim Besuch des schönen, von Palmen und Drachenbäumen bestandenen Kirchplatzes deutlich. Die ersten Siedler, reich geworden durch das ›weiße Gold‹, leisteten sich die große Iglesia Nuestra Señora de las Nieves (1505) und darin ein kostbares, Hans Memmling zugeschriebenes Triptychon aus Brügge; man findet es im rechten Seitenschiff (sollte die Kirche geschlossen sein, bitte im Pfarrhaus klopfen).

Nur etwa 3 km unterhalb des Dorfes erreicht man das Meer. Die Küstenstraße verläuft am Fuß der hohen Basaltklippen, an denen 100 wilde Drachenbäume wachsen. Erste Station ist der Weiler **Roque de las Bodegas** mit schwarzsandigem, von Felsen attraktiv eingerahmtem Strand. Zum Baden ist es hier aufgrund starker Brandung zu gefährlich, doch die kanarischen Surfcracks hält das nicht ab. Mit dem Risiko steigt der Kitzel, und darum stürzen sie sich gerade hier in die Fluten. Von einem der netten Lokale längs der Straße kann man ihnen zuschauen.

Das nächste Dorf ist das auf einem Hügel oberhalb der Küstenstraße thronende **Almáciga.** Eine witzige Geschichte rankt sich um seine Schutzheilige: 1948 warfen baskische Pilger aus der Stadt Begoña eine Flaschenpost mit dem Bildnis Marias ins Meer. Und siehe da: Acht Monate später wurde sie an die Küste Almácigas gespült. Die Fischer, die sie fanden, schrieben den Pilgern und erhielten prompt eine Marienskulptur. Diese steht nun in der nach ihr benannten Kapelle Ermita de la Virgen de Begoña.

Die Küstenstraße endet in **Benijo,** einem herrlich wilden Flecken. Das Dorf ist von Klippen eingefasst, im Meer liegen die Roques de Anaga, kleine Felseilande. Über einen Treppenweg steigt man zum geröligen Strand hinab. Ein Schild warnt vor dem Bad; dazu zeigt ein Schrein einen Engel, der für all jene betet, die nicht aus den Fluten zurückgekommen sind. Immerhin kann man im Lokal den Meerblick genießen.

Von Benijo führt eine 2 km lange Holperpiste (Wanderweg PR-TF 6.2) zur **Playa del Draguillo** – ein Schild warnt allerdings vor Steinschlag und Hunden! Länger, dafür schöner und sicherer läuft man zum Leuchtturm **Faro de Anaga** (PR-TF 6, weitere 1.45 Std., eine Richtung!).

## Weiter auf der TF-123

Zurück auf der Höhenstraße (nun TF-123) passiert man – 400 m nach der Gabelung TF-12/TF-123 – den sogenannten ›Blökplatz‹ (**El Bailadero**), einen wenig attraktiven Weiler mit grandioser Aussicht am Kamm. Da sich in der Nähe Straßen aus allen Himmelsrichtungen kreuzen, ist er zum Verkehrsknotenpunkt mutiert. 500 m weiter kommt man an der Herberge Montes de Anaga vorbei, danach führt die schmale Straße in dichten Lorbeerwald.

**Bei Km 9,8** ignoriert man den Abzweig nach Las Bodegas, die Straße windet sich nun durch einen Tunnel in das Seitental von **Chamorga** hinab. Am Ortseingang dieses idyllischen Weilers mit vielen Palmen und Drachenbäumen befindet sich ein Kirchlein (Bushaltestelle).

Nach weiteren 600 m endet die Straße am Lokal Casa Alvaro. Wegweiser zeigen die vielen Wandermöglichkeiten auf: Mit dem Weg PR-TF6 geht es in 3,2 km zum rund 500 m tiefer gelegenen Fischerweiler Roque **Bermejo** bzw. in 2,9 km zum Drachenbaumhain **El Draguillo**; der PR-TF 6.1 führt in 1,4 km zum Mirador von Tafada hinauf bzw. in 3,2 km zum Leuchtturm **Faro de Anaga** hinab. Bitte bedenken Sie, dass die Höhenunterschiede beträchtlich sind, sodass scheinbar kurze Strecken einen erheblichen Zeitaufwand erfordern!

## Schlafen

### ... bei El Bailadero:

#### Ideal für Wanderer
**Albergue Montes de Anaga:** Moderne Wanderherberge mit tollem Bergblick, 1 km östl. von El Bailadero an der Straße nach Chamorga. Mit Küche, Heizung und Internet, Wäscherei und Abstellraum für Räder. Serviert wird deftige Hausmannskost.
Carretera El Bailadero–Chamorga, T 922 82 32 25 (Büro Mo–Fr 9.30–15 Uhr), www.alberguestenerife.net, DZ ohne Frühstück mit Bad 30 €, billiger sind die acht Zimmer mit 4–6 Schlafplätzen (je Bett 15 €)

## Essen

### ... in Cruz del Carmen:

#### Hausmannskost
**Cruz del Carmen:** Wenn die Passatwolken heranwabern, gibt es nichts Schöneres, als sich hier unter Einheimischen aufzuwärmen. Suppen ab 3 €.
TF-12 Km 22,8, T 922 25 00 62, tgl. außer Do 11–20 Uhr

#### Nur Lokales
**La Gangochera:** In seinem rustikalen Café unterhalb des Parkplatzes bietet Señor Mario vor allem Sandwiches, aber auch süffigen Wein aus Taganana, Kräuterlikör, Ziegenkäse und Honig, Trockenfrüchte, Obst und Gemüse.
TF-12 Km 22,8, T 922 26 42 12, tgl. 9–16.30 Uhr

### ... in Las Carboneras:

#### Der Wirt singt mit
**Valentín:** Valentín singt und greift, wenn Wandergruppen eintreffen, gern zur Timple; Trinkgeld ist erwünscht. Derweil ser-

viert seine Schwester Deftiges. Günstige Preise.
Las Carboneras 19, Sa–Di 10.30–18 Uhr

### ... in Roque de las Bodegas:

### Legendär
**Playa – Casa África:** Heiter bemaltes Fischlokal an der Küstenstraße mit großem kantinenähnlichem Saal. Die Portionen sind groß und die Preise günstig, deshalb kommen am Wochenende auch gern die Einheimischen. Besonders beliebt ist gebratener Tintenfisch (*pulpo frito*) und zum Abschluss obligatorisch der *barraquito* (Kaffee mit Zimt und Zitronenlikör), zubereitet von Señora África, die seit 1972 Regie führt.
Roque de las Bodegas 3, T 922 59 01 00, tgl. 11–18 Uhr

### ... in Benijo:

### Tolle Lage
**El Mirador:** Ein wunderbarer Ort, um von der Terrasse auf die Klippenküste zu blicken! Und auch die Preise sind akzeptabel.
Benijo 1, TF-134 Km 9,3, T 922 59 02 17, tgl. 11.30–17.30 Uhr

### Superpreiswert
**Casa Paca:** In der einfachen Bar ein paar Schritte landeinwärts stärken sich Wanderer nach dem Abstieg aus dem Anaga-Gebirge. Günstige Tapas: Ein wahrer Genuss ist vor allem der Käse aus eigener Molkerei (*queso blanco*).
Benijo 8, T 922 59 02 44, ab 12 Uhr

## Bewegen

**Baden/FKK:** Am Ende der zur Nordküste führenden Stichstraße liegt Benijo. Geht man von dort zu Fuß weiter, gelangt man nach ca. 30 Min. zur 150 m langen schwarzsandigen Playa del Dragullo. Gefährliche Brandung, Steinschlag (!), doch ein herrlich einsamer Flecken für ein textilfreies Sonnenbad.
**Wellenreiten:** In den Buchten von Roque de las Bodegas werfen sich Surf-Cracks in die Brandung.
**Wandern:** Das Anaga-Gebirge ist durch markierte Wanderwege erschlossen. Im Besucherzentrum von Cruz del Carmen (s. S. 204) erhält man viele Infos. Wichtige Startpunkte für Wandertouren sind außer dem Besucherzentrum die Weiler Chinamada, Afur und Chamorga (s. S. 205, 209).

## Infos

- **Verkehr:** Taganana, Benijo, Roque de las Bodegas und Almáciga sind durch Linie 946 mit der Außenwelt verbunden, Chamorga und Punta de Anaga durch Linie 947. Beide Buslinien passieren El Bailadero. Mehrmals täglich fahren auch Busse von La Laguna über Las Mercedes nach Cruz del Carmen (273, 76–77), zum

### GRAFFITI-BUNKER

2,5 km nördlich von San Andrés (Richtung Igueste) steigt die Straße stark an. An ihrem höchsten Punkt steht die Hausruine Los Órganos, an der sich viele Generationen von Graffiti-Sprayern ausgetobt haben. Spannender als die Kunst ist freilich die Natur: Durch hohle Fenster eröffnet sich ein atemberaubender Blick auf die Küste. Tief unten liegt die Strandsichel der Playa de las Teresitas; nordwärts schaut man auf die zerklüftete Anaga-Küste mit den Buchten Playa Chica und Playa de las Gaviotas. Beide FKK-Strände sind über kurze Stichstraßen erreichbar.

Mirador del Pico del Inglés (73), nach Las Carboneras und Taborno (275), Roque Negro und Afur (76). Details siehe Reisekarte, Rückseite.

# San Andrés und Igueste  ♀ J2/K1

Vom Anaga-Kamm schlängelt sich die Straße in neun aussichtsreichen Kilometern zur Nordostküste hinab. Kleine Häuser säumen die Durchgangsstraße des Fischerdorfs **San Andrés** und krallen sich gleichsam an die Steilflanke am Südrand der Bucht. Davor erstreckt sich Teneriffas Paradestrand, die **Playa de las Teresitas**: Der helle Sand wurde von Fuerteventura und aus der Sahara herangeschippert und fällt so flach ins Meer ab, dass auch Kinder gefahrlos planschen können. Im Schatten von Wellenbrechern ankern bunte Fischerboote, im Uferbereich sorgt eine Palmenpromenade für exotisches Flair. Am Strand trifft man vor allem Einheimische aus der 10 km entfernten Hauptstadt, die hier nach Feierabend und am Wochenende entspannen.

Doch die Idylle ist bedroht: Baulöwen im Verbund mit einer willfährigen, korrupten Bürokratie haben die naturgeschützte Bucht für urbanisierbar erklärt. Spaniens Oberstes Gericht hat zwar den ehemaligen Bürgermeister von Santa Cruz zu sechs Jahren Haft verurteilt, doch ob dies das Bauprojekt stoppen wird, ist fraglich.

Fährt man von San Andrés in Richtung Nordosten, kommt man, vorbei am Graffiti-Bunker (s. Kasten links), nach **Igueste**. Kleine weiße Häuser, eingefasst von Gärten, stehen beiderseits des tiefen, von einer Brücke überspannten Barrancos. An der nördlichen Dorfseite endet die Straße an der Bushaltestelle, von wo Treppen zum Kirchplatz hinaufführen. Von dort gelangt man auf einer steilen Treppengasse zu einer Kiesbucht, von den Einheimischen Kleiner Hafen *(puertito)* genannt.

## Essen

Am Strand von Las Teresitas reihen sich Strandbars aneinander. Hier bekommen Sie Snacks und Drinks, die Sie unter Palmen und mit den Füßen im Sand genießen. ›Richtig‹ essen können Sie in den Fischlokalen an der Promenade.

### Frischer Fisch vom Fischer
**El Rubí:** Im Lokal an der Küstenstraße locken Fisch und Meeresfrüchte, die appetitlich in einer Vitrine angerichtet sind. Am Wochenende ist es sehr gut besucht! Mittlere Preislage.
Calle Dique 19, San Andrés, T 922 54 94 05, Di–So 12–20 Uhr

## Feiern

- **Fiesta de San Juan:** 23./24. Juni. Zur Sonnwendfeier finden am Strand von Las Teresitas Open-Air-Konzerte statt und es wird ein Feuerwerk entzündet.
- **Fiesta de San Pedro:** 29. Juni. Patronatsfest in Igueste.
- **Fiesta de San Andrés:** 30. Nov. Patronatsfest in San Andrés. Auf die Prozession folgt Tanz und Musik bis tief in die Nacht.

## Infos

- **Verkehr:** Mit dem Bus kommt man etwa stdl. von San Andrés nach Santa Cruz (Linien 946–947), etwa alle 2 Std. nach Igueste (945), Taganana und Almáciga (946). Details s. Reisekarte, Rückseite.

# *Zugabe*
# Wie auf der Alm

*Mirador de Jardina*

Beim Anblick des Tals mit seinen saftigen Feldern und dem frischen Gras werden die wilden Ziegen einen Freudentanz aufführen. Doch wie lange dürfen sie das noch? Immer lauter werden die Stimmen, die dazu aufrufen, die Jagd auf die Tiere zu eröffnen – Teneriffas Hobbyjäger sitzen schon in den Startlöchern. Einheimische Pflanzen, so heißt es, müssten davor geschützt werden, von den Ziegen gefressen zu werden … (♀ H 1, TF-12 Km 25,3) ■

# Das Inselzentrum

**Für viele der Höhepunkt ihrer Reise** — Teneriffas Nationalpark mit seiner hochalpinen Vulkanlandschaft und einem Riesenkrater, der von einem 45 km langen Felswall umgeben ist. Dazu einer der mächtigsten Vulkane der Welt: der Teide.

*Seite 217*
### Picknicken
An allen Zufahrten zum Nationalpark laden rustikale Waldplätze zur Pause ein.

*Seite 218*
### Cumbre Dorsal
Teneriffas Rückgrat: Vom bewaldeten Kamm eröffnen sich fantastische Ausblicke. Und das Spiel der Wolken ist zum Sich-satt-Sehen …

*Seite 221, 223*
### Chinyero/Arenas Negras
Der Chinyero, der jüngste Vulkan der Insel, will ebenso umrundet werden wie der Berg der ›Schwarzen Asche‹.

Die UNESCO hat Teneriffa zur »Starlight Destination« erklärt.

*Eintauchen*

*Seite 222*
### Las Cañadas
Für die Ureinwohner das ›Reich der Hölle‹, heute für viele ein Paradies: eine alpine Vulkanlandschaft in über 2000 m Höhe mit schwarz erstarrten Lavaströmen, gelben Bimssteinfeldern und violett schimmernden Ascheebenen.

*Seite 224*
### Besucherzentrum El Portillo
Die multimediale Einführung in alle Facetten des Nationalparks beeindruckt – da bebt ja sogar die Erde. Und der Steingarten hinter dem Besucherzentrum stellt Berg-Exoten vor: Ureinwohner von Teneriffa.

Das Inselzentrum **215**

*Seite 226*
## Seilbahn auf den Teide ⭐

›Väterchen Teide‹ wacht über Teneriffa: Fast 4000 m hoch ist er und oft schneebedeckt. Die Seilbahn macht es möglich, Spaniens höchsten Gipfel auf die leichte Tour zu ›erklimmen‹. Das Abenteuer dauert nur zehn Minuten und 1000 Höhenmeter – es geht fast bis zum Gipfel. Und dann? Atemberaubende Ausblicke. Nicht vergessen: warm anziehen. Und bei Höhenschwindel: ausruhen.

*Seite 228*
## Roques de García

Fantastischer Höhenbummel am Fuß des Teide, vorbei am ›Finger Gottes‹ und einer verwitterten ›Kathedrale‹. Schnell wird klar, warum just hier der »Kampf der Giganten« gedreht wurde …

*Seite 231*
## Sterne sehen

Nachts die letzte Station vor dem All: Observatorio Astronómico del Teide. Das Universum ist so klar zu sehen wie an nur wenigen Orten der Welt, die geführten Astro-Touren holen die Sterne vom Himmel.

Schon mal einen 5 m hohen Stöckelschuh gesehen? Nein? So hoch ist der ›Schuh der Königin‹ in der Ebene von Ucanca.

»… eine horizontale Wolkenschicht von strahlendem Weiß trennt den Aschekegel von der unteren Ebene …«
(Alexander von Humboldt)

# erleben

# »Väterchen« Teide

Der 3718 m hohe Vulkan in der Inselmitte ist so dominant, dass man ihn aus allen Himmelsrichtungen sieht. Oft bildet sein schneebedeckter Gipfel einen reizvollen Kontrast zu den frühlingshaften Hängen des Nordens und Südens. Ebenso imposant wie der Teide ist der riesige Krater an seinem Fuß – man glaubt auf einem anderen Planeten gelandet zu sein: erkaltete Lavaströme in Schwarz, Grau und Violett, aufgebrochene Schlackefelder, haushohe ›Eier‹ und verwitterte Felstürme ... 1954 wurde der Teide zusammen mit dem Cañadas-Krater zum Nationalpark erklärt, 2007 wurde er Welterbe der UNESCO.

Teneriffas Hochgebirgslandschaft ist bestens erschlossen. Aus allen Himmelsrichtungen führen gut ausgebaute Straßen ins Inselzentrum, die auch von öffentlichen Bussen bedient werden. Sowohl von Puerto de la Cruz als auch von den Ferienstädten des Südens braucht man kaum mehr als eine Autostunde, um in den Nationalpark zu kommen. Dieser wird von einer Traumstraße, der TF-21, durchschnitten. Im Winter ist sie an einigen wenigen Tagen wegen Schneeverwehung geschlossen, *carretera cortada* heißt es dann an den Zufahrtsstraßen.

### ORIENTIERUNG

**Infos**
www.volcanoteide.com/de/natio nalpark: Infos rund um den Teide, Buchung von Seilbahn, Herberge und Observatoriums-Führung.

**Verkehr**
Von Las Américas im Süden fährt Bus 342 morgens über Vilaflor, Parador und Seilbahnstation zum Besucherzentrum El Portillo. Von Puerto de la Cruz im Norden peilt Bus 348 via El Portillo den Parador an. Nachmittags geht es auf gleicher Strecke zurück (Details s. S. 230).

Die Landschaft im Zentrum Teneriffas ist so spektakulär, dass jeder sie sehen möchte. Wer dem Massenandrang entgehen will, kommt vor 10 Uhr, also bevor die Ausflugsbusse anrollen, oder nach 17 Uhr, wenn die Karawane abgezogen ist.

Will man die Landschaft ausgiebig erkunden, quartiert man sich im Parador ein. Er liegt auf 2200 m Höhe in klarer, trockener Hochgebirgsluft. Alternativ greift man auf Unterkünfte in Vilaflor zurück (s. S. 106). Gipfelstürmer können auch in der Schutzhütte Refugio de Altavista übernachten, von wo sie in 2 Std. den Teide-Gipfel erreichen.

# Auf dem Weg zum Nationalpark   ♀ C–E4–6

Viele Wege führen zum mythenumwobenen Teide. Je nachdem, welche Himmelsrichtung Sie wählen, durchfahren Sie duftenden Kiefernwald oder schwarze Lavawüsten. Um die Vielfalt der Landschaften kennenzulernen, empfiehlt es sich, für die An- und Rückfahrt unterschiedliche Strecken zu wählen. Und nicht vergessen: Auch wenn es an der Küste sommerlich warm ist, kann es im Inselzentrum empfindlich kühl sein. Darum sollte man eine Jacke dabeihaben, gegen gleißende Sonne helfen Hut, Brille und Creme mit hohem Lichtschutzfaktor. Vergessen Sie auch nicht zu tanken!

## Über La Orotava

Von La Orotava folgen Sie der TF-21 ca. 30 km in Richtung Parque Nacional. Die Straße führt durch grünes Bauernland, gesäumt von Kastanienbäumen, Weingärten und terrassierten Kartoffelfeldern. Auf etwa 1000 m Höhe liegt bei Km 15 **Aguamansa** – eine Stärkung bei Kaminfeuer bietet das gleichnamige mittelpreisige Lokal (TF-21 Km 15, T 922 33 06 38, Di–So mittags und abends). Oberhalb des Dorfes ist die Zersiedlung zu Ende. Hier beginnen die ausgedehnten, oft wolkenverhangenen Kiefernwälder der Corona Forestal, der ›Waldkrone‹ (s. Tour S. 186). Schon mitten im Wald, in einem erloschenen Krater (Km 16,5), liegt der **Picknickplatz La Caldera** mit rustikalen Bänken und Tischen. Am Wochenende, wenn kanarische Großfami-

*Endlich geschafft! – Vom Gipfel in 3718 Metern Höhe bietet sich zur Belohnung ein grandioser Panoramablick über die Insel.*

lien einfallen, wird fleißig gegrillt. Ein Halt lohnt auch an der ›Basalt-Rosette‹ *(Piedra de la Rosa)* bei Km 22,8. Noch weiter oben reißt die Wolkendecke auf: Der Himmel ist stahlblau, die Luft zum Schneiden klar: eine wilde, hochalpine Szenerie. Bei Km 32 erreichen Sie das Besucherzentrum **El Portillo** (s. S. 224).

## Über La Laguna

Von der Nordautobahn TF-5 wählen Sie die Ausfahrt 9 in Richtung Parque Nacional del Teide und folgen der **TF-24**. Die Straße verläuft 43 km längs der **Cumbre Dorsal**, dem Rückgrat der Insel, durch dichten Kiefernwald. Wo dieser sich lichtet, bieten sich weite Ausblicke auf die Ost- bzw. Nordseite der Insel.

Einziger Ort an der Strecke ist bei Km 5 das 900 m hoch gelegene **La Esperanza:** Hoffnung *(esperanza)* schöpften die spanischen Truppen, die sich hier 1494 nach einer gegen die Guanchen verlorenen Schlacht neu formierten. Zentrum des Ortes ist der große, von Rathaus, Kulturzentrum und Kirche überragte Dorfplatz; am Ortsausgang gibt es rustikale Ausflugslokale.

5 km weiter (Km 10) geht es links ab zum mitten im Wald gelegenen **Picknickplatz Las Raíces**. Nahebei steht ein mit Graffiti bemalter Obelisk, der an das 1936 hier stattgefundene konspirative Treffen hochrangiger Militärs erinnert. Einer von ihnen war General Franco, der wenig später, am 18. Juli, via Gran Canaria ins damalige Spanisch-Marokko übersetzte und an der Spitze ihm loyaler Truppen den Aufstand gegen die demokratisch gewählte Regierung proklamierte. Dies war der Auftakt zu einem dreijährigen Bürgerkrieg, dem 36 Jahre Diktatur folgen sollten.

Ein paar Kilometer weiter passieren Sie den Weiler **Las Lagunetas**. Wer Lust auf eine Kletterpartie hat, kann sich im **Forestal Park Tenerife** wie Tarzan aus großer Höhe abseilen und springen – ein Spinnennetz fängt ihn oder sie auf (TF-24, Km 16, T 630 38 57 42, www.forestalparktenerife.es, Nov.–März Fr–So 10–18, April–Okt. Fr–So 10–20 Uhr, letzter Zutritt 3 Std. vor Schließung, 22 €, bis 12 J. 17 €).

Auf der folgenden Strecke können Sie mehrmals zu miradores abzweigen. Erster Aussichtspunkt ist bei Km 19,5 der **Mirador Ortuño** (1600 m) mit Tiefblick auf das Orotava-Tal. Spektakulär ist die Aussicht vom **Mirador Chipeque** (1830 m), den man über einen Abzweig bei Km 26 erreicht (s. Lieblingsort rechts) – und auch am **Mirador Ayosa** (1950 m) bei Km 28,2 hat man den Norden im Blick.

Auf der Kammstraße ist auf etwa 2000 m Höhe die Baumgrenze erreicht. Nackter Vulkanfels tritt zutage, nur dicht am Boden kraxelnde Büsche trotzen der extremen Witterung. Wo die Straße eine tief eingegrabene S-Kurve durchläuft (bei Km 32), passiert man ›die Torte‹ *(la tarta)*: Wie die Schichten eines Riesenkuchenstücks zeigen die aufgeschnittenen Seitenwände einzelne Gesteinsschichten in Weiß, Ocker bis Tiefschwarz. Wo die Straße als Hohlweg durch den Fels gesprengt wurde, zeichnen sich in der Wand Basaltknollen ab, die sich um einen Mittelpunkt herum abgekühlt und eine Kristallstruktur mit mehreren Schalen zugelegt haben – als wären sie steingewordene Zwiebeln.

Es folgt eine Szenerie, die einem Science-Fiction-Film entnommen sein könnte. Mehr als zehn Riesenteleskope ragen aus der Wüstenei in den blauen Himmel. Sie gehören zum **Observatorio Astronómico del Teide** und dem **Observatorio Meteorológico de Izaña** (s. Zugabe S. 231). Mit ihrer Hilfe können Wissenschaftler immer wieder neue Kometen und Planeten entdecken. Das Gelände ist für den normalen Publikums-

# Lieblingsort

## Mirador Chipeque

Sonnendurchflirrte Kiefernhänge, so weit das Auge reicht, und dazu ein Wolkenmeer, das sich weich wie Watte an die Bergflanken schmiegt. Darüber ein stahlblauer Himmel in ständiger Bewegung: Gibt es ein schöneres Schauspiel? An der über das Inselrückgrat verlaufenden TF-24 zeigt ein Schild bei Km 26 den Abzweig zum Mirador Chipeque (♥ F3) an, von dem man ins Valle de Güímar im Osten und aufs Anaga-Gebirge im Nordosten schaut. Folgen Sie der Stichstraße noch 500 m weiter, kommen Sie zum nächsten Aussichtspunkt, dem Mirador Chimage – dort blicken Sie westwärts ins Orotava-Tal.

*Hier können Sie quasi gar nichts falsch machen!*

verkehr gesperrt, doch werden fast täglich 90minütige Touren angeboten (s. Starlight Destination). 6 km hinter der Zufahrt zum Observatorium ist der Weiler **El Portillo** mit dem Besucherzentrum des Nationalparks erreicht (s. S. 224).

## Über Vilaflor

Egal ob Sie von Las Américas über Arona (TF-51) oder von El Médano über Granadilla de Abona (TF-64) kommen: Beide Strecken laufen in Vilaflor (s. S. 105) zusammen. Von hier führt die TF-21 erst durch einen Wald alter knorriger Kiefern (mit herrlichem Picknickplatz bei Km 58,2), dann mit weitem Ausblick zu den Nachbarinseln bis zum Pass **Boca de Tauce** (s. S. 225) am Eingang zum Nationalpark. Hier biegen Sie rechts ein, die TF-21 bringt Sie zum Hotel Parador und zum Besucherzentrum El Portillo (s. S. 224).

## Über Chío

Wer im Westen oder Nordwesten Urlaub macht, kommt auf der TF-82 via Tamaimo nach Chío und von dort auf der TF-38 in Richtung Nationalpark. Sie durchfahren eine mit Kiefern bewachsene Lavalandschaft und passieren ein paar überdimensionierte Ausflugslokale. Bei Km 15 könnten Sie eine Wanderrunde um den Chinyero, Teneriffas jüngsten Vulkan einschieben (s. Tour rechts).

Ein guter Ort für eine Rast ist etwa 1 km danach der **Picknickplatz Chío** auf 1400 m Höhe: Zwischen Kiefern blecken schwarze Schlackezungen hervor, die hier 1909 beim Ausbruch des Chinyero durchgeflossen sind. Weiter oben, wo sich die Lava flächendeckend ausgebreitet hat, herrscht tabula rasa – hier wächst nichts mehr, und es müssen Jahrhunderte vergehen, bis sich der Stein in fruchtbaren Boden zersetzt hat.

Noch mehrere Kilometer führt die Straße an schwarzen, von Gesteinsbrocken übersäten Lavafeldern vorbei. 1798 ergossen sich hier mächtige Lavaströme, die noch ein Jahr später, als Alexander von Humboldt diese Stelle passierte, köchelten. Ein Halt lohnt am **Mirador de Chío.** Dort bietet sich ein toller Blick auf *zwei* kraterähnliche Löcher am Hang des Pico Viejo, die von den Einheimischen *Las narices del Teide* (Nüstern des Teide) genannt werden. Humboldt notierte: »Aus mehreren Spalten im Gestein dringen hier in Absätzen warme Wasserdünste; wir sahen das Thermometer darin auf 43,2 Grad steigen ...« Der majestätisch thronende Riese bleibt hinter der Aschenwüste stets sichtbar.

An der **Boca de Tauce,** dem ›Tauce-Schlund‹ (s. S. 225), geht es auf der Straße TF-21 links ab ins Zentrum des Nationalparks.

# TOUR
# Um Teneriffas jüngsten Vulkan

**Rund um den Chinyero**

### Infos

**Start/Ziel:** Schild »Montaña Chinyero« an der TF-38 zwischen Km 14 und 15 (📍 C4)

**Länge/Weg:** 6 km, 2.30 Std., leichte Tour, gelb markiert »PR-TF 43 Circular Chinyero«

Die kleine Runde führt um den Chinyero, der mit schwarzer Lava und grünen Kiefern reizvolle Kontraste bietet. Sein ›Geburtsdatum‹ ist bekannt: Am 18. November 1909 erhob er sich aus dem Schoß der Erde.

Vom Start an der **TF-38** folgen wir dem breiten Weg nordostwärts. An der großen Kiefer nach 150 m halten wir uns rechts, starten an der **Gabelung** nach weiteren 50 m unsere Runde im Uhrzeigersinn: Wir folgen dem gelb markierten, von Steinen flankierten Weg nach links. Er quert zweimal eine Piste und führt uns nach 15 Min. zu einem Lavafeld. An der Kreuzung 5 Min. später folgen wir dem »PR-TF 43 Circular Chinyero« und gehen auf Piste weiter.

Diese verlassen wir an der nächsten Gabelung nach rechts, jetzt auf schmalem Weg und ein paar Stufen hinauf. Wir kreuzen einen versteinerten Fluss, der einen gewaltigen, aus dem Lavameer ragenden Felsbrocken umspült. Wir gehen rechts an ihm vorbei, queren eine Piste und folgen auch im weiteren Verlauf dem »PR-TF 43«.

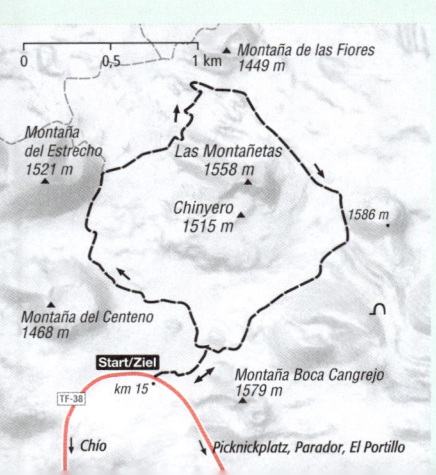

Kurzzeitig schwenken wir auf Piste, verlassen sie nach einer Minute rechts auf einem schmalen Weg aufwärts. Zur Rechten sehen wir den Doppelgipfel des **Chinyero,** ignorieren den Abzweig zum Teide und folgen unserem markierten Weg nach rechts. Noch einmal wird nach knapp 1 km eine Piste gequert, bevor sich nach weiteren 10 Min. die Runde schließt. – Auf dem bekannten Weg geht es zur **TF-38** zurück.

*Die wüstenartige Mondlandschaft der Cañadas, die einem Science-Fiction-Film entstammen könnte, macht sich nicht schlecht als Selfie-Hintergrund …*

## Steinwüste Las Cañadas

Egal aus welcher Richtung Sie kommen: Alle Straßen münden in einen der größten Einsturzkrater der Welt. 16 km misst er an der Längs- und 11 km an der Querachse und wird ringsum von gewaltigen Felswällen umrahmt. An seiner Nordseite erheben sich der Pico Viejo, der ›Alte Gipfel‹ (3134 m), und gleich daneben der später entstandene Teide (3718 m). Für die Guanchen, die eine Reihe von Ausbrüchen miterlebten, war die Gegend so etwas wie Teufels Hölle – im Innern des Teide, den sie Cheide nannten, verorteten sie Guayota, ihren bösen Dämon.

Der Krater bildete sich vor ca. 500 000 Jahren, als der Ur-Teide, ein Vorgänger des heutigen Bergs, nach einer Serie heftiger Ausbrüche seine Magmakammer derart entleerte, dass in seinem Innern ein gigantischer Hohlraum entstand. Dessen Decke war dem darüber lastenden Gewicht nicht gewachsen und stürzte ein, wodurch der Riesenkessel der Cañadas entstand. Die dabei verschobenen Gesteinsmassen rutschten seitwärts ab und bildeten riesige Felsrampen: im Norden das Valle de Orotava und im Osten das Valle de Güímar. Viel später baute sich durch neuerliche Ausbrüche der heutige Teide an seinem Nordrand auf.

Der Cañadas-Kessel ist zweigeteilt: Im Osten liegen weite Täler mit gelben, von Magma durchsetzten Feldern voller Bimsstein. Es erstarrte einst in breiten Bändern, in Spiralen und Kaskaden. Im Westen, eine Etage tiefer und durch einen Wall bizarrer Felsnadeln (Roques de García) abgetrennt, liegt das flache Ucanca-Tal mit frisch aufgebrochenen pechschwarzen Lavaströmen.

# TOUR
# Wie auf einem anderen Stern

**Um den Arenas Negras**

Der als *sendero 2* markierte Panoramaweg führt um den Berg der »Schwarzen Asche«: Sie passieren Felsmonolithen und rötliche Steilwände, genießen fantastische Ausblicke auf den Teide und die Cañadas. Unterwegs informieren Schautafeln über Teneriffas Bienen und den Teide-Honig.

### Infos

**Start/Ziel:**
El Portillo (♥ E 4)

**Länge:**
7 km, 3.30 Std., leichte Tour

Mit dem **Besucherzentrum El Portillo** im Rücken queren wir die Straße und folgen der Forstpiste Siete Cañadas *(sendero 4)*, die anfangs mit unserem sendero 2 identisch ist. Wir passieren eine Schranke und folgen der gemächlich ansteigenden, von Ginsterbüschen gesäumten Piste. Nach 5 Min. kommen wir zu einer Ebene und verlassen die Piste auf dem links abzweigenden Weg. Dieser beschreibt etwas später einen scharfen Rechtsknick und schwenkt südwärts ein – zur Linken werden die Türme und Kuppeln des Observatoriums sichtbar. Nach insgesamt einer Stunde wendet sich der Weg nach rechts und führt an gewaltigen Felsbrocken vorbei, danach geht es links weiter. 15 Min. später erreichen wir an einem weiten **Pass** den höchsten Punkt der Tour (2295 m) und genießen einen spektakulären Teide-Blick!

Der Weg führt nun in weitem Bogen hinab und bietet Ausblick auf den weiten Cañadas-Kessel. Erst geht es vorbei an rot schimmernden Felsabbrüchen, dann wird über viele Serpentinen ein pechschwarzer Balsalthang überwunden. Nach 20-minütigem Abstieg ist die Ebene erreicht, unser Weg mündet in die Forstpiste **Siete Cañadas** *(sendero 4)*, der wir nach rechts folgen. 20 Min. später schließt sich unsere Runde und wir laufen auf dem bekannten Weg nach **El Portillo** zurück.

# El Portillo  📍 E4

El Portillo, ›das Pförtchen‹, liegt am nordöstlichen Eingang des Nationalparks: ein von Lavahügeln flankierter Pass, an dem zwei wichtige Straßen, die TF-21 und TF-24, zusammenlaufen. Nahebei fügt sich das aus Naturstein erbaute **Nationalpark-Besucherzentrum** perfekt in die Landschaft ein. Sie betreten es durch einen nachgebildeten Lavatunnel. Dieser ist feurig ausgeleuchtet und wird von ohrenbetäubendem Getöse beschallt – man darf sich als Zeuge eines dramatischen Vulkanausbruchs fühlen. Alsdann finden Sie sich in einem höhlenartigen Saal wieder, in dem interaktive Schautafeln die Geschichte der feuerspeienden Entstehung der Kanaren erklären. Vor über 7 Mio. Jahren erhoben sich die ersten Teile Teneriffas (Anaga, Teno, Roque Conde) aus den Fluten des Atlantiks, die später – als Folge weiterer Ausbrüche – zu einer einzigen Insel verschmolzen. Auch jüngere Ausbrüche werden illustriert: so die Eruption der Montaña Blanca, die vor 200 000 Jahren Teile der Cañadas westwärts ins Meer riss, die Ausbrüche aus den ›Nasenlöchern‹ des Pico Viejo 1798 und die des Chinyero 1909. Der gut gemachte, 10-minütige Film »Schlafender Vulkan« fasst die Erkenntnisse auch in deutscher Sprache zusammen.

Die Landschaft im Nationalpark mag auf den ersten Blick karg erscheinen, doch sie beherbergt eine Fülle von Lebewesen. Diese haben sich an extreme Trockenheit, an Nachtfrost und Schnee, Starkwind und grelles Licht angepasst. Vorgestellt werden u. a. Echsen, Fledermäuse, der Teide-Fink und andere Vögel. Von den im Park wachsenden 220

*Im Teide-Nationalpark hat man die Wahl zwischen 36 Routen verschiedener Schwierigkeitsgrade, die von zwei Stunden bis hin zu einem ganzen Tag dauern.*

Pflanzenarten sind 16 Ur-Tinerfeños, d. h. es gibt sie nur hier, nirgendwo sonst auf der Welt! Ein Lehrpfad durch den **Botanischen Garten** hinter dem Besucherzentrum macht mit den hochalpinen Exoten bekannt. Da sieht man z. B. die in Kugelform am Boden kauernde Gelbblühende Besenrauke und auch den Kreuzdorn mit seiner über den Blättern ausgebildeten Wachsschicht – ein guter Schutz vor der gleißenden Sonne. Besonders stattlich sind der Rote und der Blaue Teide-Natternkopf mit einer im Frühsommer 3 m emporschießenden Blütensäule. Nur selten ist das Teide-Veilchen zu sehen: Es verbringt die meiste Zeit unter der Erde und wagt sich nur zur Blütezeit Ende Mai an die Oberfläche.

Vor dem Besucherzentrum veranschaulicht eine Tafel 35 markierte **Wanderwege** quer durch den Nationalpark. Unmittelbar links vom Zentrum beginnt **Route 1.** Sie führt durch eine sanft gewellte Lavalandschaft zur Felsenfestung *(La Fortaleza),* von der man einen prächtigen Blick vom Teide bis zum Valle de Orotava hat (hin und zurück 10,6 km/3.15 Std.). Von Route 1 zweigt nach einer Viertelstunde **Route 6** ab, die an haushohen Teide-Eiern vorbeiführt: gewaltigen Lavakugeln, die einem zäher fließenden Lavastrom vorausgeeilt sind (13,5 km/6 Std.). Schräg gegenüber vom Besucherzentrum startet **Route 4** auf einer Piste in leichtem Auf und Ab durch sieben Krater *(Siete Cañadas)* zum Parador, wo man Busanschluss hat (15 km/5 Std.).

Centro de Visitantes El Portillo, TF-21 Km 32,1, T 922 35 60 00, tgl. 9–16 Uhr; mit Infos zu mehreren Wanderungen, die am Besucherzentrum starten; geplant ist die Einführung einer Eintrittsgebühr

### Der Parade-Stopp
4 km südlich der Zufahrt zur Seilbahnstation zweigt auf der Höhe des Paradors (s. S. 230) eine Stichstraße zum **Mirador de la Ruleta** und den **Roques de García** ab. Der Blick hinab auf die Ascheebene der Ucanca-Ebene ist regelrecht bizarr. Ein paar Meter vom Aussichtsbalkon entfernt startet eine ausgeschilderte Wanderrunde durch die markante Gesteinswüste (s. Tour S. 228).

### Die Kacheln
Zwischen den Roques de García und der Ebene Llano de Ucanca passieren Sie auffallend blaugrün gefärbte Felsvorsprünge. Sie werden **Los Azulejos** (die Kacheln) genannt. Es handelt sich dabei nicht, wie man wegen der Ähnlichkeit zur Patina auf Kupferdächern meinen könnte, um kupfer-, sondern um eisenhydrathaltiges Gestein. Nahebei sehen Sie bernsteinfarbene Felsen, denen Wasser und Wind alle Kanten und Ecken abgeschliffen haben.

### In der weiten Ebene
Die Ebene von **Ucanca** unterscheidet sich deutlich von den übrigen Lavafeldern. Ihr Boden ist mit Schwemmland bedeckt, auf dem der buschelige Kugelginster gedeiht. Wenn sich nach dem Abschmelzen der winterlichen Schneedecke ein See bildet und der Ginster blüht, wirkt die herbe Landschaft geradezu anmutig. Kurios ist der südlich der Straße aufragende ›Schuh der Königin‹ *(Zapato de la Reina):* ein etwa 5 m hoher Fels in Form eines Stöckelschuhs.

### Am Schlund – Boca de Tauce
Am Pass, dessen Name auf eine Öffnung (*boca* = Mund) im fast geschlossenen Kraterrund der Cañadas verweist, stößt die TF-21 auf die von Chío kommende TF-38. Dies ist der südliche Zugang zum Nationalpark. In einem Steinhaus wurde ein kleines Ethno-Museum eingerichtet, das daran erinnert, wie hier der letzte, 1996 verstorbene Bewohner der Cañadas

# TOUR
## Gipfelglück

### Auf den Teide ⭐

Der 3718 m hohe **Pico del Teide** ist von überall zu sehen, noch spektakulärer ist freilich der Blick vom Gipfel, wenn der Atlantik als blau-kristalline Fläche erscheint, aus der in der Ferne die übrigen Inseln des Archipels aufragen.

**Doch wie geht's hinauf?** Mit der Seilbahn oder auch zu Fuß kommen Sie bis zur Rambleta, der oberen Bergstation der Seilbahn (3555 m). Von dort läuft man noch 40 Minuten zum Gipfel (3718 m). Da aber nur 200 Personen pro Tag den Gipfel besteigen dürfen, muss man sich entweder für die Berghütte **Refugio de Altavista** angemeldet haben (s. S. 230) oder über eine Online-Reservierung verfügen, die spätestens bis 14 Uhr des Vortages zu beantragen ist (Infos: www.reservasparquesnacionales.es).

### Mit der Seilbahn zur Rambleta
An der Südflanke des Teide, an der TF-21 bei Km 43, zweigt eine Stichstraße zur Talstation der Seilbahn ab.

---

**Infos**

Karte: 📍 D5

**Seilbahn/Teleférico:**
T 922 01 04 45, bergauf 9–16, bergab 10–17 Uhr, hin und zurück ab 27 €, Kinder bis 14 Jahre die Hälfte.

**Wichtig:** Wollen Sie stundenlange Wartezeiten am Schalter vermeiden, so kaufen Sie das Ticket **online** (www.volcanoteide.com/de)! Nur dann sind Ihnen der Platz und die gewünschte Uhrzeit des Aufstiegs sicher!

In der Hochsaison bilden sich oft Schlangen, jährlich wollen immerhin 150 000 Urlauber in die Nähe des 3718 m hohen Gipfels! Oft schon haben Naturschützer den Abriss der Anlage gefordert, doch bislang vergeblich: Mit ihrem Bau hat das Unternehmen eine Lizenz für 99 Jahre erworben und wird sich ein so einträgliches Geschäft freiwillig nicht entgehen lassen. Unfälle hat es bislang nicht verzeichnet, wohl aber Zwischenfälle: 2004 stoppte die Bahn bei einem Sturm von 140 km/h auf halber Strecke, und die eingeschlossenen Urlauber kamen nicht umhin, sich an einem Seil inmitten der Böen zum Boden hinabzulassen.

Außer der Seilbahnstation gibt es einen Souvenirshop und ein Fastfood-Lokal. Trotz Massenandrangs lohnt es sich, durch deren Panoramafenster zu blicken: Man erlebt die Cañadas aus einer neuen Perspektive!

Bei gutem Wetter fährt die Seilbahn ca. alle 10 Min. zur 3555 m hohen Bergstation *(Rambleta);* wer hinauf will, sollte sich gut anziehen, oben kann es kalt sein. Von der Gipfelstation kann man außer zum **Pico del Teide** (nur mit Permit, s. o.) auch zu zwei Aussichtspunkten wandern: ostwärts zum **Mirador La Fortaleza** (Ruta 11), nordwestwärts zum **Mirador Pico Viejo** (Ruta 12).

### Zu Fuß zum Pico

Vom Startpunkt bei Km 40,6 folgen Sie dem breiten Weg *(sendero 7)* aufwärts, an der Gabelung nach 15 Min. halten Sie sich links; nach weiteren 25 Min. ignorieren Sie den von rechts aus El Portillo einmündenden Weg. Sie laufen an den **Huevos del Teide** (haushohen Lavaeiern) vorbei und biegen nach insgesamt ca. 1.15 Std. rechts in den ausgeschilderten Weg zum Refugio de Altavista ab. 20 Min. später erreichen Sie ein kleines Plateau mit geborstenen Zyklopenfelsen. In Serpentinen, dann wieder steil geht es zur Hütte **Refugio de Altavista** hinauf (3 Std., 3260 m). Links der Hütte setzt sich der Weg breit gepflastert fort und mündet in einen Querweg (Ruta 11): Rechts eröffnet ein Mirador ein fantastisches Panorama, links erreicht man in 15 Min. die **Bergstation der Seilbahn** (4 Std., 3555 m). Haben Sie ein Permit für die Besteigung des Gipfels, geht es mit dem Sendero 10 in gut 30 Min. zum **Pico del Teide** hinauf.

---

**Infos**

**Länge/Weg:** 9,3 km, 4.30 Std., wegen des Höhenunterschieds schwierig

**Tipps:** Übernachtung im Refugio (s. S. 230). Wasser und Proviant mitnehmen, Wind- und Sonnenschutz. Wer höhenkrank wird, sollte umkehren!

# TOUR
# Zur ›Kathedrale‹

**Runde ab Mirador de la Ruleta**

## Infos

**Start/Ziel:** Mirador de la Ruleta TF-21 Km 46,4 (📍 D 5)

**Länge:** 5 km, 2 Std., mittelschwer

**Anfahrt:** von Puerto de la Cruz 9.15 Uhr mit Bus 348, von Costa Adeje mit Bus 342; um 16 Uhr geht es zurück. Das Auto (nichts drin liegen lassen!) parkt man am Parador oder am Mirador de la Ruleta.

Ein luftiger Höhenbummel: In steter Sichtweite des Teide führt der Weg durch einen natürlichen Skulpturenpark. Erst kommt man am ›Finger Gottes‹ vorbei, dann an vielfarbig schimmernden Lavawällen und schließlich an einer verwitterten ›Kathedrale‹.

### Blick vom Mirador
Von der Aussichtsplattform **Mirador de la Ruleta** schauen Sie auf die weit unten liegende Ucanca-Ebene, ein wüstes Tal des Todes, in dem schon manch ein Western gedreht wurde. Wer in den Nationalpark kommt, legt hier einen obligatorischen Stopp ein – entsprechend überfüllt ist der Aussichtspunkt. Sobald Sie sich von ihm entfernen, atmen Sie auf …

### Im Schatten der Roques
Vom Mirador gehen Sie ein paar Schritte zum Straßenrondell zurück. Hier steigen Sie nicht zu den Felsfingern empor, sondern folgen dem Weg *(sendero 3)* rechts an der Absperrung vorbei Richtung Nordwesten. Der Weg steigt leicht an und führt rechts an den bizarr verwitterten **Roques de García** vorbei. Am häufigsten in Büchern fotografiert ist der ›Finger Gottes‹ (*Dedo de Dios,* siehe Foto rechts), der eher wie eine Herkules-Keule anmutet: Schmal wächst er aus dem Boden, um sich nach oben hin mächtig zu verbreitern. Der Weg wird bald enger, bleibt aber bequem. Nach ein paar Minuten reicht ein aufgebrochenes Lavafeld dicht an uns heran. Ca. 30 Min. wandern wir auf ehemals dünnflüssiger, schnell fließender Lava, die rasch erkaltete und eine glatte Oberfläche ausbildete. Sie begleitet uns bis zur **Torre Blanca**, dem ›Weißen Turm‹, und den letzten Gesellen aus der Gruppe der Roques. Hier, am Aussichtsplateau an der Abbruchkante zur Ucanca-Ebene, hat man die Möglichkeit zu einer Rast.

*Die wohl berühmteste der bizarren Felsformationen heißt Roque Cinchado (auch als ›Steinerner Baum‹ oder ›Finger Gottes‹ bekannt) und gilt als Wahrzeichen der Insel.*

### Abstieg in die Ebene

Kurz hinter dem Aussichtsplateau schwenkt der Weg links ein und führt am Rand eines kleinen Seiten-Barrancos in Richtung Süden hinab. Es lohnt einen Blick zurückzuwerfen, wo der Teide-Gipfel mit seiner weißen Kammscharte zum Greifen nah erscheint. Der Untergrund ist vorübergehend etwas schottrig, sodass man auf seine Füße achten muss; von anderen Wanderern aufgestellte Steinmännchen dienen als Wegmarke. Zur Linken erheben sich gezackte Felsfestungen mit seitwärts eingerammten Wänden. Sobald Sie wieder die vertrauten glatten Lavaplatten unter den Füßen haben, läuft es sich leichter und Sie können sich wieder auf die großartige Landschaft konzentrieren.

### Vorbei an der Kathedrale

Bald erblicken Sie das letzte Etappenziel: eine gewaltige, ihre Umgebung 100 m überragende ›**Kathedrale**‹ mit Doppeltürmen und einem mächtigen Portal. Die Wände wirken wie von mittelalterlichen Steinmetzen kunstvoll bearbeitet. Besonders imposant erscheint sie im Licht der untergehenden Sonne, wenn ihr Schatten riesig auf den Hang fällt.

Der Weg führt durch die **Ucanca-Ebene** links an der Kathedrale vorbei, dann geht es steil über den Schotterhang aufwärts. Teide- und Kugelginster krallen sich in den Hang – die einzigen Pflanzen, die uns während der Tour begleitet haben. Nach einem schweißtreibenden Aufstieg stehen wir wieder auf dem **Mirador de la Ruleta,** wo die Rundtour begann.

gelebt hat (Museo Etnográfico Juan Évora, tgl. 9–15.45 Uhr).

## Schlafen

### Spaniens höchstgelegenes Hotel
**Parador de Cañadas del Teide:** Das staatliche Vorzeigehotel in 2100 m Höhe ist eine gute Adresse für Naturliebhaber. Es fügt sich mit seiner ockerfarbenen Fassade, den tief herabgezogenen Giebeldächern sowie der davor platzierten Kapelle perfekt ins Bergpanorama ein. Die 34 Zimmer sind im Landhausstil eingerichtet (mit nostalgischem Touch), Entspannung finden Sie im Indoor-Pool, bei Sauna und Fitness. Astronomie-Fans nutzen die Teleskope des Hotels. Gefrühstückt wird mit Teide-Blick, den Tag lassen Sie im Kaminsalon ausklingen.
Las Cañadas, T 922 38 64 15, www.parador.es, DZ ab 120 €

### Den Sternen magisch nah
**Refugio de Altavista:** Die Herberge liegt eine Stunde zu Fuß ab oberer Seilbahnstation, kann aber auch über den auf S. 226 beschriebenen Wanderweg erreicht werden. Sie befinden sich hier auf 3260 m Höhe, keine Unterkunft in Spanien ist höher gelegen. Sie erleben hier einen tollen Sonnenuntergang, und auch das morgendliche Schauspiel der Farben bleibt in Erinnerung. Drei Schlafsäle à 20 Betten stehen bereit, den eigenen Schlafsack sollte man dabeihaben. Es gibt eine bescheidene Küche, aber kein Restaurant. Vorteil: Wer eine Nacht in der Herberge reserviert hat, kann vor 9 Uhr morgens den Wanderweg zum Gipfel ohne das sonst nötige Permit betreten!
Lage: 28°16'26.8«N 16°37'45.9«W; Reservierung obligatorisch T 922 01 04 40, www.volcanoteide.com/de/die_berghuette_altavista, 21–25 € p. P. inkl. Bettwäsche.

## Essen

### Mit Teide-Blick
**Restaurant Parador:** Sie genießen hochpreisige kanarische Küche, vor allem Zicklein, Lamm und Kaninchen. Ist es warm und windstill, können Sie auf der Terrasse sitzen.
Adresse/Kontakt s. links, mittags und abends

### Sonnenterrasse!
**Cafetería Parador:** Im Selbstbedienungscafé vertreibt man sich die Zeit bis zur Ankunft des Busses. Drinnen mag der Fastfood-Charakter stören, draußen sitzt man grandios und genießt das Bergpanorama.
Adresse/Kontakt s. links, 10–18 Uhr

---

### TEIDE, TEIDE … [T]

›Tjrooòt‹ tönt es leicht quietschend aus dem Kiefernwald. Es ist der Teide-Fink, komplett blau eingekleidet und mit spitzem Schnabel. Auch das Teide-Veilchen glänzt in Blautönen – zumindest zur Blütezeit im Mai. Den Rest des Jahres präsentiert es sich als unscheinbares Kraut – wächst aber bis über 3500 m Höhe …

---

## Infos

• **Verkehr:** Linie 342 (Costa Adeje–Vilaflor–Parador) und Linie 348 (Puerto de la Cruz–La Orotava–Parador) starten jeweils morgens um 9.15 Uhr in Richtung Teide und erreichen den Parador gegen 11 Uhr. Weitere Haltestellen gibt es an der Seilbahnstation sowie am Besucherzentrum El Portillo. Rückfahrt ab Parador: 15.15 (Linie 348) und 16 Uhr (Linie 342), ab El Portillo: 15.15 (Linie 342) und 16 Uhr (Linie 348).

## *Zugabe*
# Fenster zum Universum

*Auf dem Dach der Insel*

*Der vielleicht klarste Sternenhimmel Europas …*

Der Nachthimmel ist nicht schwarz und die Sterne sind nicht hell: Das Universum ist voller Farben, doch das menschliche Auge kann sie nicht sehen«, sagt Astronom Alfred Rosenberg. »Unser Fenster zum Kosmos ist der Sky Chest Astrograph.« Der Apparat im Teide-Observatorium macht unentwegt Fotos vom Universum, denn die Sichtbedingungen sind hier optimal. In über 2400 m Höhe ist die Luft rein, ruhig und transparent; die Passatwolkendecke wirkt wie ein Riegel zwischen dem ›Himmelreich‹ und den unteren, verschmutzten Luftschichten. Ein 1988 verabschiedetes Gesetz gegen Lichtverschmutzung verbietet künstliche Beleuchtung und elektromagnetische Strahlung (z. B. von Radiowellen) oberhalb von 1500 m. Nun fordern Teneriffas Astronomen ein zweites Gesetz: Es soll das »allgemeine Recht auf das Licht der Sterne« sichern. Schon immer, so betonen sie, habe das Sternenlicht dem Menschen als Quelle der Inspiration gedient; durch hell erleuchtete Städte werde es ›unsichtbar‹. Dafür, dass ihnen der Himmel Teneriffas schon so viele Glücksmomente beschert hat, haben sie sich auf eigentümliche Weise bedankt: Einer ›Insel‹ auf dem Mond gaben sie den Namen Teneriffa und nannten die höchste Erhebung Teide. Und sie haben es geschafft, dass die UNESCO Teneriffa zur »Starlight Destination« erklärte. So können sie jetzt den Astronomen bei ihrer Arbeit im **Observatorium** zuschauen und auch an nächtlichen **Astro-Touren** mit mobilem Teleskop teilnehmen. Über die Website www.volcanoteide.com sind alle »Stern-Erlebnisse« buchbar: Besuch im Observatorium (1.30 Std. 21 €), Sternbeobachtung mit Teleskop (ab 1 Std. ab 30 €) sowie Dinner mit Sternekoch & Planetenschau (8 Std. 115 €). Auch Hotels bieten Teleskope und Astro-Workshops an, so das San Blas Nature Resort (S. 63), das Bahía del Duque (S. 84) und die Casa El Zaguan (S. 107). Sie können aber auch mit ihrem Pkw zum Parador (S. 230) fahren und mit bloßem Auge bzw. Fernglas unendlich viele Sterne sehen. Nicht vergessen: Warm anziehen – oben könnte es kalt sein! ∎

> **Ein allgemeines Recht auf das Licht der Sterne?**

# Das Kleingedruckte

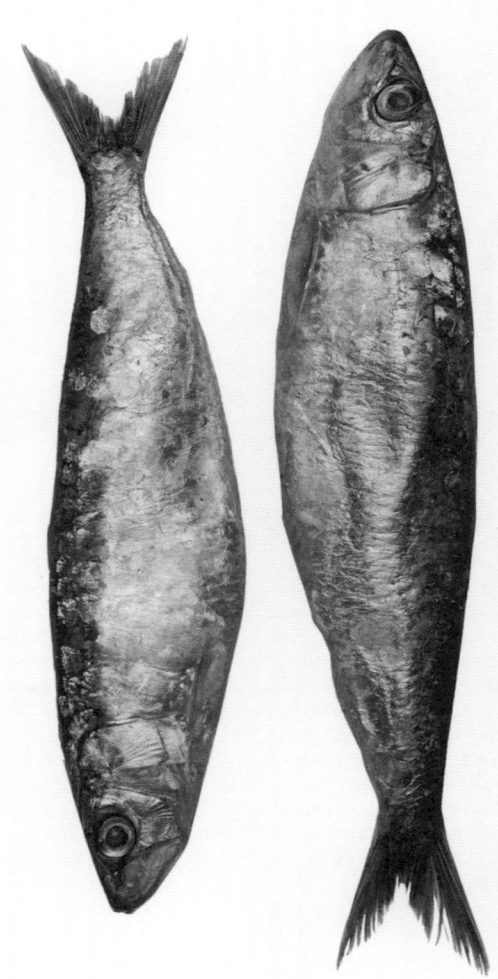

*Nicht nur schmackhafte Spezialität, sondern auch Symbol für das Ende des Karnevals (s. ›Beerdigung der Sardine‹ S. 291)*

# Anreise

## ... mit dem Flugzeug

Maschinen starten von allen größeren Flughäfen Mitteleuropas mindestens einmal pro Woche, Teneriffa ist in 4–5 Std. erreicht. Der Hin- und Rückflug kostet je nach Jahreszeit, Abflughafen und Kauftermin zwischen 200 und 600 €, am günstigsten bei Ryanair, Norwegian und Easyjet. Internet-Suchmaschinen (z. B. www.skyscanner.net) helfen herauszufinden, wann und mit welcher Fluggesellschaft man am günstigsten reist.

Sondergepäck wie Fahrräder, Surfbretter oder Tauchausrüstung muss rechtzeitig angemeldet werden und unterliegt besonderen Transportvorschriften und Zusatzkosten.

## ... Ankunft

Teneriffa hat zwei Flughäfen, einen im Norden (**Aeropuerto Norte/Los Rodeos**, TITSA-Bus 107, 343) und einen im Süden (**Aeropuerto Sur/Reina Sofía**, TITSA-Bus 111, 343, 415, 450, 711). Die meisten Urlauber landen auf dem **Südflughafen** an der TF-1, gut 20 km von den Touristenzentren des Südens entfernt. Mit Bus 343, 450, 451 (nachts 711) kommt man nach Los Cristianos, Las Américas und Costa Adeje. Nordwärts get es mit Bus 111 und 711 nach Santa Cruz, mit Bus 343 via Nordflughafen nach Puerto de la Cruz.

Auf dem **Nordflughafen** werden nur wenige internationale Flüge abgefertigt. Er liegt an der TF-5, leicht kommt man von hier nach Santa Cruz (111) und Puerto de la Cruz (343).

An beiden Flughäfen hält die Touristeninformation (So geschl.) Prospekte und vielleicht auch den aktuellen Busplan bereit. Mehrere Mietwagenfirmen konkurrieren um Kunden, vor der Halle stehen Taxen.

## STECKBRIEF

**Lage:** 28° nördlicher Breite, im Zentrum des kanarischen Archipels, 288 km vom afrikanischen Kontinent und 1 274 km vom spanischen Festland entfernt

**Größe:** 2034 km$^2$ und damit die größte der sieben Kanarischen Inseln

**Geografie:** Insel vulkanischen Ursprungs; höchste Erhebung: Pico del Teide (3718 m)

**Einwohner:** 925 595 (2018)

**Hauptstadt:** Santa Cruz de Tenerife bildet zusammen mit San Cristóbal de La Laguna die Zona Métropolitana. Hier wohnen 360 000 Menschen, fast die Hälfte der Inselbevölkerung.

**Staat und Politik:** autonome Region Las Canarias mit eigener Regierung und Parlament, politisch zugehörig zu Spanien und damit zur EU

**Amts- und Umgangssprache:** Das kanarische Spanisch wird den südlichen spanischen Sprachen zugerechnet.

**Währung:** Euro

**Vorwahl:** 0034 für Spanien

**Tourismus:** 6 Mio. ausländische Besucher pro Jahr

*Dramatischer Downhill – Mountainbiker freut's!*

## ... mit dem Schiff
Wer einen mehrmonatigen Urlaub auf Teneriffa plant, wird möglicherweise mit eigenem Wagen und viel Gepäck anreisen wollen. Eine Verbindung zu den Kanarischen Inseln unterhält Acciona/Trasmediterránea einmal wöchentlich vom südspanischen Hafen Cádiz aus. Die Anfahrt bis Cádiz muss mit ca. zwei Tagen veranschlagt werden, die Überfahrt dauert weitere zwei Tage. Aktuelle Abfahrtszeiten und Preise findet man im Internet unter www.trasmediterranea.es, die Ticketreservierung erfolgt online oder über DER-Reisebüros.

# Bewegen und Entschleunigen

### Baden
Baden können Sie das ganze Jahr, denn die Wassertemperatur fällt selten unter 18°C. Trotzdem ist Teneriffa keine typische Badeinsel. Nur 25 von insgesamt 360 Küstenkilometern sind mit Sand bedeckt. Die meisten Strände befinden sich im Süden. Der mit 3 km längste Naturstrand befindet sich in El Médano. Ein Dutzend hellsandiger, teilweise auch künstlich angelegter Playas reiht sich von Los Cristianos bis La Caleta aneinander. An fast allen gibt es gratis Fuß- und Körperduschen sowie Rettungsschwimmer. Liegen und Sonnenschirme sind ausleihbar. Die Nordküste ist über weite Strecken felsig, baden können Sie hier an den Stränden von Puerto de la Cruz sowie in zahlreichen Meerwasser-Pools. Da alle Küsten in Spanien öffentlich sind, ist der Zugang stets kostenlos.

Beim Baden ist Vorsicht geboten: Jedes Jahr kommen Touristen ums Leben, weil sie die Kraft des Atlantiks unterschätzen. Während sich das Meer im Sommer meist ruhig zeigt, sind im Winter vor allem im Norden Brandung und Strömung sehr stark. An den Ferienstränden werden Flaggen gehisst, die Sie beachten sollten. Die grüne Flagge signalisiert: Baden ist erlaubt; bei gelber Flagge sollten sich nur geübte Schwimmer ins Meer wagen; wird die rote Fahne aufgezogen, ist das Baden verboten. Die Gezeitenübersicht ist in kanarischen und deutschsprachigen Zeitungen abgedruckt (*bajamar* = Ebbe, *pleamar* = Flut).

### Bootsfahrten
Von den Häfen des Südwestens starten organisierte Ausflüge, auch Hochseeangeln ist möglich (in Los Cristianos, Puerto Colón/Costa Adeje und Los Gigantes). Man fährt hinaus, um Wale und Delfine zu beobachten (s. Tour S. 98), oder reist zur Nachbarinsel La Gomera (s. Tour S. 72).

### FKK
Offiziell ist das Nacktbaden auf Teneriffa verboten, geduldet wird es in La Tejita (westlich der Montaña Roja bei El Médano), in Las Gaviotas (nordöstlich von San Andrés), an der Playa de los Patos (östlich

von Puerto de la Cruz) und in Benijo (im Anaga-Gebirge).

## Golf
Teneriffa ist *die* Golf-Destination der Kanaren: Im Süden gibt es bereits sechs, im Norden drei Anlagen (www.teneriffa-golfplaetze.de).

## Paragliden
40 Absprungplätze, u. a. in Izaña in fast 2500 m Höhe, machen Teneriffa zu einem Top Spot für Drachen- und Gleitschirmflieger. An der Südküste ist **Flying Guides** ein verlässlicher Anbieter (s. La Caleta S. 90).

## Radfahren
Die Insel ›erfahren‹ können Sie per Bike. Radstationen in Las Américas, El Médano und Puerto de la Cruz verleihen MTB-, Renn- und Elektro-Bikes und bieten geführte Touren. Meist erfolgt die Anfahrt in die Berge mit dem Shuttle-Bus, nach einer längeren Genusstour geht es in rasantem Downhill zur Küste hinab. Bikefriendly ist auch das Hotel Océano Health Spa in Punta del Hidalgo: mit E-Bike-Verleih, Werkstätte, Fahrradgarage und Waschplatz.

## Wandern
Auf in die Berge! Nicht nur der Teide-Nationalpark, auch das Anaga- und das Teno-Massiv sind hervorragende Wandergebiete – und die Wege sind so gut markiert, dass man sie, ausgestattet mit genug Wasser, Proviant und wetterfester Kleidung, problemlos in Eigenregie ablaufen kann.

Zum Nationalpark ist die **Anfahrt** am leichtesten von Puerto de la Cruz/La Orotava und Las Américas/Vilaflor. Längs dieser Achse verkehrt ein Bus: frühmorgens in die Berge und am Nachmittag zurück. Er hält, wo die besten Touren starten: am Besucherzentrum von El Portillo, an der Seilbahnstation und am Parador.

**Unterkunft:** Wer viel wandern und lange Anfahrten vermeiden will, findet in allen drei Wandergebieten eine **Herberge:** Im Nordosten die Albergue Montes de Anaga (S. 209), im Nordwesten die Herberge Bolico (S. 131) und auf dem Weg zum Teide-Gipfel (in 3200 m Höhe!) die Berghütte Refugio de Altavista (S. 230). Komfortabel übernachten Sie im Parador – oder auch in Vilaflor, dem höchstgelegenen Dorf Spaniens. Der Aktivspezialist Wikinger, der auch sehr gut organisierten Wanderurlaub anbietet, unterhält im Nordwesten ein Komforthotel in Los Silos (S. 137).

In diesem Buch werden den Ortsbeschreibungen, wo immer dies sinnvoll scheint, Beschreibungen von **Wandertouren** beigefügt – es sind mehr als 20! Im Frühjahr organisiert die Inselregierung ab Puerto de la Cruz ein einwöchiges **Tenerife Walking Festival** (www.tenerifewalkingfestival.com).

## Wassersport
An quasi allen Stränden der Ferienorte können Sie Tretboote, Wasserskier, Segeljollen, Jetskis und Bananaboats leihen.

*Wenn auf Teneriffa »der Berg ruft«, ist das meistens der Teide ...*

## ZUR RUHE KOMMEN

Dort, wo das Meer nicht so bewegt ist, können Sie **Stand Up Paddeln** (SUP-Surfen): Auf dem Brett stehend gleiten Sie dahin, angetrieben durch die Kraft Ihres Paddels. An allen Stränden der südlichen Ferienorte gibt es SUP-Board-Verleihe. Weltentrückt können Sie sich auch in **Spas** fühlen. Im Zirkelbad verbringen Sie mehrere Stunden im Wasser beim entspannten Nichtstun, während Hydrodüsen Ihren Körper von Kopf bis Fuß massieren. Fast alle 4- und 5-Sterne-Hotels bieten außerdem Trocken-, Bio- und Feuchtsauna, Erlebnisduschen und Eisgrotten. In der Regel stehen die Spas gegen Bares auch Nicht-Hotelgästen offen. Besonders gut sind die Spas im Hotel Botánico in Puerto de la Cruz und im Océano Health Spa in Punta del Hidalgo, aber auch in den großen Hotels in Las Américas und Costa Adeje.

**Kajak:** Von Los Gigantes starten Touren längs der Klippen (www.tenoactivo.com).
**Tauchen:** In allen Ferienorten können Sie Equipment leihen und Schnupper- bis Profikurse buchen. Auf Apnoe-Tauchen (=Freitauchen) ist AAWE in La Caleta spezialisiert. Weitere Tauchschulen gibt es in Las Galletas, Las Américas, Playa Paraíso, Los Gigantes und Puerto de la Cruz.
**Wellenreiten/Bodyboard:** Die besten Wellen bauen sich an der Nordküste auf, so an der Playa El Socorro und in Puerto de la Cruz. An beiden Spots gibt es Surfschulen (www.lamareasurfschool.com, www.ar2surfproject.com/la-playa).
**Windsurfen/Kitesurfen:** Der Top Spot ist El Médano, wo auch Ausscheidungskämpfe des Worldcup stattfinden. Mehrere Surfstationen bieten ihre Dienste an, so auch das von einem deutschen Team geführte Surf Center Playa Sur (www.surfcenter.el-medano.com).

## Einreisebestimmungen

Bürger aus EU-Staaten und der Schweiz benötigen zur Einreise einen gültigen Personalausweis oder Reisepass. Auch für Kinder ist der eigenhändig unterschriebene Ausweis mit Nationalitätsvermerk und Lichtbild vorgeschrieben.
**Haustiere:** Zur Einreise mit Hund oder Katze benötigt man einen EU-Heimtierausweis, die Tiere müssen durch eine deutlich erkennbare Tätowierung oder einen Mikrochip gekennzeichnet sein. In einem Begleitdokument muss der gültige Impfschutz gegen Tollwut nachgewiesen werden.
**Zoll:** Die Kanaren gehören nicht zum Zollgebiet der EU. Für Ein- und Ausfuhr gelten deshalb folgende Mengenbeschränkungen:
200 Zigaretten oder 100 Zigarillos oder 50 Zigarren oder 250 g Tabak; 1 Liter Alkohol mit einem Gehalt über 22 % Vol. (Schweiz 15 %) oder 2 Liter bis 22 % Vol. (Schweiz 15 %), 4 Liter nicht schäumender Wein und 16 Liter Bier; dazu bei der Rückreise Waren einschließlich Kaffee und Tee bis zu einem Wert von 430 € (Reisende unter 15 Jahren: 175 €).

## Essen und Trinken

Die kanarische Küche ist deftig und kräftig. Als Faustregel gilt: An der Küste isst man Fisch, in den Bergen Fleisch.
**Fisch & Meeresfrüchte:** Werden meist *a la plancha* zubereitet, d. h. auf heißer Metallplatte mit wenig Fett gebraten, dann mit Petersilie bestreut und mit Zitrone beträufelt.

**Fleisch:** In den Bergen wärmt man sich mit pikant eingelegtem Kaninchen *(conejo al salmorejo)*, Ziege *(cabra)* und Lamm *(cordero)* mit reichlich Knoblauch und Kräutern.

**Beilagen:** *Papas arrugadas con mojo*, kleine, feste Kartoffeln, die mit Schale in Salzwasser ›runzelig‹ gekocht und mit pikanter Soße serviert werden. Diese besteht aus Chili *(mojo picón)* oder Kräutern *(mojo verde)*, Olivenöl, Essig, Knoblauch und Meersalz. Übrigens: Die Salzkruste der Kartoffeln wird mitgegessen!

**Eintöpfe:** Beliebt sind *potaje* und *puchero*, ersterer ein Gemüseeintopf, der zweite sättigender mit mehreren Gemüse- und Fleischsorten. *Ropa vieja* (alte Wäsche) wird zusätzlich mit Kichererbsen zu einem harmonischen Ganzen komponiert.

**Nachtisch:** Klassiker sind Karamellpudding *(flan)*, Schoko-Mousse *(mousse de chocolate)* und Eis mit Mandelcreme *(bienmesabe)*. Mehl aus geröstetem Getreide (Gofio, ein Relikt der Guanchen-Kultur) wird mit Sahne oder Honig zu köstlichem Eis oder Mousse.

**Getränke:** Zum Essen trinkt man Mineralwasser, Bier oder Wein – alle aus Teneriffa!

### Selbstversorger

In jedem größeren Ort gibt es einen Supermarkt, in dem man von Kerrygold-Butter bis zu deutschem Vollkornbrot alle vertrauten Waren bekommt.

Da Leitungswasser mit Vorsicht zu genießen ist, empfiehlt sich der Kauf von Mineralwasser mit oder ohne Kohlensäure *(con gas/sin gas)*.

Obst und Gemüse kauft man am besten in den Markthallen von Santa Cruz, Puerto de la Cruz und La Laguna. Zusätzlich werden Bauernmärkte abgehalten, der beste in Tacoronte (s. S. 198).

**Weitere Infos** zum Thema »Essen und Trinken« finden Sie auf S. 196 (»Feine Tropfen in El Sauzal«), S. 254 (»Guachinches«) sowie auf S. 286 (»Käserei der fünf Sinne«).

## Feiertage

**1. Januar:** Neujahr
**6. Januar:** Tag der Hl. Drei Könige
**1. Mai:** Tag der Arbeit
**30. Mai:** Tag kanarischer Autonomie
**15. August:** Mariä Himmelfahrt
**8. September:** Inselfeiertag
**12. Oktober:** Entdeckung Amerikas
**1. November:** Allerheiligen
**6. Dezember:** Verfassungstag
**8. Dezember:** Mariä Empfängnis
**25. Dezember:** Weihnachten

Bewegliche Feiertage sind Gründonnerstag *(Jueves Santo)*, Karfreitag *(Viernes Santo)* und Fronleichnam *(Corpus Cristi)*. Jede Gemeinde kann dazu zwei lokale Feiertage festlegen.

*Das Mittelalter lebt: Büßer bei der großen Karfreitagsprozession in La Laguna*

*Im Forestal Park geht's hoch hinaus!*

## Informationsquellen

### Spanische Touristeninformation

**... in Deutschland:**
Spanisches Fremdenverkehrsamt
www.spain.info
Lichtensteinallee 1, 10787 Berlin T 030 882 65 43, berlin@tourspain.es
Myliusstr. 14, 60323 Frankfurt, T 069 72 50 33, frankfurt@tourspain.es
Postfach 151940, 80051 München, T 089 53 07 46-11, munich@tourspain.es

**... in Österreich:**
Spanisches Fremdenverkehrsamt
Walfischgasse 8, 1010 Wien, T 01-512 95 80-11, viena@tourspain.es

**... in der Schweiz:**
Spanisches Fremdenverkehrsamt
Seefeldstr. 19, 8008 Zürich, T 044 253 60 50, zurich@tourspain.es

**... auf Teneriffa**
Die lokalen Tourist-Infos werden bei den Orten genannt. Sie werden dort mit kostenlosen Inselkarten, Busfahrplänen und Broschüren versorgt.

### Im Internet

**www.todotenerife.es:** Die Homepage der Inselregierung ist frei von Kommerz und bietet einen Überblick über vielerlei Aspekte der Insel. Infos zu Geschichte, Geologie, Flora und Fauna, Sehenswürdigkeiten, Unterkünfte, Restaurants und Aktivurlaub.
**www.webtenerife.com:** Die Website von Teneriffas Fremdenverkehrsamt bietet Erläuterungen zur Insel, Infos zu Hotels, Restaurants und vielen Freizeitaktivitäten. Mit Veranstaltungskalender, Karten und einer Multi-Media-Galerie.
**www.fotosaereasdecanarias.com:** Teneriffa aus der Vogelperspektive in Foto und Video: In der Rubrik ›Fotos Denuncia‹ werden Umweltsünden dokumentiert.
**www.volcanoteide.com:** Alle Infos rund um den Teide, inkl. Buchung von Seilbahn-Tickets, Übernachtung in der Herberge, Besuch des Observatoriums und Sternbeobachtung.
**www.museosdetenerife.org:** Auf dieser Seite werden die wichtigsten Museen der Insel vorgestellt.
**www.gaytenerife.net:** Forum für Schwule und Lesben mit Tipps für Restaurants, Discos und spezielle Veranstaltungen.
**www.sergioacosta.es:** Das andere Teneriffa – Der Inselfotograf zeigt in seiner Serie »Game Over« den »geplatzten Traum vom großen Geld« – das Erbe des Baubooms.

### Medien
www.teneriffanachrichten.com
www.wochenblatt.es
www.teneriffaanzeiger.de

### Apps
**Titsa** Teneriffas Buslinien und -zeiten immer zur Hand (gratis)

**Star Walk 2 Free/SkyView Free** ... und diese Apps helfen bei der Bestimmung der Sterne (gratis)
**Suntimer** sagt Ihnen, wie lange Sie Ihre Haut der Sonne aussetzen dürfen (gratis, nur Android)

### Internetzugang

In vielen Hotels, Cafés und Restaurants, auf Plätzen und Promenaden gibt es Gratis-WLAN. Die Gratis-Apps WiFi Finder (Android) und WiFi Mao (iOs) infomieren über die am nächsten liegenden Zugänge.

## Kinder

Im Süden finden Sie kindertaugliche, flach abfallende und durch Wellenbrecher geschützte Sandstrände von El Médano bis Costa Adeje. Im Norden wartet nur Puerto de la Cruz mit passablen Bademöglichkeiten auf.

### Unternehmungen

Kinder bis 12/14 Jahre zahlen in Zoos, Wasserparks und Museen einen ermäßigten Preis.
**Bootstouren:** Welches Kind hat nicht Lust, sich auf die Suche nach Walen zu begeben oder im Piratenschiff die Küste zu erkunden? In den Häfen von Los Cristianos, Costa Adeje und Los Gigantes starten zahlreiche Touren (S. 98).
**Kletterpark:** Durch Bäume schweben und an Netzen klettern – möglich ist dies im Forestal Park auf dem Insel-Rückgrat (S. 218).
**Museen:** Im Wissenschaftsmuseum von La Laguna können Kinder nach Herzenslust experimentieren (S. 41) und im Freilichtmuseum Pinolere (S. 182) durch strohgedeckte Katen spazieren.
**Parks & Tiere:** Der schönste Zoo der Kanaren ist der Loro Parque (S. 166), eine abgespeckte Version der Parque Las Águilas (S. 113). Größeren Kindern, die sich vor Dunkelheit nicht fürchten, könnte der Höhlentunnel Cueva del Viento gefallen (S. 150).
**Wandern:** Die »Wege der Sinne« im Anaga-Gebirge machen auch Kindern Spaß (S. 203).
**Wasserparks:** In Las Américas haben Sie die Wahl zwischen Siam Park und Aqualand (S. 86).

## Klima und Reisezeit

Teneriffa ist – wie die übrigen Inseln des Archipels – ein Reiseziel mit ganzjährig milden Temperaturen. In den Urlaubsorten des **Südens** und **Südwestens** werden im Winter Höchsttemperaturen von 20–24 °C erreicht, nachts fällt das Thermometer kaum unter 15 °C. In den Sommermonaten ist es etwa 5 °C wärmer. Die Sonne scheint hier an über 300 Tagen des Jahres, im Winter ist drei- bis viermal mit kurzem, aber kräftigem Regen zu rechnen. Der **Norden** ist feuchter als der Süden, hier sorgen die Passatwinde

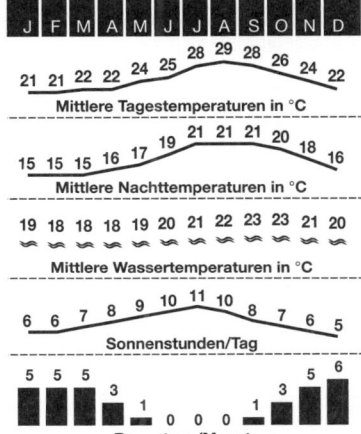

*Klimadaten Santa Cruz*

# Reiseplaner

| Jan | Feb | Mär | Apr | Mai | Jun | Jul | Aug | Sep | Okt | Nov | Dez |
|-----|-----|-----|-----|-----|-----|-----|-----|-----|-----|-----|-----|

**Hauptsaison** (Jan–Apr) — **Nebensaison** (Apr–Jul) — **Hauptsaison** (Jul–Dez)

- Wandern (Feb–Mai)
- »Die Natur explodiert« (März–Mai)
- Windsurfen (Jun–Sep)
- Wellenreiten (Aug–Nov)
- Wandern (Sep–Nov)
- heiß & trocken – Landschaft in Ockertönen (Jun–Okt)
- Baden, Tauchen, Golfen – das ganze Jahr über

○ **5.1.** Umzug Hl. Drei Könige

○ **Jan./Feb.** Internationales Musikfestival

○ **Feb./März** Karneval à la Rio

○ **März/April** Ostern: Semana Santa in La Laguna mit Umzügen von »Büßer-Bruderschaften«

○ **Mai** Walking Festival und Straßentheater in Puerto de la Cruz

○ **Juni** Fronleichnam (La Orotava)

○ **23.6.** San Juan: Feuerwerk

○ **16.7.** Fiesta del Carmen (in Puerto de la Cruz und anderen Fischerorten)

○ **Mitte Aug.** Wallfahrt nach Candelaria

○ **29./30.11.** Weinkeller werden geöffnet

○ **25.12.** Weihnachten

für die Ausbildung einer oft dichten, sich an den Bergen stauenden Wolkendecke.

Egal ob Süden oder Norden: Mit steigender Höhe wird es rasch kühler. Im Gebirge sind die Unterschiede zwischen den Jahreszeiten deutlich spürbar. Bei Kaltluftzufuhr sinkt die Frostgrenze auf 1500–1800 m, oft werden im Winter die Zufahrtstraßen zum Teide aufgrund möglicher Schneeverwehungen gesperrt.

## Reisezeit

Baden ist auf Teneriffa das ganze Jahr über möglich: Die Wassertemperatur beträgt im Sommer 22–24 °C, im Winter und Frühjahr sinkt sie auf 18 °C. Wandern ist am schönsten im Frühjahr, wenn die Wiesen und Hänge von Blütenteppichen überzogen sind. Im Juli und August ist es zum Wandern zu warm, auf keinen Fall unterwegs sein sollte man, wenn der Wind aus Südosten weht und heiße Wüstenluft heranträgt.

Da auf Teneriffa abends meist ein frischer Wind weht, sollte man wärmere Kleidung mit im Gepäck haben.

## Lesetipps

**Emma erbt,** Armand Amapolas: Journalistin Emma hat in einer Ferienanlage von Puerto de la Cruz ein Apartment geerbt. Dort erwarten sie kauzige bis kriminelle Typen und bald taucht natürlich die erste Leiche auf.
**Spanisch für die Kanarischen Inseln,** Izabella Gawin/Dieter Schulze: Wer sich aus den Ferienorten hinausbewegen möchte, ist mit dem praxisnah orientierten Büchlein bestens bedient: Es vermittelt Grundkenntnisse der spanischen Sprache und stellt Besonderheiten der multikulturellen kanarischen Variante vor: von *guagua* (Bus) bis *naife* (Messer) und *queque* (Kuchen).
**Teneriffa. Blaue Finken – Blütenpracht,** Horst Wilkens/Ulrike Strecker: Naturreiseführer von zwei Biologen mit über 260 Fotos und fundierten Infos über Tiere und Pflanzen, von denen es viele nur auf dieser Insel gibt.
**Tod auf den Kanaren,** Heide Ziefuss: Rentner Bernhard steigt aus – auf Teneriffa. Hier widmet er sich seiner liebsten Beschäftigung: den Pferden auf seiner Finca. Doch bald holt ihn seine zurückgelassene Vergangenheit ein …

## Rabatte

In Museen zahlen Kinder zwischen 3 und 12 Jahren meist die Hälfte. Vergünstigungen gibt es auch für Studenten, Senioren über 65 Jahre und Inhaber eines Bono-Bus-Tickets, Fr und Sa 16–20 Uhr ist der Eintritt in viele Museen frei:
www.museosdetenerife.org

## Reisen mit Handicap

Alles für Teneriffa Wichtige findet sich auf S. 265 (Magazin-Thema »All inclusive mal ganz anders«).

## Reiseplanung

### Norden oder Süden?

Vor der Reise sollten Sie entscheiden, welche Art von Urlaub Sie wünschen und wo Sie sich vorwiegend aufhalten wollen. Denn der Teide, einer der mächtigsten Vulkane weltweit, trennt die Insel in zwei Hälften mit unterschiedlichem Klima und grundverschiedenem Lebensgefühl. Im **Norden** fühlen sich vor allem Naturliebhaber wohl. Oft ist der Himmel von Passatwolken verhangen, denen sich eine subtropische Pflanzenwelt verdankt. Wichtigster Ferienort ist Puerto de la Cruz, in dem die Einheimischen den Ton angeben. Im Norden sind Unterkünfte, Res-

*Bisweilen kann es eng werden auf Teneriffas kurvigen Straßen.*

taurants und Aktiv-Angebote deutlich günstiger als an der Südküste!

Der **Süden** ist Teneriffas ›Neue Welt‹: sonnenverbrannt, trocken und karg. Erst im Zuge des Tourismus wurde sie entdeckt, dann aber umso schneller erschlossen. Was als modern gilt, wird hier umgehend verwirklicht. Das mag die neueste Architekturwelle sein, ein Lifestyle-Produkt oder der angesagte Gastrotrend. Buchstäblich alles ist auf die Bedürfnisse der Touristen zugeschnitten: Ferienresorts, Wellness-Tempel und Chillout-Bars, die mehrsprachige Speisekarte im Lokal und die Massage-Session am Strand. Mit der internationalen Besucherschar kam eine bunt gemischte Belegschaft von Dienstleistern vom spanischen Festland, aus Südamerika und Nordafrika.

### Welche Städte sind besonders sehenswert?

Ein Besuch in Teneriffas historischen Städten regt an! Spaß macht ein Bummel über die Flanierstraßen der alten Hauptstadt La Laguna, die zum Welkulturerbe der UNESCO aufgestiegen ist. Von musealer Schläfrigkeit keine Spur: Dank vieler Studenten ist die Stimmung aufgekratzt, Bistros und Bodegas boomen. Und auch die neue Hauptstadt Santa Cruz hat schöne Ecken; sie bietet zudem mit dem ›fliegenden‹ Auditorium ein hochkarätiges Konzerthaus und mit dem TEA ein aufregendes Zentrum moderner Kunst.

Zwei weitere Städte stehen hoch oben in meiner Gunst: das herrschaftliche La Orotava und das verträumte Garachico. Die historische Fantasie wird in Güímar stimuliert, wo ein Pyramiden-Park zwischen Alter und Neuer Welt vermittelt; eher kurios ist Candelaria, wo alles im Zeichen der heiligen Jungfrau steht.

### Wie erkundet man die Insel am besten?

Da Mietwagen günstig sind, empfiehlt es sich, an wenigstens drei Tagen die Insel auf eigene Faust zu erkunden. Aber vergessen Sie nicht: Auch wenn die Insel überschaubar erscheint, ist die Fahrt aufgrund der enormen Höhenunterschiede über kurvenreiche Bergstraßen anstrengend – nur langsam kommt man voran! Schnell sind nur die Autobahnen, die die Ferienzentren des Südens und Nordens mit der Hauptstadt Santa Cruz verbinden (TF-1/TF-5).

Wer kein Auto mieten will, kann auf ein hervorragend ausgebautes Busnetz zurückgreifen; der niedrige Preis kann durch den Kauf des Bonos, einer Mehrfachfahrkarte, noch gesenkt werden (s. Verkehrsmittel S. 246).

### Rundreisetipps für Teneriffa

**Tour 1: Ab Norden** (ab Puerto de la Cruz 145 km)

Von **Puerto de la Cruz** geht es über **La Orotava** und **Aguamansa** zum Besucherzentrum von **El Portillo** am Rand des Nationalparks. Hier beginnt der spektakuläre Streckenabschnitt: Die Traumstraße TF-21 führt am Fuß des Teide durch den aufgerissenen Riesenkrater der Cañadas. Bei gutem Wetter könnte man mit der Seilbahn fast bis zum Teide-Gipfel hinauf – allerdings herrscht großer Andrang. Vom **Mirador de la Ruleta** (auf Höhe des **Parador**) bietet sich ein Panoramablick über die hochalpine Vulkanlandschaft. Am Pass **Boca de Tauce** schwenkt man rechts ein und fährt auf der TF-38 durch schwarz aufgeworfene Schlackefelder hinab. Über **Chío** gelangt man auf der TF-375 ins Teno-Gebirge. Eine schmale Serpentinenstraße erschließt die tief eingeschnittenen Schluchten, Stopps lohnen in **Masca** und am **Mirador Cruz de Hilda**. Hinter dem **Mirador de Baracán** ändert sich die Landschaft. Erst über saftige Hochalmen, dann längs der Steilküste fährt man nach **Buenavista** hinab. Über die hübsche Hafenstadt **Garachico** und **Icod de los Vinos** geht es nach **Puerto de la Cruz** zurück.

**Tour 2: Ab Süden** (ab Costa Adeje 190 km)
Bitte früh aufbrechen, damit Sie alles in Ruhe anschauen können! Von Las Américas geht es nach **Vilaflor**, Spaniens höchstgelegenes Bergdorf, dann durch Kiefernwald zum Pass **Boca de Tauce**, wo der Nationalpark beginnt. Rechts geht's auf der TF-21 zum **Parador**, gegenüber bietet der **Mirador de la Ruleta** Weit- und Tiefblicke in die Lava- und Steinwüste. Vorbei an der Seilbahnstation gelangt man zum Besucherzentrum **El Portillo**. Rechts führt die TF-24 über das Inselrückgrat nach La Laguna, wir aber bleiben auf der TF-21, sich durch Kiefernwald hinabschraubt nach **La Orotava**. Anschließend könnte man einen Bummel durch Puerto de la Cruz unternehmen, bevor man via **San Juan de la Rambla** und **Icod de los Vinos** nach Garachico kommt, wo eine Pause unbedingt lohnt. In Los Silos empfiehlt sich ein Stopp am Kirchplatz, in **Buenavista** prüft man, ob noch Zeit bleibt für einen Abstecher nach Punta de Teno. Sonst gleich weiter nach **Masca**, ins Herz des Teno-Gebirges und von dort via **Santiago del Teide** zurück nach **Las Américas**.

## Wo finde ich Hinweise auf Feste und Events?
Kanarische Ausgelassenheit erleben Sie auf einem der vielen traditionellen Volksfeste. Diese finden vor allem im Sommer statt, während sich im Winter die Kultur-Events häufen. Angekündigt werden sie unter:
www.tenerinfo.com
www.todotenerife.es

# Sicherheit und Notfälle

### Warnungen
Deponieren Sie im Hotelsafe Wertsachen und Dokumente! Lassen Sie keine Gegenstände sichtbar im Auto liegen! Nehmen Sie nur so viel Geld wie nötig mit! Wollen Sie baden, lassen Sie den Strandnachbarn Ihre Tasche bewachen!
Wer bestohlen wird, muss, um Schadensersatz bei der Versicherung geltend machen zu können, ein Polizeiprotokoll vorweisen. Am besten besorgt man sich beim Konsulat (s. S. 244) das zweisprachige Formblatt »Schadensmeldung« (*denuncia*) und bringt es ausgefüllt zur Polizeistelle (*Guardia Civil*), wo die Bestätigung erfolgt. Wurden die Personalpapiere verloren, wird Ersatz nur dann vom Konsul ausgestellt, wenn ihm die Anzeige- und Verlustbestätigung der örtlichen Polizeibehörde, dazu zwei Passfotos und möglichst eine Kopie des gestohlenen Ausweises vorliegen.

### Notruf
Inselweit gilt die Rufnummer **112** für alle Notfälle: Polizei, Unfallrettung und Feuerwehr. Der Anschluss ist rund um die Uhr besetzt, man spricht Deutsch oder Englisch.
**Sperrung aller Girocards (ehemals EC-Karten) sowie mancher Kreditkarten und Handys: +49 116 116.**
Die Liste der angeschlossenen Kartenherausgeber steht unter
www.sperr-notruf.de

## Diplomatische Vertretungen
### Deutschland
**Konsulat:** 35007 Las Palmas, Calle Albareda 3–2, T 928 49 18 80, www.las-palmas.diplo.de
**Deutsches Honorarkonsulat:** 38400 Puerto de la Cruz, Calle Guillermo Rahn 4, L. 5–6 (Urb. Jardines La Quintana), T 922 24 88 20, www.spanien.diplo.de

### Österreich
**Botschaft:** 28046 Madrid, Paseo de la Castellana 91–9°, T 91 556 53 15, www.bmeia.gv.at/botschaft/madrid.html

### Schweiz
**Botschaft:** 28001 Madrid, Calle Núñez de Balboa 35, T 914 36 39 60, www.eda.admin.ch/madrid

*Turismo Rural verspricht ein authentisches Urlaubserlebnis.*

## Sprache

Selbst wer etwas Spanisch kann, wird seine Mühe haben, die Kanarier zu verstehen, denn sie sprechen ›atlantisches Spanisch‹, d. h. statt des kastilischen Stakkato einen weich-melodischen Singsang. Während im Kastilischen das ›c‹ (vor e und i) und das ›z‹ wie das englische ›th‹ ausgesprochen werden, heißt es bei den Kanariern wie bei den Lateinamerikanern einfach nur ›s‹. Konsonanten zwischen Vokalen und am Ende des Wortes werden prinzipiell weggelassen: So klingt *todos* (alle) wie ›to-o‹, Las Palmas wird zu ›La Palma‹ verkürzt.

## Übernachten

Das Angebot reicht von der schlichten Herberge im Anaga-Gebirge bis zum 5-Sterne-Resort mit Sternekoch, vom Aktivhotel bis zum Wellness-Tempel – und natürlich ist auch airbnb reichlich vertreten.

### Abseits des Massentourismus
In abgelegenen Berg- und Küstenorten gibt es Land- und Ferienhäuser, Pensionen und Apartments.

Eine gute Option ist **Turismo Rural / Urlaub auf dem Land** (s. Thema Alles Platte? S. 276). Historische Landhäuser, oft mehr als 100 Jahre alt, wurden restauriert und vermitteln bereits durch ihre Architektur ein Stück Inselgeschichte. Zwei Personen zahlen für ein Landhaus pro Woche zwischen 350 und 750 €. Bedenken Sie aber, dass es von November bis April je nach Höhenlage kühl werden kann und in der Regel nur kleine, mobile Elektroheizungen gibt.

**Ferienhäuser** erfüllen nicht die Kriterien des Turismo Rural, weil sie oft erst in den letzten 50 Jahren erbaut wurden. Aufgrund ihrer Lage und Ausstattung können sie freilich ebenso gut oder sogar besser als *casas rurales* sein.

**Turismo Rural/Karin Pflieger:** in Hamburg, T 040 560 44 88, www.turismorural.de

**Casa Canaria:** T 922 08 91 10, www.casa-canaria.de

**CanariRural:** T 922 72 33 70, www.canarirural.com

## Camping

Den einzigen guten Campingplatz der Insel finden Sie in El Médano. Weitere Anlagen sind auf www.campings.net/de verzeichnet. Wildes Campen ist auf Teneriffa verboten, doch darf an ausgewählten Rastplätzen mit Genehmigung der Umweltbehörde 7 Tage gratis gezeltet werden. Die Campingzonen *(zonas de acampada)* sind spartanisch ausgestattet, verfügen nicht immer über Wasser und sanitäre Anlagen. Buchung (eine Woche im Voraus!) über www.todotenerife.es (Suchbegriff »Zeltplätze«).

## Ferienresorts

Die meisten Teneriffa-Urlauber wohnen zwischen El Médano und Los Gigantes in den Ferienresorts des Südwestens. Gerade hier hat sich viel getan: Mit großem finanziellen Aufwand versucht die Inselregierung, Sünden des Massentourismus zu korrigieren. Hotels älteren Datums wurden renoviert, Straßen und Plätze verkehrsberuhigt und bepflanzt. In Costa Adeje, Bahía del Duque, La Caleta und Abama entstanden Hotels, die mit ihrer feudalen Architektur zu den besten Europas zählen. Sie sind in der Marke *Tenerife Select* vereint, die dafür sorgen soll, dass man bei der Nennung des Inselnamens nicht an Bausünden und Bettenburgen, sondern an Luxus und Leichtigkeit denkt (www.webtenerife.com/tenerifeselect). Auch Puerto de la Cruz, das Urlaubszentrum im Norden, wird verschönert. Hier ist man darauf bedacht, vom ›Rentnerimage‹ wegzukommen und auch ein jüngeres Publikum anzuziehen.

Die meisten Unterkünfte in den Ferienzentren werden noch immer über Reiseveranstalter vermittelt, die sie im Pauschalarrangement, d. h. inkl. Flug, Transfer und Reiseleitung anbieten. Aufgrund hoher Reservierungsziffern können TUI, Thomas Cook u. a. günstige Tarife aushandeln. Bucht man individuell, muss man in diesen Unterkünften oft einen höheren Betrag zahlen, ohne die vom Veranstalter garantierten Leistungen wie Transfer und Reiseleitung in Anspruch nehmen zu können.

## Low Budget

In **Hostels** treffen sich junge und jung gebliebene Traveller. Sie können unter www.hostelworld.com gebucht werden, verfügen über Gemeinschaftsküche und Gratis-WLAN. Eine Fülle an Apartments in allen Teilen der Insel wird über www.airbnb.com und www.wimdu.com vermietet. Wer für lau unterkommen möchte, schaut bei www.couchsurfing.com vorbei.

## Preise

Im Buch werden bei den Unterkünften die jeweils günstigsten Preise für 2 Personen im Doppelzimmer oder Apartment angegeben. Für ein Einzelzimmer werden in der Regel 70 % des DZ berechnet. Handelt es sich um ein Hotel, ist das Frühstück im angegebenen Preis inbegriffen.

# Umwelt

Die Umwelt schützen, die lokale Wirtschaft fördern, intensive Begegnungen ermöglichen, voneinander lernen – nachhaltiger Tourismus übernimmt Verantwortung für Umwelt und Gesellschaft. Die folgenden Webseiten geben einige Tipps, wie Sie Ihre Reise nachhaltig gestalten können:
**www.forumandersreisen.de:** Die Reiseveranstalter des Forums Anders Reisen bieten ungewöhnliche Reisen weltweit; Nachhaltigkeit wird durch einen gemeinsamen Kriterienkatalog gewährleistet.
**www.wirsindanderswo.de:** Die Zeitschrift stellt auf ihrer Webseite nachhaltige Reiseangebote und Unterkünfte vor und gibt originelle Unterkunftstipps.
**www.zukunft-reisen.de:** Das Portal des Vereins Ökologischer Tourismus in Europa erklärt, wie Sie ohne Verzicht umweltverträglich und sozial verantwortlich reisen.

## Verkehrsmittel

### Bus

Teneriffas Busse (kanarisch *guaguas*) sind bequem und verkehren zwischen allen wichtigen Orten. Zum Einsteigen bitte stets dem herannahenden Bus zuwinken – er fährt sonst vorbei!

Wer Geld sparen will, kauft im Busbahnhof, am Zeitungskiosk oder am Automaten ein **BonoVia-Ticket**. Diese Karte gibt es ab 15 € in mehreren Preislagen – je mehr Sie einzahlen, desto größer die Ersparnis. Sie gilt für alle grünen TITSA-Busse (außer 342 und 348 zum Nationalpark) und die zwischen Santa Cruz und La Laguna verkehrende Tranvía-Straßenbahn. BonoVia kann allein oder zu zweit benutzt werden.

Beim Einsteigen nennen Sie dem Busfahrer das Ziel und stecken die Karte in den Entwertungsautomaten. Hat man kein Bono-Ticket, zahlt man direkt beim Fahrer. Wollen Sie an der nächsten Haltestelle aussteigen, bitte die Stopptaste drücken!

Die wichtigsten Busanschlüsse werden in diesem Buch zu Beginn eines Regionalkapitels sowie bei den Orten angegeben. Da das Streckennetz im Norden der Insel neu organisiert werden soll, empfiehlt es sich, an Busbahnhöfen nach dem aktuellen Fahrplan zu fragen bzw. das Internet zu konsultieren:
www.titsa.com

### Mietwagen

Viele buchen ihren Wagen bereits vor der Abreise, andere machen dies vor Ort. Um auf Teneriffa ein Auto mieten zu können, muss man ein Jahr im Besitz eines gültigen Führerscheins und 21, bei einigen Firmen auch 25 Jahre alt sein. Vorzulegen sind Ausweis und nationaler Führerschein, gezahlt wird meist mit Kreditkarte (sonst Kaution).

Ein Preisvergleich der Anbieter ist zu empfehlen, denn viele Firmen locken mit einem soliden Grundpreis und überraschen dann mit hohen Versicherungskosten.

Vor Übernahme des Wagens sollten Sie Reifen, Bremsen und Beleuchtung, Seitenspiegel und Scheibenwischer prüfen. Machen Sie den Vermieter auf Beulen und Kratzer aufmerksam und schauen Sie nach, ob sich die Notausrüstung im Kofferraum und Handschuhfach befindet. Außer Ersatzreifen und Warndreiecken sind je eine Warnweste pro Person mitzuführen.

Als Faustregel gilt: Für einen Kleinwagen sollten nicht mehr als 30 € pro Tag inkl. Steuer und Versicherung gezahlt werden. Preiswerter wird es bei einer Miete ab drei Tagen oder auf Wochenbasis. Zu achten ist darauf, ob im Kalendertag-Rhythmus oder im 24-Stunden-Takt abgerechnet wird. Im Vertrag sollte vermerkt sein, dass der Tank bei Rückgabe des Fahrzeugs mit dem aktuellen Stand der Anzeige identisch sein muss. Bedenken Sie, dass nicht alle Tankstellen sonntags geöffnet sind!

Als beste kanarische Firma hat sich **CICAR** profiliert: Die Firma unterhält Filialen an beiden Flughäfen, an den Fährhäfen von Santa Cruz und Los Cristianos sowie in Puerto de la Cruz und Playa de Santiago. Abgesehen von der Weihnachtszeit sind gut gewartete Fahrzeuge stets in ausreichender Zahl vorhanden, schlimmstenfalls fehlt der gewünschte Wagentyp und man bekommt für den gleichen Preis einen besseren (Reservierung von Deutschland T 0034 928 82 29 00, www.cicar.com, info@cicar.com).

### Verkehrsregeln

In Spanien werden Verstöße gegen die bestehenden Verkehrsregeln mit hohen Geldstrafen geahndet. Sofern nicht gesondert geregelt, gilt in Ortschaften eine Höchstgeschwindigkeit von 50 km/h, auf Landstraßen 90 km/h, auf Schnellstraßen 100 km/h und auf der Autobahn 130 km/h. Linksabbiegen ist oft durch eine Abbiegeschleife zwingend geregelt. 100 m vor Kuppen ist das Überholen verboten, ebenso auf Straßen, die nicht mindestens 200 m zu überblicken sind. Es besteht Anschnallpflicht, für Kinder unter drei Jahren sind Kindersitze vorgeschrieben. Ein gelb angestrichener Bordstein bedeutet Parkverbot (Abschleppgefahr), die Farbe Blau signalisiert, dass hier das Parken kostenpflichtig und nur mit Parkschein erlaubt ist. Telefonieren ist nur mit Freisprechanlage erlaubt, die Promillegrenze liegt bei 0,5 (Führerschein-Neulinge 0,3).

Auf engen Bergstraßen sollten Sie vor unübersichtlichen Kurven generell hupen (bei Dunkelheit Lichthupe) und auf entsprechende Signale aus der Gegenrichtung achten. Im Falle einer Panne oder eines Unfalls ist das Tragen einer reflektierenden Warnweste vorgeschrieben, vor und hinter dem Fahrzeug sind Warndreiecke aufzustellen.

Die Polizei erreicht man unter dem Notruf 112, auch die Verleihfirma ist zu verständigen. Privates Abschleppen ist verboten. Bitte stets die Autonummern aller am Unfall Beteiligten sowie deren Namen, Anschrift und Versicherung notieren. Rat in Notsituationen bekommt man von den Automobilclubs:
**ADAC:** T 0049 89 22 22 22, www.adac.de
**ÖAMTC:** T 0043 12 51 20 00, www.oeamtc.at
**TCS:** T 0041 58 827 22 20, www.tcs.ch

### Taxi
Trotz des niedrigen Benzinpreises ist das Taxifahren kaum günstiger als in Deutschland. Der Fahrpreis wird mit dem Taxameter berechnet, doch ist darauf zu achten, dass dieser erst nach dem Einsteigen eingeschaltet wird! Bei längeren Fahrten sollte man sich schon vor Antritt der Fahrt auf einen Festpreis einigen. Einen verlässlichen Tarifrechner mit Reservierungsfunktion finden Sie unter www.officialtaxitenerife.com.

### Straßenbahn
Der Verkehr im Hauptstadtbereich wird durch die Tranvía entlastet: Auf 12 km Länge verbindet sie Santa Cruz mit der Universitätsstadt La Laguna (Fahrtdauer 25 Min., Tickets am Automaten an der Haltestelle).

### Fähren zu anderen Inseln
Teneriffa ist mit den Nachbarinseln durch Auto- und Passagierfähren verbunden. Von Los Cristianos erreicht man in etwa 40 Min. La Gomera (s. Tour S. 72), gut 2 Std. braucht man nach El Hierro und La Palma. Von Santa Cruz erreicht man in 1 Std. 15 Min. den Hafen von Agaete auf Gran Canaria.
www.fredolsen.es
www.navieraarmas.com
www.trasmediterranea.es

### Flug zu anderen Inseln
Binter (www.bintercanarias.com), Air Europa (www.aireuropa.com) und CanaryFly (www.canaryfly.es) fliegen mehrmals täglich von Teneriffa-Nord nach Gran Canaria, Fuerteventura, Lanzarote und La Palma. An Wochenenden, Feiertagen und in den Ferienzeiten sind viele Flüge schon Wochen vorher ausgebucht.

*Dank zahlreicher Fähren entspannt an den Nachbarinseln ankommen ...*

# Sprachführer Spanisch

## AUSSPRACHE

**c** vor a, o, u wie k, z. B. casa; vor e, i wie englisches th, z. B. cien
**ch** wie tsch, z. B. chico
**g** vor e, i wie deutsches ch, z. B. gente
**h** wird nicht gesprochen
**j** wie deutsches ch, z. B. jefe
**ll** wie deutsches j, z. B. llamo
**ñ** wie gn bei Champagner, z. B. niña
**qu** wie k, z. B. porque
**y** am Wortende wie i, z. B. hay; sonst wie deutsches j, z. B. yo
**z** wie englisches th, z. B. azúcar

## Allgemeines

| | |
|---|---|
| Guten Morgen/Tag | buenos días |
| Guten Tag (nachmittags) | buenas tardes |
| Guten Abend/ Gute Nacht | buenas noches |
| Auf Wiedersehen | adiós |
| Bis bald | Hasta luego |
| Entschuldigung | disculpe, perdón |
| hallo, grüß dich/Sie | hola, ¿qué tal? |
| bitte | por favor |
| danke | gracias |
| ja/nein | sí/no |
| Wie bitte? | ¿perdón? |

## Unterwegs

| | |
|---|---|
| Bahnhof | estación |
| Flughafen | aeropuerto |
| Bus/U-Bahn | autobús/metro |
| Auto | coche |
| Tankstelle | gasolinera |
| Benzin/Super | gasolina/super |
| Voll, bitte | Lleno, por favor |
| Abschleppdienst | grúa |
| Werkstatt | taller de reparaciones |
| Haltestelle | parada |
| Parkplatz | aparcamiento |
| Fahrkarte | billete |
| Eingang | entrada |
| Ausgang/ -fahrt | salida |
| rechts | a la derecha |
| links | a la izquierda |
| geradeaus | todo recto |
| hier/dort | aquí/allí |
| Auskunft | información |
| Stadtplan | mapa de la ciudad |
| Postamt | correos |
| geöffnet | abierto/-a |
| geschlossen | cerrado/-a |
| Kirche | iglesia |
| Museum | museo |
| Brücke | puente |
| Straße | calle |
| Platz | plaza |

## Übernachten

| | |
|---|---|
| Doppelzimmer | habitación doble |
| Einzelzimmer | habitación individual |
| mit Dusche/Bad | con ducha/baño/ |
| Balkon | balcón |
| Toilette | servicio |
| mit Frühstück | con desayuno |
| Halbpension/ | media pensión/ |
| Vollpension | pensión completa |
| Gepäck | equipaje |

## Einkaufen

| | |
|---|---|
| kaufen | comprar |
| Geschäft | tienda |
| Markt | mercado |
| Geld | dinero |
| Geldautomat | cajero automático |
| bar | en efectivo |
| Kreditkarte | tarjeta de crédito |
| Lebensmittel | comida |
| teuer/billig | caro/barato |
| wie viel | ¿cuánto? |
| bezahlen | pagar |

## Notfall

| | |
|---|---|
| Apotheke | farmacia |
| Arzt/Zahnarzt | médico/dentista |
| Hilfe! | ¡socorro! |
| Unfall | accidente |
| Krankenhaus | hospital, clínica |
| Polizei | policía |
| Schmerzen | dolores |
| Notfall | emergencia |

## Zeit

| | |
|---|---|
| Stunde/Tag | hora/día |
| Woche/Monat/Jahr | semana/mes/año |
| heute/gestern | hoy/ayer |
| morgen | mañana |
| morgens | por la mañana |
| mittags | al mediodía |
| nachmittags | por la tarde |
| Montag | lunes |
| Dienstag | martes |
| Mittwoch | miércoles |
| Donnerstag | jueves |
| Freitag | viernes |
| Samstag | sábado |
| Sonntag | domingo |

## Zahlen

| | | | | |
|---|---|---|---|---|
| 1 | uno | | 18 | dieciocho |
| 2 | dos | | 19 | diecinueve |
| 3 | tres | | 20 | veinte |
| 4 | cuatro | | 21 | veintiuno |
| 5 | cinco | | 30 | treinta |
| 6 | seis | | 40 | cuarenta |
| 7 | siete | | 50 | cincuenta |
| 8 | ocho | | 60 | sesenta |
| 9 | nueve | | 70 | setenta |
| 10 | diez | | 80 | ochenta |
| 11 | once | | 90 | noventa |
| 12 | doce | | 100 | cien |
| 13 | trece | | 101 | ciento uno |
| 14 | catorce | | 150 | ciento-cincuenta |
| 15 | quince | | | |
| 16 | dieciséis | | 200 | doscientos |
| 17 | diecisiete | | 1000 | mil |

## WICHTIGE SÄTZE

### Allgemeines

| | |
|---|---|
| Ich spreche kein Spanisch. | No hablo español. |
| Sprechen Sie Deutsch, Englisch? | ¿Habla alemán, inglés? |
| Ich verstehe nicht. | No entiendo. |
| Ich heiße … | Me llamo … |
| Wie heißt du/heißen Sie? | ¿Cómo te llamas/se llama? |
| Wie geht's? | ¿Qué tal? ¿Cómo estás? |
| Danke, gut. | Muy bien, gracias. |

### Unterwegs

| | |
|---|---|
| Wo ist …? | ¿Dónde está …? |
| Wie komme ich nach …? | ¿Por dónde se va a …? |
| Wann kommt …? | ¿Cuándo llega …? |

### Notfall

| | |
|---|---|
| Können Sie mir bitte helfen? | ¿Me podría ayudar, por favor? |
| Ich brauche einen Arzt | Necesito un médico. |
| Mir tut es hier weh. | Me duele aquí. |

### Übernachten

| | |
|---|---|
| Haben Sie ein Zimmer frei? | ¿Tiene una habitación libre? |
| Ich habe ein Zimmer bestellt. | He reservado una habitación. |

### Einkaufen

| | |
|---|---|
| Was kostet …? | ¿Cuánto cuesta …? |
| Wann öffnet/schließt …? | ¿Cuándo abre/cierra …? |

### Im Restaurant

| | |
|---|---|
| Die Speisekarte bitte | La carta, por favor |
| Was empfehlen Sie? | ¿Qué recomienda? |
| Die Rechnung, bitte | La cuenta, por favor |

# Kulinarisches Lexikon

## Frühstück

| | |
|---|---|
| churros con chocolate | Fettgebäck mit Trinkschokolade |
| embutidos | Wurstwaren |
| fiambres | Aufschnitt |
| huevo | Ei |
| huevo frito | Spiegelei |
| huevo revuelto | Rührei |
| jamón | Schinken |
| leche | Milch |
| mantequilla | Butter |
| miel | Honig |
| pan | Brot |
| panecillo | Brötchen, Semmel |
| queso tierno (fresco) | Frischkäse |
| queso duro (curado) | Hartkäse |
| rebanada | Schnitte, Scheibe |
| tortilla | Omelett mit Kartoffeln |

## Zubereitungen

| | |
|---|---|
| ahumado | geräuchert |
| a la plancha | auf heißer Metallplatte gegart |
| bien hecho | durchgebraten |
| blando | mild, weich |
| con mojo picón (rojo) | mit scharfer Soße |
| con mojo verde | mit Kräutersoße |
| empanado | paniert |
| frito | gebacken, gebraten |
| maduro | reif |
| manteca de cerdo | Schweineschmalz |
| medio hecho | halb durchgebraten |
| nata | Sahne, Rahm |
| sabroso | saftig, schmackhaft |
| salsa | Soße |
| tierno | zart, weich |

## Gewürze

| | |
|---|---|
| aceite de oliva | Olivenöl |
| azúcar | Zucker |
| mostaza | Senf |
| pimienta | Pfeffer |
| sal, salado | Salz, salzig |
| vinagre | Essig |

## Suppen

| | |
|---|---|
| cocido | gekocht, Eintopf |
| consomé | Kraftbrühe |
| escaldón | Gofio-Gemüsebrühe |
| gazpacho | kalte Gemüsesuppe |
| potaje | Gemüseeintopf |
| puchero | Gemüseeintopf mit Fleisch |

## Beilagen

| | |
|---|---|
| arroz | Reis |
| gofio | Speise aus geröstetem Getreide |
| papas arrugadas | ›Runzelkartoffeln‹ |
| papas fritas | Pommes frites |
| pastas | Nudeln |

## Gemüse

| | |
|---|---|
| ajo | Knoblauch |
| alcachofa | Artischocke |
| batata | Süßkartoffel |
| berenjena | Aubergine |
| garbanzo | Kichererbse |
| guisante | Erbse |
| hierbas | Kräuter |
| hongos/setas | Pilze |
| judías verdes | grüne Bohnen |
| lechuga | grüner Salat |
| papa | Kartoffel |
| pepino | Gurke |
| perejil | Petersilie |
| pimiento | Paprika |
| zanahorias | Karotten |

# Fleisch

| | |
|---|---|
| albóndigas | Fleischbällchen |
| asado | Braten, gebraten |
| aves | Geflügel |
| bistec | Beefsteak |
| cabra, cabrito | Ziege, Zicklein |
| carajaca | Leber in Pfeffersoße |
| chuleta | Kotelett |
| cochinillo | Spanferkel |
| conejo | Kaninchen |
| cordero | Lamm |
| escalope | Schnitzel |
| estofado | Schmorbraten |
| gallina | Huhn |
| guisado | Schmorfleisch |
| lomo | Lende |
| pato | Ente |
| picadillo | Gehacktes |
| pollo | junges Huhn |
| parrillada | vom Grill, Grillplatte |
| salchichas | kleine Bratwürste |
| solomillo | Filet |
| de cerdo | vom Schwein |
| de res/vaca | vom Rind |
| de ternera | vom Kalb |

# Fisch und Meeresfrüchte

| | |
|---|---|
| almeja | Venusmuschel |
| atún | Thunfisch |
| bacalao | Kabeljau |
| bogavante | Hummer |
| bonito | kleine Thunfischart |
| caballa | Makrele |
| calamares (en su tinta) | Tintenfische (in der eigenen Tinte) |
| camarones | kleine Krabben |
| cangrejo | Krebs |
| cigala | kleine Languste |
| dorada | Goldbrasse |
| gambas | Garnelen |
| langostinos | große Garnelen |
| lenguado | Seezunge |
| mariscos | Meeresfrüchte |
| mejillones | Miesmuscheln |
| merluza | Seehecht |
| mero | Zackenbarsch |
| pez espada | Schwertfisch |
| pulpo | Oktopus, Krake |
| rape | Seeteufel |
| raya | Rochen |
| salmón | Lachs |
| sancocho | gesalzener Fisch mit Kartoffeln |
| vieja | Papageienfisch |
| zarzuela | Fisch und Meeresfrüchte in Soße |

# Obst und Desserts

| | |
|---|---|
| aguacate | Avocado |
| almendra | Mandel |
| bienmesabe | Mandel-Honig-Creme |
| bizcocho | süßes Gebäck |
| flan | Karamelpudding |
| frangollo | Maispudding |
| fresas | Erdbeeren |
| helado | Speiseeis |
| higos | Feigen |
| limón | Zitrone |
| macedonia (de frutas) | Obstsalat |
| manzana | Apfel |
| melocotón | Pfirsich |
| naranja | Orange |
| pasteles | Kuchen, Gebäck |
| piña | Ananas |
| plátano | Banane |
| pomelo | Pampelmuse |
| sandía | Wassermelone |
| tarta | Torte |
| turrón | Mandelgebäck |
| uva | Weintraube |

# Getränke

| | |
|---|---|
| café solo | Espresso |
| café cortado | Espresso mit Milch |
| café con leche | Milchkaffee |
| caña | Bier vom Fass |
| cerveza | Bier |
| guindilla | Sauerkirschlikör auf Rumbasis |
| vino blanco | Weißwein |
| vino rosado | Roséwein |
| vino tinto | Rotwein |
| zumo | frisch gepresster Saft |

Das

# Magazin

Beim Erntedankfest Romería de San Benito de Abad dreht sich in La Laguna alles um Glaube und Tradition. Und natürlich ums Feiern.

# Guachinches

**Wo die Welt noch in Ordnung ist** — »Geh mir fort mit Restaurants!«, rügt mich Juan Carlos, als ich ihn bitte, mir seine Lieblingslokale zu nennen. »Das wahre Leben spielt sich in Guachinches ab!«

## Wie (wohl) alles begann …

Juan Carlos muss es wissen, denn er ist nicht nur ein begnadeter Koch, sondern auch Lebensmittelinspektor. Und weil er zugleich an der Uni lehrt, kann er gar nicht anders als mir eine Lektion in Sachen ›Gua:tschintsches‹ (so wird's ausgesprochen) zu erteilen.

»Guachinches«, so Juan Carlos, »diesen Namen gibt es nur auf Teneriffa, nirgends sonst in Spanien. Einige meinen, er stamme vom amerikanischen *bochinche* ab, was so viel heißt wie ›Durcheinander‹, ›Kneipe‹. Ich aber meine, er ist eine Verballhornung des englischen Worts *watching* für ›ausspähen‹. Du weißt ja, wir Spanier haben unsere Mühe mit der Aussprache. Als die ersten englischen Touristen kamen und nach gutem Wein Ausschau hielten, haben wir ihr Wort lautmalerisch ins Spanische übersetzt. So wurde aus *watching* mit der Zeit *guachinche*.« Ich versuche Juan Carlos klar zu machen, dass es nicht ›watching for wine‹, sondern ›looking for wine‹ heißen müsste, doch er ist nicht zu bremsen. »Das Herz der Guachinche-Kultur schlägt in Santa Úrsula. Eigentlich müsste die Gemeinde nicht Santa Úrsula, sondern San Urban heißen – denn nicht sie, sondern er ist der Schutzheilige des Weins.«

Rund um Santa Úrsula sind mehr als 700 Winzer registriert, angebaut werden rote Reben der einheimischen Sorte Listán Negro und Negramoll. Das Wort »Wein« zaubert ein Lächeln auf Juan Carlos' Gesicht: »Ist er jung, schmeckt er leicht, geschmeidig, nach Mineralien und wilden Beeren – vielleicht ein bisschen wie euer Beaujolais Nouveau. Die Ernte beginnt im September, und am 30. September, wenn alle Früchte eingefahren sind, öffnen die Guachinches. Damit der junge Wein nicht zu Kopf steigt, gibt's Deftiges, immer nur ein paar wenige warme Gerichte. Meist wird eine Garage zum Lokal umfunktioniert. Ein paar Klappstühle, Gartentische mit Plastikdecken – fertig ist das Lokal. Von Romantik keine Spur, aber die Stim-

---

### LESETIPPS

Den besten Überblick über Teneriffas Guachinches, nach Gemeinden sortiert, bietet die Website guachinches.es sowie die Guachapp (nur Spanisch).

**Guachinche Viñedos Malpaís:** Camino del Mar 42, www.guachinches.es/guachinche-vinedos-malpais, Di/Do 13–16, Fr/Sa 13–24, So 13–17 Uhr

**Guachinche Nunca es lejos:** Calle Las Turcas s/n, T 609 96 13 15, www.guachinches.es/tag/nunca-es-lejos, Mo–Sa 12.30–23, So 12–17 Uhr

mung ist bestens!« Und das, meint Juan Carlos, liege nicht nur an der Frische der Ware und am familiären Ambiente, sondern auch am günstigen Preis. »Für 10 bis 15 Euro kannst Du satt werden und gut trinken. Im Frühjahr ist der Wein gewiss verbraucht, dann schließen die Guachinches wieder bis zum Herbst.«

## Probieren geht vor studieren

Juan Carlos zeigt mir die **Guachinche Malpaís.** Just hier, am Endes eines »tiefen Barrancos« (Barranco Hondo), bahnt er sich seinen Weg durch die Klippen ins Meer. Großartig ist der Blick über die Küste und witzig die Einrichtung: an der Wand nackter Beton und Naturstein, gegessen wird an runden Holztischen, auf denen einst Industriekabel aufgerollt waren. Über den im Kies stehenden Tischen hängen nackte Glühbirnen. Es riecht nach Fett und Fleisch – der Grill ist schon angeworfen. Juan Carlos bestellt *chuleta,* ein gigantisches Kotelett, ich wähle Salat mit Avocado, danach eine *garbanzada,* deftigen Kichererbseneintopf!

Beim nächsten Mal empfiehlt Juan Carlos **Nunca es lejos** (»Nie ist es zu weit«). Was in diesem Fall stimmt, denn die Guachinche liegt weit oben an einem steilen Hang, 750 m über dem Meer. Die Anfahrt ist hart, aber ich werde sie nicht bereuen: Der Raum ist schlicht und weiß gekalkt, im Winter auch kühl (Pullover nicht vergessen!). An der Wand hängt ein ausgestopfter Hirschkopf, der zu einem Plastik-Heiligen hinüberschaut. Zum Viertelliter Wein ordern wir ein kross gebratenes Hühnchen *(pollo)* mit Pommes und Ziegenfleisch vom Grill *(cabra a la brasa)* – ein toller Tipp war das, aber natürlich nichts für Vegetarier! ■

*Ob das Wort ›Guachinche‹ nun tatsächlich von ›watching for wine‹ kommt oder nicht – für Wein ist in den gleichnamigen Lokalen gesorgt! Und meistens sind die Trauben für die guten Tropfen handverlesen ...*

# Feuer und Flamme

*Kommt der Sommer, kommt das Feuer: Fast jedes Jahr werden auf Teneriffa große Flächen Forstgebiet durch Waldbrände zerstört.*

## Pioniere und Lebenskünstler

**Pioniere und Lebenskünstler** — Wer Teneriffas verheerende Waldbrände gesehen hat, will nicht glauben, dass sich mit den nächsten Regenfällen die Natur so schnell wieder regenerieren wird …

Und wieder lautete die Schlagzeile: »260 Hektar Pinienwald und Gestrüpp von den Flammen zerstört« (Wochenblatt, 11. April 2018). Grund zur Trauer: ja, aber kein Grund zur Panik. Denn die Kanarische Kiefer, die doch so gern auf Asche und kahler Lava wächst, beweist stets aufs neue, dass sie ein Feuerspezialist ist. Im Laufe von Millionen Jahren, in denen es an Vulkanausbrüchen wahrlich nicht mangelte, hat sie gelernt, mit dem heißen Element umzugehen. Eine bis zu 15 cm dicke Borke schützt ihren Kern vor den Flammen. Darum schlägt die Kiefer, selbst wenn die äußere Hülle verkohlt ist, neue Triebe aus. Und sogar den dicken Nadelteppich an ihrem Fuß hat sie in einen Standortvorteil umgemünzt. Ist er niedergebrannt, macht sie sich die in der Asche freigesetzten mineralreichen Nährstoffe zunutze und wächst schneller als zuvor. Bestens vertragen kann sie auch Kälte: Sie gedeiht in bis zu 2000 m Höhe und kann selbst einen Winterfrost unbeschadet überstehen. Daneben hält sie ein weiteres Wunder bereit: Mit ihren bis zu 30 cm langen Nadelbüscheln kämmt sie unentwegt Feuchtigkeit aus den Wolken. In Rinnsalen läuft das kondensierte Nass herab, sammelt sich im Vulkangestein und speist Quellen. Besonders mächtige, bis zu 50 m hohe Kiefern wachsen oberhalb von Vilaflor sowie im Esperanza-Wald zu beiden Seiten des Inselrückgrats *(Cumbre Dorsal)*.

Auf den Schlackefeldern an der Südseite des Teide sehen Sie Hunderte von Exemplaren, denen die Unwirtlichkeit der Lava nichts ausmacht.

**Blinde Passagiere**
Die Kanarische Kiefer ist eine von 538 Pflanzen, die es ausschließlich auf dem Archipel und nirgendwo sonst auf der Welt gibt. Vor vielen Millionen Jahren kamen ihre Samen mit dem Wind angeweht, versteckt im Gefieder und Kot von Vögeln oder in der Ritze eines Stückes Treibholz. Die neue Heimat mit ihrem Klimaunterschied zwischen Nord und Süd sowie Küste und Hochgebirge bot ihnen einen vielfältigen Lebensraum. Sie passten sich der Umgebung optimal an und bildeten in der langen Zeit der insularen Isolation einen von der Ursprungspflanze so stark abweichenden Charakter aus, dass sie als eigene Art gelten.

**Kontrastreicher Lebensraum**
Stellt man sich Teneriffa als mächtiges Gebäude vor, so wohnen im ersten Stock (bis 600 m) Pflanzen, die mit salziger Meeresbrise, Wind und Wassermangel gut klarkommen. Das Bild differenziert sich im zweiten Stock (600–1100 m): Während im Norden die Passatwolken für steten Nachschub an Wasser sorgen und einen märchenhaften Lorbeer- und Kiefernwald nähren, können sich auf der trockenen Südhälfte nur wasserspeichernde Pflanzen behaupten. Diese panzern ihre Blätter, um sich vor Verdunstung zu schützen, und bewahren das kostbare Wasser in verdicktem Gewebe. Oberhalb der Passatwolkenzone gleicht sich die Vegetation wieder an: Erst Heidebusch-, dann trockener Kiefernwald bedeckt die Hänge bis 2000 m.

Oberhalb der Baumgrenze überleben nur Spezialisten. Am spektakulärsten ist der Rote Teide-Natternkopf *(Echium wildpretii)*, dessen purpurroter, bis zu 3 m langer Blütenstand wie eine Riesenkerze aus dem Boden schießt.

*Orgullo de Tenerife,* ›Stolz Teneriffas‹, nennen ihn die Insulaner, doch britische Botaniker haben einen besseren Namen geprägt: Tower of Jewels. Neben diesem ›Juwelenturm‹ zeigt sich das Teide-Veilchen *(Viola cheiranthifolia)* mit seinen zart silbern behaarten Blättern eher bescheiden, bildet aber noch auf 3000 m Höhe violett schimmernde Blüten aus. ∎

### INFOS

Botanische Gärten gibt es in Icod de los Vinos (Drachenbäume), Puerto de la Cruz, La Orotava (tropische Flora) und Santa Cruz (Palmetum und Parque García Sanabria) und im Nationalpark (alpiner Steingarten El Portillo). Vom Besucherzentrum Cruz del Carmen im Anaga-Gebirge starten markierte Naturlehrpfade in den Lorbeerwald. Fast alle der im Buch vorgestellten (Wander-)Touren machen mit der kanarischen Flora vertraut.

*In den gefährdeten Gebieten sind mittlerweile zahlreiche Warnschilder angebracht, die Passanten zu Vorsicht mahnen. 96 % der Feuer werden nämlich durch Menschen verursacht.*

*Wie Phönix aus der Asche: Die kanarische Kiefer kann aufgrund ihrer dicken und brandresistenten Borke nach einem Waldbrand nahezu problemlos regenerieren.*

# Selbst ein verkohlter Stamm schlägt wieder aus.

# Ende des ›ewigen Frühlings‹?

**Klimawandel auf Teneriffa** — Mehr Wüstenwind, stärkerer Klimakontrast und ein wärmeres Meer: Im Ansatz sind diese Klimaveränderungen bereits sichtbar.

Doch die Kanarier können sich trösten, denn dank der ausgleichenden Kraft des Atlantiks werden die Umbrüche auf den Inseln weniger drastisch ausfallen als auf dem spanischen Festland. So wird die Lufttemperatur auf den Kanaren in den nächsten Jahrzehnten ›nur‹ um 2 °C zunehmen, auf dem Festland dagegen um 5 °C. Vom Abschmelzen der riesigen Eismassen an Nord- und Südpol werden die Inseln freilich unmittelbar betroffen sein, denn der um 50–100 cm ansteigende Meeresspiegel wird zum Verschwinden vieler Strände führen. Schon jetzt fragen sich viele, ob der in letzter Zeit radikal durchgeführte Abriss illegaler, jahrzehntelang geduldeter Küstenbauten als Schutzmaßnahme vor dem steigenden Meeresspiegel zu sehen ist.

### Ein wärmeres Meer

»In den letzten 20 Jahren hat sich die kanarische Wassertemperatur bereits um 1 °C erwärmt«, so der Meeresbiologe Antonio Juan González. »Das führt dazu, dass immer mehr typisch tropische Meerestiere auftauchen, während einheimische Arten verdrängt werden.« Antonio hat beobachtet, dass vom Meeresgrund kühles, nährstoffreiches Wasser nicht mehr in gleicher Menge aufsteigt wie früher. So werden die oberen Wasserschichten nicht optimal versorgt, Flora und Fauna haben dort schlechtere Lebensbedingungen. Schon jetzt haben Fischer statt der bisher gefangenen länglich-silbrigen *sardina de ley* fast nur noch die kleine blaue *sardina lacha* im Netz – diese kam früher nur in tropischen Gewässern vor.

Bisher hoffte man darauf, dass die riesigen Wassermassen der Ozeane das Kohlendioxid – jenes Gas, das an der Erderwärmung schuld ist – absorbieren könnten, ohne selbst Schaden zu nehmen. Doch inzwischen hat sich herausgestellt, dass dies nicht der Fall ist. Vielmehr führt die vermehrte Aufnahme von Kohlendioxid dazu, dass sich der ph-Wert der Meere ändert, was bedeutet, dass diese schleichend übersäuern. Dies hätte das Aussterben zahlreicher Meeresarten zur Folge.

### Rückzug von Pflanzen

Auch auf dem Land wird es Änderungen geben. Faustino García, Direktor der kanarischen Agentur für nachhaltige Entwicklung, sorgt sich um den Fortbestand einheimischer, weltweit einzigartiger Pflanzen: »Schon eine kleine Temperaturerhöhung hätte fatale Auswirkungen. Steigt die Lufttemperatur um 4 °C, können wir die einheimische Bergflora begraben.«

### Gegenmaßnahmen

Die EU hat Spanien eine drastische Reduktion des Kohlendioxidausstoßes verordnet: Bis 2050 darf es nur noch die Hälfte der 1990 produzierten Menge in die Atmosphäre entlassen. Von den jährlichen 13,5 Mio. t Kohlendioxid, die auf den Kanaren produziert werden, entfällt das Gros auf Energieversorger. Auf Teneriffa ist es das Unternehmen Unelco, das erdölbetriebene Werke in Santa Cruz, Granadilla und Candelaria unterhält. Erst spät, nämlich zur Jahrtausendwende, beschloss die Inselregierung, durch Ausbau von Wind- und Sonnenenergie vom teuer importierten und umweltschädlichen Erdöl unabhängiger zu werden.

Viele Kanarier trösten sich damit, dass sie in der sogenannten Ersten Welt leben und sich deshalb wohl Mittel und Wege finden lassen, das Schlimmste zu verhindern. So glauben sie, das Verschwinden der Strände durch Import von Sahara-Sand verhindern zu können – nach dem Motto: Steigt das Wasser höher, müssen wir eben Dämme aufschütten. Doch immerhin sind 70 % der Bewohner bereit, ihr Verhalten zu ändern: Sie wollen demnächst weniger Auto fahren, Strom und Wasser sparen und teurere, dafür energiesparende Haushaltsgeräte anschaffen. Auch die Trennung von Müll zwecks Recycling wird allmählich umgesetzt. Kanarische Kinder lernen schon in der Schule, dass eine Tonne recyceltes Papier 14 Bäume am Leben erhält, 50 000 l Wasser und 300 kg Erdöl einspart.

**Noch herrscht der Passat …**
Für das Wetter bestimmend waren bisher der Passatwind und die kühlen Meeresströmungen (der Kanarenstrom). Sie sorgten dafür, dass es auf den Inseln – obwohl sie auf dem 28. Grad nördlicher Breite, d. h. auf der Höhe der Sahara liegen – nie so heiß wurde wie auf dem Nachbarkontinent. Der aus Nordosten wehende kühle Passat (*viento alisio*, elysischer Wind), der sich bei seinem langen Lauf über den Atlantik mit feuchter Meeresluft vollgesogen hat, stößt an der Insel auf ein mächtiges Hindernis: Er steigt auf, wobei seine Luft in höheren, kühleren Lagen zu Wolken kondensiert (500–1100 m). Diese stauen sich an den Nordhängen Teneriffas und werden aufgrund eines Phänomens, das man thermische Inversion nennt, am weiteren Aufsteigen gehindert: Die trockene und deshalb schwerere Luft in über 1100 m Höhe lastet wie ein Riegel auf dem Wolkenmeer des Passat. So erklärt es sich, dass sowohl in über 1100 m Höhe als auch im Inselsüden die Sonne oft vom strahlend blauen Himmel brennt, während sich im Norden Wolken stauen. *Panza del burro* nennen die Einheimischen den Himmel, der »grau ist wie der Bauch eines Esels« und dessen Wolkendecke sich oft erst am frühen Abend auflöst. Doch schon werden besorgte Stimmen laut: Das Azorenhoch, das die Passatwetterlage ermöglicht, bilde sich nicht mehr so regelmäßig wie früher aus, die klassische, vom Nordostwind bestimmte Wetterlage werde immer häufiger durch eine Südwestwetterlage ersetzt. Und auch die trockenheiße Luftströmung aus der Sahara (*calima*) wird gefürchtet: Mitgeführte Sandpartikel legen sich wie eine Käseglocke über die Inseln. ■

**INFOS**

www.wetteronline.de/infrarot-satellitenbild/kanaren: Das Satellitenbild zu Westafrika schließt die Kanarischen Inseln mit ein und wird alle drei Stunden aktualisiert.

> »Steigt das Wasser höher, müssen wir eben Dämme aufschütten.«

# Strangers in Paradise

*Von der Westsahara bis nach Los Cristianos, manchmal bis zu drei Tage unterwegs, zusammengepfercht in hölzernen Fischerbooten … eine entsetzliche Tortur für die Flüchtenden.*

**Reisende der anderen Art** — Ein ungewöhnlicher Anblick: Am Strand von Los Cristianos liegen Dutzende von Schwarzafrikanern, völlig entkräftet und trotz 25 °C zitternd vor Kälte. Touristen beugen sich über sie und geben ihnen Wasser.

„Sie waren sogar zu schwach, um zu essen«, erzählt Martina, die in Los Cristianos damals ihren Urlaub verbrachte. »Wir hatten gerade ein paar Cocktails geschlürft und aufs Meer geschaut. Da sahen wir plötzlich das voll bepackte Boot und wie sich die Männer an den Strand warfen.«

Seit die spanischen Enklaven Ceuta und Melilla an Marokkos Nordküste zum Hochsicherheitstrakt geworden sind und die Meerenge von Gibraltar mit Radarantennen und Infrarotsensoren überwacht wird, steuern afrikanische Schlepper auch die Kanaren an. Statt zwei Stunden auf See sind sie nun 20 Stunden unterwegs – wenn alles gut geht. Meist starten sie an der Küste der Westsahara, in Tarfaya, El Aaiun und Sidi Ifni. Die diesen Orten am nächsten gelegene Insel ist Fuerteventura, doch da auch sie mittlerweile von Frontex, der europäischen Grenzpolizei, überwacht wird, werden immer öfter die Nachbarinseln angesteuert. Die Passage kostet pro Person umgerechnet 1000– 1500 €, für die meisten afrikanischen Flüchtlinge ein Vermögen. Wie viele bei dem Versuch, zu den ›Glücklichen Inseln‹ zu kommen, ertrunken sind, lässt sich nicht genau ermitteln, doch sollen es Tausende sein.

### Alltägliche Nachrichten
»Erneut hat sich vor der afrikanischen Küste ein Flüchtlingsdrama abgespielt: 47 Immigranten sind bei dem Versuch von Afrika aus die Kanaren zu erreichen ums Leben gekommen. Die marokkanischen Behörden haben vor der Küste der Westsahara ein Schiff aufgegriffen, an Bord 96 Überlebende und 47 Tote. Die Menschen waren bereits 19 Tage auf dem offenen Atlantik unterwegs, sie haben versucht, den Frontex-Patrouillen auszuweichen, und sind damit immer wieder vom Kurs abgekommen. Die Flüchtlinge stammen hauptsächlich aus Mali und Gambia.«

### Reiche Länder, arme Menschen
Auf Teneriffa stranden die meisten Afrikaner, darunter stets auch Frauen und Kinder, in Los Cristianos. Viele von ihnen kommen aus Mauretanien und Senegal, beides Länder mit besonders fischreichen Gewässern. Gut 100 Mio. € jährlich zahlt die EU an Mauretanien und Senegal für das Recht, dort fischen zu dürfen. Dies klingt nach viel Geld und erweist sich doch als wenig im Vergleich zu dem, was aus dem Meer herausgeholt wird. 850 europäische

---

**IM SPIEGEL DER SPRACHE**

Mit El Moro bezeichnen kanarische Fischer die Küste Westafrikas. *Moros* sind ›die Mauren‹, die Andersgläubigen. *Hay moros en la costa* (›Mauren an der Küste‹) heißt frei übersetzt: Nicht im Klartext reden, die Falschen hören mit!

> **NACHGEHAKT** **N**
>
> Allein zwischen 1953 und 1958 emigrierten ca. 60 000 Kanarier illegal nach Venezuela und Kuba.

Trawler, viele davon spanischer Herkunft, sind das ganze Jahr über unterwegs. Die größten von ihnen können mit ihren Schleppnetzen bis zu 400 Tonnen Fisch pro Tag aus dem Wasser holen – ein lokaler Fischer braucht mit seinem kleinen Boot dafür zehn Jahre. Oft verarbeiten die schwimmenden Fabriken ihren Fang noch auf hoher See oder bringen ihn auf die Kanaren, wo er zu verkaufsfertiger Ware veredelt wird: Deren geschätzter Wert beträgt 1,5 Milliarden (!) €. Bliebe der jährliche Differenzbetrag zwischen Lizenzgebühr und Warenwert im Herkunftsland, würde vielleicht kein Senegalese oder Mauretanier die gefährliche Reise zu den Kanaren antreten müssen.

Zahlreiche Flüchtlinge kommen mittlerweile auch aus der spanischen Ex-Kolonie Äquatorial-Guinea. Dank reicher Erdölvorkommen könnte sie ›die Schweiz Afrikas‹ sein. Doch ausgebeutet wird der Rohstoff von US-Firmen wie Exxon und Chevron. Die von ihnen gezahlten Lizenzgebühr macht nur einen Bruchteil des Wertes aus, zu dem die Ware verkauft wird – und versickert obendrein in der korrupten Landesbürokratie.

### Frontex & Co.

72 Stunden werden die gestrandeten Afrikaner zwecks Überprüfung ihrer Identität in polizeilichen Gewahrsam genommen. In dieser Zeit wird entschieden, ob sie als Asylbewerber anerkannt oder in ihre Herkunftsländer abgeschoben werden. Seit mit Marokko ein Rücknahmeabkommen besteht, d. h. seit das Land alle Flüchtlinge umstandslos zurücknimmt, ist die Zahl der marokkanischen Flüchtlinge zurückgegangen. Diesem Beispiel folgt nun die EU: Sie zahlt den Ländern Nordwestafrikas großzügige Entwicklungshilfe, sofern diese gleichfalls Rücknahmeabkommen unterzeichnen. Willigen sie ein, kann mit allen Flüchtlingen kurzer Prozess gemacht werden: Sie werden in den nächsten Flieger gesetzt und in die ›Heimat‹ zurückgeschickt.

Bis es so weit ist, bleibt Frontex aktiv. Mit Hightech-Schiffen der Europäischen Agentur für den Schutz der Außengrenzen werden Bootsflüchtlinge auf hoher See gestoppt und zur Umkehr genötigt. Dass bei der erzwungenen Rückfahrt manch ein Boot kentert und Menschen sterben, wird von der spanischen Regierung mit mitleidsvoller Miene als »Tragödie« bezeichnet. Damit es nicht zu weiteren »Tragödien« kommt, unterstützt Spanien den Senegal bei dessen Küstenschutz … Doch ist der Zugang zu den Kanaren versperrt, finden »die Verdammten dieser Erde« andere Fluchtwege (z. B. über Libyen, Italien und Griechenland), um vor Armut und den Folgen westlicher Kriege zu fliehen. ∎

> **LESETIPP** **L**
>
> **Antonio Lozano:** Harraga, Santa Úrsula 2011. Ein Roman zur Flüchtlingsthematik, nicht zu vergleichen mit dem großartigen Roman »Transit« von Anna Seghers, aber auch lesenswert: Lozano erzählt von der Odyssee eines jungen Marokkaners, der übers Meer nach Spanien übersetzt. Er ist ein *Harraga*, ›einer, der den Pass verbrennt‹, um seine Abschiebung zu erschweren …

# ›All inclusive‹ mal ganz anders

**Im Spa & Sport Mar y Sol** — Bei ›All inclusive‹ denken Sie gewiss an unbegrenztes Essen und Trinken – doch in diesem Hotel hat der Begriff eine andere Bedeutung. Hier geht es um die Inklusion aller Menschen, ob mit oder ohne Behinderung.

Gegründet wurde das Hotel von Hans-Joachim Fischer, einem Pionier in Sachen Inklusion auf den Kanaren. Wir wollen von ihm wissen, wie es dazu kam …

**Herr Fischer, wie sind Sie auf die Idee gekommen, in Los Cristianos ein behindertenfreundliches Hotel zu eröffnen?**

Der Grund war meine erste Frau. Sie litt an Multipler Sklerose und war an einen Rollstuhl gebunden. Neurologen in Deutschland empfahlen uns einen Aufenthalt im Südwesten Teneriffas aufgrund des für die Erkrankung vorteilhaften Klimas. Es ging ihr hier – und wie ich sehen konnte, auch Rheumakranken und vielen anderen Menschen mit Behinderung – sichtlich besser als im kühleren Norden Europas. Und so fragte ich mich: ›Sollte es nicht möglich sein, in diesem wunderbaren Klima ein Kurhotel für behinderte Menschen und deren Familien zu errichten?‹

**Damals – wir sprechen hier von den 1970er und 80er Jahren – war das Thema Behinderte noch nicht angesagt …**

Nein, damals dachte niemand an Behinderte – und meine Arbeitskollegen erklärten mich auch prompt für verrückt, als ich meinen Job in leitender Position bei einem Energieversorger aufgab, um ein Hotel für eine Zielgruppe zu bauen, die versteckt und vernachlässigt wurde – was sich bis heute nicht groß geändert hat.

**Warum haben Sie sich ausgerechnet für Los Cristianos entschieden?**

Wir fühlten uns von Anfang an im sonnigen Süden sehr wohl. Aber von unserem Gefühl abgesehen, motivierte mich eine gutachtliche Stellungnahme von Prof. Dr. Hiltermann über die Heilklimazone von Los Cristianos. Er war wissenschaftlicher Direktor der Bundesanstalt für Bodenforschung in Hannover und beschrieb das Klima als warm, trocken und allergienarm. Der Name des Hotels fasst es zusammen »Mar y Sol«: Dank der Kraft des Meeres und der Sonne sollen die Gäste genesen. Doch es war ein langer Weg bis zur Hoteleröffnung – erst 1990 war es so weit.

**Worauf haben Sie bei der Errichtung des Hotels geachtet?**

Abgesehen von der rollstuhlgerechten Bauweise und Ausstattung der Hotel-Anlage ging es mir darum, ein Hotel zu erschaffen, in dem Menschen mit und ohne Behinderung gemeinsam Urlaub machen können. Alle unsere Apartments haben

*Oben: Vom Rollstuhl in den 32 Grad warmen Pool, um fast schwerelos zu schweben …*
*Unten: An der Playa de las Vistas führen Plankenwege bis zum Meer.*

# Ein Gast: »Zum ersten Mal fühle ich mich nicht als Exot ...«

extrabreite Türen, schwellenlose Duschen, unterfahrbare Waschbecken, erhöhte Toiletten und Haltegriffe. Wir haben zwei große Pools und ein Therapiebecken, in die Gehbehinderte über Lifte und mithilfe eines Bademeisters ins Wasser gelangen. Gerade ihnen muss das Gefühl vermittelt werden, ein wenig schwerelos schweben zu können. Einer der Pools ist auf ca. 32 Grad beheizt, sodass sie sich länger im Wasser aufhalten können. Für manche ist das ein so großartiges Erlebnis, dass sie den Pool gar nicht verlassen wollen ... Es gibt unendlich viele Details, die das Leben behinderter Menschen erleichtern.

**Zum Beispiel?**
In allen Treppenhäusern finden sich spezielle Rettungsstühle, auf allen Toiletten gibt es einen Notrufknopf für 24-Stunden-Notfallservice. Unser Ziel ist es nicht nur, komplett barrierefrei zu sein, sondern auch das Gefühl zu vermitteln: Hier fühle ich mich wohl, weil meine Bedürfnisse bekannt – und kein Problem sind! Vom rollstuhlgerechten Flughafen-Transfer bis zum Verleih von elektrischen Betten, Rollstühlen und Stricker Handbikes ist für alles vorgesorgt. Und unsere Mitarbeiter sind sensibilisiert ...

**Früher sprachen Sie vom Kurhotel, jetzt vom »Spa und Sport-Hotel«. Warum die Namensänderung?**
Elli Baum, meine zweite Frau, hat die Spa- und Therapieabteilung Teralava eingerichtet, in dem Medizin- und Wellness-Therapien angeboten werden. Und ›Sport‹, weil wir auch eine über 500 m² große Sporthalle mit Schwingboden eingerichtet haben. Hier kann man Rollstuhl-Rugby, Electric-Wheelchair Hockey, Tennis, Federball, Fitness, Yoga, Pilates und vieles mehr machen. Wir hatten bereits etliche Turniere. Darüberhinaus ermöglichen wir behinderten Menschen mithilfe eigens angefertigter Elektro-Rollstühle das Golfspielen sowie Schwimmen und Tauchen mit extra ausgebildeten Lehrern. Es ist sehr befriedigend von Gästen zu hören: ›Unglaublich, was da alles noch geht mit Rollstuhl!‹

**Ihr Hotel war das erste und lange Zeit einzige komplett rollstuhlgerechte in Europa – dafür haben Sie viele Preise erhalten, einmal sogar aus der Hand der spanischen Königin, Reina Letizia. Ohne Mar y Sol wäre Los Cristianos sicher heute kein Ort, der mit »Null Barrieren« werben und sich als Top-Destination für Behinderte empfehlen kann. Wie bewerten Sie das Engagement der Gemeinde?**
Wir freuen uns über ihre Sensibilität. Wir haben eine ca. acht Kilometer lange rolligerechte Promenade mit Rampen zum Strand, und an der Playa de las Vistas gibt es Amphibien-Fahrzeuge, mit denen Gehbehinderte von geschulten Rettungsschwimmern kostenlos ins Meer befördert werden. Es gibt im Ort viele öffentliche behindertengerechte Toiletten, die mit dem Euro-Schlüssel zugänglich sind, der auch im Hotel erhältlich ist. Viele Kombi-Taxis können Rollstuhlfahrer transportieren. Los Cristianos hat andere Inselgemeinden bereits angesteckt, so wurden im Lorbeerwald Anaga »Wanderwege« für Rollstuhlfahrer eingerichtet: Teneriffa macht sich immer mehr als behindertengerechtes Reiseziel bekannt.

**Da kann man nur sagen: Viel Erfolg und weiter so!** ∎

# »Wo sind die Mumien?«

**Kulturelle Aneignung** — In Madrid ist sie ein Star: Eine Teneriffa-Mumie zog ins MAN, das Nationale Archäologische Museum. »Ein einzigartiges Exemplar«, so Direktor Carretero, »wie Picassos ›Guernica‹ oder Vélazquez ›Las Meninas‹.«

Als so kostbar gilt das Exemplar, dass Madrid es nicht herausrückt – trotz wiederholter Bitten aus Teneriffa. 1776 war die Mumie in einer Höhle im Barranco de Erques entdeckt worden. So lebendig sah sie aus, dass sie König Karl III. zum Geschenk gemacht wurde. Im Begleitbrief an den Monarchen heißt es: »Selbst die Nasenspitze fehlt ihr nicht«, und das Glied sei »größer als ein halbes Viertel (Meter) und von der Stärke eines besonders dicken Zeigefingers.«

Glücklicherweise sind andere Mumien aus der ganzen Welt nach Teneriffa zurückgekehrt, sodass die Sammlung im Museo del Hombre mittlerweile beachtlich ist. Einige Mumien werden ausgestellt – in Hochsicherheits-Vitrinen, geschützt gegen Raub, Feuer und Bakterien. Die meisten Museumsbesucher, weiß Wärterin Clara, kommen nur, um sie zu sehen: »Where are the mommies, please?« lautet stets ihre Frage.

## In Vergessenheit geraten ...

Dabei ist das Interesse an Teneriffas Ureinwohnern noch relativ neu. Lange Zeit galten sie als steinzeitliche Wilde, die das Glück hatten, an eine höhere Zivilisation herangeführt zu werden. Guanchen, die die Conquista überlebten, wurden zwangsgetauft, erhielten christliche Namen und mussten auf den entstehenden spanischen Zuckerplantagen als billige Arbeitskräfte dienen. Ihre

---

**INFOS**

Wichtigste Adresse ist das Museo de la Naturaleza y el Hombre in Santa Cruz (S. 26). Das Archäologische Museum in Puerto de la Cruz (S. 171) zeigt Guanchen-Keramik, im Pyramidenpark von Güimar (S. 48) und der Reserva San Blas (S. 62) wird die Lebenswelt der Ureinwohner nachgebildet.
**Horst Uden:** Der König von Taoro, Teneriffa 2010. Der historische Roman schildert die Eroberung Teneriffas. Er stellt die Begegnung zwischen dem Guanchenherrscher Bencomo und dem Konquistadoren Alonso Fernández de Lugo als Zusammenprall zweier Welten dar.

Sprache, Kultur und Religion wurden ins Abseits gedrängt. Erst nach dem Ende der Franco-Diktatur 1975 durfte man sich ihrer offiziell erinnern. Nun begriff man sie als eigene Vorfahren, gab Neugeborenen Guanchen-Namen wie Bencomo und Jonay und pflegte archaische Sportarten wie *lucha canaria* (Ringkampf) und *palo* (Stockfechten). Bücher mit Guanchen-Legenden, die seit Jahrhunderten von Mund zu Mund weitererzählt worden waren, wurden Bestseller; Denkmäler feierten die Guanchen in der Pose des schönen Wilden. Selbst die in den 1970er-Jahren erstarkte kanarische Unabhängigkeitsbewegung forderte mit den Ureinwohnern im Banner die Loslösung von der Kolonialmacht Spanien. Damals setzte auch die wissenschaftliche Beschäftigung mit den Guanchen ein; Archäologen machten sich daran, einige ihrer Geheimnisse zu lüften.

## Rätsel über Rätsel

Heute geht man davon aus, dass die ersten Siedler ab 500 v. Chr. in mehreren Schüben auf die Inseln kamen. Das Warum und Wie dieses Exodus ist aber weiter unbekannt. Die Theorien reichen von der Suche nach neuem Lebensraum aufgrund der Ausweitung der Sahara bis zur systematischen Strafverschleppung durch die Römer. In jedem Fall steht fest, dass die Altkanarier von Nordwestafrika kamen: Sprach- und Kulturvergleiche sowie Gen- und Blutuntersuchungen an Guanchen-Mumien lassen keinen Zweifel daran, dass die Ureinwohner berberischen Ursprungs sind.

## Recyceln war alles

Die Guanchen waren Viehzüchter, Sammler und Jäger. Mit ihren aus Afrika mitgebrachten Ziegen und Schafen zogen sie von der Sommer- zur Winterweide. Die Tiere gaben ihnen Milch, Käse, Fleisch, Fell und Haut. Selbst ihre Hörner wurden genutzt: Sie dienten als Werkzeuge, z. B. zum Ziehen von Ackerfurchen. Die Guanchen bauten Gerste, Weizen und Hülsenfrüchte an, die sie rösteten und zu Mehl zerrieben; noch heute wird dieses *gofio* genannte Mehl als nährstoffreiche Nahrung geschätzt. An der Küste betrieben sie Fischerei: Mit aus Palmfasern und Bast geflochtenen Netzen und Körben gingen sie auf Jagd. Zuweilen gossen sie auch die weiße, ätzende Milch der Kandelaber-Wolfsmilch ins Wasser, auf dass die betäubten Fische mit der Hand entnommen werden konnten.

Die Abhängigkeit von der Umwelt bestimmte ihre Religion. Sie verehrten Naturgottheiten und suchten sie durch Opfergaben gnädig zu stimmen: Sonne, Mond und Sterne, personifiziert in Göttern, wurden angerufen, Regen zu schicken und für eine üppige Ernte zu sorgen. Auch wurden neugeborene Lämmer von ihren Müttern getrennt, auf dass ihr herzzerreißendes Geblöke die Götter erbarme. Doch auch böser, widerstreitender Kräfte waren sich die Guanchen bewusst: So wurde der Teufel Guayota im Feuer speienden Schlund des Teide vermutet.

## Zweiklassengesellschaft bis in den Tod

Wenig weiß man über das Verhältnis der Geschlechter. Irritiert berichten die ersten Chronisten, eine Guanchen-Frau dürfe bis zu drei Ehemänner haben, die in rotierender Folge bei ihr lebten. Doch dies als Matriarchat zu deuten, wäre verfehlt. Vielmehr brachte es der konstante Überschuss an Männern mit sich, dass

*Schon zu Beginn des 19. Jahrhunderts hat Enzyklopädist G. T. Wilhelm in seinen »Unterhaltungen aus der Naturgeschichte« die Guanchen-Mumien gezeigt.*

sich mehrere eine Frau teilen mussten. Eine Frau wurde offenbar nie »Königin« der Insel.

Zur Zeit der Eroberung gab es neun Herrschaftsgebiete *(menceyatos)*. Sie wurden angeführt von einem *mencey*. Die Namen dieser neun Provinzen haben in Gemeinde- und Weinbezeichnungen überdauert. So hört man noch heute von Anaga, Güímar, Abona, Adeje, Daute, Icod, Taoro, Tacoronte und Tegueste.

Die Kanarier lebten in einer Zweiklassengesellschaft, wobei der Standesunterschied bereits durch das Aussehen akzentuiert wurde: Nur Adelige durften Bart und lange Haartracht tragen. Beim Totenkult wurden die Differenzen noch stärker hervorgekehrt: Wer zum ›niederen‹ Volk gehörte, wurde umstandslos verscharrt; wer ›adelig‹ war, kam in den Genuss eines aufwendigen Bestattungsrituals: Erst wurde der Leichnam in der Sonne getrocknet, dann mit Bimssteinstaub und anderen Substanzen eingerieben. Anders als die Altägypter beließen die Guanchen Gehirn und innere Organe meist im Körper. Wenn sie die Eingeweide doch entnahmen, wurde die Bauchhöhle mit trockenen Kräutern gefüllt. Derart präpariert, wurde der Leichnam erst in Ziegenhäute, dann in Bastmatten eingenäht. Für seine lange Reise ins Jenseits wurde er nebst Speis und Trank in einer schwer zugänglichen Höhle aufgebahrt. Mehr als 1000 Jahre alte Mumien sind im Museum von Santa Cruz zu sehen, wo auch weitere Fundstücke der Guanchenkultur ausgestellt sind: archaische Keramik und Idolfiguren, Schmuck sowie *pintaderas*, eine Art Stempel zur Körperbemalung. Bisher nicht entziffert sind die Zeichen, die die Guanchen in den Fels ritzten, dem altlibyschen Alphabet ähnliche Buchstaben, geometrische Muster und menschenähnliche Figuren. ■

### FACHVOKABULAR

Die Ureinwohner Teneriffas nannten sich Guanchen, abgeleitet vom berberischen Wort *guan* (Mensch) und *chinech* (Erde). Die Siedler der übrigen Inseln gaben sich andere Namen. Mit dem Ausdruck Altkanarier bezeichnet man die Ureinwohner des gesamten Archipels.

# Hip & Hippie

**Luxus nein danke!** — Zwischen den 5-Sterne-Resorts von La Caleta und Playa Paraíso liegen versteckte Strände, die von Hippies bewohnt werden. Krasser kann der Kontrast nicht sein!

Hier Hotelschlösser und Pool-Gärten, dort Höhlenwohnungen und Menschen auf der Suche nach einem anderen Leben …

Von La Caleta stapfe ich die Klippe hinauf. Wolfsmilchbüsche wie dicke Haarbüschel krallen sich in den Fels. Tief unten liegt der Ort, der vom Hotel Royal Hideaway überragt wird. Wie ein weißes Kreuzfahrtschiff schiebt sich das Hotel vor die Berge. Oben angelangt erblicke ich die Nachbarbucht: ein herrlicher Flecken, der zum Naturschutzgebiet erklärt wurde. Türkis glitzert das von hellen Tuffsteinklippen umfasste Meer.

**Immer Richtung Süden**

Ich steige zum Strand hinab, im Schatten eines gelb leuchtenden Sonnenschirms sitzt eine junge, in Malerei vertiefte Frau. Vor ihr ein Tablett, darauf geschnitzte Amulette. Eine Urlauberin nähert sich mir: »Ich bewundere diese Leute. Wie sie leben – dass sie sich das trauen. Ich könnte das nicht. Und Sie?« Sie kauft ein Amulett: »Es wird mich immer an Sie erinnern«, sagt sie zur schönen Schnitzerin. Wie sich herausstellt, heißt diese Violeta und kommt aus Athen. Sie hat ihr Psychologie-Studium abgebrochen und fertigt aus Zedernholz federleichte Figuren. Schon ein paar Monate ist sie unterwegs. »Erst war ich ich in Norwegen«, erzählt sie, »flog dann nach Südspanien und habe mich durch Marokko bis Casablanca durchgeschlagen. Das war hart. Hier aber ist's entspannt.« Wie lange wird sie bleiben? »Den Winter über bestimmt, vielleicht auch länger. Open End eben …«

**Stopp am Strand**

An der Playa de los Morteros stehen von Steinkreisen umrahmte Zelte. Hinter Opuntienkakteen erhasche ich einen Blick auf bunt verhängte Höhleneingänge, auf Tipis aus angeschwemmtem Strandgut. Ein gepflasterter Weg, von Seitenmäuerchen gesäumt, führt zu einem Zelt, aus dem gerade ein Paar herauskrabbelt. Marta und Ángel kommen aus Mallorca: »Dort arbeiten wir im Sommer: sechs Monate während der Tourismussaison«, erzählt Marta. »Im Winter wollten wir's hier probieren. Aber es läuft nicht gut. Der Verdienst reicht gerade aus, um ein Mini-Apartment zu bezahlen. Das lohnt nicht. Da leben wir lieber hier am Strand, lauter nette Leute mit positiver Energie, einige haben Gitarren dabei. Sie kommen aus allen möglichen Ländern, auch aus Amerika, doch es ist eigentlich egal, woher sie kommen.« Ob sie auf Teneriffa gern gesehen sind? »Die Touristen sind nett, für sie sind wir Exoten«, meint Ángel. »Aber vor ein paar Tagen kam nachts ein Polizei-Hubschrauber, flog nur 50 m über uns und warf Leuchtraketen – das war schon bedrohlich …« Sie wollen einkaufen gehen nach La Caleta, auch ich ziehe weiter. Da steht ein kleines Buchregal – »secondhand« in allen Sprachen. Auf einem Zettel lese ich: »For the cats – dunkesain«. Nun ja, ich lasse eine Münze da …

### Wegelagerer

Am Pfad zum nächsten Strand hat sich eine Frau strategisch so positioniert, dass man denken könnte, sie wolle Wegegeld erzwingen. Vor ihr ein Jüngling mit goldenen Locken, braun gebrannt und mit nichts weiter bekleidet als einem Haarband. Als ich komme, trollt er sich … Esther, so heißt die ›Zöllnerin‹, will mir für zehn Euro eine Tarot-Karte lesen. Ich halte nichts von derlei Spielchen, willige aber ein. Was weiß sie über meine Zukunft? Gute Zeiten brächen für mich an, meint sie. Ich hätte eine Menge erreicht und könne ruhig mal auf die Hilfe anderer Menschen zurückgreifen. Als Esther erfährt, dass ich der schreibenden Zunft angehöre, erzählt sie, auch sie habe mal publiziert: für ein Londoner Lifestyle-Magazin. »Und davor habe ich gemodelt.« Ich schaue sie groß an. »An einem bestimmten Punkt begriff ich, dass die Welt des Scheins und des Kommerz nichts für mich ist – sie machte mich krank! Ich habe den Job an den Nagel gehängt, zog nach Ibiza, erlernte Reiki und arbeite an meinem Blog ›www.consciousibiza.com‹. Ich schaue nach und lese: »Freeing ourselves from old habits and fears«, »The magic came at precisely the right moment …« Doch schöner als Schreiben sei Sprechen, sagt Esther. »Das Tarot-Lesen gibt mir die Gelegenheit, mich Menschen mitzuteilen«. Ich darf Fotos von ihr machen. Sie lacht: »In meinem früheren Leben als Model hätte ich dafür eine Menge Geld verlangt!«

### Zum Piraten-Strand

Von der nächsten Klippe schaue ich in die Nachbarbucht hinab. Eine gewaltige Tuffsteinwand senkt sich zum Meer. Auf halber Höhe – immer noch schwindelerregend hoch – sitzt ein buntes Grüppchen und trommelt. Ihnen zu Füßen die Playa de Diego Hernández, eine große, in helles Licht getauchte Sandbucht. Auch hier ein paar verstreute Zelte und Bambushütten. »Am Strand lebten vor einem halben Jahr 500 Leute«, klärt mich Isidro auf, glatt rasiert, mit kurzem Haar und Bulldogge Uma. »Dann kam die Polizei, warnte die Leute und zündete alle Zelte an … Jetzt ist der

---

**NICHT WILLKOMMEN**

Als ich zuvor auf La Gomera war, wurde dort gerade ein Strand von über 100 Neo-Hippies »gesäubert« – unter dem Beifall zahlreicher auch deutscher Anwohner, die früher selber mit alternativen Lebensmodellen geliebäugelt hatten, nun aber, da sie Besitzer von Lokalen und kleinen Unterkünften waren, einen anderen Touristentyp bevorzugten. Auf einem Flugblatt las ich: »La Gomera ist kein Selbstbedienungsladen und keine Hippie-Kommune.« Oder auch: »Die öffentlichen Duschen an den Stränden sind keine Endlosquellen. … Zum anderen ist es für andere Menschen nicht immer angenehm, nackte Menschen an öffentlichen Plätzen zu sehen.«

*Esther war Model in London und arbeitete für ein Lifestyle-Magazin. Heute hat sie sich dem »Conscious Living« verschrieben und liest Tarotkarten …*

nächste Trupp da, aber es sind noch wenige.« Was er von den Hippie-Stränden halte, möchte ich wissen. Er zögert: »Ich habe nichts gegen die Leute. War selber mal ein Teil von ihnen. Mitten in der Krise – so um 2008 – klinkte sich meine Mutter aus allem aus. Aus Barcelona zogen wir an den Strand. Da habe ich viel gelernt, bin jetzt Meisterjongleur.« (Isidros Zauberkünste kann man sich sogar auf YouTube anschauen: www.lafactoriadelshow.com/isidro-silveira.)

»Doch dann wollte ich ein anderes, ein normales Leben. Das Problem ist, dass Hippies keine Regeln aufstellen. Das macht dann die Polizei …« Verschwörerisch senkt er die Stimme. »Es gibt Ausgeflippte unter den Hippies, Dauer-Kiffer, psychisch Kranke, auch aggressive Typen. Ich kannte einen, der hat am Strand einen umgebracht, nur weil er auf ›seinem‹ Territorium ein Zelt aufschlug …« Soll ich das glauben? Isidro wechselt das Thema: »Weißt Du, warum die Strände ›Playas de Piratas‹ heißen? Weil in ihrem Schutz im 16. Jh. Freibeuter vor Anker gingen, die nachts zum Plündern nach Adeje zogen …« Er zwinkert mir zu: »Vielleicht sind Hippies die modernen Piraten?« Dann räumt er ein: »Aber in der Regel sind es friedliche Leute, wollen einfach nur nach ihrer Façon leben ohne Boss und Stress. Weißt du, die Touristen geben viel Geld für Urlaub aus, um für zwei Wochen ein wenig aus ihrem Alltag auszusteigen. Die Hippies wollen das Gleiche – aber länger.« ∎

# Lady of Crime

**Puerto inspiriert** — Weltweit am meisten gelesen: An erster Stelle kommt die Bibel, dann Shakespeare und schon an dritter Stelle SIE, die Altmeisterin des Kriminalromans, Agatha Christie (1890–1976).

Ihre vielen Reisen, auf denen sie sich Anregungen holte, führten sie auch nach Teneriffa. Puerto de la Cruz erwies sich als guter Ort, um schreibend Depressionen zu überwinden. Vieles erinnert dort an sie …

Während ihres einwöchigen Aufenthalts auf Teneriffa 1927 wohnte Agatha Christie mitsamt Tochter und Sekretärin im Gran Hotel Taoro und schrieb die Kurzgeschichte »Man from the Sea« (Der Mann vom Meer). Diese ist drei Jahre später im Sammelband »The Mysterious Mr. Quin« (Der seltsame Dr. Quin) erschienen. Puerto de la Cruz wird zwar nicht ausdrücklich erwähnt, doch da die Handlung nachweislich in diesem Ort spielt, fühlen sich die Stadtoberen der Autorin zu Dank verpflichtet und veranstalten ihr zu Ehren alle zwei Jahre ein werbewirksames Festival mit Bühnenstücken, Konferenzen und Lesungen. Eine Woche lang wird die Stadt zum Schauplatz von Giftanschlägen, Verdächtigungen und Intrigen.

Zur ›Tea Time‹ trifft man sich im Botanischen Garten Sitio Litre, den auch Agatha Christie genoss. Es sind Verfilmungen ihrer Krimis im O-Ton zu sehen, Ausstellungen historischer Fotos und Oldtimer-Shows. Dazu gibt es Stadtführungen auf den Spuren der Autorin. Bekanntes und weniger Bekanntes ist da zu erleben, gewiss auch ein Auszug aus dem gleichfalls – zumindest teilweise auf Teneriffa verfassten »The Thirteen Problems«

*Alle zwei Jahre wird in Puerto de la Cruz ein Literatur- und Theaterfestival zu Ehren von Agatha Christie veranstaltet.*

**Berühmt wurde Agatha Christie mit der Figur Miss Marple, einer Detektivin, die sie mit Zügen ihrer Großmutter ausstattete.**

(Der Dienstagabend-Klub, 1932) und natürlich dem »Mystery of the Blue Train« (Blauer Express, 1928). Es war der erste Zug, in dem sie morden ließ, sechs Jahre später folgte der legendäre »Orient Express«.

Agatha Christie war während ihrer Kanaren-Reise in keiner guten Verfassung: Zwar hatte sie im Jahr 1926 einen recht erfolgreichen Roman geschrieben, doch kurz darauf war ihre Mutter gestorben und ihr Mann hatte sie mit einer Golfpartnerin betrogen. Zehn Tage lebte sie im psychischen Niemandsland, hatte keinerlei Erinnerung an diese Zeit. Der Krimi, an dem sie schrieb, erschien ihr banal und konventionell: »Was mich zur Eile antrieb, war der Wunsch, besser gesagt die Notwendigkeit, ein weiteres Buch zu schreiben und Geld zu verdienen.«

Die Zeit in Puerto de la Cruz verbrachte sie zwischen Spaziergängen und Schwimm-Sessions, wobei sie ihre Bade-Erfahrungen wie folgt beschrieb: »Man lag bäuchlings auf einem abfallenden, vulkanischen Strand, krallte die Finger in das Gestein und ließ die Wellen über sich hinwegspülen.« Immerhin: Es ging aufwärts mit ihr – und dies mag der Grund sein, weshalb sie nicht nach Teneriffa zurückkam. »Never go back to a place where you have been happy. Until you do it remains alive for you. If you go back it will be destroyed.« (Kehre nie an den Ort zurück, an dem Du glücklich warst. Denn wenn Du das tust, bleibt er für Dich nicht länger lebendig, er wird zerstört.)

70 Krimis hat sie verfasst und insgesamt über 2 Mrd. Bücher verkauft. Berühmt wurde Agatha Christie mit der Figur Miss Marple, einer Detektivin, die sie mit Zügen ihrer Großmutter ausstattete. Wie diese war sie chronisch negativ, erwartete von allen Menschen nur das Schlechteste und freute sich diebisch, wenn sie recht behielt.

**Wo man Agatha Christie noch trifft …**
Unweit des Botanischen Gartens, am Mirador La Paz (mit tollem Ausblick auf die Stadt), wurde der Lady of Crime eine Büste geweiht. Puerto de la Cruz ist auch die erste Stadt, in der eine Straße nach ihr benannt wurde: ganz in der Nähe des Aussichtspunkts! ∎

### LESETIPPS

**Mord im Orientexpress,** Agatha Christie. Auch als Hörbuch erhältlich.
**Complete Secret Notebooks,** Agatha Christie.
**The Thirteen Problems,** Agatha Christie. (Dt. Der Dienstagabend-Klub.)
**The Mysterious Mr. Quin,** Agatha Christie. (Dt. Der seltsame Mr. Quin.)
**Offizielle Homepage:** www.agathachristie.com

# Alles Platte?

**Zum Glück nein** — In Zeiten des touristischen Booms wurden Urlaubssiedlungen aus der Retorte hochgezogen – schnell, billig, auf kurzfristigen Profit bedacht. Aber Teneriffa hat architektonisch auch Schönes zu bieten …

»Immer hatte ich das Haus meiner Vorfahren vor Augen«, sagt Luis Mesa. Er lebt in Aripe, einem Dorf im südlichen Bergland, das sich seine ländlich-archaische Architektur bewahrt hat. »Viele Häuser standen leer und verfielen«, erinnert er sich, »denn die alten Leute starben und die Jüngeren zogen an die Küste, wo sie im Tourismus leichter Geld verdienen konnten als mit der Landwirtschaft.«

## Turismo Rural – vorwärts in die Vergangenheit

Mitte der 1990er-Jahre freilich geschah etwas Unerwartetes: Die EU verabschiedete ein Förderprogramm, das die dramatische Landflucht stoppen sollte. Zu günstigen Konditionen wurde es Hausbesitzern ermöglicht, ihre verfallenen Anwesen zu restaurieren und durch Vermietung an Urlauber dafür zu sorgen, dass sich die Dörfer belebten. *Turismo rural* hieß das Zauberwort, und Luis war mit seiner Frau Neri sofort Feuer und Flamme. »Wir erhielten 50 % der Baukosten und die einzige Bedingung war, dass wir das Haus mindestens fünf Jahre vermieten!« Längst ist sein Haus restauriert und ermöglicht nun eine ganz andere Urlaubserfahrung als ein Hotelzimmer an der Küste: Hinter dicken Natursteinmauern verbergen sich Räume mit offenem Kiefern-Dachstuhl, eingerichtet mit Antiquitäten. Doch das Schönste an der **Casa La Vistita** ist ›la vistita‹: der Blick von den Terrassen und vom Turmaufsatz. Über grüne Hänge reicht er bis zur Nachbarinsel La Gomera – herrlich zum Sonnenuntergang! Luis und Neri wohnen nebenan und versorgen ihre Gäste mit frischem Gemüse von der eigenen Finca. Andere Bewohner haben ihr Landhaus gleichfalls aufgerüstet, sodass Aripe und das benachbarte Chirche zu Bilderbuchdörfern geworden sind. Ende Juli wird der ›Tag der Traditionen‹ gefeiert: Ziegen werden von Hand gemolken, auf dem Dreschplatz wird Weizen vom Spreu getrennt und im alten Ofen Brot gebacken …

## Casas Bioclimáticas – ökologisch, praktisch, gut

Um es vorweg zu sagen: Am Technologischen Institut Erneuerbarer Energien (ITER) nördlich von El Médano kommt keine Spur von Romantik auf. Permanent surren riesige Windräder, wüst ist das Land und in Sichtweite liegt ein Industriegebiet. Und dennoch: Bei einem Spaziergang durchs Gelände lernen Sie 25 ›Bioklimatische Häuser‹ kennen, die Architekten aus aller Welt erbauten. Sie sind aus einheimischem Tuffstein, aus Holz und Beton, ufoförmig und quadratisch, mal in den Boden versenkt, mal auf einer Anhöhe – avantgardistisch in der Form

*Spannend, anders, einzigartig – und ausnahmsweise nicht von César Manrique entworfen: das Kongresszentrum Magma stammt von Artengo Menis Pastrana.*

und ans Gelände optimal angepasst. Obendrein sind sie $CO_2$-neutral, decken ihren Energieverbrauch autark aus Sonnen- und Windkraft. Interessierte können nach Online-Anmeldung an einer 100-minütigen Tour teilnehmen, gegen Bares auch darin wohnen.

## Manriques Werke

»Es ist traurig und deprimierend, auf die Kanaren zu kommen und dort auf eine Architektur zu stoßen, die in keiner Weise dem Klima und der Schönheit der Natur entspricht.« César Manrique (1919–92), kanarisches Allround-Design-Talent, war vor allem auf Lanzarote aktiv, wo er sich von der archaischen Architektur der Bauern inspirieren ließ. Aus ihrer Not machte er eine Tugend: Mit minimalen Mitteln wollte er die vorgefundene Landschaft akzentuieren, auf dass die ihr innewohnende Schönheit sichtbar würde. Auf Teneriffa gelang ihm dies in Puerto de la Cruz mit der Badelandschaft Lago Martíanez und dem Strand Playa Jardín, in Santa Cruz mit dem Parque Marítimo: Wohlfühllandschaften aus organischen Formen in gleißenden Farben, aufgelockert durch Lavasteine, Wasserspiele und kanarische Pflanzen. Auch so kann Urlaubsarchitektur aussehen! ∎

### INFOS

**Casa Vistita:** s. S. 119
**ITER:** Polígono Industrial de Granadilla s/n, T 922 74 77 00, casas.iter.es, ab 135 €, Besichtigung nach Online-Anmeldung Di–Sa 8–14 Uhr; Anfahrt: TF-1 von Norden Ausfahrt 52-B, von Süden 51-A, Richtung Küste, dann rechts

*Lord Nelson nach dem verpatzten Angriff auf Santa Cruz am 25. Juli 1797: Sein verletzter Arm musste ohne Narkose amputiert werden.*

# Reise durch Zeit & Raum

**Die Kanaren liegen im Atlantik** — und gehören geografisch eher zu Afrika als zu Europa, scheinbar abgeschnitten von der großen Weltpolitik. Doch was sich in der Ferne abspielt, findet rasch auch auf den Inseln Widerhall.

### Die Berber kommen
*Ab 500 v. u. Z.*

Nach seiner Entstehung vor ca. 20 Mio. Jahren bleibt der Archipel lange menschenleer. Erst ab ca. 500 v. u. Z. wird er schrittweise von Berbern aus Nordwestafrika besiedelt. Über das Wie und Warum wird bis heute gerätselt. Fest steht nur, dass die Inselbewohner, die sich auf Teneriffa Guanchen nennen, Berberisch sprechen, was sich bis heute in Orts-, Personen- und Pflanzennamen ablesen lässt. Sie leben als Hirten, Jäger, Fischer und Bauern. Offenbar haben sie keinen Kontakt zu den Bewohnern der übrigen Inseln.

*Zum Anschauen: Museo de la Naturaleza y el Hombre, Candelaria und Museo Arqueológico, S. 26, 47, 171*

### Europäer blasen zum Angriff
*14.–15. Jh.*

Im 14. Jh. beginnen Seefahrer aus Portugal, Frankreich und Kastilien, die ihnen unbekannte Atlantikküste Afrikas zu erforschen: Sie suchen einen direkten Zugang zu den Goldschätzen des Schwarzen Kontinents und zugleich eine ›islamfreie‹ Seeroute in den Fernen Osten. Dabei stoßen sie 1312 zufällig auf die Kanaren. Für die mittelalterlichen Europäer sind die Inselbewohner heidnische Wilde, die es zu missionieren und zu unterwerfen gilt. 150 Jahre lang kommt es zu Sklavenraubzügen und Scharmützeln, bevor Ende des 15. Jh. die spanische Krone die letzten Inseln des Archipels militärisch unterwirft – die Altkanarier Gran Canarias müssen sich 1483 geschlagen geben, Teneriffa wird 1496 von Truppen unter Alonso Fernández de Lugo erobert.

*Zum Anschauen: Casa Lercaro/Museo de Historia in La Laguna, S. 38*

### Kein Gold, aber Zucker
*Ab 1496*

Nach dem spanischen Sieg wird die bestehende Ordnung außer Kraft gesetzt, an ihre Stelle tritt das importierte Herrschaftsmodell. Das Land wird den Guanchen entrissen und an die Eroberer verteilt. Diese machen sich sogleich daran, aus ihm Gewinn zu ziehen. Sie lassen das ›weiße Gold‹ Zuckerrohr anbauen; als billige Arbeitskraft dienen ihnen Ureinwohner, die die Conquista überlebt haben sowie afrikanische Sklaven.

Im Jahr 1536 bricht Pedro Fernández de Lugo, der Sohn Alonsos, mit

1500 Mann in Richtung Südamerika auf, erobert weite Landstriche und gründet im heutigen Kolumbien die Stadt Tenerife. Fortan sind die Kanaren ein spanischer Außenposten im Atlantik, eine Zwischenstation auf dem Weg in die Übersee-Kolonien. Dabei werden sie in den lukrativen Dreieckshandel zwischen Europa, Afrika und Amerika einbezogen: Auf ihrem Weg nach Amerika laufen spanische Schiffe die Kanaren an, versorgen sich mit Proviant und nehmen kanarische Waren an Bord. Die erste Globalisierung sorgt dafür, dass billiger karibischer Zucker den kanarischen verdrängt.

*Zum Anschauen: Altstadt La Laguna, S. 33*

### Koloniale Konkurrenz
*1553–1797*

Ab Mitte des 16. Jh. wird das spanische Reich, »in dem die Sonne nie untergeht«, von den aufstrebenden Kolonialmächten England, Holland und Frankreich attackiert. In deren Auftrag versuchen Korsaren, die spanische Flotte und mit ihr das amerikanische Silber und Gold im Atlantik abzufangen. Auch versuchen sie, die Inseln als Versorgungsbasis unsicher zu machen. Captain John Hawkins und Sir Francis Drake scheitern mit diesem Unterfangen, später auch die Admirale Robert Blake, John Jennings und Horatio Nelson.

*Zum Anschauen: Castillos in Santa Cruz, Garachico und Puerto de la Cruz, S. 18, 139, 166*

### Neue Schätze müssen her!
*Ende 16.–Ende 19. Jh.*

Auf den Zucker folgt Wein als exportorientierte Monokultur. Hauptabnehmer ist lange Zeit England, das aufgrund der kolonialen Konkurrenz schließlich aber auf Tropfen anderer Länder zurückgreift. Dies führt auf Teneriffa zu einer schweren Wirtschaftskrise. Immer mehr Tinerfeños sehen sich zur Emigration nach Mittel- und Südamerika gezwungen. Sie gründen Städte in mehreren Ländern, so Montevideo in Uruguay und San Antonio in Texas. Die Emigration ebbt erst in der zweiten Hälfte des 19. Jh. wieder ab, als Großbritannien zur führenden Weltmacht aufsteigt. Englische Kaufleute werden jetzt auf Teneriffa aktiv und initiieren den Anbau profitabler Frachtgüter, allen voran Bananen.

*Zum Anschauen: Mirador del Emigrante, Casa del Vino, S. 142, 196*

### Zitterpartie
*1898–1975*

Nach dem Zerfall des spanischen Kolonialreichs (1898) bleibt Großbritannien auf dem Archipel weiterhin wirtschaftlich führend. Erfolgreich wehrt es Versuche Deutschlands und anderer europäischer Staaten ab, sich auf dem geostrategisch wichtigen Archipel zu etablieren. Gleichwohl gelingt es der deutschen Marine 1911, Kriegsschiffe auf der Nachbarinsel Gran Canaria zu stationieren und von hier aus die marokkanischen Städte Agadir und Mogador zu besetzen. Der U-Boot-Krieg im Ostatlantik ab 1914 führt zu einer Isolation des Archipels von der Außenwelt. Der wirtschaftliche Einfluss der Briten nimmt ab, die Bananen werden bald billiger aus den Kolonien in Mittelamerika bezogen. Die spanische Regierung bemüht sich um Schadensbegrenzung und investiert in Infrastruktur.

Der in den 1920er und 30er Jahren in Spanien unternommene Versuch, die feudalen Strukturen zu reformieren, führt in einen Bürgerkrieg: Am 18. Juli 1936 gibt der nach Teneriffa zwangsversetzte General Franco das Signal zum Aufstand gegen die demokratisch gewählte Regierung in Madrid und entfesselt einen Bürgerkrieg, der nach drei Jahren mit der Niederlage der Republikaner endet. In der anschließenden fast vier Jahrzehnte währenden Franco-Diktatur herrschen Großgrundbesitzer, Militär und Kirche autark – es gibt keine demokratischen Mitspracherechte. In dieser Zeit emigrieren viele Canarios nach Venezuela und Kuba.

*Zum Anschauen: Monumento de los Caídos in Santa Cruz, Obelisk in Las Raíces, S. 18, 218*

**Tourismus hoch drei**
*1975–2019*
Neue Monokultur wird der ab 1960 initiierte Massentourismus. Mit Einführung der Demokratie nach Francos Tod (1975), besonders aber nach Spaniens EU-Beitritt (1986) setzt eine rasante Modernisierung aller Lebensbereiche ein. Als »ultraperiphere EU-Region« kommen die Kanaren in den Genuss großzügiger Fördergelder in allen Lebensbereichen.

Mit geringer Verspätung, ab 2010, trifft die Weltwirtschaftskrise auch Spanien – und dies in aller Härte. Die spanischen Banken haben hohe Immobilienkredite an die Bürger ihres Landes vergeben, die diese aufgrund wachsender Arbeitslosigkeit nicht zurückzahlen können. Die Bauindustrie erlahmt, die Arbeitslosigkeit steigt auf zeitweilig mehr als 30 %. Indes werden die maroden Banken mit milliardenschweren EU-Krediten am Leben gehalten. Die Zeche zahlen die Bürger: mit Kürzungen in Bildung, Kultur und Gesundheit.

Ab 2015 geht es wieder aufwärts: Krisen und Kriege in Nordafrika, im Nahen Osten und in der Türkei helfen den Kanaren unfreiwillig aus der Patsche. Auf der Suche nach einem sicheren Reiseziel entdecken immer mehr Touristen die Inseln und bescheren ihnen Besucherrekorde. Hoteliers stellen allerdings nur zögernd Arbeitskräfte ein, es blüht die Schattenwirtschaft … ∎

*Auf ihrer mehrjährigen Expedition (1872–76) rund um die Erde kam die englische HMS Challenger auch an Teneriffa vorbei.*

# Das zählt

**Zahlen sind schnell überlesen** — aber sie können die Augen öffnen. Nehmen Sie sich Zeit für ein paar überraschende Einblicke. Und lesen Sie, was auf Teneriffa zählt.

## -10

Grad Celsius ist die niedrigste bisher auf Teneriffa gemessene Temperatur: so geschehen im Januar auf 2400 m Höhe in Izaña.

## 3

weitere Inseln gehören zur Provinz Teneriffa: La Gomera, La Palma und El Hierro.

## 5 von 10

kanarischen Kindern haben Übergewicht.

## 15

Euro ist der niedrigste Preis für einen Kanarienvogel, für Prachtexemplare werden gar 100 Euro verlangt.

## 9

Herrscher zählte die Insel, als sie von den Spaniern erobert wurde. Sie trugen so schöne Namen wie Acaymo, Adjona, Añaterve, Bencomo, Beneharo, Pelicar, Pelinor, Romen und Tegueste.

## 538

Pflanzen sind echte Canarios, es gibt sie nur hier, nirgends sonst auf der Welt.

## 12

Kilogramm Käse verputzt jeder Inselbewohner pro Jahr, das ist in Spanien Spitze!

## 32

Jahre ist die Kanarierin durchschnittlich alt, wenn sie ihr erstes Kind gebärt.

## 75

Prozent des Preises für Flug- und Fährkosten kanarischer Residenten innerhalb Spaniens übernimmt der Staat.

## 82,7

Jahre beträgt die durchschnittliche Lebenserwartung, man lebt also auf den Kanaren offenbar länger als in Deutschland – dort beträgt die Lebenserwartung 81,1 Jahre.

## 350

Küstenkilometer hat Teneriffa.

## 93

Menschen ertranken letztes Jahr auf den Kanaren, die meisten waren Touristen; die Zahl der Verkehrstoten lag bei ›nur‹ 44.

## 6.000.000

ausländische Besucher kommen pro Jahr nach Teneriffa und geben während ihres Urlaubs ca. 6 Mrd. Euro aus.

## 84

Prozent: Um diese Zahl hat sich das Pro-Kopf-Einkommen der Inselbewohner in den letzten 30 Jahren erhöht.

## 99,0

Prozent des Bruttosozialprodukts betragen die Staatsschulden Spaniens, d. h. alle Bewohner müssten ein Jahr ›für lau‹ arbeiten, um das Land schuldenfrei zu bekommen (Staatsschuldenquote in Deutschland: 65 %).

## 56.000

Ziegen leben auf der Insel.

## 2.108

Euro brutto verdient durchschnittlich ein kanarischer Arbeitnehmer.

## 120

Meter tief reichen die Brunnen, die Teneriffas Grundwasser anzapfen.

## 288

Kilometer trennen Teneriffa von der Küste Marokkos in der Westsahara. Die Südküste des spanischen Festlands wird erst nach 1274 Kilometern erreicht.

## 320

Millionen Mal wurde das Reggaeton-Kinder-Video der kanarischen Brüder Adexe & Nau auf YouTube angeklickt, die meisten Klicks kommen aus Lateinamerika.

## 1.074

Euro beträgt in Spanien die durchschnittliche Rente; sie ist somit um 40 % gegenüber 2008, dem Jahr vor der Krise, gestiegen. Zum Vergleich: In Deutschland liegt sie bei 942 € (Quelle: Focus 20.12.2017).

## 20.444

Studenten sind an der Universität von La Laguna eingeschrieben.

## 2.000

Kilometer Wasserstollen durchziehen den Inselsockel.

## 3.000

Sonnenstunden pro Jahr zählt die Insel im Schnitt: im Süden sind es ein paar mehr, im Norden ein paar weniger.

## 40.000

Hunde sind allein in der Hauptstadt Santa Cruz registriert.

# Meistersänger und Kammerjäger

**Exportschlager** — Die weltweite Bekanntheit des Kanarienvogels machen sich die Canarios zunutze: Sein Abbild prangt auf Weinflaschen, Bananenkisten und Modelabels.

## Der Kanarienvogel und andere Gäste

Irgendwann in weit zurückliegender Zeit war ein Girlitzmännchen zusammen mit einem Weibchen von Europa via Afrika auf den Archipel gekommen. Hier gefiel es dem Paar so gut, dass es blieb und sich fleißig vermehrte. In der langen Zeit der insularen Abgeschiedenheit bildeten die Kanarengirlitze besondere Eigenschaften aus. So spricht der wilde Kanarienvogel (*Serinus canaria*) heute einen Dialekt, den seine Verwandten auf dem Festland nicht verstehen.

Begeistert waren die Konquistadoren vom Gesang des Vogels, sodass sie ihn 1485 vom Archipel aufs Festland und damit in seine Urheimat brachten. Hier hat der Mensch so lang an ihm gefeilt, bis aus ihm ein perfekter Stuben- und Singvogel wurde. Nun ist er viel farbenprächtiger als sein wilder Verwandter, der Gesang noch melodischer. Und selbst als Lebensretter hat er sich profiliert: Kanarienvögel wurden im Bergwerk eingesetzt, nicht nur weil sie mit ihrem Gesang die Dunkelheit erhellten, sondern vor allem weil sie viel schneller als Menschen auf Kohlenmonoxid und andere Giftgase reagierten. Fielen sie in ihrem Käfig tot um, wussten die Bergleute, dass Gefahr drohte …

Und noch andere Vögel wurden auf den Kanaren heimisch: Da gibt es den blau gefiederten Kanarenbuchfink (*pinzón azul*) und den schwarz-weiß-roten Buntspecht, der, wie sein spanischer Name *pico picapinos* verrät, am liebsten Kiefern anpickt. Die Mönchsgrasmücke (*capirote*) ist zwar grau, singt aber fast so herrlich wie der Kanarier. Auch die großäugige Waldohreule und die Lorbeertaube, die noch vor den Eiszeiten aus Europa einflog, haben auf den Inseln eigene Unterarten ausgebildet.

## Seltsame Besucher

Rätseln darf man darüber, wie die ersten Eier von Reptilien auf die Kanaren gelangten. Vielleicht kamen sie versteckt in einer Strauchrinde, auf einem von Afrika angeschwemmten Baumstamm? Tatsache ist, dass sich die Reptilien auf dem Archipel hervorragend vermehrten. Heute allerdings setzen ihnen Katzen und andere eingeführte Exoten zu – und auch Menschen sind nicht gut auf sie zu sprechen, sehen in ihnen eine Miniaturausgabe giftiger Schlangen. Doch seien Sie versichert: Reptilien sind selbst dann, wenn sie – was selten vorkommt – 50 cm groß werden, völlig harmlos.

Auf Teneriffa trifft man am häufigsten auf den 12 cm langen Skink mit glatt glänzendem Schuppenpanzer und stark

*Der endemische Kanarengecko ist vor allem auf Teneriffa und La Palma anzutreffen. Er ist überwiegend nachaktiv, genießt aber auch gern mal ein Bad in der Sonne.*

zurückgebildeten Gliedmaßen. Er hat eine gewitzte Technik, seinen Feind an der Nase herumzuführen: Wird er verfolgt, wirft er seinen Schwanz ab, der eine Weile krampfartig zuckt und so den Angreifer verwirrt. Dieser Moment reicht der Echse, um zu fliehen – und sie kann zuversichtlich sein, dass der Schwanz nachwächst, auch wenn dies Monate dauert.

In Landhäusern bekommen Sie vielleicht Besuch vom Gecko *(perenquén)*: ein fast transparentes, bis zu 7 m langes Tier mit Kulleraugen und fünfzehigen Pfoten, das sich nachts als Kammerjäger nützlich macht. Seinem Geheimnis, aller Schwerkraft spottend an Decken, Wänden und sogar Scheiben zu laufen, ist man erst 2002 auf die Spur gekommen: Seine Fußsohlen verfügen über Millionen feiner Härchen, die sich zur Spitze hin jeweils in Tausende winziger Knospen auffächern. Doch welche Kräfte binden sie an den Untergrund?

Wissenschaftler wiesen nach, dass der bürstenartige Aufbau der Härchen einen so engen Kontakt mit dem Untergrund herstellt, dass Anziehungskräfte wirksam werden, wie man sie nur zwischen Atomen und Molekülen kennt. Keine Forschung ohne praktische Anwendung: Nach dem Gecko-Prinzip will man nun einen Kleber herstellen, der es Robotern ermöglicht, im Weltraum, auf dem Meeresgrund und sogar im Feuer tätig zu werden. ■

### INFOS

**botanist-app.com:** Hilft bei der Bestimmung von Pflanzen (nur iOS, 9,99 €).
**www.naturalanza.com:** Ursula Strecker stellt neue Bücher zur Thematik vor.

# Käserei der »Fünf Sinne«

**Ein Loblied auf Ziege und Schaf** — »Wer in der Stadt wohnte, hielt sich auf der Dachterrasse Ziegen«, erinnert sich Salvador. »Statt in den Laden zu gehen, stieg man die Treppe hoch, melkte eine Ziege und schon hatte man ein Glas frische Milch.«

## Tiere zählen oder hüten

Vor ein paar Jahren erfüllte sich Salvador Betancort einen Traum. Am Rande von La Laguna, dort wo die Stadt in grünes Land übergeht, gründete er eine Käserei. »Vormittags arbeite ich in der Verwaltung, doch das macht mich nicht glücklich. Obwohl es die Abteilung für Landwirtschaft ist, ist's eben doch nur ein Schreibtischjob.« Irgendwann wollte er Tiere nicht nur in Form von Zahlen auf dem Papier, sondern leibhaftig vor sich sehen.

Wir verlassen das Haus, mit von der Partie ist Salvadors Hirtenhund, ein *Lobo Herreño*, ein ›Wolf‹ von der Nachbarinsel El Hierro. Er heißt Viento und saust tatsächlich ›wie der Wind‹. Während Salvador die Tür zum Stall öffnet, lässt er Viento innehalten: »Lie down, good boy!« Warum er mit seinem Hund Englisch spreche, möchte ich wissen. »Weißt du, Viento ist ein Sensibelchen, das Englische klingt in seinen Ohren weicher als das Spanische.«

Bald werde ich erleben, dass Salvador auch mit den Ziegen sehr rücksichtsvoll umgeht. Doch vorerst bereitet er die Melkmaschine vor – und dabei erzählt er: »Früher drohte man einem Jungen, der nicht lernen wollte: ›Du wirst ein Leben lang Ziegen hüten müssen.‹« Er lacht: »Nichts lieber als das! Aber ohne Lernen geht auch hier nichts: Du musst Einiges von Hygiene, Veterinärmedizin und Ernährung wissen, sonst klappt's nicht mit den Tieren.«

*Ihr dickes Fell schützt diese Schafe und Ziegen vor der Kälte bei La Laguna.*

## Sehen, riechen, hören, schmecken, fühlen ...

»Der Name der Käserei sagt's, ich will die Erfahrung des Lebendigen! Und ich möchte einen Käse produzieren, der alle Sinne anspricht!« Nun hat Salvador buchstäblich alle Hände voll zu tun, denn seine Nachmittage gehören den Schafen und Ziegen, und das 365 Tage im Jahr. Kommt er um 15 Uhr aus dem Büro zurück, geht er schnurstracks zu seinen Tieren.

Auf der Weide hinterm Haus ruft er seine Tiere mit Namen: »Dorada, komm mal her ...!«, worauf uns zögernd ein hellbrauner Zottel nähert ... Die einheimische Ziegenrasse »Teneriffa-Nord« hat besonders lange Haare, die sie vor der Kälte schützt. »Schau mal, ihr Euter ist prall«, sagt er, »da sind volle zwei Liter drin – sie muss gemolken werden! Und nicht nur sie!« Er gibt Viento Zeichen, worauf dieser mit erstaunlicher Geschicklichkeit ein paar Tiere zusammentreibt, darunter Lágrima, die ›Träne‹ und Sucia, den ›Schmutzfinken‹ – es scheint, der Hund wisse genau, welches Tier reif für den Melker ist ...

## Käse wie anno dazumal

Im kleinen Stall dann solch drangvolle Enge, dass dem Hund nichts anderes übrigbleibt als auf den Rücken der Tiere zu springen, um sich Gehör zu verschaffen. Er kraxelt von einem Zottelteppich zum nächsten, bis er die Schafe und Ziegen so organisiert hat, dass sie sich brav hintereinander zur Melkbank führen lassen. Dort stehen sie in Reih und Glied und mampfen aus einem Trog, während Salvador jeden einzelnen Euter säubert und desinfiziert: »Ich produziere Rohmilchkäse, da darf keinerlei Schmutz in die Milch!« Dann stülpt er den Zitzen eine Art Plastiksaugknopf über, denn gemolken wird auch hier mit der Maschine: »Temperatur und Druck müssen stimmen, sonst entzünden sich die Euter.« Die Milch läuft knapp 15 Minuten durch einen Plastikschlauch in eine große Kanne. Dann ist der Euter leer und wird mit einer Paste versiegelt, »damit keine Bakterien eindringen«.

Das stolze Ergebnis des heutigen Tages: 30 bis 40 Liter. »Daraus mache ich etwa 10 kg Käse«, so Salvador. Sein bester ist ein mit Tierlab versetzter, halbreifer Rohmilchkäse und heißt *Antaño* – ›wie früher‹. Und er sieht auch so aus: ein brauner Laib mit Schründen am Rand und einer kreuz und quer geritzten Oberfläche. Die Rinde verströmt einen intensiven Geruch nach Pilzen. Salvador schneidet den Käse an und – siehe da! – drinnen präsentiert er sich ganz anders: hellgelb und mit einer festen, homogenen Textur. Und er schmeckt! Ein bisschen wie cremige Sauerrahmbutter, ein bisschen wie frische Kräuter, angenehm säuerlich ... ∎

> **INFOS**
>
> Salvadors Käse bekommen Sie auf Märkten, in Delikatessenläden und Lokalen, z. B. in der Quesería de los Abuelos in der Markthalle Mercado Nuestra Señora de África (Santa Cruz). Sie können den Käse auch direkt bei Salvador kaufen: in der Calle Andrés de Segovia am Nordrand von La Laguna. Sie müssen aber vorher anrufen: T 649 14 83 06, Facebook: quesos5senti2.
>
> **canariasconvida.com:** Vorgestellt werden auf dieser App Käsereien, Bodegas und Bauernhöfe, in denen Besucher willkommen sind (gratis für iOS und Android).

# Nur Río ist besser

**Zwischen großer Party und ›Beerdigung der Sardine‹** — Belinda ist nervös, selbst ihr zentimeterdickes Make-up vermag das nicht zu vertuschen. »Wie sehe ich aus? Werde ich's schaffen?«

Nicht, dass die 18-Jährige einen großen Job zu verrichten hätte. Ein paar Schritte über die Bühne, ein charmant festgefrorenes Lächeln, Küsschenhände werfen – das war's. Doch Belinda will Karnevalskönigin werden, ein Titel, der ihr den Weg in hoch dotierte Model-Verträge ebnen soll.

**100 Kilogramm Stahl und Glitzer**
Fast genauso aufgeregt ist Antonio, der goldgelockte Designer, der freilich mehr Zeit investiert hat als Belinda. Ein volles Jahr hat er am ›Gewand‹ gearbeitet, ein haushohes Stahlgestänge mit krakenartig ausgreifenden Armen. Jeder Zentimeter ist mit Strass und Glitzer bestückt; dazu kommt eine endlos lange Schleppe und ein vulkanartig explodierender Federstrauß. Nun wird die junge Frau unter den Blicken des Sponsors in das 100 kg schwere Gerüst gezwängt. 10 000 € hat der Weinproduzent für das exklusive Wegwerfkleid bezahlt, neben dem der teuerste Designerfummel blass aussieht. Dabei wird das Kostüm schon bald zu dem zerfallen, was es vor Antonios Fantasiearbeit war: Glitzerkram und ein Haufen Stahlstangen. Doch niemand stört sich daran, denn die Geste der Verschwendung gehört zum Karnevalsgeschäft.

*Ein Umzug mit prächtigen Wagen und wunderschönen, spärlich bekleideten Tänzerinnen, dazu heiße Samba- und Salsa-Klänge … Das kommt Ihnen bekannt vor? – Nicht umsonst wirbt Teneriffa mit dem »zweitgrößten Karneval der Welt«!*

Oben: Die Feierwütigen bahnen sich ihren Weg durch Santa Cruz.
Unten: Der Karnevalsdienstag stellt den Höhepunkt der Feierlichkeiten dar. Beim großen Umzug ist gefühlt jeder Tinerfeño auf der Straße.

### Der Sex-Appeal macht's

Wenn sie gewinnt, darf Belinda ein zweites Mal das Kleid zur Schau stellen. Als frisch gekürte Karnevalskönigin wird sie darin dem großen Umzug *(coso)* voranfahren oder besser: gefahren werden. Mit dabei sind all jene, die schon Tage zuvor dem Karneval eingeheizt haben: die *murgas*, Büttelsänger in grellbuntem Clownskostüm, die mit scharf gewetztem Singsang gegen Lokalpolitiker vom Leder ziehen; daneben die *comparsas*, knapp bekleidete Tänzerinnen, die zu Samba- und Salsa-Rhythmen die Hüften schwingen. Die Männer zeigen weniger Haut, präsentieren sich meist in Gruppen und begnügen sich mit einem glitzernden Strass-Dress. Auf den Tross folgen Hunderte von *carrozas*, fahrbare Untersätze mit riesenhaften Dekorationen. Zwischen antiken Tempeln, Pyramiden und Spelunken tummelt sich die verkleidete Besatzung, die mit jedem zurückgelegten Kilometer enthemmter wird. Sie wirft Bonbons und Präservative in die Menge, manchmal steigt einer der Hochwohlgeborenen herab und spendiert einen Rum.

Nachts startet der große *mogollón*, eine Riesenparty, zu der gut 100 000 Kostümierte kommen. Transvestiten geben den Ton an – kaum ein Mann, der nicht in Frauenklamotten auftritt. Hochhackige Schuhe, Netzstrümpfe, ein tief dekolletiertes Minikleid über dem prallen Plastikbusen, dazu eine wallende Mähne und das Make-up – fertig ist die Superfrau! Einige Männer sind so perfekt gestylt, dass man sie nur noch an ihrer tiefen Stimme erkennt. Beim Karneval bietet sich die Möglichkeit, etwas ausleben zu können, ohne sogleich einer bestimmten Neigung verdächtigt zu werden. So flirtet ›sie‹ gern mit ihresgleichen, aber auch mit echten Frauen, die zwar nicht im Männerkostüm, aber gleichfalls recht grell daherkommen. Zu Latino-Rhythmen tanzt man sich durch die Nacht, bevor am Aschermittwoch der große Abschied beginnt.

### Nach Aschermittwoch ist es nicht vorbei …

*Entierro de la sardina* heißt der Festakt, bei dem sich die Karnevalsgesellschaft zu Grabe trägt, von ihrem zweiten Ich verabschiedet. Der Trauerzug bewegt sich ab 18 Uhr über die Rambla zum Hafen; wieder sind viele Männer dabei, die sich als schwarze Witwen verkleidet den Schmerz von der Seele schreien. Am Ende wird eine walgroße Pappmaché-Sardine mit Krönchen und rotem Schmollmund auf dem Scheiterhaufen verbrannt. Wer dabei keine echten Tränen vergießen kann, dem wird mit Wasser nachgeholfen. Und sobald die letzte Flamme erloschen ist, steigt ein gigantisches Feuerwerk. Doch selbst nach dem offiziellen Ende ist die Fiesta nicht vorbei: Don Carnal und Doña Cuaresma, der Herr des Fleisches und die Dame der Entsagung, dürfen bis Sonntag weitertanzen. Danach brechen viele Jecken auf zum nächsten Karneval – in Puerto de la Cruz, vielleicht auch in Los Cristianos! ■

---

**TERMINKALENDER**

**Mittwoch vor Rosenmontag:** Wahl der Karnevalskönigin *(reina del carnaval)*
**Freitag:** großer Umzug über die Calle Méndez Núñez *(coso)*
**Samstag:** Riesenparty zwischen Plaza de España und Plaza Príncipe *(gran mogollón)*
**Rosenmontag:** Party
**Dienstag (Feiertag):** um 16 Uhr Riesenumzug, Party bis zum Morgen
**Aschermittwoch:** Beerdigung der Sardine *(entierro de la sardina)*
**Am folgenden Freitag/Samstag:** die allerletzte Party *(piñata)*
**www.carnavaldetenerife.com:** Vorstellung aller wichtigen Events
**www.todotenerife.es**

# Kneipen-Geflüster

**Verwirrungen und Irrungen** — Eine Bar in Santa Cruz in der Avenida Francisco la Roche. Fünf Männer im Stammtischgespräch, alle etwas älter; der einzige Jüngere könnte Student sein.

So viele Guiris*, mit der Ruhe ist's vorbei, jetzt kommen sie sogar schon in die Stadt. Wird ihnen im Süden wohl langweilig, und vom Meer kommen sie auch, am Wochenende wieder 20 000 Kreuzfahrer, wo sollen die nur alle hin?

Und was haben wir davon? Nur gut, dass den meisten von uns eine Wohnung gehört, aber für die anderen sieht's schlecht aus. Über 20 % sind die Mietpreise im letzten Jahr gestiegen. Mieter können sich die Preise nicht mehr leisten und müssen raus, Touristen mit Geld kommen dafür rein.

Ich kenne Leute, die sind schlau, vermieten ihre letzten Löcher, stellen ein Bett ins Zimmer und knöpfen den Guiris ordentlich was ab. Mein Nachbar macht das jetzt auch, hatte früher ein Apartment für 500 Euro im Monat vermietet, jetzt nimmt er 85 pro Tag und muss sich um nichts kümmern, macht alles Airbnb, schickt ihm die Leute, er muss nur da sein, wenn sie kommen. Einmal habe ich gesehen, was Guiris für ein Gesicht machen, wenn sie warten, »Beach House« hatten sie gebucht, und wo sind sie gelandet? In einer dunklen Gasse, unter dem englischen Namen hatten sie sich Besseres vorgestellt. Aber das Apartment liegt ja mit Auto auch nur ein paar Minuten vom Strand weg, und ein Auto mieten fast alle, kostet nix.

So viele Touristen, und die Arbeitslosigkeit ist immer noch hoch, mein Sohn Javier hat sich schon in mehreren Hotels beworben, aber keine Chance, die nehmen lieber Deutsche und Polen. Sprechen angeblich besser Englisch.

Kann er nicht Reiseleiter werden?

Auch nicht, immer scheitert's an der Sprache. Es sollte ihm mal besser gehen als mir, habe ihn zur Uni geschickt, habe nicht geahnt, dass nicht mal unsere Englischlehrer gutes Englisch können. Und jetzt? Nix liegt drin für ihn.

Warum geht er denn nicht nach Deutschland?

Die deutsche Sprache, sagt er, ist zu schwer. Ein paar Studenten, die er kannte, waren da. War dort aber wohl nicht so paradiesisch, wie sie dachten. Und offenbar geht's den Deutschen auch nicht mehr so gut. Hab gehört, deren Durch-

**ANMERKUNGEN**

*Guiris – so werden spöttisch Touristen genannt
**Durchschnittsrente – die genauen Zahlen finden sich auf S. 283
***Antonio Cubillo (1930–2012), Chef der Befreiungsbewegung für die Kanarischen Inseln (MPAIAC), wurde beim Anschlag in Algier 1977 schwer verletzt

schnittsrente liegt inzwischen unter der in Spanien **.

Alles ganz schön kaputt heute. Früher war es irgendwie besser, kein Verkehr, kein blödes Fernsehen, und schau Dir mal die Kinder an, wie dick sie sind, was für Bäuche die haben.

Das hat uns alles die EU eingebrockt, die haben uns doch nur so viel Geld für Straßen und Wanderwege geschenkt, damit ihre Leute besser Urlaub machen können.

Ja, unabhängig hätten wir werden sollen, damals mit Cubillo***. Aber den haben die Geheimdienste ausgeschaltet. Und heute darf man auch nicht für Unabhängigkeit sein, dann droht Madrid gleich mit dem Paragraphen 155. Mit dem haben sie jetzt sogar einem kanarischen Bürgermeister gedroht, nur weil er mittels Umfrage herausfinden wollte, was seine Gemeinde von der Erweiterung der Mole hält.

Komm komm, die EU war doch nicht so schlecht, so viel Geld wie heute hatten wir damals nicht. Weißt Du was Du bist? Ein Miesmacher und Schwarzseher, Du strahlst negative Energie aus – haha (er lacht), kennst Du wohl nicht, das neue Modewort aus Brüssel? Sagt man jetzt, wenn einer alles in düsteren Farben schildert, schlechte Stimmung verbreitet. Erzähl doch mal was Schönes, was Positives!

Kann ich machen, war gestern bei meinem Großvater und der hat mir witzige Geschichten von den alten Zeiten erzählt: Er sagte, er hätte nie einen Arzt gebraucht, in seinem Garten wuchsen ganz viele Kräuter, und die halfen angeblich bei allen Wehwehchen.

(Student tritt hinzu:) Recht hat er, Dein Großvater. Du bist selber schuld, wenn Du noch zu Ärzten gehst, die Dir immer gleich Antibiotika verschreiben. Wenn was nicht mit meiner Verdauung stimmt, trinke ich Kamillen-Tee (*manzanilla*); Blähungen kuriere ich mit Fenchel. Und hat mich etwas gewaltig aufgeregt, greif ich zum Klatschmohn, beruhigt mich sofort.

Rupfst Du den in der Natur einfach so ab?

Na klar, ist doch nicht verboten.

Und ich hab auch was Positives, gestern in der Zeitung gelesen: Die machen jetzt Ernst und wollen 2019 die franquistischen Denkmäler entfernen.

Wird ja auch allmählich Zeit, über 40 Jahre ist's schon her, seit sich Franco verabschiedet hat.

Aber einige Denkmäler sind doch ganz hübsch, z. B. das in der Avenida de Anaga, wo über Franco ein Engel schwebt. Hoffentlich lassen sie das wenigstens stehen …

Es ist eben alles nicht mehr so wie früher, es kommen harte Zeiten auf uns zu … Dass man Zigarettenkippen nicht mehr wegwerfen soll, finde ich ja gar nicht so falsch, denn für die Straßenreinigung ist es ganz schön schwierig, die Kippen zwischen den Ritzen herauspulen zu müssen. Aber dass man nicht mal mehr auf den Boden spucken darf, das geht ein bisschen zu weit. Und wenn man den Kot seines Hundes nicht wegmacht, soll man sogar 1500 € zahlen.

Hab ich auch gehört: Sogar das Pinkeln im Freien ist verboten. Aber was soll man denn machen, wenn kein Lokal in der Nähe ist?

Und die lassen Dich oft nicht mal rein, musst immer erst was essen oder trinken, sonst kriegst Du keinen Schlüssel … ∎

# Berufswunsch: Touristin

**Als Kind war dies ihr Traum** — Doch dann wurde Sarah López de Sylva Direktorin des Hotels Laguna Nivaria. Und das ist nicht einfach in einer Welt, in der der Machismo nicht ausgestorben ist.

**Sie haben einen so exotischen Namen. Woher kommen Sie?**

Ich bin in La Laguna aufgewachsen und von hier stammt auch mein Vater. Meine Mutter freilich kommt aus Kanada, daher mein englischer Vorname. Der Zusatz »de Sylva« ist portugiesisch: Meine Großeltern lebten im indischen Goa, das war damals noch eine portugiesische Kolonie. Um das Mosaik komplett zu machen, habe ich Alexander Zur Linden, einen Deutschen, geheiratet. Vielleicht haben Sie schon mal einen Artikel von ihm gelesen? Er schrieb viele Jahre für das deutschsprachige Inselmagazin »Das Wochenblatt«.

**Bei diesem Hintergrund sprechen Sie gewiss mehrere Sprachen?**

Ja, in den Ferien fuhren wir immer nach Kanada, sodass mein Englisch recht gut ist. Dann habe ich in der Schweiz Hoteldirektion studiert, in Frankreich, England und Spanien gearbeitet. Mein Deutsch steckt leider noch ›in den Kinderschuhen‹!

**Die Sprachkenntnisse haben Ihre Hotelkarriere beflügelt?**

Das haben sie bestimmt! Aber auf den Kanaren Hoteldirektorin zu werden, ist noch immer ungewöhnlich. Nur 35 % dieser Posten haben Frauen inne, und in 4- und 5-Sterne-Hotels sind es deutlich weniger. Es ist schon kurios: Die meisten Hotellerie-Studenten sind Frauen, weil es ein Fach ist, in dem Kommunikation und Fremdsprachen wichtig sind. Doch ganz oben wird für Frauen die Luft dünn. Es gibt unsichtbare Barrieren, die sie am Aufstieg hindern. Wir sprechen von einem »techo de cristal«, einem Glasdach, an das Du als Frau recht schnell mit dem Kopf stößt ... Vielleicht hängt mein Glück, im Laguna Nivaria Direktorin zu sein, damit zusammen, dass das Hotel zwei Frauen gehört, den Erbinnen des Grafen Marques de Celada, deren Geschichte auf der Insel bis zur Conquista zurückreicht. Sie waren in diesem Haus oft zu Besuch, bevor es in ein Hotel verwandelt wurde und sind sehr modern eingestellt ...

**Und wie äußert sich das?**

Das Laguna Nivaria tritt konsequent für Umweltschutz ein. Bio-Waschmittel, Bio-Putzmittel und natürlich Mülltrennung. Wir gewinnen unsere Energie aus der Aufbereitung von Biomasse aus Resten von Holz und Grünzeug unserer Bio-Finca. So produzieren wir im Jahr 40 Tonnen weniger Kohlendioxid. Von

> »... ganz oben wird für Frauen die Luft dünn. Es gibt unsichtbare Barrieren.«

der Finca kommt auch fast all unser Obst, Gemüse, Eier und Schweinefleisch.

**Hat der Job unangenehme Seiten?**

Es gibt aufgebrachte Hotelgäste, die Rezeptionisten oder Putzfrauen beschimpfen und immer erst höflich werden, wenn sie mit der ›Direktorin‹ sprechen. Nur vor meinem Status haben sie Respekt. Ich frage mich dann: Warum lassen sie ihre Wut an den ›unteren Chargen‹ aus? Die autoritäre Logik: nach unten treten, nach oben kuschen ...

**... besondere Schwierigkeiten als Frau?**

Schminkt sich eine Frau, heißt es, sie wolle ihren weiblichen Charme einsetzen. Tut sie es nicht, heißt es, sie lasse sich gehen. Was frau auch tut: Es ist falsch. Einmal wurde ich mit fünf männlichen Kollegen zu einem Radio-Interview eingeladen. Der Moderator stellte mich vor, indem er eingehend mein Äußeres beschrieb. Bei den männlichen Teilnehmern betonte er ihre fachliche Kompetenz. Ich kochte vor Wut. In der Pause sprach ich ihn darauf an und er war völlig perplex. Er dachte, er hätte mir einen Gefallen getan.

**Was ist Ihre Lieblingsbeschäftigung?**

Natürlich reisen! Ich liebe es, die Welt kennen zu lernen, aber ich mag keine Touristenghettos, ich möchte inmitten der Einheimischen leben. Dieses Jahr war ich Indien, um zu sehen, woher meine Großeltern kamen. Selten steige ich in Hotels ab (Sarah lacht), und wenn dann nur dort, wo ich als Person, nicht als Nummer wahrgenommen werde. Eigentlich wollte ich auch nie in einem Hotel auf Teneriffa arbeiten, wo so Vieles auf einen standardisierten Geschmack zugeschnitten ist. Aber beim Angebot vom Laguna Nivaria konnte ich nicht ›nein‹ sagen: schauen Sie, was für ein Ambiente hier herrscht: ein Hotel voll integriert in die Stadt – mit Laguneros, die im Café ein und aus gehen. ∎

## Register

### A
Abama 91
Adeje 117
Afur 205
Aguamansa 217
Alcalá 95
Almáciga 208
Amaro Pargo 55
Anaga 192, 203
Anaga-Höhenstraße 204
Anaga-Lorbeerwald 206
Anreise 233
Architektur 276
Arenas Negras 223
Arico 52
Aripe 119
Arona 113
Astro-Touren 231

### B
Bahía del Duque 81
Bajamar 200
Baracán-Pass 133
Barranco de la Arena 168
Barranco del Infierno 120
Barrierefreiheit 241, 265
Bauernmärkte 50, 111, 131, 198, 200
Benijo 208
Bier 195
Birdwatching 65
Botanische Gärten 28, 169, 181, 225, 258
Boule 74
Buenavista del Norte 135

### C
Candelaria 47
Casa Hamilton 155
Chamorga 209
Chinamada 203, 205
Chinyero 221
Chirche 119
Christie, Agatha 274
Conquista 35
Costa Adeje 81
– Bahía del Duque 81
– Beach Club Las Rocas 80
– Castillo del Duque 84
– Playa del Bobo 81
– Puerto Colón 81
Costa del Silencio 64
Cruz del Carmen 206
Cueva del Viento 150
Cumbre de Baracán 134
Cumbre Dorsal 218

### D
Degollada de Cherfe 128
Delfine 98
Delikatessen 122
Diplomatische Vertretungen 244
Drachenbäume 148

### E
Einreisebestimmungen 236
Einwohnerzahl 233
El Médano 59
El Palmar 131
El Portillo 223, 224
El Pris 199
El Puertito de Güímar 51
El Sauzal 194
– Bodega El Monje 197
– Casa del Vino La Baranda 196
El Tanque 148
Escalona 117
Essen 236, 250, 254
Ethnografische Museen 48, 111, 182, 199, 225

### F
Faro de Anaga 209
Feiertage 237
Finca Salamanca 51
Fisch 236
FKK 210, 234
Flüchtlinge 263
Flughäfen 233
Forestal Park Tenerife 218

### G
Garachico 139
– Castillo de San Miguel 139
– Meerespromenade 139
– Monumento de la Tirada del Vino 139
– Piscinas Naturales El Caletón 139
– Playa de Las Aguas 140
– Plaza de Juan González de la Torre 142
– Plaza de la Libertad 141
Gernot-Huber-Stiftung 110
Golfen 63, 64, 78, 93, 135, 177, 235
Granadilla de Abona 110
Grimón, Jorge 35
Guachinches 254
Guía de Isora 119
Güímar 48, 50
– Finca Salamanca 15
– Pyramiden 48

### H
Handicap 241, 265
Hippies 89, 271
Höhle des Windes 150
Höllenschlucht 120
Humboldt, Alexander von 165, 169, **188,** 220

### I
Icod de los Vinos 148
– Parque del Drago 149
– Puppenmuseum Artlandya 152
Internet 239

### K
Kanarienvogel 284
Karneval 11, 27, 74, 178, 288
Kathedrale (Felsformation) 228
Kinder 239
Klima 239
Klimawandel 260
Kulturprojekt Mariposa 113
Kunst 24, 67, 110, 113, 144

### L
La Caleta 66, **87,** 271
La Esperanza 218
La Gomera 72
La Laguna 16, **33**
– Altstadt 33
– Architektur 33
– Casa de los Capitanes 37
– Casa Montañés 40
– Casa-Museo de Los Sabandeños 41
– Casa Salazar 38
– Catedral de los Remedios 37
– Convento de Santa Catalina 34
– Convento San Agustín 38
– Convento Santa Clara 40
– Espacio Cultural Caja Canarias 35
– Fundación Cristino de Vera 40
– Iglesia de Nuestra Señora de la Concepción 38
– Iglesia de Santo Domingo 35
– Iglesia San Agustín 36
– Instituto Cabrera Pinto 38
– Museen 41
– Museo de Historia 38, 41
– Museo de la Ciencia y del Cosmos 41
– Palacio de Nava y Grimón 35
– Plaza del Adelantado 34
– Rathaus 37

- Santuario del Santísimo Cristo 40
- Semana Santa 46
- Stadtführungen 43
- Teatro Leal 37
- Universität 41
La Matanza 193
La Orotava 179
- Casa de los Balcones 179
- Casa del Turista 179
- Convento de San Agustín 179
- Fronleichnam 185
- Iglesia Nuestra Señora de la Concepción 181
- Iglesia Santo Domingo 181
- Jardín Victoria 181
- Museen 182
- Parks 181
- Plaza de la Constitución 179
Las Américas 76
- Einkaufszentrum 78
- Pirámide de Arona 76
Las Cañadas 222
Las Carboneras 203
Las Galletas 64
Las Lagunetas 218
Las Lajas 106
La Victoria 193
Lesetipps 241
Lomo del Medio 129
López de Sylva, Sarah 294
Lorbeerwald 204, 205, 207
Loro Parque 166
Los Abrigos 61
Los Azulejos 225
Los Cristianos 65
- Altstadt 68
- Auditorio 68
- Hafen 65
- Iglesia Nuestra Señora del Carmen 68
- Promenade 66
Los Gigantes 95
- Museo del Pescador 96
- Playa de los Guíos 96
Los Realejos 156
Los Silos 137

M
Malpaís de Rasca 65
Manrique, César 25, 73, 162, 166, 171, **277**
Masca 3, 128
Masca-Schlucht 129
Mesa del Mar 199
Miradores (Aussichtspunkte)
- Mirador Ayosa 218
- Mirador Chipeque 218

- Mirador Cruz del Carmen 204
- Mirador de Baracán 130
- Mirador de Chío 220
- Mirador de Don Pompeyo 137
- Mirador de Garachico 147
- Mirador de Hilda 130
- Mirador de Jardina 204
- Mirador de la Centinela 111
- Mirador de la Corona 156
- Mirador de la Paz 168
- Mirador de la Ruleta 225, 228
- Mirador del Drago 148
- Mirador del Emigrante 142
- Mirador La Fortaleza 227
- Mirador Ortuño 218
- Mirador Pico Viejo 227
- Mirador San Pedro 154
Montaña Pelada 60
Montaña Roja 60

N
Nationalpark 214, **217**, 224
Naturlehrpfade 206
Naturschutzgebiete 63, 89, 154
Naturschwimmbecken 6, 67, 139, 190
Nelson, Admiral Horatio 18, 280
Notruf 243

O
Observatorium 231
Öffentliche Verkehrsmittel 7, 246

P
Paisaje Lunar 108
Paragliden 235
Picknicken 214, 217, 220
Pico del Teide 226
Playa Paraíso 90, 271
Puerto de la Cruz 161
- Botanischer Garten 169
- Castillo San Felipe 166
- Hafen 162
- Iglesia de San Francisco 163
- Iglesia Nuestra Señora de la Peña 164
- Lago Martiánez 162
- La Ranilla 166
- Loro Parque 158
- Museen 171
- Parque Taoro 166
- Playa Jardín 158, 166
- Plaza del Charco 163
- Risco Bello 167
Punta del Hidalgo 202

Punta de Teno 135, 136
Punta Negra 95
Pyramiden 48

R
Radfahren 61, **235**
Refugio de Altavista 230
Reiseplanung 241
Roque de las Bodegas 208
Roque del Conde 116
Roque Imoque 114
Roques de García 225, 228
Rosenberg, Alfred 231

S
San Andrés 210
San Blas 62
San Juan 93
San Juan de la Rambla 152
San Miguel de Abona 111
San Miguel de Tajao 53
Santa Cruz 17
- Architektur 17
- Auditorio 25
- Casa del Carnaval 27
- Castillo de San Cristóbal 18
- Centro Cultural Caja Canarias 22
- Centro de Arte La Recova 22
- Centro de Ferias y Congresos 25
- Circulo de Amistad XII de Enero 22
- Círculo de Bellas Artes 22
- Hafen 24
- Iglesia de San Francisco 22
- Iglesia Nuestra Señora de la Concepción 19
- La Noria 19
- La Rambla 24
- Markthalle 31
- Monumento a los Caídos 18
- Museen 28
- Museo de Bellas Artes 28
- Museo de la Naturaleza y el Hombre 26
- Museo Militar 28
- Palacio de los Rodríguez Carta 18
- Palacio Insular 18
- Palmetum 28
- Parlamento 23
- Parque García Sanabria 23
- Parque Maritimo 25
- Plaza de España 18
- Plaza del Príncipe 22
- TEA (Tenerife Espacio de las Artes) 27

- Teatro Guimerá 22
- Triunfo de Candelaria 18
Santa Úrsula **193,** 254
Santiago del Teide 127
Seilbahn 226
Sicherheit 243
Sprachführer 248
Sternbeobachtung 231
Strände 68, 89, 176, 211
- Playa de Abama 92
- Playa de la Arena 95
- Playa de la Caleta 87
- Playa de las Teresitas 211
- Playa de las Vistas 66
- Playa de la Tejita 59
- Playa del Bollullo 168
- Playa del Camisón 66
- Playa del Draguillo 209
- Playa del Médano 6
- Playa de los Cristianos 66
- Playa de los Morteros 89
- Playa de Martiánez 161
- Playa Diego Hernández 57, 89
- Playa Jardín 166, 176
- Playa Martiánez 168, 177
Street Art 163
Surfen 59, 177, 236

**T**
Tabaiba-Pass 134
Taborno 205
Tacoronte 198
Taganana 205
Tajinaste-Honig 7
Tauchen 64, 79, 91, 177, **236**
Tegueste 200, 204
Teide 226
Tejina 199
Teno Alto 132
Teno-Gebirge 124
Torre Blanca 228

Tourismus 58
Touristeninformation 238

**U**
Ucanca 225
Umwelt 245, 260
UNESCO 33, 216
Ureinwohner 268

**V**
Valle de Guerra 199
Valle de Orotava 158
Verkehr 246
Vilaflor 105
- Iglesia de San Pedro 105
- Picknickplätze 107
- Pino Gordo (Aussichtspunkt) 105
Vulkane 114, 214, 221, 226
Vulkanismus 157

**W**
Waldbrände 257
Wandern 62, 74, 79, 108, 114, 116, 120, 132, 147, 150, 177, 205, 225, 227, **235**
Wasserparks 86, 113
Weine 196
Whalewatching 86, 98

**Y**
Yasuda, Kan 144

**Z**
Ziegenkäse 133, 286
Zigarren 146
Zona Métropolitana 16

## DAS KLIMA IM BLICK

Reisen bereichert und verbindet Menschen und Kulturen. Wer reist, erzeugt auch $CO_2$. Der Flugverkehr trägt mit einem Anteil von bis zu 10 % zur globalen Erwärmung bei. Wer das Klima schützen will, sollte sich für eine schonendere Reiseform (z. B. die Bahn) entscheiden – oder die Projekte von atmosfair unterstützen. Atmosfair ist eine gemeinnützige Klimaschutzorganisation. Die Idee: Flugpassagiere spenden einen kilometerabhängigen Beitrag für die von ihnen verursachten Emissionen und finanzieren damit Projekte in Entwicklungsländern, die dort den Ausstoß von Klimagasen verringern helfen. Dazu berechnet man mit dem Emissionsrechner auf www.atmosfair.de, wie viel $CO_2$ der Flug produziert und was es kostet, eine vergleichbare Menge Klimagase einzusparen (z. B. Berlin – London – Berlin 13 €). Atmosfair garantiert die sorgfältige Verwendung Ihres Beitrags.

MIX
Papier aus verantwortungsvollen Quellen
FSC® C124385

**Dieter Schulze** – Ich promovierte über modernes Theater, doch ein Stubenhocker wollte ich nicht werden. So habe ich meine Wanderlust zum Beruf gemacht und Reisebücher geschrieben. Meine besondere Liebe gilt den Kanaren, wo ich die Wintermonate verbringe. Frucht der vielen und langen Aufenthalte sind über zehn Bände zu den Inseln. Zu meinen Lieblingsorten auf Teneriffa zählt Garachico, wo ich auf der Plaza de la Libertad gern einen Kaffee trinke. Und wenn ich komplett abtauchen will, fahre ich in den Märchenwald von Anaga …

---

**Abbildungsnachweis**
**AWL-Images,** Whitchurch (GB): S. 237 (Kozlowski) **Beach Club Las Rocas,** Santa Cruz (Teneriffa): S. 80 **Dronestagram,** Lyon (FR): S. 2/3 (Jasw529) **DuMont Bildarchiv,** Ostfildern: S. 7 Mi., 159 re. o., 161, 170, 182, 217 (Haenel); 99, 190 li., 197, 208, 288/289 (Sasse); 235 (Zaglitsch) **Fotolia,** New York (USA): S. 92 (Lurye) **Izabella Gawin,** Lohmar: S. 8, 44, 77, 57 Mi. o., 88, 100/101, 103 re. o., 123, 124 re, 136, 138, 153, 158 re., 214 li., 219, 266 o., 266 u., 273, 286, 295, 299 **Getty Images,** München: S. 262 (AFP/Martin); 167 (Cooney); 112 (Kontributor/ Pacific Press); 252/253 (Kozlowski); 41 (Pytel); Umschlagklappe vorne (Sanchez Photography); 270 (Science & Society Picture Library) **iStock.com,** Calgary (Kanada): S. 17 (Antagain); 290 o. (argalis); 232 (caracterdesign); 23(Elena-studio); 124 li., 130 (Henkeova); 215 re. o., 231 (imv); 7 li. o. (Joesboy); 290 u. (oriredmouse); 285 (Poliuszko); 259 re. (_ultraforma_) **laif,** Köln: S. 12/13 (Aurora/ Villalba); 142 (Babovic); 158 li., 173 (Haenel); 6 re. (Image'Est/GAMMA-RAPHO/KRAFFT); Titelbild (Jonkmanns); 190 re., 195, 277 (Sasse); 127 (Westrich) **Mauritius Images,** Mittenwald: S. 274 (Alan Dawson Photography/Alamy); 70 (Bentley/Alamy); 278 (Blackler/Alamy); 57 u. o., 75 (Bronkhorst/ Alamy); 63 (Cairns/Alamy); 157 (Classic Image/ Alamy); 94, 125 re. o., 133, 151, 220, 224, 242, 255 (Crean A/Alamy); 103 li. (Di Martino/Alamy); 259 li. (Chris Howes/Wild Places Photography/Alamy); 30 (Hughes/Alamy); 61 (Jack Malipan Travel Photography/ Alamy); 34 (Karol Kozlowski Premium RM Collection/ Alamy); 85, 258/259 (Kilpatrick/Alamy); 269 (Lanmas/ Alamy); 118, 238 (Mendez Fernandez/Alamy); 201 (Paredes/Alamy); 174 (parkerphotography/Alamy); 134 (Pharyos/Alamy); 256/257 (Photononstop/Alamy); 56 re., 67, 176 (Pitt/Alamy); 222 (Player/Alamy); 49 (Roddam/Alamy); 97 (RossHelen editorial/Alamy); 55 (The History Collection/Alamy); 10, 125 Mi. (Bibikow); 191 Mi. (age fotostock/Dallet); 247 (age fotostock/Dawson); 102 re., 109, 234 (imagebroker/Eisele-Hein); 56 re., 59 (imagebroker/Kreder); 14 li., 24 (Lange); 281 (Memento); 36 (Neuner); 212/213 (imagebroker/Peter Schickert); 215 re. u. (imagebroker/Schulz); 155, 214 re. (imagebroker/Siepmann); 15 Mi., 244 (imagebroker/Siepmann); 27, 172 (Novarc/Stengert); 189 (United Archives) **Shutterstock.com,** Amsterdam (NL): S. 11 (Aznar); 191 re. u. (Bormotov); 103 re. u. (Davydenko); 215 Mi., 229 (IndustryAndTravel); 6 li. (Kazmierczak); 15 re. o., 52 (leoks); 15 re. u. (Natan86); 191 re. o. (Neirfy); 125 re. u. (Rahl); 159 Mi., 178 (Ruzickova); 14 re. (Sadura); 159 re. u. (Schneider); 144 (Torres); 102 li., 106 (underworld); 57 re. u. (wildestanimal)

**Umschlagfotos**
Titelbild: Finca Malpais, Blick auf die Bananenplantage, Umschlagklappe vorn: Playa de Las Teresitas

**Kartografie**
DuMont Reisekartografie, Fürstenfeldbruck
© DuMont Reiseverlag, Ostfildern

**Autor:** Dieter Schulze **Redaktion/Lektorat:** Michaela Jancauskas **Bildredaktion:** Michaela Jancauskas, Titelbild: Carmen Brunner **Grafisches Konzept und Umschlaggestaltung:** zmyk, Oliver Griep und Jan Spading, Hamburg

**Hinweis:** Autor und Verlag haben alle Informationen mit größtmöglicher Sorgfalt geprüft. Gleichwohl erfolgen alle Angaben ohne Gewähr. Bitte schreiben Sie uns! Über Ihre Rückmeldung und Verbesserungsvorschläge freuen wir uns: DuMont Reiseverlag, Postfach 3151, 73751 Ostfildern, info@dumontreise.de, www.dumontreise.de

1. Auflage 2019
© DuMont Reiseverlag, Ostfildern
Alle Rechte vorbehalten
Printed in China

# Offene Fragen*

**Woher kannte der antike Dichter Homer die Kanaren?**

**Wie kamen die Ureinwohner auf die Inseln, wenn sie doch keine Boote besaßen?**
*Seite 268*

## Kann der Teide erneut explodieren?
*Seite 157*

**Warum kannten sich die Guanchen so gut mit der Mummifizierung aus?**
*Seite 268*

## Was hat es mit dem Kanarenstrom auf sich?
*Seite 261*

**Warum legen so viele Kreuzfahrtschiffe in Santa Cruz an?**

## Was hat der Bauboom in Spanien mit dem EU-Beitritt zu tun?
*Seite 281*

**Ist der kanarische Karneval wirklich der feurigste in Spanien?**
*Seite 288*

## Warum hat es auf den Kanaren nie Stierkampf gegeben?

## Wann fahre ich wieder hin?

**Warum werden Urlauber ›guiris‹ und Festlandspanier ›godos‹ genannt?**

*\* Fragen über Fragen – aber Ihre ist nicht dabei? Dann schreiben Sie an info@dumontreise.de. Über Anregungen für die nächste Ausgabe freuen wir uns.*